자폐증인가요 Ⅱ

진단을 위한 동반 지침서

Donna Henderson · Sarah Wayland · Jamell White 공저 | 신민섭 · 이가영 · 차윤지 공역

Is This Autism? A Companion Guide for Diagnosing

학지사

Is This Autism:
A Companion Guide for Diagnosing
by Donna Henderson, Sarah Wayland, and Jamell White

역자 서문

이 책은『Is This Autism: A Companion Guide for Diagnosing』의 번역서이며, 임상가뿐 아니라 일반 독자들의 자폐증에 대한 이해를 돕기 위한『자폐증인가요 I: 임상가와 모두를 위한 지침서Is This Autism: A Guide for Clinicians and Everyone Else』의 연작물로 출판된 동반저서이다. 이 책에서는 자폐증 진단을 위해 내담지/보호자들로부터 관련 정보를 다방면으로 탐색하여 포착하고, 수집된 정보를 통합적으로 조직화하고, 이를 기반으로 진단을 결정하는 방법, 결과를 내담자/보호자에게 효과적으로 전달하는 방법 등에 대해 상세히 기술하고 있다. 즉, 자폐증을 진단하고 감별하는 정신건강의학과전문의와 임상심리학자뿐만 아니라 간호사, 사회복지사, 상담심리사 등 정신건강 분야에 종사하면서 자폐인과 만나 이들을 이해하고 지원하는 모든 정신건강 전문가와 수련생, 대학원생 등이 '어떻게' 해야 하는지 안내해 주는 나침판 같은 지침서이다.

특히 이 책은 자폐증을 전통적인 의학적 패러다임이 아닌, 신경다양성을 지지하는 측면에서 접근하는 절차를 알려 준다는 점에서 큰 의의가 있다. 저자들은 면담뿐만 아니라 평정척도, 사회인지검사, 행동 관찰을 모두 포함하여 설명하면서 검사의 개별 원점수 혹은 단일한 '자폐적인 신경인지 프로파일'에 의존하여 진단하는 구식의 방식에서 벗어나 여러 정보원으로부터의 과거력과 관찰을 통해 일관된 패턴을 발견하고 의미를 부여하도록 강조하고 있다. 또한 문제 행동과 정신병리적 기술 용어로 자폐증을 부각하는 오래된 관행에서 벗어나 뇌 신경학적 기능의 차이로 수용하고, 다양한 마음의 한 형태로서 바라보며 자폐인의 강점을 기반으로 소통하도록 조언한다. 이 점에서 자폐증을 가장 효과적으로 진단할 수 있는 최고의 단일한 검사도구가 무엇인지 선정하려는 시도는 중요하지 않을 수 있다. 왜냐하면 현장에서 자폐인과 그 가족을 직접 대면하여 이야기를 듣고 상호작용하면서 객관적이고도 창의적인 방식으로 정보를 얻고, 세심하고도 포괄적인 방식으로 정보를 분석하고, 경험적이고 유연한 방식으로 판단하는 과정 전반에 걸쳐서 '검사도구'를 관리하고 이용하는 임상가가 결국에는 최고의 '검사도구'이기 때문이다.

이 책의 동반저서인 『자폐증인가요 I: 임상가와 모두를 위한 지침서』에서와 마찬가지로, 이 책을 관통하는 패러다임이기도 한 '신경다양성neurodiversity' 관련 용어가 아직 국내에서 보편적으로 혹은 학술적으로 통일된 명칭으로 사용되고 있지 않기에 그 뜻을 잘 담을 수 있도록 역자들이 머리를 맞대고 고심한 끝에, 가령 'neurodiversity-affirmative'는 '신경다양성을 지지하는'으로, 'neurotypical'은 '신경-전형적'으로 번역하였다. 앞으로 국내의 진단, 치료, 연구 장면에서 자폐증(그리고 이를 넘어서서 현재 신경발달장애로 여기는 모든 증상)에 대해 신경다양성 관점의 접근 방식이 확장되어서 공식 학술 용어가 등장하기를 기대한다. 이 외에도 영어가 담은 뜻을 한국어 직역이 잘 반영하지 못하는 느낌일 때는 풀어 쓰기도 하였고, 원문을 괄호에 병기하였다. 그리고 자폐증 이외의 다른 동반질환과 관련된 질환명과 기술 용어는 DSM-5-TR을 따랐다.

2024년을 시작하면서 번역 작업을 시작했는데, 역자 모두가 현업과 병행하다 보니 아무래도 자폐증에 대한 최신의 지견을 국내에 하루라도 빨리 소개하고 싶은 마음만큼 속도가 나지는 않았다. 하지만 임상 현장에서 모든 전문가에게 생생한 지식을 가르쳐 준 모든 내담자와 보호자 분에 대한 감사한 마음이 고된 일정에도 번역 작업을 이어 가게 한 큰 원동력이 되었다. 또한 같은 분야에서 일을 하는 동료 선생님들의 조언과 관심, 가족과 친구들의 지지, 이해와 사랑이 번역 작업을 마칠 수 있는 힘이 되었다. 그리고 책이 나오기까지 모든 단계마다 세심히 배려해 주시고 도움을 주신 학지사 김진환 사장님과 편집부 선생님들께 깊이 감사드린다.

2025년 10월

신민섭, 이가영, 차윤지 드림

자폐증인가요Is This Autism

이 책은『자폐증인가요 I: 임상가와 모두를 위한 지침서』의 동반저서이며, 임상가가 모든 연령대의 내담자를 대상으로 자폐증의 가능성을 평가하는 방법을 안내한다.

최근 몇 년 동안 자폐증에 대한 이해가 크게 확장되었지만, 많은 임상가는 진단 과정에 이를 어떻게 통합해야 할지 준비가 잘 되어 있지 않다고 느끼거나 혼란스러워한다. 그 결과, 진단이 확인되지 못한 수많은 자폐인이 적절하게 진단받거나 합당하게 지원에 접근하지 못하고 있다. 이 책에서는 면담, 평정척도, 자기-보고식 척도, 사회인지검사, 행동 관찰을 포함하는 현재의 평가 방식을 제시한다. 또한 문화적 고려 사항, 흔한 실수, 진단 절차에서 내담자와 의사소통하고 지원하는 방법에 관해 지침을 제공한다.

도나 헨더슨Donna Henderson, PsyD.

임상심리학자로, 자기 이해가 향상되기를 바라는 아동, 청소년, 성인 대상의 신경심리평가가 전문 분야이다. 인기 강사로 활동하면서 다른 정신건강전문가를 대상으로 교육과 지문을 제공하고 있다.

사라 웨일랜드Sarah Wayland, PhD.

Guiding Exceptional Parents의 창립자이며, The Behavior Revolution의 공동 창립자이다. 신경다양성을 지닌 아동의 부모에게 신경다양성을 지지하는 지원, 교육, 커뮤니티를 제공하고 있다.

자멜 화이트Jamell White, PhD, LCSW-C.

임상사회복지, 특수교육, 인간 발달 분야에서 자폐증 아동, 청소년, 성인과의 공동작업을 전문으로 한다. 20년 이상의 임상 경험이 있다.

이 실용적인 임상 지침서는 자폐증 평가에 있어서 명료하고 신경다양성을 지지하는 접근 방식을 제공하는데, 이전에 진단받지 못하고 누락되었던 자폐인에 대해서 특히 그렇다. 이 책은 자폐증의 감별을 배우고자 하는 모든 건강관리전문가에게 적합할 것이다.

우리의 자폐증 내담자, 친구, 가족, 특히 진단이 늦어진 내담자에게,
그리고 여전히 눈에 띄지 않는다고, 오해를 받고 있다고 느끼는 내담자에게,
우리가 여러분과 함께하고 있습니다.

우리 남편들에게,
한 권의 책이 두 권이 되었을 때 당신의 인내심과 지지, 유머에 감사드립니다.
우리 이제 정말 다했답니다.

독자에게

도나 헨더슨Donna Henderson, 사라 웨일랜드Sarah Wayland, 자멜 화이트Jamell White

들어가기에 앞서, 이 책의 개관과 함께 저자들이 독자와 잘 소통하기 위해 고민했던 결정 과정을 소개하고자 한다. 글의 일부는 이 책의 동반저서인『자폐증인가요 I: 임상가와 모두를 위한 지침서』를 읽은 독자에게 익숙할 것이며, 이 새로운 맥락에서도 요점이 비슷하다. 하지만 새로운 내용도 많으므로, 이 책의 맥락을 이해하기 위해 읽어 보기를 권한다.

이 책은 연구, 임상 경험, 인생 경험의 조합에 기초를 둔다. 자폐증에 관한 저자들의 이해는 가정에서 시작하여 직업으로 확장되었다. 자폐인과 함께 생활하고 일하면서 어느 하나의 경험만으로는 불가능했던 더 깊은 이해를 얻게 되었다. 물론 저자들의 경험과 이 책의 정보는 연구에 기반을 두고 있으며, 가능한 한 많은 연구를 참고하였다. 많은 독자가 각주와 문장 내 인용을 선호하지 않는다고 알고 있으며, 이에 사이언티픽 아메리칸Scientific American과 같은 출판물에서 채택한 인용법을 사용해서 책의 가독성을 높이려고 했다. 본문에서 원저자를 직접 언급했고, 각 장의 말미에 참고문헌을 정리하였다. 이외의 관찰은 저자들의 전문적인 경험과 많은 자폐인의 생생한 경험을 토대로 하였다.

저자들은 '#nothingaboutuswithoutus(#우리 없이 우리에 관한 것은 아무것도 아니다)'를 전적으로 지지한다. 저자들은 자폐인이 아니지만, 자폐증에 대한 신경다양성의 특성을 인정하고 자폐인의 관점을 반드시 담아야 한다고 생각한다. 이를 위해 많은 자폐인이 자신의 생생한 경험을 공유하겠다고 흔쾌히 제안해 주었으며, 이 책에서 '자폐증 경험에서 본 시선으로From the experts'의 제목을 달아 인용했다. 저자들은 자폐인 각자가 인용문 표기 방식을 정하도록 했다. 다수는 실명이지만 몇몇은 가명이며, 일부는 단순히 마지막 이니셜이 생략된 이름인데, 모두 인용된 사람이 직접 선택한 것이다.

이에 더하여, 책 전체에 많은 사례를 포함하였다. 모두 사실에 기반하지만, 개인정보는 당연히 바꿨다. 많은 사람이 자신의 이야기를 맡겨 주어 영광으로 생각한다.

그리고 각 장을 읽고 피드백을 제공한 **자폐증 자문위원회**가 있다. 저자들은 연령, 젠더, 인종, 민족적 배경이 다양한 자문위원회를 구성하고자 했다. **임상가 자문위원회**에는 자폐인이 7명이나 포함되어 있기도 하다.

모든 젠더의 자폐증을 이해하기 위해 여성에 관한 연구를 제시하였다. 여성과 여아의 자폐증이 남자와는 다른 증상으로 표현된다는 연구가 상당히 많다. 그러나 조기에 발견되지 않은 남아와 남성도 많다. 물론 논바이너리non-binary, 트랜스젠더, 젠더 플루이드gender fluid 등 시스젠더cisgender가 아닌 사람들의 경험도 중요하다. 젠더와 관계없이 이전에 자폐증으로 진단받지 못한 이들의 경험을 조명함으로써 그 누구에게라도 도움이 되기를 바라고 있다.

다양한 문화권에 속한 사람들의 경험을 더 잘 이해하기 위해 임상사회복지사LCSW-C인 자멜 화이트Jamell White 박사가 '문화 간 연결connecting culture' **단락을 작성하였다.** 자멜은 문화와 자폐증 간의 상호작용을 명시적으로 논의해야 한다고 지적한다. 한 사람의 문화적 경험과 정체성은 모든 상호작용에 영향을 미치며, 자폐인의 확장된 경험으로부터 분리될 수 없기 때문이다. 문화적 인식, 다양성, 감수성과 관련된 방대한 정보를 개관하는 것은 이 책의 범위를 벗어난다. 그러나 저자들은 문화적 겸양의 이슈가 특히 관련된 사례를 강조하면서 임상가가 내담자를 개별 문화적 맥락 안에서 이해하기 위해 꾸준히 노력해야 할 필요성을 전반적으로 제고할 것이다.

'문화 간 연결' 단락은 자폐증과 함께하는 인생 여정 중에서 문화적인 경험을 이야기로 엮어 조명한다. 어떤 어머니가 아름답게 표현한 것처럼, "인종, 젠더, 장애, 발달 차이에 대한 둔감함은 서로 연결되어 있다The insensitivities are intersectional."

이 책의 개관

도나Donna는 자폐증 가능성이 있는 사람을 확인하고 평가하는 과정을 설명한다. 저자들은 이 과정에서 꼭 신경심리학적 평가나 자폐증 전문 클리닉으로의 의뢰, 또는 적절한 진단을 받기 위한 비싸고 흔히 접근하기 어려운 수단이 필수적이지는 않다고 강력하게 믿는다. 따라서 이 장의 대부분에서는 다양한 자격의 정신건강전문가가 (주州 및 전문가 자격 지침에 명시된 대로) 사용할 수 있는 접근 방식에 초점을 맞추어 그 과정을 설명한다. 경우에 따라 복잡한 요인(동반되는 문제 혹은 대안적인 진단)이 있으면 자폐증 및 다른 동반질환의 가능성을 더욱 면밀히 탐색하기 위해 전문가에게 의뢰해야 할 때도 있다.

동반저서인 『자폐증인가요 I: 임상가와 모두를 위한 지침서』에서 저자들은 임상가(그리고 이외의 모두)가 이러한 유형의 자폐증을 확인하고 이해하는 것이 **왜** 중요한지 설명한다. 또한 덜 분명하게 나타나는 자폐증의 다양한 방식을 검토하고, DSM-5-TR 기준을 지침 삼아 정확히 무엇을 살펴야 하는지 설명하며, **무엇**에 관해 논의한다. 마지막으로, 현재의 진단기준에는 포함되어 있지 않지만, 흔히 동반되는 특성이나 어려움인 **다른 무엇**에 관해 논의한다.

이 책에서는 **그 방법**을 제시한다. 저자들은 정보를 수집하고 조직화하고 통합하는 방법, 내담자와의 협력적인 논의를 통해 그들의 경험에 의미를 부여하는 방법을 설명한다. 이 정보는 매우 중요한데, 어떤 사람의 자폐증 여부를 판단할 때뿐만 아니라 다른 사람에게 진단을 설명하고 유의미한 권고 사항을 제시할 때에도 활용되기 때문이다. 만약 정보를 충분히 잘 수집하여 결과를 효과적으로 소통할 수 있다면, 진단은 내담자와 가족에게 긍정적으로 삶을 바꾸는 순간이 될 것이다.

용어 사용

이 책의 핵심 목표는 신경다양성을 지지하는 방식으로 저자들의 생각을 전달하는 것이며, 이 과정에서 언어와 관련한 많은 고민이 있었다. 어떤 용어와 문구를 사용할지에 대한 결정이 바뀌어 왔는데, 어떤 부분에서는 자폐인 스스로도 이와 관련한 의견이 다양하기 때문이며, 또 다른 이유로 이 주제에 대한 저자들의 생각이 글을 쓰는 동안에도 빠르게 진화했기 때문이다. 이를 고려하여, 저자들은 최선을 다해 표현을 골랐다. 그럼에도 누군가는 이 선택에 동의하지 않을 수 있다는 점을 잘 알고 있다. 더욱이 이 표현들은 현재의 사고에 기반하고 있으므로, 일부는 언젠가 구식이 되어 버릴 것을 인지하고 있다. 따라서 독자들이 이러한 복잡한 딜레마를 염두에 두면서 가능한 한 포용적이고 존중하는 언어를 사용하고자 한 저자들의 노력을 이해해 주면 좋겠다. 지금부터 저자들이 결정한 언어를 간략히 설명하고자 한다.

사람이 우선인 언어person-first language **대對 질병 정체성이 우선인 언어**Identity-first language. 의학적 장애가 있는 사람들의 커뮤니티 전반에서 장애는 전체 프로파일 중 하나의 단면이며, 개인을 먼저 한 **사람으로서**person first 인정하는 방향으로 전환되고 있다(즉, 당뇨가 있는 사람 대對 당뇨인). 사람이 우선인 언어는 장애나 질병이 있는 사람들이 그들의 문제 증상에 의해 정의되지 않도록 고안되었다.

그러나 많은 자폐인이 주장하기를 자폐증은 평생 지속되며, 그들이 누구인지에 대해 떼려야 뗄 수 없는 관계에 있고 삶 전반에 퍼져 있다. 이들의 정체성은 자폐증과 분리될 수 없다. 더욱이 사람이 우선인 언어의 사용은 기술어descriptor가 질환이나 장애라는 것을 의미하는데, 많은 자폐인은 자폐증이 이에 해당하지 않는다고 주장한다. 따라서 자폐인은 그들의 **정체성이 우선으로**identify first 지칭되기를 선호한다(즉, 자폐증이 있는 사람 대신에 자폐인).

일부 자폐인은 정체성이 우선인 언어를 선호하는 반면, 다른 누군가는 사람이 우선인 언어를 선호하여 문제가 복잡하다. 저자들은 개인이 자신을 지칭하는 방식을 선택할 수 있어야 한다고 강하게 생각한다. 자폐증 커뮤니티, 특히 이 책을 집필한 사람들과의 교류에 기초하여 저자들은 정체성이 우선인 언어를 사용하기로 결정했다. 독자들이 이 딜레마를 이해하고 완벽한 해결책은 없음을 알아주면 좋겠다.

마찬가지로, 저자들은 때때로 **자폐인**autistic person 대신에 '**자폐증의 혹은 자폐적인**autistic'이라는 단어를 명사로서 사용하였다. 이것을 어떻게 받아들일지 확신할 수 없어서 두 개의 자폐증 커뮤니티를 대상으로 온라인 설문 조사를 진행했는데, 참여자 대다수가 이러한 사용에 대해 불편함을 느끼지 않거나 반대하지 않는 것으로 나타났다.

자폐증이 아닌 사람에 대한 지칭. 자폐증이 아닌 사람을 지칭할 때 신경-전형적neurotypical이라는 용어가 많이 사용된다. 그러나 자폐증이 아니고, 전형적인 신경학적 증상이 없는 사람도 많다(전형적인 신경이 만약 존재한다면). 만일 사람을 **자폐증** 범주와 **신경-전형**의 범주로 나눈다면, ADHD나 난독증과 같이 신경다양성의 비-자폐적 유형을 가진 수많은 사람을 고려하지 못하게 된다. 또한 저자들은 자폐증이 아닌 사람을 의미하는 '**비-자폐적**allistic'이라는 용어가 많은 이에게 익숙하지 않음을 알게 되었다. 이러한 연유로 저자들은 자폐증이 아닌 사람을 단순하게 **비-자폐인**non-autistic individual이라고 지칭하기로 결정했다. 인용된 사람 중 일부는 **자폐증이 아니라**는 의미로 '**신경-전형적**'이라는 용어를 사용했고, 인용문에 표현을 그대로 유지하였다.

기능에 따른 분류의 지양(예: 고기능과 저기능). 자폐증 문헌에서 고기능은 일반적으로 지적발달장애가 없는 자폐인을 지칭하는 시대에 뒤떨어진 용어이며, 이들이 겪는 어려움이나 지원이 필요한 수많은 방식을 고려하지 않는다. 마찬가지로 **저기능** 또한 구식의 용어로, 지적기능이 낮거나 심각한 자폐적 특성이 있는 경우와 관련되며, 이들이 자신의 강점을 활용하여 일상에서 잘 기능할 수 있는 다양한 방법을 고려하지 않는다. 더욱이 **기능 수준**은 고정적이지 않고, 날마다 상황에 따라 달라진다. 실제로 많은 자폐인은 비-자폐인을 위해 설계된 환경이 자신의 기능을 제한한다고 주장한다. 마지막으로, **고기능/저기능**으로 꼬리표를 붙이는 일은 타인에 대한 주관적인 판단이며, 종종 당사자의 인생 경험과 무관하게 이루어진다. 이러한 모든 이유로 저자들은 **고기능/저기능** 용어를 사용하지 않았다.

자폐증 경험에서 본 시선으로: 당사자가 사용한 용어들

"저는 '스펙트럼의 어딘가에 있거나' '자폐적 특성이 있거나' '신경-전형적이지 않습니다.' 어떤 조건이나 수식어를 붙이지 않고 '나는 자폐증입니다'라고 말하는 것은 제게 큰 진실이었습니다."

- 드류 R.Drew R.

"다른 사람들의 눈에 저는 '고기능'으로만 비춰 보이는 것 같고, 물밑에서 제가 경험하는 아주 힘든 일들은 보이지 않는 듯합니다. 당신이 파티에서 저를 만나면 제가 스펙트럼에 속한다는 것을 전혀 알 수 없겠지만, 파티를 위해 혼자만의 시간을 많이 가져야 하고, 파티가 끝난 후에도 회복을 위해 많은 시간이 필요하다는 것을 모를 것입니다. 그리고 저는 아직 들어본 적이 없지만, 친구들 중 일부가 저기능이라고 지칭될 때 화가 납니다. 이 친구들이 매일 같이 겪는 모든 어려움을 생각해 보면, 얼마나 어려운 일들을 견뎌내고 있는지를 깎아내리는 느낌이기 때문입니다."

- 조에 M.Zoe M.

"저를 포함한 많은 자폐인은 자폐증을 마치 인종이나 젠더처럼, 우리 정체성의 핵심적인 부분으로 여깁니다."

- 자카리 M.Zachary M.

서문 1

애니 코토비츠Annie Ktowicz

『What I Mean When I Say I'm Autistic: Unpuzzling a Life on the Autism Spectrum』 저자

"자폐증 진단에 이렇게 반응하는 사람은 처음이네요." 심리학자가 웃으며 말했다. "안도의 한숨 정도는 봤지만, 이렇게 활기찬 반응은 처음이에요!"

5년 전의 일이라서 말이 조금은 다를 수 있다. 내가 어떻게 대답했는지도 정확히 기억나지 않는다. 아마도 내가 활짝 웃으며 두 손을 번쩍 들어 올린 이유를 설명했거나, 아니면 평가 결과를 논의하기 위해 넘어갔을 수도 있다. 어쨌든 내가 그렇게 강하게 반응한 이유를 설명하자면 다음과 같다.

첫째, 진단으로 인생이 바뀔 수 있다. 내가 자폐증임을 알게 되면서 대인관계, 정신건강, 일상적인 능력, 정체감이 긍정적으로 바뀌었다. 진단으로 과거의 기억을 치유하고, 현재의 어려움을 이겨 내고, 미래에 희망을 품게 된 과정을 책 한 권에 담았다.

둘째, 나 같은 사람은 진단받기가 쉽지 않다. 다양한 대처 전략으로 무장한 성인 여성인 나는 공공장소에서 나름의 전쟁을 치르고 있어도 그 모습이 눈에 띄지 않을 때가 많다. 내가 처음 자폐증 평가를 받으려고 임상가를 찾기 시작했을 때, 다른 자폐증 여성은 미묘하거나 비전형적인 자폐증 표현형을 알아챌 수 있는 누군가를 찾기가 얼마나 어려운지 경고했다.

나는 성인 여성에게 자폐증 진단을 내려 본 임상가만 신뢰할 수 있다고 생각했다. 인터넷 검색과 전화를 해 봤지만 아무 소용이 없었고, 마침내 다른 자폐증 여성이 자신이 진단받았던 곳을 공유해 주었다. 그때도 나는 평생을 통틀어 기억할 수 있는 모든 자폐증의 목록을 가지고 나 자신을 방어할 준비를 했다.

다양한 출처의 균형 잡힌 정보를 바탕으로 종합 평가를 받게 되어 감사했다. 여전

히 많은 자폐인이 이러한 평가를 받기가 쉽지는 않지만, 꼭 그럴 필요는 없다. 더 많은 임상가가 이 책을 읽을수록 그 길은 점점 더 수월해질 테니 말이다.

언젠가는 이 책에 담긴 방법들이 임상가들에게 널리 채택되고, 이 책의 주요 독자가 초임 임상가들과 의학도로 바뀌기를 바란다. 하지만 현재의 역사적 흐름에서 내 소원은 모든 임상가가 이 책과 『자폐증인가요 I: 임상가와 모두를 위한 지침서』를 읽는 것이다.

더하여, 이 책은 과잉 진단, 오진, 누락의 위험을 최소화한다. 자폐적 특성에 대한 세심하고 정교한 이해와 함께 이를 확인하는 실용적인 단계를 제공하는데, 이는 특히 진단에서 간과되기 쉬운 자폐인을 식별하는 데 도움이 된다.

이 책은 나에게 세계를 의미하며, 나와 같은 많은 이가 세계를 바꿀 것이다.

서문 2

마릴린 J. 몬테이로Marilyn J. Monteiro, PhD

『자폐스펙트럼 진단을 위한 몬테이로 면담 지침서-2판

(Monteiro Guidelines for Diagnosing Asperger's Syndrome, MIGDAS-2)』 저자

40년 동안 주로 자폐인과 그 가족을 대상으로 일한 심리학자로서 이 글을 『자폐증인가요 II: 진단을 위한 동반 지침서Is This Autism: A Companion Guide for Diagnosing』에 기고하게 되어 매우 기쁘다. 나는 이 분야에서 자폐인과 그 가족이 각자의 독특한 이야기를 발견하여 말하도록 지원하는 동시에 신경다양성을 지지하는 언어와 개인의 주체성을 격려하는 틀로 서사를 전환하는 데 주력해 왔다. 어떤 사람과 가족이 의문을 가지고 임상가에게 올 때, 이들은 자신의 이야기가 유능한 전문가에 의해 이해되고 삶의 경험과 일치되고 타당화되는 과정을 통해 앞으로 나아가는 방향을 잡는다. 이는 한 사람과 가족의 삶을 바꾸는 과정이 된다.

자폐스펙트럼의 뇌 양식 패턴에서 강점과 차이점을 탐색하고, 패턴을 강점 기반의 개별화된 언어로 설명하여 이야기로 작성하는 과정은 임상가에게 복잡한 작업이다. 도나 헨더슨Donna Henderson, 사라 웨일랜드Sarah Wayland, 자멜 화이트Jamell White는 임상가가 자폐인의 연령과 능력 수준에 따라 이들을 더 잘 인식하고 지원할 수 있는 로드맵을 제시한다. 이 책을 읽은 임상가는 내담자의 자폐증 이야기를 더 알아차리고 설명하고 기록하게 될 것이다.

우리가 사용하는 언어는 큰 차이를 만든다. 나는 부모, 교사, 자폐인 당사자가 자신의 이야기를 들려주도록 요청하는 감각 기반의 대화적 면담 절차인 MIGDAS-2를 개발했다. 이 진단적 작업의 핵심으로 나는 자폐증 아동, 청소년, 성인에게 자신의 세계관을 공유하도록 격려하고, 임상가는 그 세계관에 귀를 기울이고 존중하며, 동

시에 당사자의 이야기가 인식되고 전달되는 방식을 긍정적이고 묘사적인 언어로 재구성해서 통찰력과 함께 제공하는 데 초점을 맞췄다. 이렇게 강점과 차이점의 패턴을 조명하는 묘사적 언어에 대한 강조는 신경다양성을 지지하고 포용한다.

『자폐증인가요 II: 진단을 위한 동반 지침서Is This Autism: A Companion Guide for Diagnosing』에서는 임상가가 강점 기반의 언어를 사용하고, 내담자와 가족이 평가 과정에서 들려주는 이야기를 주의 깊게 들어야 한다고 반복적으로 조언한다. 도나, 사라, 자멜 박사는 자폐증 평가 절차에 관한 훌륭하고 포괄적인 개관을 임상가에게 제공한다. 이들은 개개인의 자폐증 이야기를 밝혀 내는 복잡하고 다차원적인 과정뿐만 아니라, 이때 어떻게 존중과 긍정을 담아낼지도 소개한다. 자폐스펙트럼의 뇌 양식에 대한 이해를 넓히고 업데이트하는 데 관심이 있는 모든 임상가에게 이 입문서를 강력히 추천한다. 자폐스펙트럼의 뇌는 놀라울 만큼 독창적인 강점과 고유한 차이점의 패턴을 담고 있다. 이야기를 찾아보자. 그리고 강점을 기반으로, 지지적인 방식으로 그 이야기를 전달하자.

추천사

『자폐증인가요 I: 임상가와 모두를 위한 지침서』 그리고 『자폐증인가요 II: 진단을 위한 동반 지침서』는 자폐증에 관한 최신의 과학적이고 임상적인 통찰, 자폐인의 생생한 경험과 관점을 통합한 탁월한 성과물입니다. 섬세한 묘사와 세심한 관찰, 속 깊은 온정을 담은 이 책은 임상가, 가족, 혹은 자폐인 당사자를 포함한 모든 독자에게 자폐증에 관한 이해를 바꿔 줄 것입니다.

스티브 실버맨Steve Silberman,
『뉴로트라이브: 자폐증의 잃어버린 역사와 신경다양성의 미래』의 저자

『자폐증인가요』는 제가 지금까지 읽었던 책들 가운데 가장 뛰어난 두 권입니다! 헨더슨Henderson, 웨일랜드Wayland, 화이트White 박사는 자폐증의 의료 및 치료 분야에서 매우 필요한 정보를 풍부하게 제공하기 위해 신경-확증적인 임상 활동neuro-affirming practice을 포괄하고, 자신들의 임상적 경험과 삶을 통합하였습니다.

밥 쿡Barb Cook, MAut, DipHSc, 발달 교육자,
NeuroEmploy Pty Ltd & NeuroDiversity Hub 디렉터, Spectrum Women 창립자

『자폐증인가요』는 자폐인의 목소리와 최신 연구를 통합하여 모든 유형의 임상가가 쉽게 읽고 힘을 북돋을 수 있는 통합적인 자료를 제공합니다.

로렌 켄워시Lauren Kenworthy, PhD, 소아 신경심리학자,
Children's National Hospital, Center for Autism Spectrum Disorder 디렉터

이 책은 자폐인 모두를 포함하여 자폐증이 실제로 어떤 모습일지를 풍부하고도 폭넓게 존중하는 마음으로 보여 줍니다. 그리고 그동안 자폐증의 전체 '스펙트럼'에

대한 이해를 제한해 왔던, 때때로 부정확하고 제한적이고 정형화되어 있던 기대를 임상가가 뛰어넘을 수 있도록 귀중한 자료를 제공합니다. 자폐인을 알든 모르든지 간에 우리는 이들과 함께 일하기 때문에 모든 신경심리학자가 반드시 읽어야 할 책입니다.

키라 암스트롱Kira Armstrong, 소아 신경심리학자, 『The Clinical Neuropsychologist Special Issue: Assessment and Diagnosis of Autism Spectrum Disorders』의 공동 편집장

이 책의 강점은 저자들이 책의 방향을 이끌어 준 여러 자폐인 참여자에게 솔직하게 피드백을 구하고 이들과 깊이 협력했다는 사실에 있습니다. 마침내 우리의 공유된 경험은 전문가, 가족, 동료를 포함하여 모든 이를 가르치는 그들의 역량을 축하하고 최대화하는 공간으로 승격되었습니다.

데나 가스너Dena Gassner, MSW, PhD(c), 자폐인 학자, Towson University 겸임교수

도나 헨더슨Donna Henderson, 사라 웨일랜드Sarah Wayland, 자멜 화이트Jamell White가 쓴 이 중요한 책은 쉽게, 심지어는 재미있게 읽을 수 있으며, 진단 전문가에게 자폐증에 관하여 훌륭하게 정립된 사고방식을 제공합니다. 특히 급증하는 자폐증 유병률을 고려할 때, "어떻게 하면 호기심을 유지할 수 있을까?"라는 질문이 떠오릅니다. 저는 이 책을 읽으면 된다고 대답하겠습니다. 이 책에서 전달하는 전문 지식은 자폐증에 관심이 있는 사람 모두에게 중요합니다. 이 책은 임상가, 연구자, 진단가에게 필수적인 자료입니다. 저는 지금까지 이 분야에서 가장 중요한 책이라고 주저하지 않고 평가하겠습니다.

레이첼 K. 쉴리Rachelle K. Sheely, PhD, RDI 사장

생생한 경험, 전문적인 지식과 연구를 섬세하게 구성한 『자폐증인가요』는 모든 임상가가 그들의 진료실에 방문하는 자폐증 내담자를 인식하고 더 나은 서비스를 제공하기 위해 반드시 읽어야 할 책입니다.

킴 클래리Kim Clairy, OTR/L, 자폐증 작업치료사

『자폐증인가요』는 임상가뿐만 아니라 자폐적인 뇌를 가진 사람에게 힘을 북돋는

메시지를 담고 있어서 혁신적입니다. 헨더슨 박사와 웨일랜드 박사는 자폐증이 이해되고 진단되는 대화의 방식을 분명하게 바꾸고 있으며, 그 세상은 자폐인에게 더 나은 곳이 될 것입니다. 만약 당신이 자폐증에 조금이라도 관심이 있다면(만약 관심이 없더라도!) 이 책은 정말 필독서입니다. 제가 장담합니다. 이만한 책은 없을 것입니다.

카린 바블로Karin Varblow, MD, 소아과 전문의

『자폐증인가요』는 자폐증에 관한 최신 연구와 관련 임상 지침을 확증적이고도 이해하기 쉬운 틀로 제공합니다.

제레미 샤프Jeremy Sharp, PhD, 공인 심리학자, The Testing Psychologist 팟캐스트 진행자

이 놀라운 책은 임상가와 부모님이 자폐증의 덜 분명한 표현을 이해하고 확인하는 데 없어서는 안 될 필수품입니다. 저자의 개인적이고 임상적인 경험에 뿌리를 둔 실용적인 지혜뿐만 아니라, 신경다양성에 대한 지대한 존중으로 가득 차 있습니다. 제가 더 나은 심리학자가 될 수 있는 정말 많은 것을 배웠습니다.

윌리엄 스틱스루드William Stixrud, PhD, 임상신경심리학자,
『놀아주는 엄마 주도하는 아이The Self-Driven Child』, 『What do you Say?』의 공동 저자

당신의 이웃, 선생님, 동료, 이모에게 자폐증이 어떤 모습으로 보이는지 알고 있습니까? 풍부한 인용문과 실세 사례를 통해 신경다양성을 생생하게 보여 주는 이 특별한 책은 실망스럽지 않을 것입니다.

테레사 M. 리건Theresa M. Regan, PhD, 『Understanding Autism in Adults and Aging Adults』의 저자

『자폐증인가요』는 자폐인의 마음과 영혼 속으로 떠나는 여행에 가이드가 되어 줄 것입니다. 도나 헨더슨, 사라 웨일랜드, 자멜 화이트는 수십 년에 걸친 개인적이고 전문적인 연구에서 얻은 지식을 바탕으로 자폐인이 발달 과정 중 경험하게 되는 수많은 우여곡절을 생생하게 전달합니다. 특히 '소속감'에 대한 문구가 인상 깊었습니다. 세상에 어떤 모습으로 표현되든지 간에 우리가 누구인지 인정받으려는 마음은 모든 인간의 열망 중에서도 가장 깊은 핵심에 자리 잡고 있습니다. 헨더슨, 웨일랜

드, 화이트는 측은지심과 포용력을 가지고 자폐증에 관한 학식을 넓히면서 지혜를 발휘할 방법을 제시합니다. 신경다양성 전문가들의 확고한 근거를 가진 연구와 실용적인 제안, 감동적인 이야기를 통해 우리는 자폐인의 내면을 알아야만 곁에서 전문가와 가족으로서 도울 수 있다는 사실을 이해하게 됩니다. 이 책은 자폐인의 독특한 경험에 적응하고 이를 기념하는 세상을 만들기 위해 노력하는 우리 모두에게 필수적인 지침서가 될 것입니다.

릭 실버Rick Silver, MD, 정신과 전문의, The THRIVE Center 창립자 겸 디렉터

이 획기적인 책은 자폐증에 관한 우리의 사고방식에 큰 변화를 가져다줄 것입니다. 헨더슨 박사와 웨일랜드 박사는 양질의 연구와 조직화를 통해 자폐증을 이해하는 시야가 구체화되고 확장될 수 있는 최고의 글을 창조하였습니다. 이 책은 신경다양성의 세계를 이해하고자 하는 모든 전문가와 일반인에게 필독서입니다.

리타 에이헨슈타인Rita Eichenstein, Dr, 신경심리학자,
『Not What I Expected: Help and Hope for Parents of Atypical Children』의 저자

이 두 권의 책을 읽는 것은 마치 자폐증을 속속들이 알고 있는 여러 명의 숙련된 임상가와 자폐인 커뮤니티의 지도를 동시에 받는 일과 같습니다. 이 책은 접근성이 뛰어나고 완전히 현실적이며 임상적 정수로 가득 차 있습니다. 제게 『자폐증인가요』의 두 권은 자폐증, 심리학, 정신의학, 신경학, 소아의학, 아동·청소년 발달, 교육, 말하기 및 언어치료, 작업치료, 정신건강 분야에서 일하는 모든 사람이 필수적으로 읽어야 할 책입니다.

멩-추안 라이Meng-Chuan Lai, MD, PhD,
Child and Youth Mental Health Collaborative at the Centre for Addiction and Mental Health,
The Hospital for Sick Children, and Department of Psychiatry,
Temerty Faculty of Medicine, University of Toronto, Toronto, Ontario, Canada

이 책은 걸작입니다. 새로운 정보들로 아름답게 서술되어 있으며, 체계적이고 중요하고 유용합니다. 정말 훌륭합니다. 정말 마음에 듭니다.

캐롤 스톡 크라노위츠Carol Stock Kranowitz, 『The-Out-of-Sync Child』의 저자

차례

서론

"더는 다른 누군가가 되기 위해 끊임없이 노력하는 연습생이 아니라는 생각이 듭니다. 이제 저는 나 자신이 됨에 있어 이미 전문가임을 알고 있습니다."

- 레이첼 K.Rachel K.

출발점

이 책과 함께 출판된『자폐증인가요 I: 임상가와 모두를 위한 지침서』는 광범위한 독자를 대상으로 한다. 구체적으로 자폐증 가능성을 고려할 때 **무엇**을 살펴보아야 할지 설명해 주며, 덜 분명한 자폐증이 보일 수 있는 다양한 측면뿐만 아니라 흔히 동반되는 문제와 자폐적 강점을 살펴본다. 진단 자격이 있는 임상가를 위해 집필된 이 책은 **어떻게** 봐야 할지 그 진단 방법을 제시한다. 특히 자폐증 가능성이 있는 내담자가 자신의 경험에 의미를 부여할 수 있도록 정보를 수집하고 조직화하고 통합하는 방법을 알려 준다.

자폐증을 **어떻게** 살펴볼 지 배우기에 앞서 **무엇**을 찾아야 하는지 완전히 이해해야 한다. 그러므로 앞으로 설명할 절차를 이해하는 데 필수적인 틀을 제공하는『자폐증인가요 I: 임상가와 모두를 위한 지침서』를 먼저 읽어 보도록 강력히 권한다.

만약 당신이『자폐증인가요 I: 임상가와 모두를 위한 지침서』를 이미 읽었다면, 서론에서 중복되는 부분을 발견하고 건너뛰고 싶을 수 있다. DSM-5-TR 및 ICD-11 진단기준을 설명하는 내용이 일부 겹치기는 하지만, 이 책의 서론에는 동반저서에 포함되지 않았던 임상 진단과 관련된 새로운 정보도 있다.

이 책을 쓰게 된 이유

정신건강전문가 혹은 건강관리전문가인 당신이 자폐증 관련 지식에 대해 혼란과 두려움을 느끼고 자신이 없다면, 당신 혼자만의 느낌은 아니다. 자폐증에 대한 이해는 지난 수십 년 사이에, 특히 최근 몇 년간 많은 성인 자폐인이 자신의 목소리를 내고 경험을 공유하면서 급격히 확장되어 왔다.

머피Murphy 박사는 성인 정신건강의학과 전문의이다. 수십 년 전에 수련을 마쳤고, 수련 과정 중에 유아기에 시작하는 장애를 다루지 않아서 자폐증에 대한 교육을 거의 받지 못했다. 머피 박사에게 자폐증이란 팔을 펄럭이고 언어를 거의 사용하지 못하고 돌봄과 감독이 온종일 필요한 사람이다. 머피 박사는 자폐증에 관한 자신의 지식이 시대에 뒤떨어진다는 사실을 인식하지 못했고, 환자를 감별진단하는 과정에서 자폐증을 고려하지 않았다.

빌링스Billings 박사는 자격증을 가진 심리학자이다. 자폐증에 관한 교육을 받았지만 그다지 큰 관심을 두지는 않았고, 항상 막연한 두려움을 느껴 왔다. 심리학자로 일한 지 20년이 지난 지금, 빌링스 박사는 자폐증에 대한 지식이 완전하지 않아 내심 부끄러워하고 있다. 내담자를 감별진단할 때 자폐증을 거의 고려하지 않으며, 만약 필요할 때는 다른 전문가에게 의뢰한다.

마르시 그레이Marci Grey는 석사학위를 가진 심리치료사이다. 마르시는 자신의 내담자 중 몇몇이 자폐증 진단을 받지 못했다고 알고 있지만, 어떻게 해야 할지 감을 못 잡고 있다. 주州에서 진단 권한을 부여한 자격증이 있지만, 공식적인 평가를 수행하지 않았기 때문에 자폐증을 진단해서는 안 된다고 생각한다.

그러나 임상 수련은 이 새로운 이해의 지평을 따라가지 못하고 있으며, 이는 자폐인과 그 가족뿐만 아니라 임상가에게도 심각한 문제이다. 저자는 자폐증이 혼란스럽고 겁난다고 털어놓는 임상가를 수도 없이 만났고, 이들은 종종 동료나 수퍼바이저에게 이를 인정하기 부끄러워한다.

저자의 경험을 뒷받침하는 연구 결과도 있다. 예를 들어, 2021년에 실케 리핀스키 Silke Lipinski 등은 성인 심리치료자 498명을 대상으로 자폐증에 관한 지식과 지적발달 장애가 없는 자폐증 내담자에 대한 진단 및 치료 역량이 있는지 평가하기 위해 설문 조사를 실시했고, 다음의 사실을 발견했다.

- 상당수는 자폐증에 대한 오해와 시대에 뒤처진 신념을 가지고 있었다.
- 연구에서 흔히 포함되는 다른 정신질에 진단(예: 조현병, 섭식장애, 강박장애)에 비해 자폐증(과 ADHD)에 대한 교육을 훨씬 적게 받았다고 보고했다.
- 다른 진단에 비해 자폐증 내담자의 진단과 치료와 관련한 자신의 역량이 더 낮다고 평가했다.

더욱이 연구팀은 자폐증에 대해 더 잘 이해하는 치료자일수록 자폐인 내담자를 더 개방적으로 수용한다는 점을 발견했다. 연구팀은 치료자가 자폐증을 잘 알고 있지 못하는 점에 대해 "걱정스럽다"고 언급했는데, 이는 치료자가 이전에 탐지되지 않은 자폐증을 발견하는 데 중요한 역할을 하기 때문이다. 저자 역시 동의한다.

이 문제는 정신건강전문가에게만 국한되지 않는다. 실케 리핀스키 등이 결론지었듯이, "자폐증에 대한 지식은 심리치료사뿐만 아니라 건강관리돌봄제공자나 대중에게도 부족하다."

이 결과는 진단과 치료에 접근하는 데 어려움을 겪는 자폐증 성인의 보고와도 일치한다. 이들은 정신건강전문가가 자폐인을 내담자로 받아들이지 않는 가장 큰 이유로 자폐증 관련 지식이 모자란 점을 꼽았다. 또한 정신건강전문가들이 자신의 신체 건강·정신건강 문제가 자폐증과 연관된다는 사실을 잘 이해하지 못한다고 보고한다. 요컨대, 자폐인은 비-자폐인과 동일하게 의료서비스를 이용할 수 없으며, 건강관리전문가는 관련 전문 지식의 빈약함에 대해 불확실감과 불충분함, 때로는 속으로 당황스러움을 느낀다.

만약 당신도 고개를 끄덕였다면, 당신만 그런 것은 아니다!

간략한 역사적 관점

저자가 이 책을 쓰고 있는 지금, 자폐증을 처음 진단받은 사람인 도널드 트리플렛Donald Triplett은 아직 살아 있다.[1] 그러나 자폐증에 대한 우리의 이해는 빠르고 극적으로 발전해 왔다. 처음 수십 년 동안, 자폐증은 조현병의 하위 유형으로 희귀하고 사람을 심각하게 쇠약하게 한다고 생각되었다. 1980년대까지만 해도 대다수가 자폐증에 대해 들어보지 못했다. 1990년대 초에 영화 〈레인맨Rain Man〉에서 더스틴 호프만Dustin Hoffman이 연기한, 특이하게 행동하고 눈을 마주치지 못하고 거의 지속적인 관리 감독이 필요하지만, 특별한 능력을 지닌 백인 남성 레이몬드Raymond를 통해 많은 이가 자폐증을 알게 되었다. 자폐증에 대한 우리의 이해는 1994년 개정된 DSM에서 아스퍼거장애, 즉, 평균 이상의 지능과 덜 분명한 (혹은 장해가 덜한) 자폐적 특성을 가진 사람을 포함하면서 다시 바뀌었다. 드라마 〈빅뱅 이론Big Bang Theory〉에서 명백하게 기이한 백인 남성인 셸든Sheldon이 대표적인 사례이다.

1990년대 후반에 이르러서 연구자와 임상가는 자폐증을 (냉장고 어머니refrigerator mothers의 결과가 아닌) 유전에 기인한 신경학적 차이로 이해하게 되었으며, 최근 몇 년 동안 자폐증에 대한 이해가 급속도로 확장되고 있다. 2010년대에는 외견상 잘 드러나지 않는, 소위 **자폐증의 여성 표현형**female phenotype of autism에 대한 인식이 커지기 시작했다. 이에 따라 자폐증의 정형화된 모습에는 부합하지 않으나 덜 분명한 자폐증을 보이는 사람이 있다고 이해하게 되었다.

자폐증의 여성 표현형은 **위장**camouflaging, **가면 쓰기**masking, 혹은 **비-자폐인처럼 보이기**passing as non-autistic로 지칭되는 개념을 알려 주었다. 저자들은 몇몇 자폐인이 자폐증을 적극적으로 숨기고 의도적으로 감춘다는 점을 알게 되었다(예: 일부러 눈 맞춤을 시도하거나 반복 행동을 숨김). 그래서 '자폐증을 보기see 위해서는' 겉으로 드러난 모습 이면을 들여다봐야 한다는 점을 알게 되었다. 자폐증 여아와 여성은 자폐증이 정말 미묘하게 혼재되어 있어서 진단과 지원에 접근하기가 상당히 어려울 수 있다는

1) 역자 주: 2023년 6월에 암으로 사망했다.

점도 알게 되었다.

이 말인즉슨 남성도 역시 덜 분명한 자폐증을 보일 수 있다. 더욱이 젠더가 이분법적인 구조가 아님을 알게 되면서 **여성 표현형**의 언급은 논바이너리non-binary, 젠더 플루이드gender fluid, 사회 구조적인 젠더 이분법에 해당하지 않는 많은 이를 배제한다는 사실과 직면할 수밖에 없게 된다. 자폐인 상당수가 이 집단 중 하나에 속하기 때문에 중요한 문제가 된다.

저자는 이러한 맥락에서 **여아로부터 알게 된 점**을 이 책 전체에서 강조하겠지만, 우리의 새로운 이해가 자폐증의 표현이 덜 분명한 모든 젠더에 적용될 수 있음을 유념해 주기 바란다.

신경다양성 패러다임

최근에 자폐증의 개념에서 중요한 확장이 있었다. 자폐증은 유전적 실수가 아닌, 인간 다양성의 자연스러운 형태 중 하나라는 개념이다. 이를 **신경다양성 패러다임** neurodiversity paradigm이라고 한다.

누가 '옳은가'?

패트Pat는 스스로를 자폐인이라고 생각하는 고학력의 건강관리전문가로, 자폐증을 진단명이나 장애가 아닌 하나의 특성으로서 강하게 믿고 있다. 패트는 자폐증이 DSM에 등재된 것도 불쾌하고, 자폐증에 대해 어떤 식으로든 바람직하지 않거나 문제라고 여기는 사람들에게 소외감을 느낀다. 그러면서도 동시에 "그런데 당신은 자폐증으로 보이지 않아요!"라고 말하면서 자신이 자폐증의 기준에 맞지 않는다고 주장하는 사람들에게도 소외감을 느낀다.

앤드류Andrew는 상당히 유능한 금융 전문가로, 스스로가 자폐증을 가졌다고 생각한다. 그리고 자폐성 뇌가 장단점을 모두 가진다고 생각하여 자폐증을 하나의 진단으로서 받아들이기가 불편하지는 않다. 하지만 앤드류는 자신이 진정한 자폐인이라고 하기에는 너무 성공적이라고 생각하는 사람들로부터 수용받지 못한다고 느낀다. 동시에 '자폐인' 대신에 '자폐증을 가진 사람'이라는 표현을 선호한다는 이유로 스스로 수치심을 느낀다고 생각한다. 앤드류는 그 한가운데에 끼어 있다고 느낀다.

여섯 살인 조시Josie는 자폐증과 연관된 학업, 사회성, 정서, 행동 문제가 심각하다. 부모는 조시를 보조하고 통제하는 과정에서 압도감을 경험하며, 피로감, 분노, 고립감, 죄책감도 자주 느낀다. 최근에 어머니는 신경다양성에 관한 글을 읽었는데, 자폐증이 생물학적 다양성의 한 형태일 뿐이며 의학적 문제로 간주해서는 안 된다는 내용이었다. 조시의 부모는 신경다양성의 개념에 대해 소외감을 느끼고 수용받지 못한다고 느낀다.

이 복잡한 문제에 단 하나의 진실만이 존재하지는 않는다. 개인 각자와 그 가족은 서로 다른 관점을 존중하면서 자신의 길을 찾아 나가야 한다.

신경다양성 모델에서는 자폐증도 다른 생물학적 변이와 마찬가지로 인간의 생물학적 다양성의 일부일 뿐이라고 주장한다. 왼손잡이의 예를 들어 설명해 보려고 하는데, 왼손잡이가 자폐증으로서의 경험만큼 중대하다는 말은 아니다.

왼손잡이를 병리적으로 취급하고 하나의 결함이나 죄로 여기던 시절이 있었다('죄악sinister'이라는 단어는 실제로 라틴어로 왼쪽left을 의미한다). 왼손잡이는 단지 다르다는 이유만으로 수치심과 비난, 불편함을 경험하고 자연스러운 생리를 거스르도록 강요받았고, 때때로 이는 학대적이었다. 예를 들어, 학교에서 수업 시간 중에 왼손잡이의 왼손을 등 뒤로 묶어 놓기도 했다. 마침내 의료계, 교육자, 일반 대중은 왼손잡이가 나쁘게 타고난 것이 아니라, 생물학적 다양성의 일부라는 사실을 깨닫게 되었다. 이제 왼손잡이는 수치심이나 비난을 받거나 자신의 몸과 싸우지 않아도 된다(오른손잡이의 세상에서 왼손잡이가 여전히 더 스트레스를 받을 수 있겠지만).

신경다양성neurodiversity 용어는 1990년대 후반에 자폐인 사회과학자인 주디 싱어Judy Singer가 처음 사용하였다. 이해를 돕기 위해 〈표 1-1〉에서 신경다양성 패러다임을 전통적인 의료 모델과 비교하였다.

표 1-1 의료 모델과 신경다양성 패러다임 비교

	의료 모델	신경다양성 패러다임
핵심 가정	정상적인normal 존재 방식이 있고, 이와 현저하게 다르다면 나쁘게 타고난 결함이며 수정되어야 한다.	정상normal이란 없다. 다양한 종류의 뇌가 있고, 똑같은 뇌, 그리고 더 나쁘거나 좋은 뇌는 없다. 더군다나 신경다양성은 우리 종에게 경쟁에서 우위를 점할 수 있게 해 준다.
자폐증의 개념화	자폐증은 질환 혹은 장애이다. 자폐증은 바람직하지 않으며, 나쁜 쪽으로 분류된다.	자폐증은 인간의 생물학적 다양성의 일부이며, 개인적인 수준에서는 정체성의 타고난 일부이다.
장애의 개념화	장애는 개인 내적within 결함이다.	장애는 사람과 환경 간의 부조화의 결과이다. 환경적 지원 혹은 융통성의 결여가 장애가 된다.
사용 언어	결함을 기반으로 하며, 강점을 무시한다.	차이를 기반으로 하며, 강점을 포함한다.
치료 목표	자폐인이 널 사폐적으로 보이도록 하고, 치료법을 찾고자 한다.	자폐인이 일상에서 기능적인 방식으로 진정한 자기가 될 수 있도록 돕는다. 치료는 자폐인을 더 잘 지원하고 부정적인 인식을 바꾸도록 환경을 변화시킨다.
이상적인 결과	자폐증을 예방하고 치료한다.	자폐증(및 다른 형태의 병리적인 생물학적 다양성)에 대해 문화적으로 서술되는 방식을 바꾼다.

엘리자베스 펠리카노Elizabeth Pellicano와 재클린 덴 하우팅Jacquiline den Houting의 언급처럼, 의료 모델에서 "자폐증은 당사자와 그 가족에게 비극적인 운명의 메시지를 주기적으로 전달하며, 자폐증 진단을 슬퍼하고 애도하리라고 가정한다." 자폐인과 그 가족에게 미치는 분명한 영향 외에도, 저자는 이 모델이 임상가에게 미치는 효과에

대해서도 우려한다. 만약 임상가가 자폐증을 비극으로 간주한다면 자폐증을 살펴보고 진단하고 내담자와 공개적으로 논의하기를 꺼리게 될 것이며, 또한 자폐증에 대해 두려움, 불안, 동정심을 가지고 이야기하게 될 것이다. 그렇지 않다면 어떻게 나쁜 소식을 전하겠는가?

그러나 신경다양성의 관점에서 왼손잡이를 장애로 여기지 않는 것처럼, 자폐증은 장애가 아니다. 우리는 인간 경험의 일반적인 부분이 되는 다양한 프로파일을 가진 사람에게 진단을 내리지는 않는다. 그러나 누군가 어려움을 겪는다면, 비록 그 어려움이 뇌와 환경의 불일치에서 비롯되었더라도 진단은 다양한 목적으로 사용될 수 있다. 진단으로 개인, 가족, 학교 등에서 서술되는 방식을 바꿀 수 있으며, 부정확하거나 비판적인 꼬리표(예: 반항적이거나 게으른)를 뗄 수 있다. 진단은 어떤 유용하지 않고, 심지어 해로운 개입으로부터 다른 방향의 개입을 안내할 수도 있다. 또한 진단은 편의나 지원과 같은 법적 권리를 부여하고 적절한 개입 및 지원으로 이끌 수 있다. 그러나 진단이 그 사람 안에 무언가 문제가 있음을 의미해서는 안 된다. 대신에 그 사람이 다른 유형의 신경계를 가지고 태어났다고 이해하도록 하며, 이를 인정하는 것이 우리의 의무이다. 이로써 우리는 비-자폐인의 세상에서 자폐인으로서 진정한 삶을 살아가도록 하는 도구와 전략을 논의할 수 있게 된다.

자폐증 관련 지식이 축적되면서 자폐스펙트럼에 대한 이해가 이전보다 훨씬 광범위하고 다양해졌다. 이 책은 자폐증의 표현이 덜 분명한 사람에게 초점을 둔다. 그러나 물론 초기에 우리가 자폐증에 대해 알고 있던 바와 더 일치하는, 다시 말해 지적기능이 낮거나 언어적 기술에 현저한 손상이 있거나 많은 도움이 필요한 자폐인도 많다.

서로 다른 경험들은 모두 타당하다

이 책을 쓰고 있는 현재 전 세계 인구는 약 80억 명에 달하며, 현재 자폐증 유병률이 2% 이상으로 추정되는 만큼 자폐인의 수는 1억 5천만 명이 훨씬 웃돌 것이다. 이렇게 큰 규모의 집단은 엄청나게 다양한 모습으로 나타날 수밖에 없다. 한 명의 자폐인 혹은 집단이 모든 자폐인을 대변하지 못하며, 저자 역시 자폐인 중 어느 누구도 대변하지 못한다. 더욱이 신경다양성의 접근 방식은 일부 자폐인에게 적합하고 적절하게 보이지만, 모든 자폐인에게 그렇지는 않다.

이 책은 자폐증이라고 쉽게 확인되거나, 많은 지원이 필요하거나, 평생 동안 상당한 관리감독이 요구되거나, 조기 진단을 받을 가능성이 높은 사람에 대해서는 전혀 초점을 두지 않았다. 이들의 경험이나 이들을 사랑하고 지지하는 사람들의 경험을 수용하지 않으려는 것이 아니고, 단지 이 책의 초점이 아닐 뿐이다.

저자는 자폐인, 자폐증, 건강관리 장면의 모든 이가 이 복잡한 문제를 해결하기 위해 사려 깊고 서로를 존중하는 대화를 이어 나가길 바란다. 우리에게는 모든 자폐인의 삶을 개선하고자 하는 공동의 목표가 있다.

자폐증이란 무엇인가

자폐스펙트럼에 대한 이해가 점점 더 복잡해지면서 이렇게나 대규모의 이질적인 집단을 설명하는 유일한 정의를 고안하기 또한 점점 더 어려워지고 있다. **자폐증에는 무수한 이형**variation**이 있다.**

이를 염두에 두고 자폐증의 표현이 덜 분명한 사람에게 초점을 맞춰 보면 다음을 알 수 있다.

- 자폐적이라 함은 근본적으로 다른 유형의 신경계를 가지고 있음을 의미한다.

- 만약 당신이 이렇게 다른 유형의 신경계를 가지고 있다면, 비-자폐인과 비교하여 여러 가지 다른 방식으로 세상을 경험하고 처리하고 반응하게 될 것이다. 여기에는 외부 감각 경험(예: 소음, 질감), 신체의 내적 감각 경험(예: 배고픔, 갈증, 통증), 운동 패턴(예: 자기-자극, 실행곤란dyspraxia), 의사소통(예: 더 직접적으로 의사소통하고 이를 선호함), 정보처리(예: 전체 맥락을 고려하기보다는 세부 지향적임)에서의 차이가 포함될 수 있다.
- 이러한 차이는 시간이 지나면서 변할 수 있지만, 일반적으로 평생 지속되고 만연한 영향을 미친다.

이것이 자폐증의 핵심이지만, 이 외에도 더 있다.

표현의 심각도에 따라 자폐적인 신경계 그 자체로 문제가 되지는 않는다. 자폐인 대부분이 비-자폐인을 위해 설계된 세상에서 살아야 하는 점을 제외한다면 말이다. 이는 엄청난 스트레스가 될 수 있다. 간단히 말해 자폐인은 그 안에서 무언가 잘못 타고나 문제인 것이 아니라, 자폐적인 신경계와 자폐인을 위해 설계되지 않은 세상 간의 불일치mismatch에 대처해야만 하는 것이 문제가 된다.

이러한 불일치는 자폐인에게 많은 문제를 초래하는데, 일반적으로 압도감 그리고 오해하거나 오해받는 것으로 분류될 수 있다. 빈번한 압도감과 의사소통 오류의 두 가지 문제는 종종 사회적 문제와 불안으로 이어지며, 비-자폐인은 이 모습을 일상적으로 보게 된다. 사람들은 자폐증에서 관찰 가능한 행동 표현을 보고 그것이 바로 자폐증이라고 생각한다. 마치 물 위에 떠 있는 섬의 일부만 보고 나서 그 아래에는 아무것도 없으며, 평평한 육지가 떠 있다고 생각하듯이 말이다. 그러나 사회적 문제는 자폐증의 핵심이 아니며, (비-자폐인을 위해 만든 세상에서) 자폐적인 것의 결과이다. 이를 이해하면 일부 자폐인이 다른 사람들만큼 자폐인처럼 보이지 않는 이유를 알 수 있다. 행동 표현behavioral manifestations, 즉 사회적 어려움은 자폐증 자체가 아니며, 자폐증으로 인한 결과이다.

이를 설명하기 위해 생각하는 실험을 하나 해 보려고 한다. 저자가 당신을 플럽 나라the Land of Flurb로 데려간다고 가정해 보자. 여기에는 대다수의 문화권과 마찬가지로 대부분의 사회적 규칙이 명시적이지 않지만(즉, 명시적으로 가르쳐 주지는 않아도 각자 직관적으로 알아야 하지만), 저자가 당신을 돕기 위해 몇 가지를 말해 주겠다. 눈 맞춤을 무례한 행동으로 여긴다. '그the'라는 말을 할 때마다 어깨를 만지도록 요구된다. 누군가를 만나거나 반기거나 작별 인사를 할 때 웃지 않도록 주의하되, 대화 중에는 반드시 미소를 지어야 한다. 또한 플럽인의 감각적 요구는 우리와 다른데, 계속해서 요란하게 울리는 시끄러운 음악을 강하게 선호하며, 화씨 102도[2]의 실내 온도를 좋아한다. 당신이 플럽 나라에서 하루 종일 상호작용하고 작업하는 내내 이 모든 일에 대처해야 한다고 생각해 보라.

- 주의 산만해지는가? 스트레스를 받는가? 신체적으로 불편한가?
- 다른 사람의 말을 듣거나 경청하기 어려운가?
- 주의집중력, 에너지, 사회적 동기가 저하되는가?
- 다른 사람들과 쉽게 소통할 수 있는가? 상대방을 감동시키고 설득하고 자기주장을 펼칠 수 있는가?
- 당신의 진정한 모습으로 존재할 수 있는가?

참고로, 저자가 명시적으로 읊어 준 내용은 독자를 돕기 위한 규칙의 일부이다. 실제 현실에서 자폐인은 보통 **암묵적으로** 전달되고 상황에 따라 달라질 수 있는 규칙을 파악해야 한다. 예를 들어, 눈을 얼마나 마주쳐야 하는지, 얼마나 가까이 서야 하는지, 얼마나 자기 이야기를 해도 되는지 등은 모두 대인관계나 상황에 따라 달라진다.

실수로 눈을 마주치거나 혹은 어깨 만지기를 잊어버렸는가? 그렇다면 **당신은 무례하거나 실례되거나 이상한 사람으로 보일 것이다.** 그래서 당신은 "안녕하세요! 전 여기 처음 왔어요! 여기 적응하려면 어떻게 해야 할지 고민 중이에요! 음악과 더위 때문에 머리가 아파요!"라고 말하고 싶을 것이다. 하지만 이런 말을 하지 못할 수도 있고, 설령 말한다고 해도 사람들은 당신을 이상하게 생각할 것이다. 당신은 (임의적인) 사회적 기대에 부합하지 않으므로 **오해받고, 수용되지 못하고, 거부당할** 수 있다.

---

2) 역자 주: 섭씨 약 40도

하지만 잠시, 더 있다! 이러한 불일치가 발생하면 변화와 적응에 대한 압박은 전적으로 소수에 속하는 사람들에게 향한다. 우리 사회에서 자폐인은 소수에 속한다. 자폐인과 비-자폐인이 어색하게 상호작용하면 자폐인만 잘못되었다고 비난을 받는다. 이 패러다임을 **장애인 차별주의**ableism라고 한다. 자폐인이 다른 사람으로부터 비난받으면, **이를 내면화하여 스스로를 비난**하는 경우가 많다.

> "저는 이 상황을 일종의 문화적 차이로 생각하도록 배웠습니다. 신경-전형적인 사람과 소통할 때 우리는 문화 간 소통을 한다고 말입니다. 포르투갈이나 브라질, 인도에서 온 사람과 대화하는 일과 다르지 않고, 우리의 차이는 정말 다른 세계관, 성향, 경험을 바탕으로 합니다."
>
> \- 패트 G.Pat G.

자폐증에 대한 이해는 계속해서 진화하겠지만, 저자가 확신하는 네 가지 불변할 점이 있다.

- 자폐증은 사회성뿐만 아니라 감각, 정보처리, 의사소통, 신체 건강, 정서 경험 등 개인적 경험의 모든 측면에 영향을 준다.
- 신경계의 차이는 사람마다 다르게 나타나며, 셀 수 없이 다양한 모습이 있다.
- 자폐인은 강점과 어려움을 모두 가진다.
- 자폐증의 전형적인 특성을 보이지 않지만, 그래도 자폐증인 사람이 있다.

만약 외현적인 표현이 너무 미묘하다면, 그것이 왜 문제인가

미치Mitch는 하반신 마비로 팔을 무리 없이 사용할 수 있지만, 다리를 쓰지 못해 휠체어로 이동한다. 어느 날, 중요한 회의에 참석하기 위해 도착했는데, 계단을 올라가야만 입장할 수 있음을 깨달았다. 건물 안으로 들어갈 수 있는 다른 선택지가 없어서 휠체어에서 내려 팔로 몸을 끌며 천천히 힘겹게 계단을 올라갔다. 미치는 결국 꼭대기에 도착했지만, 매우 지치고 수치스러워서 휠체어 없이는 건물 안으로 더는 나아가지 못했다.
같은 회의에 참석하러 가는 길에 당신은 쉽게 계단을 올라간다. 미치와 마주쳐 그의 경험에 대해 "그게 무슨 대수예요? 여기까지 왔잖아요? 그러니 문제없어요"라고 미치에게 말할 수 있겠는가?

『자폐증인가요 I: 임상가와 모두를 위한 지침서』에서도 언급했지만, 저자가 많이 받는 질문 중 하나는 "주변 환경에 섞일 수 있고 자폐증이 아닌 것처럼 보일 수 있다면, 정말 자폐증이 아니지 않습니까?"이다. 이 질문은 자폐증이 단지 **다른 사람에게 관찰될 수 있는 행동**으로만 구성된다는 관점을 취하며, **그 이면에서** 일어나는 엄청난 노력과 소진, 스트레스를 고려하지 않는다. 예를 들어, 어떤 사람은 '눈 맞춤을 잘한다'고 보일 수 있다. 그러나 이 행동이 힘들거나 억지로 해야만 하거나 집중을 방해하거나 불편하다면, 이는 문제이다!

선행 연구에서는 자폐증에서 불안, 우울, 수면장애, 섭식장애, 자살(사고 및 행동)의 위험성이 훨씬 높다는 점을 분명히 보여 준다. 또한 심혈관질환, 위장장애, 천식, 알레르기, 자가면역질환, 갑상선질환, 당뇨 등 다른 많은 동반질환을 가질 위험도 크며(본문에 기술하기에는 너무 방대하므로, 자세한 내용은 리사 크로엔Lisa Croen 등의 연구를 참고하라), 『자폐증인가요 I: 임상가와 모두를 위한 지침서』에서 많은 부분을 소개하였다. 이 책에서는 자폐인이 주변 환경에 조화롭게 존재할 때조차 혹은 이때 특히나 어려움을 경험할 수밖에 없는 이유를 몇 가지 강조하고자 한다.

- **보상하는 기술이 있다고 해서 사회적 직관이 있다는 의미는 아니다.** 이 전략은 어떤 누군가가 다른 사람과 어울리게끔 도와준다고 판단한 전략이다. 웃는 사람에게 미소 지어 주기 같은 보상 기술이 효과적이라고 보여서 사용하는 것이지, 다른 사람의 반응을 예상하거나 의도를 이해했기 때문은 아닐 수 있다.

- **보상하는 기술은 일부 상황에서만 효과가 있다.** 자신의 방법이 효과적이지 않은 상황에 직면할 수밖에 없다. 이때 어떤 안내나 도움도 없이 새로운 전략을 개발해야 할 때가 많다(예: 첫 직장을 얻거나 처음 연애할 때).
- **보상하는 기술이 효과적일지라도 상당한 인지적 · 정서적 · 감각적 자원이 소모된다.** '플럽 나라'의 사고 실험을 떠올려 보자.
- **자폐인들은 만성적으로 오해를 받는다.** 자폐인에게 필수적인 위장은 오해받는 느낌과 고립감을 줄 수 있다. 자폐적 특성과 행동이 비-자폐인에게 성격적 결함으로 해석되는 경우가 상당히 많다. 더 심각한 문제로 자폐인이 이러한 판단을 내면화하여 우울과 부정적인 자기상을 가지게 되는 경우가 많다.
- **대부분의 시간 동안 다른 사람인 척하면서 자신이 누구인지 이해할 수 없게 된다.** 따라서 자폐인은 자기감sense of self을 높이고, 누구와 연결될 수 있을지 이해하고, 직업을 선택하고, 스스로를 옹호하는 등에서 큰 불이익이 있다.
- **위장으로 정확한 진단이 더욱 어렵다.** 잘 위장 중인 수많은 자폐인은 자신의 자폐증을 밝혀도 건강관리전문가가 이 자폐증을 '보지' 못했다는 이유로 '자폐증일 리가 없다'는 말을 듣는다. 임상가와의 상호작용은 위장을 사용하는 최선의 시나리오로 간주되어야 한다. 이 1:1 기반의 상호작용은 상호성이 거의 기대되지 않으며, 고도로 구조화되어 있고 감각이 통제된(즉, 조용하고 편안한) 환경에서 이루어지기 때문이다. 이것은 내담자가 보인 명백한 자폐 행동의 순간 포착에만 의존하여 저자가 자폐증을 평정하기 조심스러워 하는 이유 중 하나이다. 저자는 내담자의 개인력과 내적 경험 등 여러 출처에서 수집한 정보에 근거해서 진단한다.
- **만성적으로 수용받지 못했다.** 이들은 적절한 자폐증 진단을 받더라도 '자폐증 같아 보이지 않아서' '진짜 자폐증'이 아니라는 내적 · 외적 인식과 분투한다. 이렇게 오랫동안 수용받지 못한 상태는 자기 의심, 불안, 좌절감 같은 다양한 정서적 반응으로 이어질 수 있다.
- **자폐증은 쉽게 오진될 수 있다.** 자폐증이 인정되지 않으면 다른 진단을 내리는데, 일부는 실제로 동반되는 문제(예: 불안, ADHD)이지만, 다른 일부는 부적절하고 심지어 해로울 수도 있다. 인지되지 못한 자폐증을 오진해 온 역사가 길다.

2015년에 제시카 라이트Jessica Wright는 "1950~1960년대에 자폐증을 지닌 수천 명의 아동이 완전히 누락되거나 혹은 잘못된 진단명이 붙었다"고 기술했고, 후속 연구들도 이를 뒷받침한다. 예를 들어, K. 타카라K. Takara 등(2015)은 자폐인이 조현병, 정신증적 장애, 양극성장애, 주요우울장애, 성격장애로 오진되는 경우가 많다고 보고했다. 오진이 효과적이지 않은 개입과 약물치료로 이어지면 그나마 다행이고, 최악에는 해로울 수도 있다.

어려움을 보상할 수 있다고 해서 어려움이 없다고 하면 안 된다. 보상 행위는 개인의 정서적 안녕, 인지, 자기감을 높이는 능력, 일반적인 기능 능력의 큰 대가를 치른다. 위장한 자폐인은 불안과 우울을 경험할 위험성이 높다. 그리고 외롭고 괴로우며 완전히 지쳐 있는 경우가 상당히 많고, 진정한 자기정체감이나 자기조절, 자기 옹호를 돕는 (사회적으로 허용되는) 도구가 미미하며, 수용, 지원, 편의, 개입의 기회가 거의 없다. 이는 **정말로** 큰 문제이다.

자폐증 경험에서 본 시선으로: 장애를 가진 일

"무언가를 다른 맥락에서 보상한다고 해서 그 무언가가 사라진다는 것을 의미할까요? 발목이 부러진 사람이 계속 걷기 위해 부츠를 신어도 발목은 여전히 부러진 상태입니다. 우리의 경험과 삶을 당신의 관찰과 지각을 통해서 말하는 것은 정말 타당하지 않습니다. 위장된 모습의 이면에는 번아웃, 두통, 울음, 분리, 고통, 소진 등의 취약함이 있습니다. 제 생각에 우리 대다수에게 취약함은 아주 내밀하고 사적인 문제이고, 그래서 아마 당신이 보게 될 일은 없을 것입니다. 그렇다고 해서 현실성, 영향력, 타당성이 적은 건 아닙니다."

- 랄프 G.Ralph G.

"제 배우자가 퇴근하는 저를 데리러 왔고 피곤에 지쳐 차에 풀썩 쓰러져 있을 때, 저는 하루 종일 (실제 업무 외에도) 멈추지 않는 테트리스를 했다고 표현합니다. 일주일에 13시간을 일했고, 그 13시간이 제 삶을 집어삼켰습니다. 퇴근하면 7시간 동안은 가면 쓰기의 시간에서 회복을 하면서 보내지만, 그 전날에는 또 가면을 써야 한다는 불안감에 시달립니다."

– 제스 O. Jess O.

"조현병 환자가 당신과 상호작용하는 동안 환각을 언급하지 않고 '정상적으로' 행동한다고 해서 조현병이 아닌가요? 당신은 우리가 상호작용을 끝낸 다음에, 혹은 번아웃에 빠져서 정신적으로나 신체적으로 힘들어 할 때, 혹은 스스로를 너무 밀어붙이거나 들볶아서 감정폭발meltdown할 때를 보지 못합니다. 우리는 자폐증입니다. 우리는 생존을 위해 자폐증을 숨기고, 더는 숨길 수 없을 때까지 숨깁니다."

– 렉사 G. Lexa G.

"위장은 소진을 대가로 치릅니다. 하루 종일 음악이 울려 퍼지고, 어디를 가든 향수 냄새가 나고, 군중 속에서 밀리고 밀려나고, 모든 것이 맑은 환각의 색깔로 칠해진 듯한 삶입니다. 제 감각들이 공격받는 동안, 저는 짜증스럽지 않고 기분 좋은 표정을 지으며 사회적 단서를 읽고 대화를 따라가려고 노력하지만, 뇌는 다른 모든 일을 처리하느라 바쁩니다. 하루가 끝날 무렵에 저는 종종 정서적 반응이 둔화되어shutdown 가장 기본적인 질문에도 답하기가 힘듭니다."

"또 다른 대가는 제게 그나마 있는 인간관계에서도 불만족한다는 것입니다. 그렇습니다! 저는 제 본모습의 상당 부분을 숨겼습니다! 제 사회적 자아는 기본적으로 시트콤의 캐릭터들, 그리고 사회적 상호작용 중에 해야 하거나 하지 말아야 할 일이 적힌 머릿속 체크리스트의 혼종입니다. 정말 피곤합니다!"

– 마리 T. Marie T.

"부모님도 제가 방이나 목욕탕에서 울면서 몸을 때리고 긁는다는 사실을 모릅니다. 아주 사소한 상호작용이나 사건에도 머리를 벽에 박고 죽고 싶을 정도입니다."

– 케이티 R. Katie R.

우리가 많은 자폐인을 놓치는 이유

임상가들은 여러 이유로 진단 시 자폐인을 놓치고 있다. 첫째, **일반 대중은 자폐증이 보일 수 있는 다양한 양상을 이해하지 못한다.** 부모, 교사, 그리고 우리의 의뢰인은 내담자가 팔을 펄럭이거나 눈 맞춤을 피하는 것 같은 고전적인 특성이나 행동을 보이지 않는 한, 의뢰 사유에 자폐증의 가능성을 포함하지 않을 확률이 높다. 자폐증이 덜 분명한 내담자는 불안, 우울과 같은 다른 문제로 의뢰될 가능성이 더 높고, 의뢰인은 정작 자폐증에 대해 전혀 궁금해하지 않을 수도 있다. 이는 젠더에 따른 의뢰 양상에도 영향을 미친다. 부모와 교사는 일반적으로 남아, 특히 자폐증의 가능성이 있는 남아를 평가에 의뢰할 가능성이 더 높다.

다음으로, **자폐증 진단에 사용되는 많은 도구**(특히 평정척도, 사회인지검사, 구조적 또는 반구조적 면담)**에 문제가 있다.** 대부분이 아닐지라도 많은 평가도구가 자폐증에 대한 편협한 이해를 기반으로 한다. 예를 들어, 교통용 라바콘이나 종이 클립과 같은 특이한 물건에 관심이 있는지 질문하는 평정척도의 경우에 전형적이지만 강렬한 관심사를 가진 사람을 놓칠 수 있다(예: 〈고양이 전사들Warrior Cats〉[3]에 집착하는 여아). 공감 능력이 있는지, 회전하는 바퀴에 열광하는지, 문을 반복적으로 여닫길 좋아하는지 질문하는 문항도 마찬가지로 문제가 될 수 있다. 분명히 하자면, 이 질문들이 꼭 무관하지는 않지만, 행동 표현이 더 분명한 자폐인과 훨씬 관련성이 높으며, 위장하고 있는 사람을 놓치게 한다.

현재의 진단도구는 자폐증이 분명한 사람을 대상으로 수집된 규준에 기반하여 자폐증을 확인한다. 즉, 위장한 자폐인을 배제한다는 뜻이다. 이는 매우 문제가 될 수 있는 악순환이다. 만약 자폐증을 조기에 진단받은 (백인) 남성 위주로 표준화된 검사를 기준 삼아 연구 대상자를 정의한다면, 해당 연구에서 얻은 데이터는 자폐증을 조기에 진단받은 (백인) 남성만을 반영하게 된다. 그리고 당연히 다른 젠더, 소수 집단, 자폐증의 표현이 덜 분명한 자폐인을 반영하지 못하게 된다. 이들은 새로운 규준 집

3) 역자 주: 케이트 캐리(Kate Cary), 체리스 밸드리(Cherith Baldry), 빅토리아 홈즈(Victoria Holmes) 등 다수의 작가가 에린 헌터(Erin Hunter)라는 필명으로 집필한 판타지 시리즈 소설이다.

단을 정의하는 연구를 포함하여 이후에도 연구에서 계속 제외되는 식으로 흘러갈 것이다.

연구자들은 이러한 이슈를 이해하고 다루기 시작했다. 예를 들어, 아닐라 디멜로 Anila D'Mello 등은 지역사회에서 자폐증 진단을 받고 자폐증 관련 연구에 참여를 원하는 MIT 데이터베이스의 성인을 검토했다. 연구에 적격한 대상자가 되려면, 참여자는 하나의 검사(ADOS-2)를 근거로 자폐인의 자격을 얻어야 했다. 자폐증 진단을 받은 이들 중 남성의 81%, 여성의 50%만이 연구 참여가 가능한 ADOS 진단 절단점을 충족했다. 이들은 이미 진단을 받은 사람들이었다! 연구팀은 이러한 문제가 만연한지 알아보기 위해 자폐증으로 진단된 성인 40,000명 이상을 포함하는 6개의 서로 다른 데이터베이스를 조사했다. 자폐증의 지역사회 진단에 기반한 연구에서는 남성과 여성의 비율이 더 비슷했던 반면에, 표준화된 검사(ADOS)를 요구하는 연구에서는 자폐증 여성이 불균형하게 배제되었다.

이 검사들이 위장한 자폐인을 진단하기에 충분히 민감하지 않은 또 다른 원인으로 검사는 실제 생활에서의 수행을 나타내지 않는다. 예를 들어, 많은 자폐인은 올바르게 반응할 수 있지만, 그렇게 하려면 오랜 시간과 상당한 노력이 필요하다. 검사에서 이를 고려하지 않는다면, 10점 만점을 기준으로 20분 만에 8점을 받은 내담자와 2분 만에 8점을 받은 내담자가 동점이 된다. 마찬가지로, 사회인지검사는 전형적으로 조용하고 감각이 통제된 환경에서 (아마도) 지지적인 대화 상대와 1:1로 진행된다. 예를 들어, 한 사람의 얼굴 사진을 보고 기분을 추측하는 등 일반적으로 한 번에 한 가지 일을 하도록 요구된다. 물론 우리는 실생활에서 끊임없이 변하는 얼굴을 정확하게 해석해 내야 하며, 이 정보를 목소리 크기, 억양, 상대방에 대해 알고 있는 정보, 대화의 맥락 등에 신속 정확하게 통합해야 한다. 그리고 대화에 두 명 이상이 참여할 때는 모두에 대해 이 작업을 동시에 수행해야 한다.

우리가 사용하는 또 하나의 도구는 진단기준 그 자체이다. 저자는 사실 DSM-5-TR 기준이 적절하다고 생각한다. 그러나 진단기준은 외적인 행동에 초점을 맞추고 있으며, 내적 경험에 지침은 거의 제공하지 않는다.

그러나 무엇보다도 우리는 **임상가로서 우리가 통제할 수 있는 요인 때문에 자폐증을 놓치고 있다.**

- **임상가의 자신감 부족.** 스스로의 업무를 매우 진지하게 받아들이고 내담자에게 깊은 관심을 보이지만, 임상 작업의 모든 측면에서 자폐증을 완전히 배제하는 임상가(검사자와 치료자)를 많이 보았다. 이들은 "저는 자폐증을 치료하지 않습니다"라고 말한다. 저자는 이것이 훈련 부족과 낮은 자신감 때문이라고 생각하며, 앞서 설명한 바와 같이 이를 지지하는 연구 결과가 있다. 훈련에 공백이 있고 자폐증 집단과 함께 작업할 준비가 되어 있지 않다고 느끼는 것은 이해한다. 하지만 당신이 검사자라면, 한 사람을 온전히 살펴야 하는 임무가 있음을 명심하면 좋겠다. "저는 불안을 다루지 않습니다" 혹은 "저는 ADHD와는 작업 안 합니다"라고 말하는 것은 사치이다. 마찬가지로, 당신이 치료자라면, 자폐인은 소외된 소수 집단으로 상당한 정신건강 문제를 다수 가지고 있으며, 비-자폐인과 서로 동등한 정신건강 관리를 받지 못하고 있음을 명심하라.
- **자폐증에 대한 우리의 감정.** 일부 임상가들은 자폐증을 나쁜 것으로 분류해서 자폐증의 가능성을 제기하지 않으려고 한다. 그러고는 자폐증을 검토하거나 진단하거나 공개적으로 논의하기를 꺼린다. 이는 자폐인에게 도움이 되지 않는다.
- **진단적 그늘**diagnostic overshadowing. 미진단된 자폐인은 오랫동안 도움을 구하러 다녔다. 이들은 흔히 ADHD, 불안, 강박장애, 우울 등의 진단을 받아 자폐적 특성/행동이 설명되곤 한다. 이들을 이해하기 위해서는 큰 그림으로 접근해야 하는 중요한 이유이다.
- **가정하기.** "만약 자폐인이라면, 지금쯤 이미 다른 누군가에게 진단받았을 거야"는 가장 흔한 가정 중 하나이다. 곧 설명하겠지만, **자폐증 성인이 통째로 상실된 시대**lost generation of autistic adults가 있다. 내담자의 연령이 높을수록 자폐증이 초기 아동기에 확인된다는 가정은 진단에 점점 더 큰 장애물이 된다. 임상가가 청소년과 성인을 감별할 때 자폐증을 고려하더라도, 이전의 임상가가 진단을 내리지 않은 경우에는 진단을 주저하는 경우가 많다.

또 다른 흔한 가정은 '자폐증에 대한 이전의 감별이 타당하다'는 것이다. 과거의 감별이 항상 옳다고 받아들이면 안 된다. 오히려 그 가능성을 충분히 탐색하고 타당한 근거를 갖추고 감별된 것인지 확인해야 한다.

- **표준화된 평가도구에 대한 지나친 의존.** 상당수의 평가도구는 위장한 자폐인에 대해 민감도가 낮다는 취약점을 가진다. 임상가가 평가도구에 과도하게 의존하지 않는다면, 이는 그다지 문제가 되지 않을 것이다. 더욱이 표준화된 평가도구에 대한 지나친 의존은 검사를 수행하지 않는 임상가(즉, 치료자)가 신뢰롭게 진단을 내릴 수 없다고 느끼게 한다. 이로 인해 내담자는 독립적인 신경심리검사 혹은 명확한 진단을 위해 어떤 접근 불가능한 다른 방법을 찾아야 하는 상황에 처하게 되어 문제가 된다. 면담과 검사 중 하나를 선택해야 한다면, 저자는 언제나 면담을 선택한다. 전반적으로 검사에 과도하게 의존하는 양상 외에도, 우리 분야는 특히 한 가지 검사에 대해 더욱 그렇다(여기서 굳이 검사명을 밝히지 않아도 어떤 검사인지 알 테니 말이다!). 자폐증에 대한 '황금 기준'의 검사는 존재하지 않는다.
- **'비-자폐적' 특성 혹은 행동 때문에 자폐증을 배제함.** 내담자에게 '비-자폐적'이라고 여기는 특성이나 행동이 있다고 해서 자폐증을 배제할 수 없으며, 배제해서도 안 된다. 수많은 자폐인이 눈 맞춤이 괜찮다거나, 유머 감각이 뛰어나거나, 친구가 있거나, 직업적으로 성공했거나, 사회적 동기가 있거나, 운동을 잘하거나, 호감이 가고 참여도가 높다는 이유로 자폐증이 아니라는 말을 듣는다. 진단기준을 충족한다면, 앞서 말한 예시들을 이유로 자폐증을 배제할 수 없다. 어쨌든 어떤 사람은 때때로 평온함을 느끼지만, 여전히 불안장애를 가질 수 있지 않은가.
- **내담자에 대한 우리의 경험에 지나치게 의존함.** 저자는 임상가가 사무실에서의 내담자에 대한 자신의 경험에 지나치게 의존하는 경향을 여러 차례 발견했다. 이는 "자폐증이라면 내가 바로 알 수 있다"는 기저의 믿음에 근거한다. 이 잘못된 믿음은 자폐증을 위장한 내담자에게 효과적이지 않으므로 지양해야 한다. 대신에 다양한 상황(예: 직장, 학교, 사교 모임, 집단 대 1:1)에서 내담자의 모습과 주관적인 경험을 이해하도록 노력해야 한다.

문화 간 연결

자폐증 진단에서 문화적 요인의 영향력에 대해 관심이 높아지고 있다. 그동안의 자폐증 연구에서는 다양성이 제한되었지만, 이제 우리는 인종, 민족, 문화적 배경, 사회경제적 지위와 같은 요인이 자폐증 진단에 영향을 미친다는 것을 깨닫고 있다.

최근 연구에서는 소수 민족이나 낮은 사회경제적 지위에 있는 아동의 진단 관련 이슈를 밝혔는데, 자폐증 진단 시기가 지연되고, 자폐증 및 동반 진단(언어 지연 등)이 과소 진단되고, 진단 또는 오진의 사례는 더 많았다.

존 콘스탄티노John Constantino와 매튜 매너Matthew Maenner 등에 따르면, 백인 아동과 비교하여 소수 민족/집단의 청소년이 자폐증으로 확인되기 전에 발달지연, 지적발달장애, 행동 문제, 자폐적 특성을 더 많이 보였다. 조희주 등을 비롯한 여러 연구자에 따르면, 비슷한 자폐적 특성을 가지더라도 흑인 아동의 진단율이 백인 아동에 비해 낮았다. 이는 특히 평균 이상의 지적기능을 가진 흑인 청소년에게서 자폐증이 과소 진단될 위험성을 시사한다.

더욱이 가족과 실무자가 자폐적 행동과 특성을 오해석하는 경향일 때, 그리고 편견이 진단에 영향을 미칠 때 문제는 더욱 복잡하다. 관련 주제에 대해서는 다른 장에서 논의할 것이다.

자폐인은 종종 **맥락을 읽지 못하고**context blindness 분투한다고 묘사된다. 하지만 자멜Jamell이 지적하기로, 보통은 임상가가 내담자의 문화적 경험을 고려하거나 혹은 고려하지 않아서 맥락을 읽지 못하고 고통을 받는다.

미국의 인류학자 에드워드 T. 홀Edward T. Hall이 제시한 문화적 맥락cultural context의 개념은 높거나 낮은 맥락의 문화적 관점에서 의사소통을 이해하는 틀을 제공한다.

높은 맥락의 문화high-context cultures에서 의사소통은 암묵적이고 간접적이고 직관적인 경향을 가진다. 화자는 청자가 배경 정보를 가지고 있다고 가정한다. 비언어적 의사소통(몸짓, 얼굴 표정, 목소리, 억양, 자세 등)을 더 많이 사용하며, 상황의 사회적 맥락(역할, 계층 구조, 장면 등)을 고려한다. 이와 대조적으로 **낮은 맥락의 문화**low-context cultures는 명시적으로 의사소통하고 (비언어와 반대되는) 구어에 크게 의존하며,

대화에 맥락이 적게 내재되어 있다. 의사소통은 명확하고 문자 그대로이고 상세해야 한다. 화자는 요점을 강조하고 기대하는 바를 명시적으로 언급한다.

문화권과 국가는 흔히 두 영역 중 하나에 속한다. 예를 들어, 일본, 중국, 한국, 아랍 국가, 프랑스, 스페인, 많은 남미와 아프리카 국가는 높은 맥락의 문화로, 미국, 호주, 영국, 독일, 북유럽 국가는 낮은 맥락의 문화로 분류된다.

물론 이분법적으로 구분되지는 않는다. 오히려 어떤 문화권에서는 높고 낮은 맥락의 의사소통이 모두 존재할 수 있다. 더욱이 개인마다 고유하듯, 소속된 문화적 배경과 연관된 맥락 프로파일의 특성을 보이지 않을 수도 있다. **동일성 안에도 차이가 있다!**

그러므로 당신의 생각보다 내담자에게 명시적 맥락이 더 많이 필요해 보인다면, 내담자가 속한 집단에서 맥락적 단서의 대한 문화적 기대치를 이해하는 것이 중요하다. 요점은 **가정하지 말고, 물어보라.**

임상가를 위한 핵심

이 책을 읽으면서 다음을 유념하기 바란다.

자폐증은 과거에 비해 훨씬 만연하다. 자폐증에 대한 이해가 발전함에 따라 유병률도 급격히 증가하였다. 자폐증 유병률의 첫 추정치는 1966년에 아동 2,222명당 1명이었다. 그리고 유병률은 지난 40년 동안 꾸준히 증가하여 1979년에 667명 중 1명, 1995년에 150명 중 1명, 2000년에 59명 중 1명, 2018년에 54명 중 1명이었으며, 이 책을 저술하는 지금을 기준으로 불과 몇 년 전에는 36명 중 1명이었다! 이마저도 과소 평가된 수치일 수 있다. 예를 들어, 김영신 등에 따르면, 일반 학급의 7~12세 자폐증 학생의 3분의 2가 미진단되었다. 테레사 리건Theresa Regan의 지적과 유사하게, 그리고 리사 위긴스Lisa Wiggins 등에 따르면, 8세 표본의 학생 중 25%가 자폐증의 강력한 지표를 보였으나 진단받지 못했고, 지적발달장애가 없는 경우에서 진단이 누락될 가능성이 더 높았다. 마찬가지로, 2018년 거의 비슷한 시기에 발표된 두 개의 독립적인 연구에 따르면, 아동 40명 중 1명이 자폐증으로 추정되며, 이 중 한 연구에서는 이들 중 약 30%가 아직 진단받지 않은 것으로 나타났다.

미진단된 자폐증은 임상 모집단에서 훨씬 더 흔하다. 최근 연구에 따르면, 임상 모집단(특히 정신건강 질환이 있는 경우)에서 자폐증 유병률은 약 5명 중 1명 이상으로, 일반 인구보다 더 높았다! 이 글을 쓰는 지금 일반 정신건강의학과 외래 환자뿐만 아니라 섭식장애, 약물남용, 우울, 자살로 사망한 환자에게서도 이전에 탐지되지 못했던 자폐증이 높은 비율로 발견되고 있다.

예를 들어, 2022년에 요한 니레니우스Johan Nyrenius 등은 일반 정신건강의학과 외래에 내원한 성인을 평가했다(원발성 정신증이나 약물남용 문제가 있는 사람은 제외되었다). 그 결과, 자폐증 진단의 과거력이 있는 성인은 0.53%에 불과했지만, 연구팀은 이들 중 최소한 18.9%가 사실 자폐증이라고 밝혔다. 자폐증 유병률을 섭식장애 모집단(예: 바네사 후케Vanessa Huke 등의 언급과 같이)과 우울 모집단(예: 키요하루 타카라Kiyoharu Takara와 츠요시 콘도Tsuyoshi Kondo의 언급과 같이)과 견줄 수 있는 이유이다. 마찬가지로 제임스 맥코웬James McKowen 등에 따르면, 약물 사용에 대한 치료를 원하는 환자의 20%에게서 자폐적 특성이 임상적으로 상승했고, 이에 연구팀은 약물 사용에 대한 치료 장면에서 자폐증을 평가하도록 권고했다. 놀랍게도 사라 캐시디Sarah Cassidy 등에 따르면, 자살로 사망한 사람의 거의 41%에서 자폐적 특성이 현저히 높았는데, 이는 자폐인의 자살 위험성이 훨씬 높다는 이전의 연구와 일치하는 결과이다.

이 연구들은 전반적으로 문제가 되는 모집단에서 상당한 자폐적 특성의 많은 성인이 공식적으로는 자폐증으로 인정되지 않았다는 점을 지적한다. 자폐증이 이전에 우리가 생각하던 것보다 정신건강 장면에서 훨씬 더 만연하며, 치료에서 자폐증과 연관된 어려움을 다루는 부분이 포함되어야 한다는 점이 분명해졌다.

자폐증은 아동만큼이나 많은 성인에게도 영향을 미친다. 지금까지의 유병률 연구는 주로 아동에 초점을 맞춰 왔지만, 이제 우리는 성인 자폐증의 유병률도 이와 비슷하다는 사실을 알고 있다. 이는 일부분 당연한 말인데, 아동이 자라면서 행동 표현이 외견상 눈에 덜 띄게 될 수는 있지만, 사라지는 것이 아니기 때문이다.

멩-추안 라이Meng-Chuan Lai와 사이먼 바론-코헨Simon Baron-Cohen이 언급한 **자폐증 성인이 상실된 시대**lost generation of autistic adults는 자녀가 자폐증 진단을 받은 후

에야 자신의 자폐증을 인식하게 된 수많은 성인을 가리킨다. 요한 니레니우스Johan Nyrenius 등이 지적했듯이, 1990년대 중반 이전에 태어난 자폐인은 2000년 이후에 출생한 자폐인에 비해 18세 이전에 진단받을 확률이 훨씬 낮다. 이러한 맥락에서 요르디스 아틀라도티Hjördis Atladottir 등에 따르면, 1999~2001년 사이에 태어난 사람이 10년 전에 태어난 사람에 비해 자폐증으로 진단받은 경우가 4배 이상 많았다(4개의 서로 다른 국가에서). 마찬가지로, 리사 크로엔Lisa Croen 등이 카이저Kaiser 병원의 성인 환자 약 160만 명의 데이터를 분석한 결과, 1,507명만이 자폐증으로 진단받았다. 이는 표본 인구의 0.1%에도 미치지 못하는 0.095%에 불과하다. 만약 현재의 유병률 추정치인 2.27%가 정확하다면, 카이저 병원의 성인 환자 중 약 36,320명이 자폐증 진단을 받았어야 한다. 대략적으로 이 그룹에서만 자신이 자폐증인지 모르는 자폐증 성인이 34,813명일 수 있고, 진단받은 1,507명보다 훨씬 많을 것이다! 트라올라흐 브루가Traolach Brugha 등에 따르면, 자폐증의 비율은 연령 집단별로 일정하지만, 진단 비율은 그렇지 않았다. 이 연구에 대해 존 엘더 로비슨John Elder Robison이 관찰했듯이, "연구 참여자의 나이가 많을수록 과거에 자폐증으로 진단되었을 가능성이 낮았다." 로빈슨이 데이터를 종합한 결과, 실제로 자폐증으로 진단받은 성인은 3~10%에 불과했다.

실제로 1980년 이전까지만 해도 DSM은 자폐증을 조현병과 연관지었다. DSM에서 자폐증은 그 자체로 인정받지 못하다가, 1980년에 출판된 DSM-III에서 유아기 자폐증Infantile Autism으로 처음 등장하였다. 다만 그 기준은 꽤 엄격했다(예: 생후 30개월 이전에 심한 왜곡이나 언어 발달의 결함과 같은 증상이 나타나야 함). 1987년에 출판된 DSM-III-R에서 자폐성 장애Autistic Disorder로 명칭과 기준이 개정되었지만, 1994년에 출판된 DSM-IV에 이르러 아스퍼거장애와 달리 명시되지 않은 전반적 발달장애PDD-NOS가 포함되면서 덜 분명하거나 장애의 표현이 덜한 사람들이 공식적으로 인정받게 되었다. 그러므로 1994년 이전에 진료를 받고 현재 성인이 되었을 내담자는 특히나 진단이 누락되었을 가능성이 높다.

이 문제는 적어도 부분적으로 여전한데, 성인과 함께 작업하는 많은 건강관리전문가가 자폐증을 인식하는 훈련을 받지 못했기 때문이다. 예를 들어, 오우세니 제르보Ousseney Zerbo 등이 성인을 대상으로 작업하는 건강관리돌봄제공자 약 1,000명에게 실시한 설문 조사 결과, 대부분(86% 이상)이 자폐증 성인을 치료할 지식과 기술이 부족하다고 응답했고, 자폐인이 있다는 사실조차 모르는 경우도 많았다. 성인기가 되면 적절한 진단을 받을 기회가 줄어들고, ('제9장 자폐증과 혼동될 수 있는 특성 및 진단'에서 설명하겠지만) 성격장애와 같은 오진이 증가할 가능성은 두말할 필요도 없다.

우리 모두 '약간 자폐적'이지는 않다. 더 정확하게 표현하자면, 많은 이가 자폐증에서 흔한 하나 이상의 특성을 보유하고 있다. 예를 들어, ADHD를 가진 많은 사람은 감각적 처리에서 차이를 보이고, 사회불안이 있는 몇몇 사람은 눈 맞춤이 어려우며, 자폐증이 아닌 사람 대다수도 변화나 전환을 어려워할 수 있다. 한두 가지의 특성이 곧 '약간 자폐적인 것'인 것은 아니다. 저자의 (자폐인) 친구 앤드류Andrew의 말처럼, "발목이 부어도 임신이 아닐 수 있다!"

사회인지평가의 일반적인 원칙

진단은 동기를 부여해 준다. 저자는 자폐증을 공공연하게 혹은 무의식적으로 나쁘다고 분류하는 임상가들을 매우 많이 알고 있다. 이러한 사고방식과 이에 뒤따르는 불안감은 임상가가 자폐증을 진단하지도, 심지어는 그 가능성을 고려하지조차 않도록 만들 수 있다. 저자의 임상 경험에 따르면, 자폐증에 대한 적절한 진단, 특히 신경다양성을 시사하는 방식으로 진단받는 일은 매우 긍정적이고, 심지어 인생을 바꿀 수 있는 경험이 된다. 지원, 편의, 적절한 개입에 접근할 수 있는 등의 구체적인 혜택도 있다. 다른 혜택은 눈에 보이지 않아도 훨씬 더 강력할 수 있다: 부정확하거나 경멸스러운 꼬리표로부터의 보호(예: '까다로운', '지나치게 민감한', 성격장애 진단), 신경유형을 공유하는 다른 사람들과의 공동체 의식, 가족, 교육자, 건강관리전문가로부터의 더 큰 이해 등.

저자의 생각에 적절한 자폐증 진단의 가장 큰 혜택은 바로 비판단적인 자기 이해의 선물이다. 정확하고 신경다양성을 지지하는 자기 이해가 있어야만 평생의 자책과 수치심에서 자유로울 수 있다. 수많은 자폐인이 마침내 자폐증으로 인정받았을 때 느꼈던 자유와 수용/타당화validation를 아름답게 표현했다. 많은 사람이 자폐증의 시선에서 자신을 이해하면서 정서적 고통을 덜 경험하고, 더 나은 자기 관리를 시작하고, 공동체의식을 느끼고, 자신의 요구를 더 효과적으로 옹호할 수 있게 되었다. 엘리자베스 펠리카노Elizabeth Pellicano와 재클린 덴 하우팅Jacquiline den Houting이 언급했듯이, "긍정적인 자폐증 정체성은 정신건강의 향상과도 연관된다."

내적 경험이 핵심이다. DSM 및 ICD의 자폐증 기준은 관찰 가능한 행동을 기반으로 한다. 이것이 중요하지만, 개인의 내적 경험을 이해하고 고려하는 것은 어쩌면 그보다 더 중요할 수 있고, 특히 가면 쓰기의 경우에 매우 그렇다. 자폐증의 핵심은 관찰된 행동이 아니라 그 행동을 유발한 경험(예: 감각 과잉으로 인한 자기-자극stimming)임을 기억하라. 가능하다면 언제나 진단 과정에서 주관적인 경험을 우선적으로 고려해야 한다. 멩-추안 라이Meng-Chuan Lai와 피터 사트마리Peter Szatmari가 언급했듯이, "개인의 주관적인 경험과 통찰을 이해하는 것이 중요하다."

'절약의 법칙law of parsimony'은 유용한 지침이 된다. '오컴의 면도날Occam's razor'로도 불리는 절약의 법칙이란 어떤 경쟁하는 이론이 있을 때는 가장 단순한 설명이 선호된다는 것이다. 빈센트 로 레Vincent Lo Re와 리사 벨리니Lisa Bellini가 요약했듯이, 이 원칙에서는 "여러 증상과 문제를 통합하는 하나의 설명을 발견했다면, 가장 단순한 해석이 정확한 설명일 가능성이 높다."

임상적 개념화

큰 그림 대 증상마다*

맥긴리McGinley 부인은 배고픔, 갈증, 피로감, 빈뇨, 손발 저림의 다섯 가지 증상으로 2명의 의사에게 치료를 받고 있다.

의사 도나기Donaghy는 각각의 증상마다 원인이 다르다고 설명했다. 배고픔은 스트레스 수준이 높아서, 갈증은 물을 충분히 마시지 않아서, 피로는 운동을 충분히 하지 않고 약간 과체중이기 때문이라는 것이다. 의사 도나기는 이 문제를 영양사와 심리치료사에게 의뢰했다. 빈

뇨는 폐경 때문이지만, 다른 원인을 배제하기 위해 비뇨기과전문의에게 의뢰했다. 또한 사지 저림을 신경과 전문의에게 의뢰했다. 맥긴리 부인은 큰 그림의 작은 부분만을 살필 가능성이 높은 3명의 임상가에게 4개의 진료 의뢰서를 가지고 진료실을 나섰다. 게다가 그녀는 자신의 증상 일부에 대해 약간의 자책감도 느끼고 있었다.

반면, 의사 레몬Lemon은 큰 그림을 보고 맥긴리 부인이 당뇨병 환자라고 의심했다. 문진을 통해 맥긴리 부인의 당뇨 가족력이 강하다는 사실을 발견했다. 의사 레몬은 기본적인 실험실 검사를 수행할 예정이고, 다수의 의뢰를 하는 대신에 전체 상태를 살피면서 맥긴리 부인을 직접 치료할 것이다.

* 인간 전체의 맥락에서 현재의 문제를 바라보자는 취지로 설명한 예시이며, 자폐증을 당뇨와 같은 질환으로 비유한 것이 아니다.

자폐증 진단에 절약의 법칙을 적용하는 일은 새로운 개념이 아니다. 예를 들어, 수잔 두발Susanne Duvall 등이 언급했듯이, "진단 간 증상이 겹치다 보니 [자폐증]을 가진 사람이 [자폐증]이 아닌 다른 여러 장애로 오진되는 일이 드물지 않다. 이때 평가를 명료하게 하는데 **절약의 법칙** 개념이 유용할 수 있다⋯⋯ 증상의 집합체를 재평가하여 [자폐증]이 더 포괄적이고 정확하고 간결한 진단인지 재평가할 가치가 있다."

안타깝게도 임상가들은 자폐증에 관해서 이 고려 사항을 자주 무시한다. 저자가 임상 실무에서 관찰한 바와 같이(그리고 이베트 허스Yvette Hus와 오스낫 시걸Osnat Segal이 제안한 바와 같이), 복잡한 표현형을 보이는 사람은 각각의 증상마다 다른 전문가를 만날 가능성이 크고, 모든 지점을 연결하는 하나의 주요한 진단이 고려되지 않은 채 여러 진단으로 점철될 수 있다. 임상가는 내담자에 대한 자세한 정보를 수집한 다음에 세부 사항보다는 큰 그림에 더 집중해야 한다.

양질의 사회인지평가는 다양한 자료 출처를 포함한다. 핵심은 여러 출처에서 수렴타당도를 확보하는 일이다. 다음 장에서 설명하는 내담자 및 보조 면담 외에도 기록 검토, 평정척도, 자기-보고식 척도, 사회인지검사, 직접적인 행동 관찰 등이 유용한 정보원이 된다. 다양한 자료 출처를 고려하는 일은 자폐증이 덜 분명한 사람을 평가할 때 특히 중요한데, 이들은 가면 쓰기로 자폐적 특성을 숨기고 있어서 어떤 단일한 출처의 관찰도 신뢰하지 못할 수 있다. 예를 들어,

- 당사자는 자신의 사회적 단절을 완전히 인식하지 못할 수도 있다. 많은 아동·청소년이 저자와 이야기를 나눌 때, 절친의 이름을 대고 그 친구에 대해 많은 이야기를 하면서 친밀하고 상호적인 관계에 대한 확신을 주었다. 그러나 부모는 자녀가 학교 밖에서 이 친구와 한 번도 함께 어울리거나 대화나 문자를 주고받은 적이 없다고 언급하였고, 교사는 "아뇨, [그 친구]는 친구도 많고 [내담자]에게 매우 친절하지만, 진짜 친구는 아닙니다"라고 말할 수 있다.
- 자폐증은 유전성이 매우 높다(헬로이즈 영Heloise Young 등에 따르면, 37%~90% 이상까지). 그러나 '**자폐증 성인이 상실된 시대**'로 인해 내담자의 부모(혹은 다른 가족 구성원)가 **자신도 모르게** 자폐증일 수 있으며, 이는 비-자폐적 행동을 구성하는 참조 틀에 영향을 주게 된다. 따라서 부모는 실제로 꽤 자폐증과 관련된 행동임에도 거의 또는 전혀 신경쓰지 않을 수 있다. 부모의 자폐증 여부와 상관없이 문제의 자녀가 첫째이거나 외동인 경우, 부모는 자폐적이지 않은 발달 과정을 이해하는데 유용한 비교 근거가 거의 없을 수 있다.
- 교사가 아무것도 알아차리지 못할 수 있는데, 특히 아동이 학업적으로 유능하고 위생 상태가 양호하고 행동 문제를 보이지 않을 때 그렇다. 이들 중 상당수는 학교에서 위장하거나 혹은 감지되지 않는 어떤 다른 방법으로 숨어 지낸다.
- 집단 치료가 아니라면, 정신건강의학과 전문의와 치료자는 증상이 분명하게 드러나지 않을 수 있는 1:1의 구조화된 환경 안에서만 내담자와 상호작용한다. 게다가 정신건강전문가는 (아마도) 사람들과 만나서 관계를 맺는 데 특히 능숙할 것이다. 이러한 조건에서는 자폐적 특성과 증상이 회기 중에 드러나지 않을 수 있다.
- 사회인지검사는 이 집단에 특히나 민감하지 않다. 여기에는 많은 이유가 있다. 예를 들어, 이 검사는 대부분 시간제한이 없고(실제 상황은 흔히 빠르게 진행된다), 내담자가 한 번에 한 가지만 고려하도록 요구한다(실제 상황에서는 언어적·비언어적 의사소통의 여러 측면을 계속해서 통합해야 한다).

이 모든 이유와 그 이상을 고려할 때, 단일 출처에 과도하게 의존하기보다는 **여러 정보원을 종합해야 한다.** 저자는 "횡단적인 평가와 '황금 기준'인 측정도구의 진단 절단점에만 의존하는 대신에 여러 출처에 접촉해서 획득한 개인의 행동에 대한 깊이 있는 이해가 자폐증의 성 및 젠더에 민감한 임상적 인식을 달성하는 데 핵심이 된다"는 멩-추안 라이Meng-Chuan Lai와 피터 사트마리Peter Szatmari의 말에 동의한다.

자료는 검사 점수에만 국한되지 않는다. 임상가로서 우리는 결론을 도출하기 위해 자료에 의존하고 우선순위를 둔다. 우리는 자료 없이 읽기장애나 ADHD를 진단하지 않으며, 자폐증도 같은 방식으로 다룬다. 그러나 자료는 **정보**이며, 정보는 다양한 형태로 전달된다. 검사 점수와 평정척도 결과도 자료이지만, 내담자 및 보조 면담에서 수집된 사례뿐만 아니라 내담자와의 상호작용에서 당신이 알아차린 것 역시도 자료가 된다. 만약 내담자가 당신에게 '가벼운 대화 중 팔을 어떻게 해야 할지 시간과 에너지를 많이 쓴다'고 토로한다면, 이것은 **자료**가 된다. 만약 내담자의 배우자가 당신에게 '남편이 인사에 반응하도록 상기시켜 주어야 한다'고 알려 준다면, 이것도 **자료**이다. 만약 내담자가 고통스러운 주제를 이야기하는데 당신이 내담자에게서 별다른 정동의 변화를 발견하지 못한다면, 이 역시 자료이다.

저자는 자료 수집에 있어 면담과 관찰을 강조한다. 자폐증 가능성이 있는 내담자와의 임상 경험에서 저자는 내담자 및 보조 면담, 그리고 내담자에 대한 세심한 관찰을 통해 가장 풍부하고 관련성이 높은 자료를 수집한다. 저자는 평정척도, 자기-보고식 척도, 사회인지검사에 대한 중요도를 낮게 설정한다. 심리평가자뿐만 아니라 다양한 정신건강전문가가 자폐증을 진단할 수 있다고 강하게 생각하는 이유 중 하나이다.

진단 절단점이나 표준점수는 기준의 충족 여부를 알려 주지 않는다. 평정척도나 사회인지검사의 점수는 분명 유용할 수 있지만, 자폐증 여부에 대한 명료한 답을 제공해 주지는 못한다. 어떤 사람이 진단 절단점이 15점인 척도에서 14점을 받았다면, 자폐증의 기준을 충족하지 않는다는 의미인가? 그렇지 않다. 유사하게 해당 척도에서 16점을 받았다고 해서 반드시 자폐증이라는 뜻은 아니다. 도구에서 수집된 자료는 우리가 평가 과정에서 접근하는 다른 많은 출처의 정보와 통합되어야 하며, 그다음에 자폐증 진단기준의 맥락에서 고려되어야 한다.

자폐증 평가는 소아 임상가만을 위한 것이 아니다. 산드라 스트룬즈Sandra Strunz 등이 언급했듯이, 많은 사람, 특히 지적 손상이 없을 때 성인이 된 후에야 진단받는 경우가 흔하다. 이는 특히 까다로울 수 있는데, 왜냐하면 (1) 이들은 종종 정교한 가면 쓰기를 통해 위장하는 법을 익혔으며, (2) 성인을 대상으로 훈련받은 임상가는 자폐증에 대한 경험이 적은 경우가 많고, 내담자가 자폐증이라면 지금쯤 진단을 받았을 것이라고 단순하게 가정할 수 있기 때문이다. 더욱이 스테판 필링Stephen Piiling 등이 언급했듯이, 자폐증 성인은 우울이나 성격장애 등의 진단(있을 수도 있고 없을 수도 있지만, 자폐증 진단을 대체해서는 안 되는)으로 쉽게 오해될 수 있다.

진단 절차는 체계적이고 자료에 근거해야 한다. 자폐증 진단의 가능성을 고려할 때, 체계적인 평가 절차를 거치지 않고 전반적인 인상과 임상적 직관에 의존하는 임상가가 너무 많다. 특히 자폐증의 전형적인 표현이 덜한 사람들이 과소 진단될 수 있다. 자폐인 대부분은 아닐지라도, 임상가는 많은 경우에 진료실에서의 상호작용만으로 바로 알 수 없다.

사회인지평가를 수행하는 단일한 정답은 없다. 최고의 혹은 '황금 기준'의 검사, 평정척도, 면담은 없다. 각 선택지마다 고유한 장단점이 있으며, 이와 관련해서 특히 우려되는 부분은 자폐증 진단의 '황금 기준'으로 자주 거론되는 두 가지 도구인 ADOS-2와 ADI-R이다. 이 용어는 심리검사에서 다른 어떤 측정도구와도 함께 사용되지 않으며, 이 문구가 어떻게 이렇게 연관되었는지조차 명확하지 않다. 분명히 하자면 저자는 이 평가도구 자체가 아닌, 진단을 위한 단 하나의 '황금 기준'이라는 생각에 반대하는 것이며, 특히 잘 위장한 사람들에 대해 그렇다. 이들에게 영향을 미치는 자폐적 특성을 밝히는 데 많은 시간과 에너지가 필요할 수 있으며, 반구조화된 1:1 환경에서는 그 특성이 명확히 드러나지 않을 가능성이 높다. 일부 보험사, 학교, 대중, 심지어 많은 임상가에 이르기까지 이 두 검사만으로 자폐증을 정확히 확인할 수 있다는 잘못된 믿음은 상당히 우려스럽다. 단순히 평가에서 이 측정도구를 사용하지 않았다고 해서, 혹은 특정 점수에 도달하지 않았다고 해서 지원, 서비스, 보험 상환을 거절당했다는 안쓰러운 일화가 많다.

이렇게 공유된 잘못된 믿음이 임상가에게 미치는 영향도 우려스럽다. 저자가 자격과 능력을 갖춘 많은 임상가와 대화해 봤을 때, 이들은 단순히 ADOS 훈련을 받지 않았다는 이유로 자폐증 평가를 할 수 없고 해서도 안 된다고 잘못 생각하고 있었다. 이 책을 통해 당신은 임상가가 훌륭한 자폐증 평가를 수행하는 데 꼭 그러한 교육이 필요하지는 않다는 점을 알게 될 것이다.

마찬가지로, 이 책에서 설명하는 방법이 유일하거나 최고의 방법은 아니다. 이 책은 연구에서 정보를 수집했지만, 주로 저자의 임상 경험을 기반으로 한다. 여기는 평균에서 평균 이상 수준의 지적·언어적 기능을 가졌고, 자폐증의 표현형이 덜 분명한 개인을 확인하는 데 효율적이고 효과적이라고 저자와 저자의 수련생이 찾아낸 방법을 설명한다. 이 접근 방식은 여러 효과적인 방법 중 하나이며, 독자 여러분도 자신에게 맞는 전략을 채택해 보기를 바란다.

우리는 더 잘해야 한다. 미진단된 자폐증은 드문 현상이 아니다. 최신 자료에 따르면, 정신건강 임상 장면에 내원하는 사람의 약 20%가 자폐증일 수 있고, 이것이 현재의 호소 문제에 기여할 수 있다. 이들은 특히 다른 문제를 동반할 위험성이 높고, 종종 오해, 오진되고 소외된다. 자폐증에 대한 인식은 이들의 행복을 위해 필수적이지는 않더라도 핵심 요소이다.

진단을 위해 이러한 내담자 모두를 자폐증 전문가나 클리닉에 보내는 것은 합리적이지 않다. 자폐증 전문가는 비싸기도 하고 대기 명단도 길어서(몇 달에서 몇 년까지) 확인과 개입에 대한 접근성이 더 떨어진다. 또한 서비스 제공자가 이 소수 집단을 진료의 범주에서 배제하는 것에도 의문이 있다.

수잔 두발Susanne Duvall 등이 언급했듯이, "모든 임상 장면의 신경심리학자는 미묘한 표현 혹은 내담자의 강점에 의해 가려져서 임상적 표현이 덜 분명한 증상에서도 [자폐증]을 효과적으로 감별하거나 진단할 수 있어야 한다." 저자는 이에 동의하며, 다른 건강관리돌봄제공자도 (자신의 실무 범위 안에서) 이 작업을 수행할 수 있어야 한다고 제안한다.

우리는 내담자가 정확한 진단을 쉽게 받을 수 있도록 함께 노력해야 한다.

당신이 이미 자폐증 진단에 능숙한 임상가라면, 자폐증 진단에 대한 책임을 분배하고, 지역사회에서 다른 전문가들에게 자문과 훈련을 제공하고, 이 절차에 기여할 수 있는 전문가들이 미개발된 역량을 발휘하도록 장려해 주기를 바란다. 우리는 전문가나 고가의 검사에 과도하게 의존하지 않는 평가에 새로이 접근할 수 있는 방법을 고안하면서 포괄성comprehensiveness과 접근성accessibility 간의 균형을 찾아야 한다.

당신이 자폐증 내담자와 처음 작업하는 임상가라면, 스스로에게 열린 마음의 특권을 허락하고, 두려움을 마주하고, 내담자에게 자폐증이 무엇을 의미할지 탐구해 보기를 바란다. 이는 임상 실무에서 필수적이다. 그리고 저자는 당신이 자폐인 내담자와의 작업을 즐기게 되리라 믿는다. 호기심이 당신을 이끌고 영감을 줄 것이다.

우리는 우리를 찾아온 이들의 행복을 위해서 뿐만이 아니라, 이 분야에서 일하는 사람들이 자폐증에 관한 대중의 인식에 영향을 미칠 수 있고 또한 영향력을 발휘해야 하기 때문에 더 잘해야 한다. 우리는 대중을 교육하고, 낙인을 줄이고, 신경다양성을 지지하는 세상을 만드는 데 손을 보탤 수 있다.

간단히 말해 더 많은 임상가와 교육자가 자폐증의 표현이 덜 분명한 사람들을 인식하고, 이해하고, 지지할 수 있는 유능하고 편안한 사람이 되어야 한다.

이 책에서 그 방법을 알려 주고자 한다.

자폐증 경험에서 본 시선으로: 진단받은 일

"제 인생 후반기에 ASD 진단을 받기 전까지 저는 제 삶이 이해되지 않았고, 관심을 두지도 않았습니다. 학교에서처럼 교과서가 있고, 현실도 있습니다. 체크리스트에서 확인하는 것을 멈추고 자폐인이 현실에서 어떻게 다른 모습으로 나타나는지를 실제로 살펴본다면, 얼마나 많은 사람의 삶을 더 나아지게 할 수 있을지 상상해 보십시오."

- 돌리 페라이올로Dolly Ferraiuolo, LCSW

"지금의 자폐증 퍼즐 조각이 가지는 의미와는 다르게 제가 자폐증이라는 사실을 몰랐을 때는 인생에서 퍼즐 조각 하나가 빠진 느낌이었습니다. 성인이 되어 진단을 받았을 때 마침내 그 빠진 조각을 찾아 제 인생의 전체 그림을 보게 되었고, 자기 자비와 이해를 위한 여유를 마련한 느낌이었습니다."

- 리아나 P.Reanna P.

"자폐증이라는 말을 듣고 안도감에 눈물이 났습니다. 제가 자폐증이라고는 생각하지 못했지만, 남들과 어떤 이유로 어떻게 다른지 확신할 수 없었습니다. 저는 많은 것을 알게 되었습니다."

- DJ 찹스틱DJ Chopstick

"제가 자폐인임을 알고 나니 나의 욕구와 그리고 이것을 다루는 방법을 훨씬 더 잘 알게 되었습니다. 그리고 통제할 수 없어서 느꼈던 자책감과 수치심은 결함이 아니라 신경다양성의 결과이고, 부끄러워할 일도 아님을 알고 나니 스스로를 훨씬 더 용서할 수 있게 되었습니다. 저는 저를 훨씬 더 좋아하고, 제가 누구인지 더 잘 알게 된 것 같습니다. 저는 저 자신과 제가 하는 일에 대해 훨씬 더 편안하게 생각하게 되었습니다. 전반적으로 저는 훨씬 더 행복하고, 저의 뇌, 감정, 몸을 더 잘 인식하게 되었고, 제 욕구를 훨씬 더 능숙하게 돌볼 수 있게 되었고, 저 자신을 훨씬 더 좋아하게 되었습니다."

- 애니 R.Annie R.

"저는 제 자신을 인식하게 되었습니다. 제가 자폐증이고, 제 감각 체계가 '전형적인' 감각 체계보다 훨씬 더 많은 정보를 받아들이고 있으며, 다른 사람들보다 더 많은 정보를 끊임없이 처리하고 있으며, 신경-전형적인 문화권에서 살면서 다른 사람들보다 훨씬 더 많은 에너지를 소모한다는 사실을 깨닫게 되었습니다. 자폐증과 제 자신을 배우면서 제 삶에는 변화가 생기기 시작했고, 놀랍고 기쁘게도 저는 더 이상 끊임없이 지치지 않습니다. 마치 제 삶과 경험의 역사가 제자리를 찾아가는 듯했고, 제가 항상 조금 어긋나거나 틀렸다기보다는 그저 남들과 다른 방식으로, 예상과 다른 방식으로 움직이고 있음을 알게 되었습니다. 이 지식이 생기면서 매일 더 진정성 있게 살고 에너지를 덜 소모하게 되었습니다."

- 제니퍼 글라셀Jennifer Glacel

"공식적으로 자폐증 진단을 받고 나서 저는 제 무엇이 문제인지 궁금해하기를 멈추고, 제가 어떤 사람이 될 수 있는지를 향해 나아가기 시작했습니다. 단지 꼬리표일 뿐입니다. 하지만 올바른 진단명은 과거를 제 맥락 안에서 이해하게 해 주었고, 현재와 미래를 더 효과적으로 운용할 수 있게 도와주었습니다."

- 드류 R.Drew R.

"흑인이라는 정체성 외에도 여러 가지 정체성이 억압받는 소외된 사람으로서 제가 자폐인이라는 사실을 알게 된 것은 제 모든 존재의 마지막이자 가장 중요한 뿌리가 되었습니다. 저는 처음으로 저의 완전한 모습을 만났고, 이 세상에 나를 온전히 보여 주기로 결심했습니다."

- 아시아투 라오인Asiatu Lawoyin

"진단을 통해 스스로를, 그리고 제가 세상과 상호작용하는 방식을 바라보는 새로운 시각을 가지게 되었습니다. 이전에는 제가 선천적으로 무언가 부족하다고, 인간에게 기본적인 감정이 결핍되었다고 느꼈습니다. 하지만 자폐증이라는 새로운 관점에서 저 자신을 바라보게 되면서 저는 제가 어떤 방식으로 감정을 느끼고 다른 사람과 연결되는지 인식하게 되었습니다. 진단이 제 삶을 직접적으로 바꾸지는 않았지만, 저 자신을 더 잘 이해하고 제 경험에서 의미를 찾게 되었습니다."

- 마크 J.Marc J.

참고문헌 및 읽을거리

American Psychiatric Association. (2022). *Diagnostic and statistical manual of mental disorders* (5th ed., text rev.). https://doi.org/10.1176/appi.books.9780890425787

Atladottir, H. O., Gyllenberg, D., Langridge, A., Sandin, S., Hansen, S. N., Leonard, H., Gissler, M., Reichenberg, A., Schendel, D. E., Bourke, J., Hultman, C. M.,

Grice, D. E., Buxbaum, J. D., & Parner, E. T. (2015). The increasing prevalence of reported diagnoses of childhood psychiatric disorders: A descriptive multinational comparison. *European Child and Adolescent Psychiatry, 24*(2), 173–183.

Autism Science Foundation. (2021, December 2). *Autism Science Foundation comments on today's CDC data indicating 1 in 44 children diagnosed with autism.* Autism Science Foundation. https://autismsciencefoundation.org/autism-science-foundation-comments-on-todays-cdc-data-indicating-1-in-44-children-diagnosed-with-autism/

Autism Science Foundation. (2021, December 16). The year in review, 2021. *ASF Blog*. https://autismsciencefoundation.wordpress.com/2021/12/16/the-year-in-review-2021/

Baio, J. (2014, March 28). *Prevalence of autism spectrum disorder among children aged 8 years—Autism and Developmental Disabilities Monitoring Network, 11 sites, United States, 2010.* Centers for Disease Control and Prevention. https://stacks.cdc.gov/view/cdc/22182

Baird, G., Simonoff, E., Pickles, A., Chandler, S., Loucas, T., Meldrum, D., & Charman, T. (2006). Prevalence of disorders of the autism spectrum in a population cohort of children in South Thames: The Special Needs and Autism Project (SNAP). *Lancet, 368*(9531), 210–215. https://doi.org/10.1016/S0140-6736(06)69041-7

Bargiela, S., Steward, R., & Mandy, W. (2016). The experiences of late-diagnosed women with autism spectrum conditions: An investigation of the female autism phenotype. *Journal of Autism and Developmental Disorders, 46*(10), 3281–3294. https://doi.org/10.1007/s10803-016-2872-8

Barnard, J., Harvey, V., Potter, D., & National Autistic Society. (2001). *Ignored or ineligible?: The reality for adults with autism spectrum disorders.* National Autistic Society.

Baron-Cohen, S. (2019, April 30). The concept of neurodiversity is dividing the autism community. *Scientific American Blog Network.* https://blogs.scientificamerican.com/observations/the-concept-of-neurodiversity-is-dividing-the-autism-community/

Bastiaansen, J. A., Meffert, H., Hein, S., Huizinga, P., Ketelaars, C., Pijnenborg, M., Bartels, A., Minderaa, R., Keysers, C., & de Bildt, A. (2010) Diagnosing autism spectrum disorders in adults: The use of Autism Diagnostic Observation Schedule (ADOS) Module 4. *Journal of Autism and Developmental Disorders, 41*(9), 1256-1266.

Becerra, T. A., von Ehrenstein, O. S., Heck, J. E., Olsen, J., Arah, O. A., Jeste, S. S., Rodriguez, M., & Ritz, B. (2014). Autism spectrum disorders and race, ethnicity, and nativity: A population-based study. *Pediatrics, 134*(1), e63-e71. https://doi.org/10.1542/peds.2013-3928

Begeer, S., Bouk, S. E., Boussaid, W., Terwogt, M. M., & Koot, H. M. (2008). Underdiagnosis and referral bias of autism in ethnic minorities. *Journal of Autism and Developmental Disorders, 39*(1), 142. https://doi.org/10.1007/s10803-008-0611-5

Brugha, T. S., Spiers, N., Bankart, J., Cooper, S.-A., McManus, S., Scott, F. J., Smith, J., & Tyrer, F. (2016). Epidemiology of autism in adults across age groups and ability levels. *The British Journal of Psychiatry: The Journal of Mental Science, 209*(6), 498-503. https://doi.org/10.1192/bjp.bp.115.174649

Camm-Crosbie, L., Bradley, L., Shaw, R., Baron-Cohen, S., & Cassidy, S. (2019). 'People like me don't get support': Autistic adults' experiences of support and treatment for mental health difficulties, self-injury and suicidality. *Autism, 23*(6), 1431-1441. https://doi.org/10.1177/1362361318816053

Cassidy, S., Au-Yeung, S., Robertson, A., Cogger-Ward, H., Richards, G., Allison, C., Bradley, L., Kenny, R., O'Connor, R., Mosse, D., Rodgers, J., & Baron-Cohen, S. (2022). Autism and autistic traits in those who died by suicide in England. *The British Journal of Psychiatry*, 221, 683-691. https://doi.org/10.1192/bjp.2022.21

Centers for Disease Control and Prevention. (2021, December 2). *Data and statistics on autism spectrum disorder*. Centers for Disease Control and Prevention. www.cdc.gov/ncbddd/autism/data.html

Chapman, R., & Carel, H. (2022). Neurodiversity, epistemic injustice, and the good human life. *Journal of Social Philosophy, 53*(4), 614-631.

Constantino, J. N., Abbacchi, A. M., Saulnier, C., Klaiman, C., Mandell, D. S., Zhang, Y., Hawks, Z., Bates, J., Klin, A., Shattuck, P., Molholm, S., Fitzgerald, R., Roux, A., Lowe, J. K., & Geschwind, D. H. (2020). Timing of the diagnosis of autism in African American children. *Pediatrics, 146*(3), e20193629. https://doi.org/10.1542/peds.2019-3629

Cridland, E. K., Jones, S. C., Caputi, P., & Magee, C. A. (2014). Being a girl in a boys' world: Investigating the experiences of girls with autism spectrum disorders during adolescence. *Journal of Autism and Developmental Disorders, 44*(6), 1261-1274. https://doi.org/10.1007/s10803-013-1985-6

Croen, L. A., Zerbo, O., Qian, Y., Massolo, M. L., Rich, S., Sidney, S., & Kripke, C. (2015). The health status of adults on the autism spectrum. *Autism, 19*(7), 814-823. https://doi.org/10.1177/1362361315577517

de Leeuw, A., Happé, F., & Hoekstra, R. A. (2020). A conceptual framework for understanding the cultural and contextual factors on autism across the globe. *Autism Research, 13*(7), 1029-1050. https://doi.org/10.1002/aur.2276

den Houting, J. (2019). Neurodiversity: An insider's perspective. *Autism, 23*(2), 271-273. https://doi.org/10.1177/1362361318820762

Durkin, M. S., Maenner, M. J., Baio, J., Christensen, D., Daniels, J., Fitzgerald, R., Imm, P., Lee, L.-C., Schieve, L. A., Van Naarden Braun, K., Wingate, M. S., & Yeargin-Allsopp, M. (2017). Autism spectrum disorder among US children (2002-2010): Socioeconomic, racial, and ethnic disparities. *American Journal of Public Health, 107*(11), 1818-1826. https://doi.org/10.2105/AJPH.2017.304032

Durkin, M. S., Maenner, M. J., Meaney, F. J., Levy, S. E., DiGuiseppi, C., Nicholas, J. S., Kirby, R. S., Pinto-Martin, J. A., & Schieve, L. A. (2010). Socioeconomic inequality in the prevalence of autism spectrum disorder: Evidence from a U.S. cross-sectional study. *PLoS ONE, 5*(7), e11551. https://doi.org/10.1371/journal.pone.0011551

Duvall, S., Armstrong, K., Shahabuddin, A., Grantz, C., Fein, D., & Lord, C. (2021). A road map for identifying autism spectrum disorder: Recognizing and evaluating characteristics that should raise red or "pink" flags to guide accurate differential diagnosis. *The Clinical Neuropsychologist, 36*(5), 1172–1207. https://doi.org/10.1080/13854046.2021.1921276

Dworzynski, K., Ronald, A., Bolton, P., & Happé, F. (2012). How different are girls and boys above and below the diagnostic threshold for autism spectrum disorders?. *Journal of the American Academy of Child and Adolescent Psychiatry, 51*(8), 788–797. https://doi.org/10.1016/j.jaac.2012.05.018

Dyches, T. T., Wilder, L. K., Sudweeks, R. R., Obiakor, F. E., & Algozzine, B. (2004). Multicultural issues in autism. *Journal of Autism and Developmental Disorders, 34*(2), 211–222. https://doi.org/10.1023/B:JADD.0000022 611.80478.73

Fennell, L. C. P., & Johnson, S. A. (2022). Examination of professional biases about autism: How can we do better?. *The Clinical Neuropsychologist, 36*(5), 1094–1115. https://doi.org/10.1080/13854046.2021.1958922

Fusar-Poli, L., Brondino, N., Politi, P., & Aguglia, E. (2022). Missed diagnoses and misdiagnoses of adults with autism spectrum disorder. *European Archives of Psychiatry and Clinical Neuroscience, 272*, 187–198. https://doi.org/10.1007/s00406-020-01189-w

Geelhand, P., Bernard, P., Klein, O., van Tiel, B., & Kissine, M. (2019). The role of gender in the perception of autism symptom severity and future behavioral development. *Molecular Autism, 10*(1), 16. https://doi.org/10.1186/s13229-019-0266-4

Glidden, D., Bouman, W. P., Jones, B. A., & Arcelus, J. (2016). Gender dysphoria and autism spectrum disorder: A systematic review of the literature. *Sexual Medicine Reviews, 4*(1), 3–14. https://doi.org/10.1016/j.sxmr.2015.10.003

Golson, M. E., Ficklin, E., Haverkamp, C. R., McClain, M. B., & Harris, B. (2022). Cultural differences in social communication and interaction: A gap in autism research. *Autism Research, 15*(2), 208–214. https://doi.org/10.1002/aur.2657

Gupta, M., & Chaudhary, R. (n.d.). Diagnostic challenges of high-functioning autism spectrum disorder in females. *Cureus, 13*(1), e13006. https://doi.org/10.7759/cureus.13006

Habayeb, S., Kenworthy, L., De La Torre, A., & Ratto, A. (2022). Still left behind:

Fewer Black school-aged youth receive ASD diagnoses compared to White youth. *Journal of Autism and Developmental Disorders, 52*, 2274-2283. https://doi.org/10.1007/s10803-021-05118-1

Hall, E. T. (1989). *Beyond culture*. Anchor Books.

Harrop, C., Jones, D. R., Sasson, N. J., Zheng, S., Nowell, S. W., & Parish-Morris, J. (2020). Social and object attention is influenced by biological sex and toy gender-congruence in children with and without autism. *Autism Research: Official Journal of the International Society for Autism Research, 13*(5), 763-776. https://doi.org/10.1002/aur.2245

Helverschou, S. B., Bakken, T., & Martinsen, H. (2011). Psychiatric disorders in people with autism spectrum disorders: Phenomenology and recognition. In J. L. Matson & P. Sturmey (Eds.), *International handbook of autism and pervasive developmental disorders* (pp. 53-74). Springer. https://doi.org/10.1007/978-1-4419-8065-6_5

Henderson, D., Wayland, S. C., & White, J. (2023). *Is this autism?: A guide for clinicians and everyone else*. Routledge.

Hess, P. (2021, December 2). *U.S. autism prevalence inches upward as racial gaps close*. Spectrum News. www.spectrumnews.org/news/u-s-autism-prevalence-inches-upward-as-racial-gaps-close/

Hofvander, B., Delorme, R., Chaste, P., Nydén, A., Wentz, E., Ståhlberg, O., Herbrecht, E., Stopin, A., Anckarsäter, H., Gillberg, C., Råstam, M., & Leboyer, M. (2009). Psychiatric and psychosocial problems in adults with normal-intelligence autism spectrum disorders. *BMC Psychiatry, 9*(1), 35. https://doi.org/10.1186/1471-244X-9-35

Horovitz, M., Matson, J. L., Rieske, R. D., Kozlowski, A. M., & Sipes, M. (2011). The relationship between race and challenging behaviours in infants and toddlers with autistic disorder and pervasive developmental disorder-not otherwise specified. *Developmental Neurorehabilitation, 14*(4), 208-214. https://doi.org/10.3109/17518423.2011.566596

Howlin, P. (2000). Outcome in adult life for more able individuals with autism or Asperger syndrome. *Autism, 4*(1), 63-83. https://doi.org/10.1177/1362361300004001005

Huang, Y., Arnold, S. R., Foley, K.-R., & Trollor, J. N. (2020). Diagnosis of autism in adulthood: A scoping review. *Autism, 24*(6), 1311-1327. https://doi.org/10.1177/1362361320903128

Huke, V., Turk, J., Saeidi, S., Kent, A., & Morgan, J. F. (2013). Autism spectrum disorders in eating disorder populations: A systematic review. *European Eating Disorders Review: The Journal of the Eating Disorders Association, 21*(5), 345-351. https://doi.org/10.1002/erv.2244

Hull, L., Mandy, W., & Petrides, K. V. (2017). Behavioural and cognitive sex/gender differences in autism spectrum condition and typically developing males and females. *Autism: The International Journal of Research and Practice, 21*(6), 706-727. https://doi.org/10.1177/1362361316669087

Hull, L., Petrides, K. V., Allison, C., Smith, P., Baron-Cohen, S., Lai, M.-C., & Mandy, W. (2017). "Putting on my best normal": Social camouflaging in adults with autism spectrum conditions. *Journal of Autism and Developmental Disorders, 47*(8), 2519-2534. https://doi.org/10.1007/s10803-017-3166-5

Hus, Y., & Segal, O. (2021). Challenges surrounding the diagnosis of autism in children. *Neuropsychiatric Disease and Treatment, 17*, 3509-3529. https://doi.org/10.2147/NDT.S282569

Jang, J., Matson, J. L., Cervantes, P. E., & Goldin, R. L. (2013). The relationship between race and comorbid symptoms in infants and toddlers with autism spectrum disorder. *Research in Autism Spectrum Disorders, 7*(11), 1433-1438. https://doi.org/10.1016/j.rasd.2013.08.011

Jo, H., Schieve, L. A., Rice, C. E., Yeargin-Allsopp, M., Tian, L. H., Blumberg, S. J., Kogan, M. D., & Boyle, C. A. (2015). Age at Autism Spectrum Disorder (ASD) diagnosis by race, ethnicity, and primary household language among children with special health care needs, United States, 2009-2010. *Maternal and Child Health Journal, 19*(8), 1687-1697. https://doi.org/10.1007/s10995-015-1683-4

Kaat, A. J., Shui, A. M., Ghods, S. S., Farmer, C. A., Esler, A. N., Thurm, A.,

Georgiades, S., Kanne, S. M., Lord, C., Kim, Y. S., & Bishop, S. L. (2021). Sex differences in scores on standardized measures of autism symptoms: A multisite integrative data analysis. *Journal of Child Psychology and Psychiatry, 62*(1), 97–106. https://doi.org/10.1111/jcpp.13242

Kalvin, C. B., Marsh, C. L., Ibrahim, K., Gladstone, T. R., Woodward, D., Grantz, H., Ventola, P., & Sukhodolsky, D. G. (2020). Discrepancies between parent and child ratings of anxiety in children with autism spectrum disorder. *Autism Research, 13*(1), 93–103. https://doi.org/10.1002/aur.2220

Kanfiszer, L., Davies, F., & Collins, S. (2017). "I was just so different": The experiences of women diagnosed with an autism spectrum disorder in adulthood in relation to gender and social relationships. *Autism: The International Journal of Research and Practice, 21*(6), 661–669. https://doi.org/10.1177/1362361316687987

Kapp, S. K. (2011). Navajo and autism: The beauty of harmony. *Disability & Society, 26*(5), 583–595. https://doi.org/10.1080/09687599.2011.589192

Katusic, M. Z., Myers, S. M., Weaver, A. L., & Voigt, R. G. (2021). IQ in autism spectrum disorder: A population-based birth cohort study. *Pediatrics, 148*(6), e2020049899. https://doi.org/10.1542/peds.2020-049899

Ketelaars, C., Horwitz, E., Sytema, S., Bos, J., Wiersma, D., Minderaa, R., & Hartman, C. A. (2008). Brief report: Adults with mild Autism Spectrum Disorders (ASD): Scores on the Autism Spectrum Quotient (AQ) and comorbid psychopathology. *Journal of Autism and Developmental Disorders, 38*(1), 176–180. https://doi.org/10.1007/s10803-007-0358-4

Kim, D., Pan, Y., & Park, H. S. (1998). High-versus low-context culture: A comparison of Chinese, Korean, and American cultures. *Psychology & Marketing, 15*(6), 507–521. https://doi.org/10.1002/(SICI)1520-6793(199809)15:6<507::AID-MAR2>3.0.CO;2-A

Kim, Y. S., Leventhal, B. L., Koh, Y.-J., Fombonne, E., Laska, E., Lim, E.-C., Cheon, K.-A., Kim, S.-J., Kim, Y.-K., Lee, H., Song, D.-H., & Grinker, R. R. (2011). Prevalence of autism spectrum disorders in a total population sample. *American Journal of Psychiatry, 168*(9), 904–912. https://doi.org/10.1176/appi.

ajp.2011.10101532

Kirkovski, M., Enticott, P. G., & Fitzgerald, P. B. (2013). A review of the role of female gender in autism spectrum disorders. *Journal of Autism and Developmental Disorders, 43*(11), 2584–2603. https://doi.org/10.1007/s10803-013-1811-1

Kopp, S., & Gillberg, C. (1992). Girls with social deficits and learning problems: Autism, atypical Asperger syndrome or a variant of these conditions. *European Child & Adolescent Psychiatry, 1*(2), 89–99. https://doi.org/10.1007/BF02091791

Lai, M.-C., & Baron-Cohen, S. (2015). Identifying the lost generation of adults with autism spectrum conditions. *The Lancet Psychiatry, 2*(11), 1013–1027. https://doi.org/10.1016/S2215-0366(15)00277-1

Lai, M.-C., Lombardo, M. V., Pasco, G., Ruigrok, A. N. V., Wheelwright, S. J., Sadek, S. A., Chakrabarti, B., Consortium, M. A., & Baron-Cohen, S. (2011). A behavioral comparison of male and female adults with high functioning autism spectrum conditions. *PLOS ONE, 6*(6), e20835. https://doi.org/10.1371/journal.pone.0020835

Lai, M.-C., & Szatmari, P. (2020). Sex and gender impacts on the behavioural presentation and recognition of autism. *Current Opinion in Psychiatry, 33*(2), 117–123. https://doi.org/10.1097/YCO.0000000000000575

Leedham, A., Thompson, A. R., Smith, R., & Freeth, M. (2020). 'I was exhausted trying to figure it out': The experiences of females receiving an autism diagnosis in middle to late adulthood. *Autism, 24*(1), 135–146. https://doi.org/10.1177/1362361319853442

Legha, R. K., & Miranda, J. (2020). An anti-racist approach to achieving mental health equity in clinical care. *Psychiatric Clinics, 43*(3), 451–469. https://doi.org/10.1016/j.psc.2020.05.002

Lipinski, S., Boegl, K., Blanke, E. S., Suenkel, U., & Dziobek, I. (2021). A blind spot in mental healthcare?: Psychotherapists lack education and expertise for the support of adults on the autism spectrum. *Autism*, 13623613211057972. https://doi.org/10.1177/13623613211057973

Livingston, L. A., Shah, P., & Happé, F. (2019). Compensatory strategies below the behavioural surface in autism: A qualitative study. *The Lancet Psychiatry, 6*(9),

766–777. https://doi.org/10.1016/S2215-0366(19)30224-X

Lo Re, V., & Bellini, L. M. (2002). William of Occam and Occam's razor. *Annals of Internal Medicine, 136*(8), 634–635. https://doi.org/10.7326/0003-4819-136-8-200204160-00022

Loomes, R., Hull, L., & Mandy, W. P. L. (2017). What is the male-to-female ratio in autism spectrum disorder?: A systematic review and meta-analysis. *Journal of the American Academy of Child and Adolescent Psychiatry, 56*(6), 466–474. https://doi.org/10.1016/j.jaac.2017.03.013

Lord, C., Risi, S., Lambrecht, L., Cook, E. H., Leventhal, B. L., DiLavore, P. C., Pickles, A., & Rutter, M. (2000). The autism diagnostic observation schedule-generic: A standard measure of social and communication deficits associated with the spectrum of autism. *Journal of Autism and Developmental Disorders, 30*(3), 205–223.

Maenner, M. J., Shaw, K. A., Baio, J., Washington, A., Patrick, M., DiRienzo, M., Christensen, D. L., Wiggins, L. D., Pettygrove, S., Andrews, J. G., Lopez, M., Hudson, A., Baroud, T., Schwenk, Y., White, T., Rosenberg, C. R., Lee, L.-C., Harrington, R. A., Huston, M., Hewitt, A., Amy Esler, A., Hall-Lande, J., Poynter, J., N., Hallas-Muchow, L., Constantino, J. N., Fitzgerald, R. T., Zahorodny, W., Shenouda, J., Daniels, J. L., Warren, Z., Vehorn, A., Salinas, A., Durkin, M. S., Dietz, P. M. (2020). Prevalence of autism spectrum disorder among children aged 8 years—Autism and Developmental Disabilities Monitoring Network, 11 sites, United States, 2016. *MMWR Surveillance Summaries, 69*(4), 1–12. https://doi.org/10.15585/mmwr.ss6904a1

Mandell, D. S., Listerud, J., Levy, S. E., & Pinto-Martin, J. A. (2002). Race differences in the age at diagnosis among Medicaid-eligible children with autism. *Journal of the American Academy of Child & Adolescent Psychiatry, 41*(12), 1447–1453. https://doi.org/10.1097/00004583-200212000-00016

Mandell, D. S., Wiggins, L. D., Carpenter, L. A., Daniels, J., DiGuiseppi, C., Durkin, M. S., Giarelli, E., Morrier, M. J., Nicholas, J. S., Pinto-Martin, J. A., Shattuck, P. T., Thomas, K. C., Yeargin-Allsopp, M., & Kirby, R. S. (2009). Racial/ethnic disparities in the identification of children with autism spectrum disorders. *American Journal of Public Health, 99*(3), 493–498. https://doi.org/10.2105/AJPH.2007.131243

Mandy, W., Chilvers, R., Chowdhury, U., Salter, G., Seigal, A., & Skuse, D. (2012). Sex differences in autism spectrum disorder: Evidence from a large sample of children and adolescents. *Journal of Autism and Developmental Disorders, 42*(7), 1304–1313. https://doi.org/10.1007/s10803-011-1356-0

McDonnell, C. G., DeLucia, E. A., Hayden, E. P., Penner, M., Curcin, K., Anagnostou, E., Nicolson, R., Kelley, E., Georgiades, S., Liu, X., & Stevenson, R. A. (2021). Sex differences in age of diagnosis and first concern among children with autism spectrum disorder. *Journal of Clinical Child & Adolescent Psychology, 50*(5), 645–655. https://doi.org/10.1080/15374416.2020.1823850

McKowen, J., Woodward, D., Yule, A. M., DiSalvo, M., Rao, V., Greenbaum, J., Joshi, G., & Wilens, T. E. (2022). Characterizing autistic traits in treatment-seeking young adults with substance use disorders. *The American Journal on Addictions, 31*(2), 108–114. https://doi.org/10.1111/ajad.13247

Meyer, I. H., & Frost, D. M. (2013). Minority stress and the health of sexual minorities. In C. J. Patterson & A. R. D'Augelli (Eds.), *Handbook of psychology and sexual orientation* (pp. 252–266). Oxford University Press.

Moens, J. (2021, December 1). *Autism without intellectual impairments more common than previously reported*. Spectrum News. www.spectrumnews.org/news/autism-without-intellectual-impairments-more-common-than-previously-reported/

National Autistic Society. (n.d.). *The history of autism*. National Autistic Society. www.autism.org.uk/advice-and-guidance/what-is-autism/the-history-of-autism.

Nevison, C., & Zahorodny, W. (2019). Race/ethnicity-resolved time trends in United States ASD prevalence estimates from IDEA and ADDM. *Journal of Autism and Developmental Disorders, 49*(12), 4721–4730. https://doi.org/10.1007/s10803-019-04188-6

Neuliep, J. W. (2020). *Intercultural communication* (8th ed.). SAGE Publications Inc.

Norbury, C. F., & Sparks, A. (2013). Difference or disorder?: Cultural issues in understanding neurodevelopmental disorders. *Developmental Psychology, 49*(1),

45–58. https://doi.org/10.1037/a0027446

Nyrenius, J., Eberhard, J., Ghaziuddin, M., Gillberg, C., & Billstedt, E. (2022). Prevalence of autism spectrum disorders in adult outpatient psychiatry. *Journal of Autism and Developmental Disorders, 52*(7), 3769–3779. https://doi.org/10.1007/s10803-021-05411-z

Organization for Autism Research. (2019, January 3). *New studies estimate autism prevalence at 1 in 40*. Organization for Autism Research. https://researchautism.org/new-studies-estimate-autism-prevalence-at-1-in-40/

Pearson, A., & Rose, K. (2021). A conceptual analysis of autistic masking: Understanding the narrative of stigma and the illusion of choice. *Autism in Adulthood, 3*(1), 52–60. https://doi.org/10.1089/aut.2020.0043

Pellicano, E., & den Houting, J. (n.d.). Annual research review: Shifting from 'normal science' to neurodiversity in autism science. *Journal of Child Psychology and Psychiatry*. https://doi.org/10.1111/jcpp.13534

Penner, M., Anagnostou, E., Andoni, L. Y., & Ungar, W. J. (2018). Systematic review of clinical guidance documents for autism spectrum disorder diagnostic assessment in select regions. Autism, 22(5), 517–527. https://doi.org/10.1177/1362361316685879

Pilling, S., Baron-Cohen, S., Megnin-Viggars, O., Lee, R., Taylor, C., & on behalf of the guideline development group. (2012). Recognition, referral, diagnosis, and management of adults with autism: Summary of NICE guidance. *BMJ, 344*, e4082. https://doi.org/10.1136/bmj.e4082

Ratto, A. B., Kenworthy, L., Yerys, B. E., Bascom, J., Wieckowski, A. T., White, S. W., Wallace, G. L., Pugliese, C., Schultz, R. T., Ollendick, T. H., Scarpa, A., Seese, S., Register-Brown, K., Martin, A., & Anthony, L. G. (2018). What about the girls?: Sex-based differences in autistic traits and adaptive skills. *Journal of Autism and Developmental Disorders, 48*(5), 1698–1711. https://doi.org/10.1007/s10803-017-3413-9

Regan, T. (2021). *Understanding autism in adults and aging adults 2nd edition: Updated in 2021 with new insights for improving diagnosis and quality of life* (J. Angelo, Ed.; 2nd ed.). Indiego Publishing LLC.

Reinberg, S. (2018, December 3). *Another tally puts autism cases at 1 in 40.* HealthDay. https://consumer.healthday.com/cognitive-health-information-26/autism-news-51/another-tally-puts-autism-cases-at-1-in-40-740 230.html

Robinson, E. B., Samocha, K. E., Kosmicki, J. A., McGrath, L., Neale, B. M., Perlis, R. H., & Daly, M. J. (2014). Autism spectrum disorder severity reflects the average contribution of de novo and familial influences. *Proceedings of the National Academy of Sciences, 111*(42), 15161-15165. https://doi.org/10.1073/pnas.1409204111

Robison, J. E. (2019). Autism prevalence and outcomes in older adults: Autism prevalence and outcomes. *Autism Research, 12*(3), 370-374. https://doi.org/10.1002/aur.2080

Roman-Urrestarazu, A., van Kessel, R., Allison, C., Matthews, F. E., Brayne, C., & Baron-Cohen, S. (2021). Association of race/ethnicity and social disadvantage with autism prevalence in 7 million school children in England. *JAMA Pediatrics, 175*(6), e210054. https://doi.org/10.1001/jamapediatrics.2021.0054

Russo, F. (2018, February 21). *The costs of camouflaging autism*. Spectrum News. www.spectrumnews.org/features/deep-dive/costs-camouflaging-autism/

Rutherford, M., McKenzie, K., Johnson, T., Catchpole, C., O'Hare, A., McClure, I., Forsyth, K., McCartney, D., & Murray, A. (2016). Gender ratio in a clinical population sample, age of diagnosis and duration of assessment in children and adults with autism spectrum disorder. *Autism: The International Journal of Research and Practice, 20*(5), 628-634. https://doi.org/10.1177/1362361315617879

Santore, L. A., Gerber, A., Gioia, A. N., Bianchi, R., Talledo, F., Peris, T. S., & Lerner, M. D. (2020). Felt but not seen: Observed restricted repetitive behaviors are associated with self-report—but not parent-report—OCD symptoms in youth with ASD. *Autism: The International Journal of Research and Practice, 24*(4), 983-994. https://doi.org/10.1177/1362361320909177

Shulman, C., Esler, A., Morrier, M. J., & Rice, C. E. (2020). Diagnosis of autism spectrum disorder across the lifespan. *Child and Adolescent Psychiatric Clinics of North America, 29*(2), 253-273. https://doi.org/10.1016/j.chc.2020.01.001

Shulman, C., Rice, C. E., Morrier, M. J., & Esler, A. (2020). The role of diagnostic instruments in dual and differential diagnosis in autism spectrum disorder across the lifespan. *Psychiatric Clinics, 43*(4), 605-628. https://doi.org/10.1016/j.psc.2020.08.002

Strunz, S., Westphal, L., Ritter, K., Heuser, I., Dziobek, I., & Roepke, S. (2015). Personality pathology of adults with autism spectrum disorder without accompanying intellectual impairment in comparison to adults with personality disorders. *Journal of Autism and Developmental Disorders, 45*(12), 4026-4038. https://doi.org/10.1007/s10803-014-2183-x

Takara, K., & Kondo, T. (2014). Autism spectrum disorder among first-visit depressed adult patients: Diagnostic clues from backgrounds and past history. *General Hospital Psychiatry, 36*(6), 737-742. https://doi.org/10.1016/j.genhosppsych.2014.08.004

Takara, K., Kondo, T., & Kuba, T. (2015). How and why is autism spectrum disorder misdiagnosed in adult patients?: From diagnostic problem to management for adjustment. *Mental Health in Family Medicine, 11*(2), 73-88.

Tincani, M., Travers, J., & Boutot, A. (2009). Race, culture, and autism spectrum disorder: Understanding the role of diversity in successful educational interventions. *Research and Practice for Persons with Severe Disabilities, 34*(3-4), 81-90. https://doi.org/10.2511/rpsd.34.3-4.81

Travers, J. C., Tincani, M., & Krezmien, M. P. (2013). A multiyear national profile of racial disparity in autism identification. *The Journal of Special Education, 47*(1), 41-49. https://doi.org/10.1177/0022466911416247

Watson, L. E. (2014). *"Living life in the moment": Chronic stress and coping among families of high-functioning adolescent girls with autism spectrum disorder* [Doctoral dissertation, Boston College]. https://citeseerx.ist.psu.edu/viewdoc/download?doi=10.1.1.874.4587&rep=rep1&type=pdf

Weingarner, B. (2021, September 3). 'The battery's dead': Burnout looks different in autistic adults. *The New York Times*. www.nytimes.com/2021/09/03/well/live/autistic-burnout-advice.html

Wiggins, L. D., Durkin, M., Esler, A., Lee, L.-C., Zahorodny, W., Rice, C., Yeargin-Allsopp, M., Dowling, N. F., Hall-Lande, J., Morrier, M. J., Christensen, D., Shenouda, J., & Baio, J. (2020). Disparities in documented diagnoses of autism spectrum disorder based on demographic, individual, and service factors. *Autism Research, 13*(3), 464-473.

Wright, J. (2015, December 10). Autism's lost generation. *The Atlantic*. www.theatlantic.com/health/archive/2015/12/the-lost-adults-with-autism/419511/

Xu, G., Strathearn, L., Liu, B., & Bao, W. (2018). Prevalence of autism spectrum disorder among US children and adolescents, 2014-2016. *JAMA, 319*(1), 81-82. https://doi.org/10.1001/jama.2017.17812

Young, H., Oreve, M.-J., & Speranza, M. (2018). Clinical characteristics and problems diagnosing autism spectrum disorder in girls. *Archives De Pediatrie: Organe Officiel De La Societe Francaise De Pediatrie, 25*(6), 399-403. https://doi.org/10.1016/j.arcped.2018.06.008

Young, S., Hollingdale, J., Absoud, M., Bolton, P., Branney, P., Colley, W., Craze, E., Dave, M., Deeley, Q., Farrag, E., Gudjonsson, G., Hill, P., Liang, H. L., Murphy, C., Mackintosh, P., Murin, M., O'Regan, F., Ougrin, D., Rios, P., Stover, N., Taylor, E., Woodhouse, E. (2020). Guidance for identification and treatment of individuals with attention deficit/hyperactivity disorder and autism spectrum disorder based upon expert consensus. *BMC Medicine, 18*(1), 146. https://doi.org/10.1186/s12916-020-01585-y

Zerbo, O., Massolo, M. L., Qian, Y., & Croen, L. A. (2015). A study of physician knowledge and experience with autism in adults in a large integrated healthcare system. *Journal of Autism and Developmental Disorders, 45*(12), 4002-4014. https://doi.org/10.1007/s10803-015-2579-2

Zuckerman, K. E., Lindly, O. J., Reyes, N. M., Chavez, A. E., Macias, K., Smith, K. N., & Reynolds, A. (2017). Disparities in diagnosis and treatment of autism in Latino and non-Latino White families. *Pediatrics, 139*(5). https://doi.org/10.1542/peds.2016-3010

제 1 장

기본 틀: 현재의 진단기준

평가 방법을 자세히 알아보기 전에 먼저 『정신질환의 진단 및 통계 편람Diagnostic and Statistical Manual of Mental Disorders』(이하 DSM-5-TR)(2022) 및 『국제질병분류International Classification of Disease』(이하 ICD-11)(2019)에 기술된 진단기준을 반드시 숙지해야 한다.

> 저자는 이 진단기준이 다음의 관점을 대변한다고 생각한다: "외부 세상과 비-자폐적인 방식으로 의사소통/반응하는 것이 옳고, 적절하며, 자폐적인 의사소통 및 반응은 틀리고, 손상되었고, 열등하고, 이상하고, 부적절하고, 실패를 나타내는 것이다." 저자는 **이 용어의 사용에 동의하지 않으며**, 다음 장부터는 **신경다양성을 지지하고 더 적절하다고 생각되는 표현**을 사용하기 위해 노력할 것이다.
>
> 하지만 이 장에서만 **DSM-5-TR 및 ICD-11에서 기술된 기준을 그대로 제시**할 것이다. 이러한 맥락에서 결핍 및 증상과 같은 단어가 출판물 그대로 사용되었음을 독자들이 이해해 주기를 바란다.

몇 가지 유의 사항이 있다.

- DSM-5-TR 및 ICD-11은 더이상 자폐증과 아스퍼거를 구분하지 않는다. 대신에 자폐성 장애, 아스퍼거장애, 달리 명시되지 않은 전반적 발달장애Pervasive Developmental Disorder, Not Otherwise Specified: PDD-NOS를 '자폐스펙트럼장애'의 단일

한 진단명으로 통합하였다. 그러나 '아스퍼거장애'의 정체성을 강하게 주장하는 사람들이 계속 존재하며, 저자는 임상가가 각 내담자에게 적합한 언어를 사용하도록 권한다.

- 특성이 반드시 현재를 기준으로 할 필요는 없고, 현재 또는 과거를 기준으로 할 수 있다. 이는 일부 기준(예: 감각장애)이 아주 어릴 때 더 분명한 경우가 많기 때문에 중요하다. 부모와 일부 임상가는 자녀가 성장해서 이 특성이 더 이상 진단에 기여하지 않는다고 생각할 수 있지만, 여전히 중요한 요소이다. 반대로 일부 기준은 어릴 때 분명하지 않다가 자녀가 성장하면서 더 명확하게 드러날 수 있으며, 특히 자폐증 여성에게서 더욱 그렇다.
- 아동이나 청소년과 함께 작업할 때, 자폐증 아동은 지지적인 어른과 대체로 원만하게 상호작용하는 경우가 많으며, 자신보다 몇 살 위나 아래인 또래 아이들과도 잘 지낼 수 있다는 점을 기억해야 한다. 사회기술을 평가할 때 나이가 훨씬 많거나 적은 사람과의 상호작용보다 같은 연령대의 또래와의 상호작용을 더 중요하게 고려해야 한다.

기준은 2개의 주요 범주로 나뉜다. (1) 사회적 및 의사소통의 문제, (2) 제한적이고 반복적인 행동Restricted and Repetitive Behavior: RRB이다.

사회적 및 의사소통의 문제

DSM-5-TR을 사용하는 임상가의 경우 이 범주에는 세 가지 기준이 있으며, 진단을 받기 위해 개인은 현재 또는 과거에 다음의 세 영역 모두에서 어려움을 경험해야 한다.

1. 사회적-감정적 상호성
2. 비언어적 의사소통
3. 대인관계 관리

ICD-11을 사용하는 임상가의 경우에 일반적으로 "상호적인 사회적 상호작용과 사회적 의사소통을 시작하고 유지하는 능력에 지속적인 결함이 있어야 한다."

제한적이고 반복적인 행동

DSM-5-TR에서는 제한적이고 반복적인 행동의 목록 4개를 제시하는데, 진단을 받기 위해 개인은 현재 또는 과거에 네 가지 중 2개 이상의 기준을 충족해야 한다. ICD-11을 사용하는 임상가는 '제한적이고 반복적이며 융통성 없는 행동 및 흥미의 패턴'이 있음을 보여 주어야 한다. 어떤 기준이든 반복적인 행동이나 제한된 관심사가 없더라도 자폐증의 가능성이 존재할 수 있다. 제한적이고 반복적인 행동에 대한 DSM-5-TR 기준을 충족하기 위해서는 다음 네 가지 기준 중 2개만 충족해도 된다.

1. 반복적이고 특이한 행동
2. 융통성의 곤란
3. 강렬하거나 비전형적으로 제한된 흥미
4. 감각적 차이

『자폐증인가요 I: 임상가와 모두를 위한 지침서』는 각 기준을 상세히 설명하고 자폐증이 덜 분명한 사람에게 어떻게 표현될 수 있는지를 제시한다. **이 책에서 설명하는 진단 절차를 알아보기 전에 이전 책을 읽어 보는 것이 매우 중요하다.** 임상가는 무엇을 찾아야 하는지 먼저 이해한 다음에 어떻게 찾아야 하는지를 배워야 한다. 이전 책에서는 무엇에 대해 검토하는 한편, 이 책에서는 어떻게에 대하여 논의한다.

추가 기준

세 가지 기준을 더 고려해야 한다.

첫째, **증상이 아동기로 거슬러 올라가야 한다.** DSM-5-TR에서 명시하듯, "증상은 반드시 초기 발달 시기부터 나타나야 한다." 그리고 ICD-11에서 명시하듯, "장애의 발병은 발달기, 전형적으로 초기 아동기에 발생한다." 그러나 이 두 기준 모두에서 명시하듯, '사회적 요구가 개인의 제한된 능력을 넘어서기 전까지' 증상이 완전히 나타나지 않을 수 있다. DSM-5-TR에서는 '학습된 전략에 의해 증상을 감출 수 있어서' 때때로 보이지 않을 수 있다고 덧붙인다. 이 모든 것은 자폐증이 청소년기나 성인기에 시작될 수 없다는 사실을 강조한다. 어떤 문제가 있었더라도 생애 초기에 다룰 수 있는 정도였는지 확인하는 것이 중요하다. 증상을 다른 사람에게 숨기거나(위장) 주변 환경(예: 부모)의 도움으로 보상한 경우라면, 증상이 없다고 가정하지 않도록 주의해야 한다.

둘째, 자폐스펙트럼장애 진단을 받으려면 사회적, 직업적, 또는 다른 중요한 현재 기능 영역에서 **임상적으로 현저한 손상**이 있다는 근거가 필요하다. 여기에는 불안, 우울 같은 정서장애, 혹은 억지로 위장하면서 소진되어 혼자만의 회복 시간이 상당히 필요한 경우도 포함될 수 있다. 이 표현은 맥락에 따라 다를 수 있는데, 공공장소에서는 잘 버티다가 집에 와서 무너지는 경우도 흔하다. 이외에 번아웃, 학교 또는 직장에 가기를 회피함, 성인기 진입이 어려움 등도 있다. 평가나 치료를 찾는 사람들은 임상적으로 현저한 문제를 분명히 가지고 있다.

마지막으로, DSM-5-TR은 이 표현이 "지적발달장애(지적장애) 또는 전반적 발달 지연으로 더 잘 설명되지 않는다"고 명시한다.

DSM-5-TR과 ICD-11의 유사점

- 자폐증, 아스퍼거장애, PDD-NOS가 단일 진단명으로 통합되었다: 자폐스펙트럼장애
- 두 가지 범주의 기준: 사회적/의사소통의 문제와 제한적/반복적인 행동
- 두 기준 모두에서 명시하듯, 자폐증은 증상이 초기 발달 시기부터 나타나지만,

나중까지 증상이 완전히 나타나지 않을 수 있다.

- DSM과 ICD 모두에서 명시하듯, 증상은 임상적으로 현저한 손상을 유발하며, 어떤 기능 영역(예: 사회적, 교육적, 직업적, 정서적 등)에서든 나타날 수 있다.
- 두 기준 모두에서 언어 손상을 포함하지 않는다.
- 두 기준 모두에서 감각 문제를 포함하여 개정되었다.

DSM-5-TR과 ICD-11의 차이점

- DSM에서는 각 범주에서 최소한으로 충족해야 하는 증상의 수를 명시한다. 사회적 및 의사소통 기준의 3개 모두, 그리고 제한적/반복적인 기준의 4개 중 2개이다. 반면에 ICD에서는 증상의 특정한 역치를 요구하지 않는다. 대신에 사회적 및 의사소통 영역, 그리고 제한적/반복적인 영역의 '지속적인 결함'을 요구한다.
- DSM에서는 일부 동반되는 장애를 포함한다(예: '지적 손상을 동반하는 경우 또는 동반하지 않는 경우' '언어 손상을 동반하는 경우 또는 동반하지 않는 경우'). 반면에 ICD에서는 지적발달장애 또는 기능적 언어의 존재 유무와 같은 요인에 따라 자폐증의 진단 코드가 다르다.
- DSM에서는 퇴행을 증상이나 진단의 근거로 포함하지 않는다. 반면에 ICD에서는 '이전에 습득한 기술의 상실'을 진단의 근거로 사용할 수 있다고 명시하고 있다.

전체 진단기준은 DSM-5-TR을 참고하길 바란다. 그리고 이 기준을 충족하는 방법을 알아보기 전에, 먼저 기초를 단단히 다지기 위해 함께 출판된 책인 『자폐증인가요: 임상가와 모두를 위한 지침서』를 읽어 보기를 권한다.

참고문헌 및 읽을거리

American Psychiatric Association. (2022). *Diagnostic and statistical manual of mental disorders* (5th ed., text rev.). https://doi.org/10.1176/appi.books.9780890425787

Henderson, D., Wayland, S. C., & White, J. (2023). *Is this autism: A guide for clinicians and everyone else*. Routledge.

World Health Organization. (2019). *International statistical classification of diseases and related health problems* (11th ed.). https://icd.who.int/

제 2 장

사회인지평가를 고려할 시점

위노 박사Dr. Winnow는 등교 거부를 전문으로 하는 존경받는 정신건강의학과 전문의이다. 수년 동안 위노 박사는 수십 명, 어쩌면 수백 명의 아이와 가족을 도왔다. 도나Donna는 등교 거부에 관한 위노 박사의 강연에 참석했는데, 강연 내용은 임상적 관련성이 높았고 임상가에게 통찰력과 더불어 많은 실용적인 팁을 제공해 주었다. 위노 박사는 등교 거부와 관련된 동반질환으로 아동기 장애의 거의 전부에 해당하는 불안, 우울, ADHD, 학습장애, 트라우마, 수면 부족 등을 열거했다. 도나가 "자폐증은 어떻습니까?"라고 묻자, 위노 박사는 "사실 자폐증 아동은 거의 없었습니다"라고 대답했다. 도나는 다만 자폐증에 대한 개념이 구식인 점 외에는 위노 박사의 진료가 뛰어나다고 생각해서, 덜 분명하게 표현되는 자폐증을 조명하는 현장 교육in-service training을 진행하게 되었다. 도나가 교육의 절반 정도를 진행했을 때, 참석했던 약 10명의 치료자는 "우리 내담자 중 자폐인이 이렇게 많을 줄은 몰랐습니다!"라고 외쳤다.

일반적인 원칙

단지 한두 개의 자폐적 행동으로 자폐증을 단정할 수는 없다. 자폐증이 아닌 많은 내담자도 자폐적 특성 중 일부를 지니기 때문이다. 그러나 만약 내담자의 문제 목록이 여러 개에 해당할 경우, 몇몇 문제가 심각할 경우, 몇몇 문제가 현재의 주 호소일 경우, 혹은 몇몇 문제가 비정상적으로 오래 지속되거나 치료에 방해가 될 경우에는 내담자가 자폐증일 가능성을 고려해야 한다.

임상가가 심층 평가의 필요성을 확신하기 어려울 때도 있다. 이 경우, 만약 시간이 허락한다면 심층 평가를 진행하도록 한다. 이를 통해 당신은 선별 과정을 연습하고 더 많은 내담자와의 평가를 통해 임상 기술을 연마할 수 있다. 경험이 쌓일수록 당신의 임상적 기술이 발전하고, 추가적인 탐색의 필요성을 더 잘 판단할 수 있게 될 것이다.

특히 여성의 경우, 몇 가지 단서만으로도 자폐증의 가능성을 심도 있게 고려한다. "자폐증처럼 보이지 않는다"는 이유만으로 자폐증을 배제할 수 없다. 매우 똑똑하고 성실하고 순응적이고 학교/직장에서 성공한 여성일 경우에 특히 그러하다.

자폐증 관련 경험이 거의 없는 임상가라면, 당신의 모든 내담자에게 자폐증의 가능성을 간단히라도 고려하도록 저자는 권고한다. 이 주장이 과해 보일 수 있지만, 이를 통해 당신은 "내담자가 자폐인이라면 직감적으로 알 수 있다"는 해묵은 오해를 깨고 내담자에게 자폐증의 가능성을 고려해 보는 새로운 습관을 기를 수 있을 것이다. 어찌 되었든 당신도 모든 내담자를 대상으로 불안의 가능성을 최소한 잠깐이라도 고려하지 않는가? 그리고 트라우마, 우울, 실행기능 곤란 등의 가능성도 고려하리라고 짐작된다. 당신이 머릿속으로 내담자마다 적용해 보는 예상 문제 목록에 단순히 자폐증을 추가한다고 생각하라.

당신이 자폐증을 배제하는 이유에 유의한다. 임상가가 보기에 자폐증과 양립할 수 없는 특정 행동 혹은 특성이 있다는 이유만으로 자폐증이 아니라는 말을 듣는 사람이 많다. 몇 가지 예를 들자면, 전형적인 눈 맞춤, 상당한 유머 감각, 공감, 높은 교육 수준, 친구 관계, 헌신적인 연애 관계, 성공적인 직장 생활 등이 포함된다. 그러나 어떤 사람이 비-자폐증에서 전통적으로 기대되었던 강점이나 성취를 보인다고 해서 단순히 자폐증을 배제할 수 없으며 배제해서도 안 된다.

경고 신호를 생각한다. 저자는 수잔 두발Susanne Duvall 등이 제시한 경고 신호pink flags의 개념을 좋아한다. 수잔 두발 등은 많은 임상가가 손 펄럭이기, 기차 시간표에 대한 강렬한 관심사 등 자폐증의 위험 신호red flags만을 탐색하지만, 경고 신호에도 주의를 기울여야 한다고 강조하였다. 이는 자폐증에만 국한되어 나타나는 행동이나 기질이 아닌, 임상가가 더욱 면밀히 살펴야 하는 덜 명백한 신호를 의미한다. 한두 개의 경고 신호가 반드시 유의미하다고 할 수는 없지만, 경고 신호가 반복적인 패턴으로 나타난다면 확실히 추가적인 관찰이 요망된다.

가능성 있는 단서

다음은 전반적인 기능을 범주별로 정리한 단서 목록이다. 다시금 말하지만 이것은 자폐증에만 국한되지 않으며, 사회인지와 관련하여 심층적으로 살펴볼 필요가 있는 행동이나 기질을 포함한다(다른 말로 "'흠…….' 하게 만드는 것들"이다).

주요 단서:

다음 중 하나라도 발견된다면, 자폐증의 가능성을 배제하기 전까지 반드시 자폐증의 가능성을 염두에 두고 평가를 지속한다. 물론 이러한 특성들은 비-자폐인에게서도 나타날 수 있지만, 다음에 기재된 특징이 있다면 임상가는 자폐증의 가능성에 대해 특히나 각별한 주의를 기울여야 한다.

- 사회기술, 혹은 친구를 사귀거나 친구 관계를 유지하기 어려운 문제가 있다.
- 상당한 정서 조절 곤란, 심각한 불안, 빈번한 정서적 반응의 둔화shutdown, 혹은 감정폭발meltdown의 경향이 있다(자기 보고나 다른 사람의 관찰 상).
- 완벽주의, 반항, 등교 거부 등 경직성의 영역이 있으며, 특히 개입에 반응하지 않는다.
- 감각 자극sensory input, 적응기능, 정서 조절, 사회적 활동, 움직임 등 다수의 영역에서 어려움을 경험한다.
- 위장 문제, 두통, 통증 등의 신체적 병력이 있다.
- 적응기능이 지적기능에 비해 유의미하게 저조하다(예: 대학을 졸업했는데 새로운 일을 시작하지 못함).
- 확실한 진단과 치료를 받으려는 오랜 노력에도 내담자나 부모는 언어, 감각, 운

동, 불안 등을 포함하는 현재의 문제에 대해 명확한 해결책을 찾지 못했다. 지금까지 많은 진단을 받아 왔으나, 여전히 이해받지 못한다고 느낀다.

다음은 특정한 기능 영역에서의 단서이다.

사회적 관찰 혹은 우려 사항:

- 친구를 사귀거나 혹은 친구 관계를 유지하기가 어렵다.
- 눈 맞춤, 몸짓, 목소리 크기, 얼굴 표정, 억양 등 비언어적 의사소통의 영역에서 어려움이 있다.
- 나이가 더 어리거나 많은 아동, 별난 아동, 이성의 아동과 계속 친구가 된다.
- 성인과 가장 잘 어울리며, 성인이 흥미로워할 만한 사실과 주제를 이야기하기 좋아하고, '꼬마 교수'처럼 형식적이거나 특이하게 경직되고 정확한precise 말투로 말한다.
- 사람보다 동물과 더 쉽게 어울린다.
- 대인관계에서 상호 대화나 관심사의 공유가 더욱 중요한 중학교 시기에 또래 관계의 상황이 변한다.
- 순진하거나 사회적으로 미숙하다(어떤 면에서는 유별나게 성숙해 보이다가도, 다른 측면에서는 미숙해 보일 수 있다).
- 다른 사람의 관점에서 바라보거나 상대방의 반응에 관심을 가지기 어렵다.
- 놀이나 활동, 대인관계를 자신이 통제하려고 든다.
- 1년 이상 혹은 여러 환경에서 괴롭힘이나 놀림을 당한 적이 있다. 성인기에 대인관계에서 피해를 입은 적이 있다.
- 기대되는 수준보다 더 많은 사회적 코칭이 필요하다(예: 다른 사람에게 인사하는 방식에 대해 힌트를 줘야 함).
- 사회적 동기의 수준이 낮다(예: 만남을 먼저 제안하지 않거나, 만남을 꺼리거나, 혹은 만남 자체에 그다지 흥미를 느끼지 못함).
- (일대일 만남에 비해) 또래 집단에서 상대적으로 어려움이 더 많다.

- 비교적 구조화된 상호작용에 비해 비구조화된 사회적 활동에서 더욱 힘들어 한다.
- 사회적 상호작용에 의해 피로와 압도감을 지속적으로 경험한다.

행동적 관찰 혹은 우려 사항:

- 적대적이거나 무례하거나 반항적으로 비춰질 수 있는 행동을 보이며, 과거에 임상가가 적대적 반항장애ODD의 가능성을 제기하거나 진단했을 수 있다.
- 융통성이 없거나, 특이할 정도로 고집이 세거나, 특정 주제나 활동에만 몰두하는 경향이 있다.
- 정기적으로 직장을 유지하거나 학교에 다니기가 어렵다(전통적으로는 등교 거부로 지칭된다).
- 수업 중에 불쑥 큰 소리로 말하거나 소리를 낸다.
- 본인이 정말로 원하는 상황에서만 참여한다.
- 어렵거나 선호하지 않는 과제가 제시되면 활동을 중단한다.

정서적 관찰 혹은 우려 사항:

- 만성적이고 심각한 불안 혹은 우울로 힘겨워 한다.
- 흔하지 않은 혹은 다수의 공포증을 가진다.
- 감정폭발meltdown, 정서적 반응의 둔화shutdown, 정서 조절 곤란이나 강렬한 감정을 경험한다.
- 감정에 관해 이야기하기 어려워한다. 자신이 어떻게 느끼는지 모르는 듯하다.
- 계획에서 예상치 못한 변화가 발생하거나 자신의 예상과 현실이 일치하지 않으면 고통스러워 한다.
- 극도의 완벽주의를 보인다(예: 다른 모든 것을 희생하면서까지 학업에 지나치게 집중함).
- 이전에 임상가가 양극성장애나 성격장애의 가능성을 제기한 적이 있다.
- 선택적 함구증을 보인다.

이러한 상태가 표준적인 치료 프로토콜에 잘 반응하지 않았는지 반드시 확인해야 한다.

인지, 언어, 학업적 관찰 혹은 우려 사항:

- 생애 초기에 언어 발달이 지연되었으며, 이는 해결되었을 수도 있고 여전히 지속될 수도 있다.
- 다른 사람을 이해하거나 자기 생각을 명확하게 표현하기가 어렵다.
- 구체적으로concrete 사고하며, 모든 것을 문자 그대로 받아들인다.
- 과거에 ADHD로 진단받았고, 특히 경계 수준이거나 심한 수준일 수 있다.
- 실행기능에 문제가 있다(ADHD와 관련이 있을 수도 있고 아닐 수도 있다).
- (관심 분야가 아닌) 어떤 주제로 글을 써 달라는 요청에 극단적으로 반응한다.
- 맥락을 읽지 못한다context blindness(예: 의도된 의미보다 문법 혹은 특정 단어나 구에 지나치게 몰두함).
- 수행 프로파일이 상당히 불균형적이다(예: 지적 영재에 해당하지만, 특정한 학업 활동에는 참여할 수 없거나 참여하지 않으려고 함).
- 과독증이 있으며, 글을 읽고 주제를 파악하기가 어려울 수도 있고 아닐 수도 있다.

의학적/발달적 과거력 혹은 우려 사항:

- 특이한 감각 반응 혹은 감각적 갈망 행동을 보인다(설령 더는 문제가 되지 않을지라도).
- 식사가 상당히 제한되어 있거나, 편식하거나, 섭식장애(특히 회피적/제한적 음식 섭취장애ARFID)로 진단받았다.
- 애매한 운동 문제가 있다(예: 낮은 긴장도나 협응 능력의 결여). 어설프거나 자주 넘어지거나 사람/사물에 잘 부딪힐 수 있다.
- 변비, 복통 등을 포함하여 만성적인 위장GI 문제가 있고, 특히 명확한 원인이 없을 수 있다.
- 신체의 내적 감각을 알아차리지 못하는 듯 보인다(예: 규칙적인 식사를 잊거나 거부

해서 감정폭발meltdown이 나타남. 연령에 맞지 않게 유뇨증이나 유분증을 보임).

- 잦은 두통의 병력이 있고, 특히 명확한 원인이 없을 수 있다.
- 기립성빈맥증후군Postural Orthostatic Tachycardia Syndrome: POTS, 수면 조절의 곤란, 저혈당 등 생리적 조절 장애의 근거가 있다.
- 만성 통증을 경험하거나, 통증의 내성 수준이 비정상적으로 높다.
- 발작의 병력이 있다.
- 유전질환의 가능성을 시사하는 징후를 보인다(예: 얼굴의 기형적 특징, 관절의 과-운동성).

기타 관찰 혹은 우려 사항:

- 비정형적인 운동 동작이나 자세를 보인다.
- '초능력'을 가진 듯 보인다(예: 놀라운 기억력, 매우 어린 나이에 글자 읽기, 완벽한 음정, 우수한 수학적 재능).
- 목욕, 머리 감기, 양치질 같은 기본적인 몸단장 혹은 위생 관리가 특별히 불량하거나 이를 강하게 거부한다.
- 트렌스젠더, 논바이너리non-binary, 젠더 플루이드gender fluid, 에이젠더agender이다.
- 다양한 개입(치료, 약물 등)을 시도했지만, 기대만큼 개선되지 않는다.

마지막으로, 다음의 항목들은 자폐증 혹은 사회인지평가의 필요성을 배제하는 이유가 될 수 없다.

- 친구를 원한다.
- 친구가 있다.
- 유머 감각이 뛰어나다.
- 공감 능력이 있다.
- 애정이 많고 사랑이 넘친다.
- 행동 문제가 없다.

- 교육 수준이 높거나 직업적 성취가 매우 뛰어나다.
- 과거의 평가 결과에서 자폐증 진단을 받지 않았다(만약 보고서에서 자폐증 진단이 배제된 이유를 명확하고 설득력 있게 제시했다면 예외가 되겠지만, 이는 저자의 경험상 매우 드물었다).

자주 하는 질문(FAQ)

- **대학원 과정에서 자폐증에 대한 정규 훈련을 받지 않았는데, 그래도 자폐증 진단을 고려하는 것이 합당합니까?** 어떤 임상가가 내담자에게 자폐증을 직접 진단해야 하는지, 아니면 다른 전문가에게 의뢰해야 하는지 저자가 결정할 수는 없다. 그러나 만약 당신이 전문가로서 소속 주州에서 진단의 법적 권한이 부여된 자격증을 가졌다면, 진단 행위가 타당할 수 있다. 많은 건강관리전문가가 자폐증을 인식하고 진단하고 치료하기 위한 정규 훈련을 받지 않았다. 하지만 대학원에서 자폐증의 정식 훈련을 받지 않았다고 해서 진단 작업에 대한 자격이 없어지는 것은 아니다. 다만, 관련 서적(예를 들면, 이 책)을 읽고 강연이나 사례 회의에 참석하고 적절한 자문이나 수퍼비전을 받으면서 우리의 배움과 임상적 전문성을 지속적으로 업데이트해야 한다.
- **자신의 내담자를 심층 평가에 의뢰하거나 혹은 자폐증 전문가에게 의뢰해야 하는 경우가 있습니까?** 그렇다. 예를 들자면, 당신의 자격증만으로 진단할 수 없거나, 혹은 복잡한 요소(예: 동반질환)가 많아 타당한 확신 하에 판단하기 어려운 경우가 해당한다. 이와 같은 상황에서는 내담자와 다음을 공개적으로 논의해 볼 수 있다: (1) 내담자가 자폐증일 수 있다고 생각하는 이유, (2) 내담자가 이를 명료히 아는 것이 중요하다고 생각하는 이유, (3) 수월하게 의사결정하기 어려운 이유, (4) 정확히 무엇을 추천하고자 하는지가 그것이다. 당신은 덜 분명한 자폐증을 보인 내담자와 작업해 본 적이 있는 신경심리학자 혹은 진단 평가를 실시하는 심리학자를 찾도록 도와줄 수 있다(혹은 자문이나 수퍼비전을 받을 수 있다).

- **만약 내담자에게 심층 평가가 필요할지 확신할 수 없다면 어떻게 해야 합니까?** 대다수의 심리학자는 의뢰가 적절한지 확실히 하고자 선별 절차를 거치는데, 이때 이루어지는 전화 상담은 일반적으로 무료이다. 또한 몇몇 심리학자는 진단의 명확성이나 추가 평가의 필요성을 결정하는 데 도움이 필요한 치료자를 위해 사례 회의를 제공한다. 이러한 전문적 자문은 대부분 유료이지만, 종합 신경심리평가에 비해서는 일반적으로 훨씬 저렴하다. 아울러 당신이 관련 주제 및 절차를 더욱 많이 배울 수 있다는 점은 전문적 자문의 또 다른 이점이다.
- **만약 내담자가 자폐증 진단을 원치 않거나 필요로 하지 않는다면 어떻게 해야 합니까?** 모든 자폐인에게 자폐증 진단이 필요하지는 않다(예: 기능 손상이 없을 경우). 다만 여전히 진단은 자폐증이라는 비판단적인 관점에서 그들 스스로를 이해하도록 도울 수 있다. 저자는 공식적인 진단 없이도 내담자가 신경다양성 혹은 자폐적인 신경계를 가진 스스로를 이해하도록 지원하는 몇몇 훌륭한 치료자를 알고 (좋아하고) 있다. 그러나 주의해야 할 점으로 필요시 내담자에게 진단에 관한 문서를 반드시 제공해야 한다. 저자는 성인 자폐인으로부터 치료자가 자신을 자폐증으로 보았음에도 문서를 제공하지 않았고, 그 결과로 이들이 새로운 서비스 제공자를 만날 때마다 자신의 자폐증을 '증명'해야 하거나 오인될 위험이 있었다는 이야기를 종종 들었다.
- **만약 임상가가 확신할 수 없어도 내담자(혹은 부모)에게 자폐증의 가능성을 제기해야 합니까?** 이는 당신과 내담자/부모와의 관계에 따라 달라질 수 있겠지만(즉, 당신이 내담자를 알아 온 기간, 신뢰가 쌓인 정도 등), 일반적으로 만약 자폐증의 가능성이 있다고 판단했다면 개방적으로 이야기하도록 저자는 권장한다. 흔히 이러한 내담자는 여러 명의 서비스 제공자를 전전하면서 자폐증의 가능성에 대해서는 평생 모른 채로 지내게 될 수 있다. 지금 당장 자폐증으로 진단되지는 않더라도, 자폐증의 가능성을 분명하게 논의하는 것이 향후 도움이 될 수 있다.

참고문헌 및 읽을거리

Duvall, S., Armstrong, K., Shahabuddin, A., Grantz, C., Fein, D., & Lord, C. (2021). A road map for identifying autism spectrum disorder: Recognizing and evaluating characteristics that should raise red or "pink" flags to guide accurate differential diagnosis. *The Clinical Neuropsychologist, 36*(5), 1-36. https://doi.org/10.1080/13854046.2021.1921276

제 3 장

부모 면담

왜 부모 면담[1)]이 중요한가? 면밀한 부모 면담은 아동, 청소년, 초기 성인기 평가의 초석이 된다. 평가 중 부모 면담은 개인력에 관한 중요한 관점을 제공해 준다. DSM-5-TR에서 모든 기준은 현재 혹은 과거력에 따라 충족될 수 있으며, 자폐증이 덜 분명한 자폐인은 자라면서 자폐적 특성을 위장하는 법을 익히기 때문에 초기의 병력이 특히나 중요하다. 부모 면담의 주요 목표는 내담자의 발달력을 완전히 이해하는 것이며, 효과적인 부모 면담으로 그 이상을 성취할 수 있다.

훌륭한 부모 면담:

- 내담자의 개인력에 관한 자료를 제공해 준다.
- 부모의 걱정을 이해하도록 돕는다.
- 부모가 통찰력을 얻도록 돕는다.
- 내담자의 강점을 파악하도록 돕는다.
- 내담자의 환경적 지원과 어려움을 평가하도록 돕는다.
- 신뢰를 쌓도록 돕는다.
- 부모를 한 사람으로서 이해하도록 돕는다.

1) 저자 주: 저자는 항상 면담으로 평가를 시작하지만, 면담의 순서는 다를 수 있다. 일반적으로 부모가 평가를 의뢰한 경우에는 부모 면담을 먼저 진행한다. 반면에, 성인 내담자가 평가를 의뢰한 경우에는 먼저 내담자와 면담을 진행한 후에 부모, 친척, 친구, 파트너와 면담할 수 있을지 허락을 구한다.

시간을 들여 자세하고도 찬찬히 개인력을 따라가면서 부모가 자녀의 어려움과 강점을 **더 많이 통찰하도록 도울 수 있다.** 부모는 보통 현재의 문제를 인식하는 데 집중하고자 내방한다. 하지만 자녀의 개인력에 대해 심층적으로 논의하면서 부모는 더 다양한 관점을 가지게 되고, 당신은 아동을 더 세심하게 이해할 수 있게 된다.

> 도미니크Dominique의 부모는 만 16세인 딸을 처음으로 평가에 의뢰했는데, 딸이 '친구를 사귀거나 친구 관계를 유지하는 데 어려움이 없다'고 보고했다. 연도별로 도미니크의 사회적 발달력을 파악하는 과정에서 부모는 도미니크가 미취학 시기에 사귀었던 친구가 유일하다는 사실을 깨달았다. (도미니크의 또래는 모두 다른 친구를 사귀었던 반면에) 도미니크는 초등학교, 중학교, 고등학교 시기에 단 한 명의 친구도 만들지 않았다.

앞의 예시는 뻔해 보일 수 있다. 하지만 부모에게 시간을 가지고 사회적 발달력을 이야기해 보도록 격려할 때, 이러한 종류의 통찰이 이루어지는 사례를 저자는 수도 없이 보았다.

오랜 시간에 걸쳐 진행한 부모 면담은 **부모와 소통하고 신뢰를 쌓도록** 돕는다. 얼굴을 마주하고 다른 사람의 이야기를 진정으로 경청하는 시간은 무엇으로도 대체될 수 없다. 부모는 지지적으로 경청해 주는 사람과 함께 진행하는 이 과정이 치료에 도움이 된다는 점을 늘 발견하게 된다. 두 시간이 경과하고(그렇다. 두 시간 동안 면담을 진행하게 된다), 부모는 당신을 더욱 친근하고 편하게 여기며, **깊은 공감을 받았다고 느낄 것이다.** 부모는 당신이 자신의 걱정과 의견을 얼마나 진지하게 받아들이고 있는지 알게 될 것이다. 이 모든 과정은 추후 당신이 피드백, 진단, 제언을 제공할 때 크게 도움이 된다.

마지막으로, 부모와의 긴 면담을 통해 당신은 **부모를 실제로 파악하고,** 이들이 평가에 무엇을 가지고 왔는지 이해할 수 있게 된다. 모든 부모는 각자의 유전, 개인력, 두려움, 강점, 편견을 가지고 있기 마련이다. 몇몇 부모는 자폐적일 수 있고(보통 미진단된 상태이다), 이는 부모가 자녀의 어려움을 바라보는 관점에 크게 영향을 미친다. 부모의 성격, 두려움, 편견, 선호를 이해한다면, 부모에게 유용한 피드백 회기를 계획할 수 있게 된다. 가령, 자폐증 자녀를 둔 어떤 부모는 모든 것을 자료에 기반하여 이해하려는 성향이 매우 두드러질 수 있는데, 이들에게 피드백을 제공할 때는 당신의 자료에 큰 비중을 두어야 한다. 다른 부모는 자녀에 대해 매우 상반된 견해를 가지고 있을 수 있는데, 이때는 한쪽 부모에게 당신이 다른 쪽 부모의 편을 든다고 여기지 않도록 부모 각자가 충분히 경청된다는 느낌을 받고 있는지 확인해야 한다(설령 당신이 한쪽 편을 들고 있더라도 말이다). 만약 어떤 부모가 약물치료에 대해 심하게 걱정하고 있나면, 당신은 진단과 무관하게 자녀에게 투약해야 한다는 압박감을 가질 필요가 없다는 사실을 먼저 언급할 수 있다. 우리가 만나는 아동만큼이나 부모도 다양하며, 이들을 진정으로 알아야만 최대한 효과적으로 피드백 회기를 꾸릴 수 있다.

일반적인 원칙

구조와 유연함 사이에서 균형을 찾는다. 잘 알려진 몇 가지 반구조화된 면담이 있는데, ADI-R과 MIGDAS-2가 가장 유명하다. 반구조화된 접근의 이점은 분명 존재하며, 특히 자폐증에 익숙해지는 단계에 있는 임상가에게 더욱 그렇겠지만, 덜 구조화된 방식의 부모 면담에도 장점이 있다.

지자는 문답 형식으로 면담을 구조화하는 대신에 **부모를 스토리텔링 양식**mode**으로 이끌어야** 훨씬 더 효과적이고 수월하다는 점을 발견하였다. 면담자가 정해진 질문 목록과 이와 연관된 후속 질문으로 이어 나간다면, 부모에게 긴장을 풀고 스토리텔링을 하도록 격려했을 때 얻을 수 있는 풍부하고 다채로운 정보를 쉽게 놓치게 되고, 부모는 질문들에 곧장 대답하기만 할 것이다. 이러한 이유로 저자는 부모(혹은 어떠한) 면담에서 면담이 설득력 있고 깊은 대화처럼 느껴질 때 가장 많은 정보를 얻을 수 있다고 생각한다.

저자는 이 접근 방식이 반구조화된 면담보다 절대적으로 우월하다고 주장하는 것이 아니다. 다만 저자뿐 아니라 저자가 교육한 사람에게도 효과가 있었기 때문에 고려해 봄직한 방법이라고 생각한다. 저자는 덜 분명한 자폐인을 진단할 때 단순히 "같은 말을 반복합니까?" "가장 놀이pretend play에 참여했습니까?" 같은 천편일률적인 질문은 자폐적 특성을 발견하는 데 도움이 되지 않는다고 강력히 생각한다. 가급적 예/아니요 형식의 질문을 피할 때, 그리고 최소한으로 말하고 부모의 이야기에 호기심과 이해심을 가지고 접근하면서 최대한 많이 말하도록 할 때, 면담이 가장 효과적이었음을 저자는 확인할 수 있었다.

정확하고도 상세하게 이해하도록 노력한다. 당신이 내담자 및 이외의 사람들에게 듣는 이야기는 이들의 경험에 기반한 내러티브narrative이다. 이 내러티브는 자료에 필요한 귀중한 단서를 제공하지만, 항상 당신에게 필요한 자료를 제공해 주지는 않는다. 반드시 구체적인 행동 예시와 부모가 결론을 내리게 된 경위를 설명해 달라고 요청한다. 또한 사람들은 다양한 방식으로 단어를 사용하므로 용어의 의미를 구체화해 달라고 요청한다. 예를 들어, 부모가 딸을 '매우 외향적이고 상냥하다'고 표현하여 그 의미를 물어보면, '누구와도 거리낌없이 오래도록 대화를 나눈다'는 답변을 들을 수도 있다. 이는 사회성 발달에 있어서 상반된 다른 함의를 가진다.

만 13세인 체이스Chase의 부모는 '체이스가 항상 놀라울 정도로 평정심을 유지한다'고 보고했다. 이를 설명해 달라고 요청하자, 생일 선물을 개봉하거나 큰 좌절을 견디는 등 흔히 감정 표현이 나타나는 여러 사건마다 '믿을 수 없을 정도로 침착하고 감정을 전혀 드러내지 않는다'고 회상했다. 또한 체이스의 '포커페이스' 때문에 훌륭한 카드 선수가 될 수 있겠다는 농담을 가족끼리 한다는 말도 덧붙였다. 이는 다양한 상황에서 체이스가 표현할 수 있는 얼굴 표정의 범위가 제한되어 있음을 시사한다.

충분한 시간을 확보한다. 저자는 2시간의 면담이 적당하다고 생각한다. 평가를 요청하는 이들은 복잡한 사연을 가진 경우가 많다. 1시간은 이야기를 펼치기에 충분치 않을 때가 많고, 부모와 서두르다 보면 면담이 피상적인 논의나 질의응답 형식으로 변질되어 그다지 효과적이지 않을 수 있다.

출처를 고려한다. 부모 면담 시, 임상가는 최선을 다해 솔직하고 개방적인 태도를 취하는 부모일지라도 정확한 보고에는 한계가 있음을 반드시 고려해야 한다. 예를 들어, 몇몇 부모는 자신이 자녀에게 얼마나 많이 맞춰 주고 보완해 주는지 알지 못하며, 임상가는 자녀가 사회적 상호작용에 참여하기까지 부모가 들인 노력을 감안해야 한다(예: 구조화된 활동에 등록하기, 정기적인 모임을 계획하기, 자녀가 다른 또래와 어울리도록 사회적 활동 시간에 항상 곁에 머무르기). 이렇게 부모가 개입했을 때 자녀가 몇 살이었는지도 매우 중요하게 고려해야 한다.

더하여, 자폐증은 유전성이 강하기 때문에 부모와 다른 가족 구성원을 면담할 때, 이들 자신도 자폐증이 미진단되었을 가능성을 염두에 두어야 한다. 이는 부모가 무엇을 전형적이라고 여길지에 관한 사고 틀에 영향을 미칠 수 있다. 즉, 부모 중 한 명 혹은 모두가 자녀와 유사한 사회기술이나 행동을 보이는 경우, 어떤 특성을 특이하다거나 언급할 만한 가치가 있다고 생각하지 않을 가능성이 높다. 마지막으로, 가족 구조를 고려해야 한다. 예를 들어, 아동에게 형제자매가 없는 경우, 부모가 맞춰 주기가 더욱 쉽고, 자녀의 자폐적 특성을 인식하지 못할 수 있다. 또 다른 예시로, 자녀의 손위 형제에게 더 명백한 자폐증이 있을 경우에 부모는 덜 분명한 자폐적 특성을 알아채지 못하거나 보고하지 않을 수 있다.

항상 강점을 찾는다. 부모는 종종 독서, 성실함, 유머 감각 같은 뻔한 강점을 언급할 수 있다. 개인력을 살필 때, 이 밖에도 조명할 만한 다른 강점이 있을지 항상 경청한다. 예를 들어, 자녀가 "매년 여름 캠프에 가서 새로운 야외 활동(하이킹, 카누 등)에 참여한다"고 언급되었다면, 아동의 모험심을 짐작할 수 있다. 또한 자녀가 어른들에게 할 수 있는 일과 할 수 없는 일을 끊임없이 말한다면, 자기-옹호가 높음을 알 수 있다. 더 효과적인 자기-옹호를 위해 도움이 필요할 수도 있지만, 어른에게 자신의 요구 사항을 전달하는 통찰력, 의사소통 기술, 사회적 동기가 있다는 것만으로도 상당한 자원이라고 할 수 있다. 다만, 부모 대부분은 이러한 관점에서 자녀의 행동을 바라보지 않아서 해당 특성을 강점으로 미처 인식하지 못했을 수 있다. 면담 후반에 부모에게 아동의 강점을 설명해 달라고 명시적으로 요청할 때, 당신은 이미 아동의 강점 목록을 작성했을 수도 있다. 이는 자녀에 대한 추가적인 통찰을 제공할 뿐만 아니라, 부모와의 관계를 쌓고 아동 개개인의 강점을 바탕으로 동기를 부여하는 계획을 세우도록 돕는다.

문화 간 연결

일부 문화권과 가족 체계에서는 대가족이 일상 기능뿐만 아니라 의사결정에도 관여할 수 있다. 가족 구성원 중에 누가 개인력을 가장 적절히 보고할 수 있을지 생각해 보도록 돕는다. 예를 들어, 대가족에 여성 혹은 남성인 가장이 존재할 수 있고, 처음부터 그 사람의 의견을 반영하고 동의를 얻는 일이 매우 중요할 수 있다. 이 경우에 자멜Jamell은 더 많은 가족 구성원이 이 절차에 참여하도록 면담 혹은 피드백 회기에 초대할 것을 추천한다. 임상가는 단순히 개방적인 태도를 취하는 것 이상으로 누가 참여할지를 가족이 궁리하도록 적극 도와야 한다.

임상가-내담자 관계에는 암묵적으로 힘의 불균형이 존재한다. 그리고 임상가가 주류 문화권에 속하고, 내담자/가족이 소수 문화권에 속할 경우에 불균형은 더 악화될 수 있다. 이때 가족은 취약한 느낌을 받거나, 양육 방식에 대한 부부간의 의견 불일치 혹은 가족력 등의 유관 정보를 공유하는 것을 주저할 수 있다. 몇몇 문화권의 경우, 임상 실제에서 낯선 사람(임상가)에게 이 정도로 솔직하게 말하는 것이 허용되지 않는다. S 박사가 최근에 비슷한 일을 겪었는데, 어떤 흑인 가족은 자녀와의 가정생활을 거의 알려주지 않았다.

S 박사가 회상하기로, 부모는 "[모 지역의 병원]에 근무하는 당신이 아동 보호 서비스Child Protective Services: CPS와 관련이 깊다고 알고 있어서 저는 조심스럽게 말할 수밖에 없습니다"라고 솔직하게 말했다. S 박사는 부모가 학대의 영역에 해당하지 않는 훈육 활동도 공유하기를 조심스러워하는 데에는 문화적으로 납득할 만한 이유가 있으리라고 인정했다. S 박사는 "부모가 나를 '백인 의사'로 인식하면서 여러 세부 사항까지 털어놓는 것을 망설이고, 아동을 과도하게 병리적으로 보지 않았을지 걱정했을 수 있다"는 점을 인지하고 있었다.

자멜Jamell은 **부모/가족 면담에서 문화적 이해도를 높이고** 내담자와 신뢰할 수 있고 협력적인 관계를 구축하기 위해 다음의 사항을 권고한다.

- 내담자에게 무언의 메시지를 전달하고 있는지 생각해 본다. 예를 들어, 진료실과 대

기실에 어떤 다문화적인 이미지가 있는가? 진료실에서 근무하는 전문가와 직원의 다양성은 어떠한가? 다른 내담자들의 다양성은 어떠한가(예: 대기실에서 이 가족만 유색인종인가)?

- 우리는 결코 문화적 역량을 사실적으로 갖추지 못한다는 점을 기억한다. 대신에 우리는 항상 문화적인 시각에서 내담자를 이해하려고 노력해야 한다. 관련된 문화적 이슈를 적극적으로 질문하고, 내담자 각각의 경험에 있어서 문화가 어떤 역할을 하고 있는지 호기심 있게 탐색한다. 인종/민족/문화적 배경이 내담자 각각의 표현에 영향을 미친 방식을 살펴본다. 과거의 건강관리 경험에서 인종이 어떤 영향을 주었을지 생각해 보고 물어본다.
- 낯선 사람에게 마음을 여는 일은 상당한 두려울 수 있으며, 상대방과 문화적 배경이 다르다면 더 심할 수 있음을 인식한다. 당신이 내담자나 가족 구성원의 기분을 상하게 했을 수도 있다는 신호를 살핀다(예: 갑작스러운 경계심이나 모호한 반응).
- 모든 내담자에게 그러하듯이, 자녀와 본인, 그리고 살아온 경험에 관한 가족의 관점과 지식을 수용한다. 내담자가 자신의 경험적 지각에 의문을 가지도록 의도치 않게 유도하고 있지는 않은지 유의해야 한다(예: 가스라이팅).

저자가 부모 면담을 구조화하는 방법

1부: 부모가 자신의 이야기를 들려주도록 격려하기

어떤 방식으로 면담을 구성하든지 간에, 부모 면담 전에, DSM-5-TR 혹은 ICD-11의 자폐증 진단기준을 반드시 숙지해야 한다. 도나 헨더슨Donna Henderson과 사라 웨일랜드Sarah Wayland가 저술한 『자폐증인가요 I: 임상가와 모두를 위한 지침서』에서 진단기준에 관한 논의 전체를 확인하라. 이 책의 앞부분에서 개관한 기준은 동반저서의 자세한 설명을 대체할 수 없다.

부모와 인사를 나누고, 평가를 받게 된 이유나 걱정하는 문제에 대해 자유롭게 이야기할 기회를 제공한 뒤, 다음과 같이 말하면서 **스토리텔링 양식**mode**으로 유도한다:** "자녀의 삶 전반을 처음부터 설명해 주십시오. 천천히 시간을 가지고 각각의 시기마다 학업뿐만 아니라 사회적, 정서적, 행동적으로 무슨 일이 있었는지 말씀해 주십시오. 머릿속에 떠오르는 이야기, 그 당시의 걱정거리, 부모님의 생각과 다르더라도 주변 사람들이 언급한 걱정거리 등 무엇이든 말씀해 주십시오. 진행 중에 저는 질문하면서 개입하겠습니다." 대다수의 부모는 이러한 면담 구조를 편안하게 느낀다. 자녀의 이야기를 경청해 줄 사람에게 이렇게 말해 볼 기회가 있다면 즐겁지 않겠는가?

부모가 이야기하는 중에 다음을 위해서 끼어든다.

- 속도를 조절한다(더 찬찬히 혹은 속도감 있게).
- (해석이 아닌) 사실을 명확히 하기 위해 구체적인 사례를 요청한다.
- 모든 영역을 아우르도록 상기시킨다.
- 이름을 물어본다.
- 검토된 문서의 내용을 바탕으로 질문한다.

부모가 이야기할 때 **중간중간 끼어들어 속도를 조절한다.** 부모가 관련이 적은 세부사항에 몰두할 때가 있는데(자녀의 중이염 감염 횟수, 특정 교사에 대한 자세한 평가 등), 이때 전반적인 개방형 질문을 던져서 자연스럽게 다시 논점으로 돌아갈 필요가 있다(예: "자, 그래서 이 시기에 자녀의 관심사는 무엇이었습니까?"). 부모가 생애 초기의 시기를 너무 빠르게 지나쳐버리는 경우도 있다. 초기에 현저한 어려움이 거의 없었을 때 종종 발생하는 일로, 부모는 걱정이 시작되던 시점으로 바로 건너뛰곤 한다(예: "초등학교 때는 괜찮았는데 6학년 때 문제가 시작되더니……"). 초기 시기를 생략하지 않는 것이 매우 중요하다! 지금 일어나는 일을 제대로 이해하려면 전체 개인력이 필요함을 부모에게 상기시키고, "유치원 시절에 어땠는지 말해 주십시오." 혹은 "유치원 시절에 무엇이 가장 기억에 남습니까?" 혹은 "1학년 때 가장 친했던 친구는 누구입니까?"와 같이 초기 시기로 다시 돌아가도록 유도한다. 부모가 그 시기에 큰 고민이 없었을지라도, 해당 시기의 이야기를 통해 부모가 미처 인식하지 못했던 유관 정보를 들을 수 있다.

11세인 트리스탄Tristan의 부모는 "초등학교 4학년 전에는 특기할 만한 점이 없다"고 말했다. 하지만 시간을 들여 트리스탄의 어린 시절을 살펴본 결과, 드리스탄은 유치원 시절에 반복적으로 문을 열고 닫는 것을 좋아했고, 실제로 가장 좋아하는 활동이었다고 회상하였다. 이렇게 반복적인 행동의 개인력을 발견하게 되었다.

구체적인 사례와 명료화하는 질문이 중요하다. 예를 들어, 딸이 사회적 단서를 잘 읽지 못한다고 부모가 말했다면 예시를 요청한다. 이 예시는 (자폐증을 진단하거나 배제하는) 당신의 결론을 뒷받침하는 근거 자료가 될 수 있고, 진단이나 제언을 설득해야 할 때 부모가 직접 관찰한 내용을 활용하면 매우 효과적일 수 있다.

구체적인 사례의 수집은 부모가 자녀의 행동을 오해석하는 상황을 파악하는 작업에도 도움이 된다. 예를 들어, 딸이 사회적 단서를 잘 읽는다고 부모가 말했다면 그 의미를 정확히 물어본다(예: "어떤 모습으로 나타나는지 설명해 주십시오." "몇 가지 예시를 알려 줄 수 있습니까?" "자녀를 형제자매나 다른 사람과 비교해서 그렇습니까?"). 만약 사회적 단서를 읽는 능력이 뛰어나다는 부모의 예시가 누군가가 조금만 건드려도 극도로 화를 내는 행동을 의미했다면, 이는 사실 사회적 단서를 과도하게 해석하고 사소한 자극에도 강렬한 감정적 반응을 보이는 것일 수 있다. 많은 자폐인은 일반적인 정서적 어조emotional tone에 예리하고 민감하지만, 그 어조의 정확한 의미를 반드시 파악할 수 있지는 않다(예: 부정적인 어조는 분노, 짜증, 피곤함, 질투, 혼란함, 불안, 슬픔 등을 의미할 수 있음).

활기찬 17세인 레이첼Rachel의 부모는 '레이첼이 초등학교 시절에 특히 사회적으로 성숙했다'고 보고했다. 관찰 내용을 자세히 설명해 달라는 요청에 부모는 레이첼이 매년 여름마다 기획하는 특별한 캠프에 관해 장황하게 이야기해 주었다. 이 캠프는 어린 아동을 대상으로 하며, 『해리포터Harry Potter』 같은 주제를 바탕으로 진행되었다. 질문을 거듭하면서 레이첼은 해마다 여름 내내 당시의 관심사를 주제로 하는 활동을 주도하고 (동일 연령대의 또래는 절대 아닌) 훨씬 어린 아동과 어울린다는 사실이 명확해졌다. 캠프를 만들어 운영하려면 부모의 말마따나 성숙함이 필요하기는 했지만, 깊이 파고들다 보면 레이첼의 강렬한 관심사, 놀이에서 상호작용을 주도할 필요성, 훨씬 어린 아동과만 시간을 보내는 경향성을 발견할 수 있었다.

부모가 자녀의 생활 전반을 이야기하도록 상기시킨다. 초점이 학업 문제에만 있다면, 행동, 친구, 불안 등을 질문하면서 개입할 수 있다. 가정에서의 기능에만 초점을 둔다면, 학교에서 일어난 일도 말해 주어야 한다고 알린다. 이렇게 명료화하는 질문을 통해 자녀가 다차원적이며, 자녀의 삶에서 어느 한 영역이 다른 영역보다 중요하지 않으며, 면담자가 부모의 현재 고민거리뿐만 아니라 자녀의 생활 전반에 관심이 있음을 부모에게 전달할 수 있다.

부모에게 친구의 **이름을 직접 물어본다**(이름first name만 적고 보고서에는 해당 이름을 포함하지 않는다). 이는 사회적 관계망을 보다 사적인 차원에서 구체적으로 이해하고 후속 질문을 던지는 데 도움이 된다. 연도별로 자세히 진행하면서 "그 당시에 누구와 친구였습니까?" "이 친구는 몇 살이었습니까?" "함께 무엇을 즐겼습니까?" 등을 질문한다. 자녀의 기록을 살펴보면서 또래 관계를 탐색하기 위해 (실제) 이름을 물어보면 좋은데, 저자는 이를 '우정 지도 그리기friend mapping'라고 부른다. 이를 통해 자녀의 우정이 유지되는지 뿐만 아니라 관계의 양상도 살펴볼 수 있다(예: 친구들은 항상 두 살 정도 어렸는지, 친구들이 항상 기발하거나, 주장이 강하거나, 온순한 성향이었는지).

예를 들어, 부모는 자녀가 2학년 때 가장 친했던 친구를 이야기할 때, 그 친구의 이름을 물어본다. 만약 루디Rudy라고 한다면, 이후의 고학년 시기에 관해 이야기할 때 "루디는 어떻게 됐습니까?" "루디와의 우정은 시간이 지나면서 어떻게 변했습니까?"라고 물어볼 수 있다. 혹은 "어떻게 친구가 되었습니까?" "어떤 모습의 우정이었습니까?"와 함께 "루디는 어땠습니까?"라고 물어볼 수 있다. 이 질문들은 내담자의 우정 패턴과 변화 과정을 평가할 때 중요한 정보를 제공한다.

몇몇 자폐인은 한 친구에게만 '집착'하고 다른 친구는 우정의 범위 안에 들어오지 못하게 한다. 여러분도 상상할 수 있겠지만, 이 친구는 독점적인 행동에 부담을 느끼고 관계에서 흔히 멀어지게 된다. 자폐증 여아에게 관찰되는 또 다른 특징은 인기 있는 친구 한 명과 친하게 지내는 것이다. 만약 평가 대상자인 에바Eva에게 매디Maddie라는 친구가 단 한 명만 있다고 가정해 보자. 매디가 에바의 유일한 친구이지만 매디 본인은 매우 활발하게 사회적 활동에 참여하고 있으며 에바 외에도 친구가 많다고 한다면, 어떤 상황인지 그림이 그려질 것이다. 자폐인 내담자에게 때때로 별나거나 신경다양성을 가진 친구만 있는 경우도 있다. 별난 친구를 사귀는 것이 절대 잘못된 일은 아니지만(저자의 친구 중 상당수가 그렇다!), 모든 친구가 별나거나 신경다양성을 가지고 있다면 어떤 함의를 가질 수 있다. 부모와 자녀가 실제 이름으로 우정의 양상을 지도화하면, 이 모든 세부 정보를 얻으면서 시간에 따른 또래 관계를 추적하기가 더 쉬워진다.

검토된 문서에서 얻은 정보를 바탕으로 부모의 기억을 상기시킬 수 있다. 예를 들어, 이전의 평가 보고서에서 풍부한 정보를 얻을 수 있는데, 특히 나이가 많은 내담자에게 더욱 해당한다. 5세 아동이 평가받았을 당시에 눈에 띄게 걱정이 되었던 사안은 16세 청소년의 부모에게 더이상 중요하게 느껴지지 않을 수 있지만(사실 잊어버렸을 수도 있다), 아동의 발달 과정과 관련한 중요한 단서를 제공할 수 있다.

이제 잠깐 멈추어 **면담 중 기록하는 방법**을 논할 좋은 타이밍이다. 물론 기록하는 방식에는 정답과 오답이 없고 사람마다 선호하는 방식이 다르다. 하지만 기록을 체계적으로 조직화할수록 면담 중 핵심 정보를 더욱 효과적으로 파악할 수 있으며, 결과를 논의하거나 보고서를 작성할 때에도 더욱 효율적으로 작업할 수 있다. 다음은 일반적인 기록 양식이다.

면담 기록 양식 (예시)

의학력 및 초기 발달력:

교육력:

사회성 발달:

상호성:

비언어적 의사소통:

관계:

기타 관련 기록:

반복적인 행동:

융통성:

관심사:

감각적 차이:

정서 및 행동 기능:

강점:

부모가 연대순으로 보고할 때, 당신은 **교육력** 단락에 대부분을 기록하게 될 것이다. 이는 당신(그리고 당신의 보고서를 읽는 사람)에게 자녀의 생애에 관한 내러티브를 제공해 준다. 다만 부모가 자폐증을 시사하는 세부 사항을 언급할 때마다 해당하는 단락에 작성한다. 예를 들어, 부모가 초등학교 3학년에서 5학년 사이의 시기를 이야기하면서 "자녀가 친구들과 멀어지기 시작했다"고 말했다면, 이는 또래 관계 유지의 어려움을 시사하므로 **관계** 단락에 기록한다. 처음에 어렵게 느낄지라도 걱정하지 않아도 된다. 들으면서 적극적으로 정보를 분류하다 보면 생각보다 빠르게 자동적으로 될 것이다! 앞 사례의 후속 작업을 진행하려면 **관계** 단락으로 빠르게 내려가 간단히 기록한다(예: 3~5학년 친구들과 멀어짐). 다음은 부모 면담 기록의 예시이다.

- 미취학기에 눈 맞춤이 문제라고 언급한 경우: **비언어적 의사소통** 단락에 '취학 전 눈 맞춤 불량'

- 4학년 시기에 관해 이야기하던 중 "콜린스Collins 상원의원에게 집착했습니다obsessed"라고 회상한 경우(메인Maine 주에 살거나 가 본 적이 없던 어떤 소녀의 실제 사례이고, 콜린스 상원의원이 유명해지기 훨씬 전의 일이었다): 관심사 단락에 '집착' 용어를 사용하여 '4학년-콜린스 의원에 집착'
- 유치원 시기에 선 밖으로 색칠하기를 거부했다고 기억한 경우: 융통성 단락에 '유치원 시기-선 밖으로 색칠하기 거부(융통성 결여)'
- 문제뿐만 아니라 강점에도 적용된다! 9학년 소녀가 추가적인 도움이나 편의를 위해 교사를 계속 찾아간다고 언급된 경우: 강점 단락에 '자기-옹호/지원에 개방적'

어떤 내용이 특정 단락에 적절히 분류되었는지 확실치 않더라도, 나중에 재검토하도록 일단 기록하고 넘어가는 것이 좋다. 예를 들어, 최근에 면담한 한 부모는 '자녀의 시력이 나쁠 가능성'을 언급했고, 저자는 항상 좀 더 구체적인 내용을 물어보기 때문에 그 이유를 질문했다. 부모는 자녀의 시력 검사 결과는 항상 정상이지만, 얼굴을 피아노에 아주 가까이 대고 오랫동안 친다고 말했다. 저자는 감각적 갈망의 가능성을 고려해서 감각적 차이 단락에 기록했다.

이 방법과 함께라면 부모가 연대순의 설명을 끝냈을 때 즈음 당신은 벌써 DSM 자폐증 기준의 개별 영역과 관련된 내용을 작성했을 것이다. 이러한 기록을 통해 이미 획득된 자폐증의 근거와 더 질문해야 할 부분을 빠르게 파악할 수 있고, 다음의 2부 면담을 진행하는 데 도움을 받을 수 있다.

2부: 빈칸 채우기

부모가 연대순의 기록 작성을 마무리했다면, 당신은 이미 어떻게 진행이 될지 감을 잡고 빈칸을 채울 준비가 되었을 것이다(특히 자폐증 기준에 대해서). 2부의 면담은 비교적 구조화된 문답 형식으로 진행되며, DSM-5-TR 기준 각각을 살펴보고 관련된 질문을 한다. 필요할 때마다 단락별로 이미 작성해 둔 기록을 참고할 수 있다. 예를 들어, 상호성 단락에 많은 내용을 작성했지만 비언어적 의사소통 단락이 아직 비어 있다면, 비언어적 의사소통의 어려움을 평가하는 데 남은 시간 대부분을 할애해야 한다고 알 수 있다.

2부 면담에서는 단락별로 질문을 준비하면 유용하다(특히 자폐증이 아직 익숙하지 않은 임상가에게). 다음은 자폐증의 덜 분명한 표현을 나타내는 영역별 차이점/문제점을 탐색하기 위한 질문의 예시이다.

다음의 질문은 구조화된 면담을 위한 대본이 아니며, 면담을 진행하면서 각각의 기준을 생각해 보도록 돕는 참고 프롬프트reminder prompt이다. 모든 질문을 다 물어볼 필요는 없고, 반드시 제시된 순서대로 질문할 필요도 없다. 특정 범주에 해당하는 특성이나 행동을 이미 발견했다면 다음 영역으로 넘어가도 된다.

여기의 제안을 참고하되, 내담자의 내적 경험에 대한 호기심을 나침반 삼아 면담을 진행한다. 모든 자폐인이 유일무이하듯, 각각의 면담 또한 고유하다unique.

질문 예시: 사회적 상호성

- 다른 사람과 어떻게 인사하며, 어떻게 인사에 반응합니까?
- 어떤 사회적 코칭이나 촉구(예: 인사하도록 알려 주기)가 필요했습니까? 형제자매와는 다르게 필요했던 것, 혹은 당신의 예상과 달랐던 것이 있습니까?
- 기본적인 사회적 매너가 어떻습니까(예: 재채기할 때 "괜찮니?"라고 말해 주기).
- 상호작용을 어떻게 시작합니까?
- 또래나 어른이 상호작용을 시작하면 어떻게 반응합니까?
- 대화를 주고받는 흐름이 어떻습니까?
  - 대화 중 가끔 상대방에게 말을 걸거나 말을 가로채는 경우가 있습니까?
  - 어떤 정보를 알려 줄 때 배경 정보를 너무 많이 혹은 너무 적게 제공합니까?
  - 대화의 흐름에서 이탈합니까? (예: 두서없거나 주제가 전환됨)
  - 상대방의 관심 주제에 대해 질문하면서 대화를 이어 나갈 수 있습니까?
- 부모 혹은 다른 사람과 서로 연결되기 어렵다고 느낀 적이 있습니까?
- 단순한 친목 도모를 위해 가볍게 대화를 나눕니까, 아니면 주로 기능적으로만

의사소통합니까?
- 선호하지 않는 주제로도 당신과 수다를 떨 수 있습니까?
- 다른 사람들이 선호하는 주제에 얼마나 많은 관심을 보입니까?
- 다른 사람들과 자신의 삶에 호기심이 있습니까?
- 칭찬에 어떻게 반응합니까?
- 조망 수용perspective taking은 어떻습니까? 다른 사람의 관점을 이해하고 고려합니까(특히 내담자가 직접 참여한 상황에서)?
- 부모나 다른 사람들과 사적인 내용을 얼마나 자주 공유합니까? 자녀에게서 사적인 내용을 끌어내야 합니까, 아니면 자녀가 자발적으로 공유합니까?
- 다양한 주제의 대화에 참여합니까?
- 사회적으로 어색했던awkward 순간이 있었습니까?
- 무례해 보이지는 않습니까?
- 낯선 사람과 어떻게 상호작용합니까?
- 다른 사람의 의도를 얼마나 잘 이해합니까?
- 다른 사람, 특히 또래나 형제자매를 얼마나 잘 위로합니까?
- 신체적 애정은 어떠합니까? 애정을 표현하거나 애정에 반응합니까? (이는 감각 문제와도 관련될 수 있다.)
- 가족과 친구에게 긍정적인 감정을 얼마나 잘 표현합니까? (예: 칭찬하기, "사랑해"라고 말하기)
- 얼마나 자주, 그리고 얼마나 잘 거짓말을 합니까? 다른 사람의 기분이 좋아지도록 사회적인 거짓말을 합니까, 아니면 결과를 회피하려고 거짓말을 합니까?
- 사회적 상황에 매우 오래 머물러야 할 경우에 지쳐 보입니까?
- 일대일의 상호작용과 집단 상호작용 간에 다른 점이 있습니까?

질문 예시: 비언어적 의사소통
- 어린 시절과 현재의 눈 맞춤이 어떠합니까?
- 다른 사람과 대화할 때 상대방을 쳐다보라고 얼마나 자주 알려 주어야 했습니까?

- 대다수의 사람이 대화 중에 눈 맞춤을 선호하는 이유를 이해합니까?
- 얼마나 큰 소리로 말합니까? 너무 크거나, 아니면 너무 속삭이듯 말합니까? 어린 시절에는 어떠했습니까?
- 발화의 일반적인 속도, 리듬, 어조(억양)는 어떻습니까? 보통과 다르거나 독특하다고 느낀 적이 있습니까? (예: 아기와 같은, 가성假聲의, 기계적인, 단조로운, 지나치게 극적인 말투)
- 다른 사람의 '마음을 읽는' 능력이 몇 점이라고 생각하십니까? 예를 들어, 다른 사람들이 언제 지루해 하거나 혹은 이들에게 짜증을 내는지 알 수 있습니까?
  – 좋든 나쁘든 그 이유를 말해 주십시오.
- 보이는 감정의 범위가 전형적입니까?
- 예상되지 않는 감정을 표현한 적이 있습니까?
- 말할 때 몸짓을 얼마나 많이 사용합니까?
- 이들의 몸짓 언어를 통해 감정을 '읽기'가 쉽거나 어렵습니까? 예를 들어, 중립적인 기분이거나 행복할 때 슬퍼 보이거나 짜증스러워 보입니까?
- 이들의 감정 표현(정동affect)이 상황에 비해 이해되지 않았던 적이 있습니까?
- 개인 공간은 어떻습니까? 너무 많거나 적었던 적이 있습니까?
- 함께 걸을 때는 어떻습니까? 서로 부딪히거나, 아니면 앞이나 뒤로 따로 걷습니까? (이는 사회적 인식의 결여를 시사할 수 있지만, 낮은 근긴장이나 고유수용감각의 차이 때문일 수도 있다)

질문 예시: 대인관계 관리

- 새로운 친구를 사귀는 일은 어떻습니까? 어려울 때가 있었습니까?
- 시간이 흘러도 친구 관계를 유지합니까?
- 때때로 친구들이 멀어진 적이 있습니까?
- 친구가 원하는 만큼 많지 않다고 불평한 적이 있습니까?
- 가장 친한 친구에 대해 알려 주십시오.
- 이들의 친구들은 어떻습니까? 공통점은 무엇입니까? 함께 무엇을 합니까?

- 누군가를 친구라고 표현했지만, 당신은 단지 아는 사람이거나 같은 반 학생이라고 생각했던 적이 있습니까?
- 다양한 맥락에 따라 상호작용 방식을 유연하게 조정하는 능력이 있는지 설명해 주십시오(예: 어른, 또래, 어린아이에게 서로 다른 방식으로 말할 수 있음).
- 함께 있는 사람에 따라 행동이 달라집니까?
- 권위를 가진 어른을 적절히 존중합니까?
- 다른 사람과 교류하고 친구를 만들고자 하는 동기가 어느 정도의 수준인지 설명해 주십시오.
- 또래 및 성인과의 갈등을 어떻게 다루는지 알려 주십시오.
- 연령/발달 수준에 적합하다면, 이성 교제에 얼마나 관심이 있었습니까? 경험이 있다면 설명해 주십시오.

질문 예시: 반복적이거나 개인특유적인idiosyncratic 행동(RRB)

움직임

- '틱'이 관찰된 적이 있습니까? (반드시 틱을 감별할 필요는 없지만, 부모가 틱으로 생각하는 경우가 있다.)
- 손이나 팔을 특이하게 움직이거나 목을 돌리는 증상이 있습니까?
- 빙글빙글 돌거나, 몸을 튕기거나, 춤추는 듯 반복적으로 전신을 움직입니까?
- 걸음걸이는 어떻습니까?
- 마당이나 운동장의 가장자리를 걷습니까?
- 계속해서 피부를 뜯습니까?
- 계속해서 머리를 잡아당깁니까?
- 만 3세가 지나서도 까치발로 걸었습니까?

언어

- 특이하거나 반복적인 언어를 사용한 적이 있습니까?
- 개인특유적인 방식으로 말했습니까?

- 사물이나 사람의 단어나 이름을 지어냈습니까?
- 같은 말을 같은 방식으로 반복해서 말했습니까?
- 특이하게 격식을 차려서 말했습니까? (예: 가족에게 일반적인 호칭이 아닌데 '엄마mom' '아빠dad' 대신에 '모친mother' '부친father')
- 반복해서 말하는 노래나 영화의 가사, 대화, 대사가 있습니까?
- 만 2세가 지나서도 알아듣기 어려운 말을 했습니까?
- 반복적인 질문이 있었습니까?
- 대본 같은 말을 사용했습니까?
- 대명사를 바꾸어 사용했습니까? (예: '나' 대신에 '너'로 말함)
- 특이한 소리나 허밍하는 등의 반복적인 발성이 있었습니까?

사물 사용

- 자녀가 장난감이나 사물을 사용하는 방식을 보고 놀란 적이 있습니까?
- 물건을 수집하거나, 줄을 세우거나, 정리한 적이 있습니까?
- 장난감이나 물건을 정확히 똑같은 방식으로 반복해서 사용한 적이 있습니까?
- 다른 사람과 반복적인 방식으로 놀이했던 적이 있습니까?
- 같은 영화나 영상, 책, 노래를 반복해서 보거나 들은 적이 있습니까?
- 문을 반복적으로 여닫거나 조명을 켜고 끈 적이 있습니까?

정보

- 목록이나 표를 만들면서 정보를 정리하고 재구성한 적이 있습니까? (참고: 부모가 이를 알아차리지 못한 경우가 많으므로 잊지 말고 내담자에게도 물어봐야 한다.)

질문 예시: 융통성 결여

- 변화에 어떻게 행동합니까? 항상 그랬습니까?
- 크고 작은 변화에 어떻게 반응합니까? (참고: 저항, 반항, 회피, 불안, 과잉 반응을 살펴본다.)

- 그 순간에 이해될지와 상관없이 따라야만 하는 틀에 박힌 행동이 있었습니까?
- 변화에 대비하도록 도와주어야 합니까, 혹은 변화로부터 회복할 수 있도록 도와주어야 합니까?
- 일반적으로 융통성이 있다고 하더라도, 어떤 특정한 방식에서는 융통성이 없습니까? 설명해 주십시오.
- 특정한 방식이나 순서대로 해야 하는 일이 있습니까? 이것이 문제가 된 적이 있습니까? 그렇다면 설명해 주십시오.
- 활동, 주제, 생각, 사람 등을 흑백논리로 생각했던 적이 있습니까? 설명해 주십시오.
- 자신의 인식perception이나 생각을 고집합니까? 예를 들어 주십시오.
- 규칙을 엄격하게 지켰던 적이 있습니까? 혹은 규칙을 어긴 사람을 고자질한 적이 있습니까?
- 규칙이나 기대에 반항한 적이 있습니까? 아니면 '모범적인 아이'입니까?
- 완벽주의가 있었습니까?
- 도덕적 잣대나 공정성에 대한 의식이 유별나게 강하다고 생각합니까?
- 같은 옷만 무한 반복해서 입은 적이 있습니까? (감각적 과잉-반응성과도 관련될 수 있다.)
- 언어를 추상적이지 않고 구체적으로concrete 혹은 글자 그대로 해석한 적이 있습니까?
- 대다수가 쓰레기라고 생각하는 물건도 버리기를 거부한 적이 있습니까?

질문 예시: 강렬한/비전형적인 관심사

개인력을 따라가면서 연령대별로 무엇에 흥미가 있었는지 파악하고 세부 사항을 물어본다.

강렬한 관심사

- 어떤 것에 열정적인 관심을 가진 적이 있습니까?

- 흥미 수준을 묘사하는 단어 사용에 주목하고 이를 질문한다. 예를 들어, 부모가 '집착obsessed'이라고 말했다면, 어떤 점 때문에 '집착'으로 표현했는지 물어본다.
- 이것이 문제가 되었던 적이 있습니까? (예: 가끔이 아니라 매일 수업 시간에 책을 읽다가 혼남, 학교 작문 시간에 제2차 세계대전의 탱크 내용만 작성함)
- 관심사와 관련된 많은 정보를 수집했습니까?
- 특정 주제에 관해 읽거나 검색하는 시간이 과도합니까?

비전형적인 관심사

- 당신을 놀라게 하거나, 혹은 나이에 비해 특이하거나 흔치 않다고 생각되었던 관심사가 있었습니까?
- 일반적인 관심사이지만 그 초점이 특이했던 적이 있습니까? (예: 스포츠 통계를 외우지만, 해당 스포츠를 직접 수행하거나 시청하지는 않음)
- 이러한 관심은 어디에서 시작되었습니까?
- 어떤 점이 당신을 놀랍게 했습니까?
- 관심사의 범위가 좁았거나, 아니면 깊이 있고 지속적인 관심사가 부족했습니까?
- (담요나 인형 같은 일반적인 사물은 제외하되, 연령을 고려해서) 특정한 물건에 특별히 애착을 보인 적이 있습니까?
- 사물의 일부분에 흥미를 보였습니까?

질문 예시: 감각 문제

감각적 과잉-반응성(특히 어린 시절)

- 청각 자극: 일반적인 소음(예: 손으로 귀를 막음, 시끄러운 환경을 피해야 함), 특정 소리(예: 변기 물 내리는 소리, 사람들이 씹는 소리, 전기 소리, 전자제품에서 윙윙거리는 소리, 다른 사람들이 듣지 못하는 허밍 소리), 소음에 압도당함(예: 극장에서 영화를 볼 수 없음).
- 촉각 자극: 옷의 특징(예: 상표, 솔기, 특정 원단), 음식의 질감(예: 바삭바삭, 고무 같은, 두꺼운 질감), 사람과의 접촉(촉각 방어성), 물건 만지기를 싫어함(예: 손에 무언

가 묻는 미술 작업을 싫어함).
- 시각 자극: 밝은 빛, 햇빛, 특정 색상, 주변에서 움직이는 물체 등에 대한 혐오.
- 미각: 음식의 맛에 대한 강한 혐오.
- 냄새: 특정 향기에 대한 강한 혐오(예: 향수, 향초).
- 전정 자극: 멀미, 회전하기를 회피함, 고소공포증, 어떤 사물 위를 균형 잡고 걸어야 할 때 거부함[예: 도로 경계석(연석), 개울의 통나무 다리 등].
- 신체 자세잡기(고유수용감각): 대근육 운동(예: 스포츠) 혹은 소근육 운동(예: 공예)에 매우 능숙함.
- 내적 감각(내부수용감각): 통증에 강하게 반응함(통증 역치가 낮음).
- (어떤 감각으로든) 다른 사람이 인식하지 못하는 세부 사항을 알아차림.

감각적 과소-반응성

- 청각 자극: 초인종이나 타이머가 울려도 알아차리지 못함.
- 촉각 자극: 옷이 뭉쳐 있거나 잘 맞지 않아도 알아차리지 못함. 아무거나 먹음. 얼굴에 음식이 묻어도 눈치채지 못함. 누군가가 만져도 알아차리지 못함. 신체적 충돌이 많은 스포츠에서도 신경 쓰지 않음.
- 시각적 자극: 밝은 조명, 어수선함, 혼란스러운 움직임 등을 알아차리지 못하거나 신경 쓰지 않음.
- 미각: 음식의 맛이 강해도(예: 너무 맵거나, 짜거나, 달아도) 알아차리지 못함.
- 냄새: 상한 음식, 해로운 냄새(예: 휘발유)를 알아차리지 못함.
- 전정 자극: 균형 감각이 떨어짐. 회전을 해도 멀미하지 않음. 흔히 메스꺼울 수 있는 움직임(예: 비행기가 갑자기 떨어질 때)에서도 멀미하지 않음.
- 신체 자세잡기(고유수용감각): 서투름clumsy. 사적인 신체 공간을 인식하지 못함. 사물이나 사람에 부딪힘. 악필임.
- 신체의 내적 감각(내부수용감각): 다치거나 아파도(통증 역치가 높을 때) 인식하지 못함. 배고프거나, 목마르거나, 피곤해도 알아차리지 못함. 자신의 정서 반응(예: 불안, 분노)을 인식하지 못함. 배변 훈련이 특히 어려웠음. (스스로 할 수 있는

나이가 지나서도) 화장실에 가야 할 때를 알지 못해 알려 주어야 했음. (전형적인 발달 시기를 지나서도) 배변 실수가 있었음.

감각적 갈망craving

- 청각 자극: 특정 소음을 찾아다님(예: 기차가 선로에 멈추는 소리).
- 촉각 경험: 만지기를 좋아함(예: 부드러운 담요, 매끄럽고 차가운 표면을 손으로 쓸어 내림, 흐르는 물속에 손을 넣음).
- 시각 자극: 특정 시각 자극을 찾아다님(예: 깜박이는 불빛, 밝은 햇볕이 내리쬐는 야외, 햇빛 아래의 물).
- 미각 경험: 특정 맛에 몰두함(예: 매운맛, 짠맛, 단맛). 사람을 만나면 핥음. 사물을 핥음.
- 냄새: 새로운 사람, 장소, 사물을 접했을 때 사람이나 사물의 냄새를 맡음.
- 전정 자극: 회전하기, 흔들기, 점프하기에 상당히 많은 시간을 보냄.
- 근육과 관절로부터 받는 신호(고유수용감각): 바삭바삭한 음식만 찾아 먹음. 어린 시절에 셔츠나 연필 등을 계속 씹었음. 점프하기, 밀기, 당기기, 물건에 부딪히기를 즐김. 높은 연령대에서는 달리기, 레슬링, 킥복싱, 가라테 같은 스포츠의 움직임에 몰두함.
- 신체의 내적 감각(내부수용감각): 특정한 경험이 주는 느낌 때문에 해당 활동에 몰두함(예: 정상에서 떨어지는 느낌 때문에 롤러코스터를 좋아함. 베는 듯한 느낌 때문에 위험한 익스트림 스포츠를 좋아함).

복합적인 감각 경험

- 위생 문제가 있었습니까? (감각적 요소가 있을지 살펴본다. 예: 젖는 것을 싫어하거나 비누의 냄새나 촉감을 싫어해 씻지 않음).
- 감각에 기반하는 공포증이나 독특한 두려움이 있었습니까?
- "색을 느낄 수 있습니다." 혹은 "모양을 맛볼 수 있어요." 같은 특이한 말을 합니까?

면담이 거의 끝날 즈음에 자녀의 발달력을 명확히 파악하고 자폐증의 기준이 충족되는지 감을 잡았다면 훌륭하다(당신은 아직 아동을 만나거나 교사와 이야기하지도 않았다). 이제 면담을 마무리할 시간이다.

3부: 면담 마무리에 포함될 나머지 문제

저자는 면담의 이 부분을 나머지 문제loose ends라고 비공식적으로 생각한다. 다음의 질문은 내담사를 이해하는 데 필수적이다.

면담 마무리에는 다음을 포함한다.

- 정서적 과거력/기능 관련 후속 질문
- 가족력
- 강점
- 부모의 치료 혹은 평가 목표
- 마지막으로 궁금한 점

정서 단락에는 보고되었던 불안, 공포증, 우울, 강렬한 감정, 관련 치료나 약물을 기록한다. 이제 아동의 감정 세계를 이해하기 위해 후속 질문을 해야 한다. 예를 들어, 자녀의 평상시 기저선 기분baseline mood은 어떻습니까? 다시 말해, 아무런 요구demand가 없고 익숙한 환경에 있을 때는 어떻습니까? 이는 매우 중요한데, 가령 몇몇 아동은 빈번한 감정폭발/생떼tantrum로 인해 파괴적 기분조절부전장애Disruptive Mood Dysregulation Disorder(이하 DMDD)라고 (잘못) 진단되기 때문이다. 하지만 DMDD 진단을 위해서는 과민한 기저선 기분이 요구된다. 감각적 과부하 상태이거나 감당할 수 없는 요구가 없을 때 과민하지 않다면, DMDD 진단은 적절하지 않다.

물론 불안, 분노 등의 유발 요인을 명확히 파악해야 한다. 부모에게 평소 가정에서 감정폭발/생떼가 어떻게 발생하는지 질문하면, 어떤 유형의 양육 지침이 어느 수준으로 필요할지 알 수 있다. 예를 들어, 감정폭발 상황에서 부모가 자녀를 설득하거나 협상하거나 위협한다면, 이 접근 방식이 비생산적임을 알려 줄 필요가 있다.

또한 정서 문제를 논의하면서 두통, 복통, 기타 위장 문제(예: 변비)도 물어본다. 많은 자폐증 아동과 청소년은 위장관계가 민감하여 위장관 혹은 기타 신체 증상(예: 두통이나 만성피로)을 경험할 수 있는데, 만약 증상이 있다면 관련해서 의학적 검진을 받은 적이 있는지 물어본다.

의학적 검진에서 특정한 병인이 확인되는 여부와 무관하게 스트레스와 불안이 신체 증상에 영향을 미쳤을 수 있다. 비-자폐인에게 별다른 영향이 없는 질환(예: 글루텐 민감성, 경미한 음식 알레르기)도 자폐인은 민감하게 보고하는 경우가 많다. 마지막으로, 기립성빈맥증후군Postural Orthostatic Tachycardia Syndrome: POTS 혹은 엘러스-단로스 증후군Ehlers-Danlos Syndrome: EDS 같이 아직 진단되지 않은 의학적 문제가 있을 수 있다.

동반저서인 『자폐증인가요 I: 임상가와 모두를 위한 지침서』에 동반질환 관련 내용이 있는데, 이를 숙지하면 이 부분의 면담에서 도움을 받을 수 있다.

가족력의 경우, 부모 각각에게 자신과 그의 가족(부모, 형제자매, 조부모, 숙모, 삼촌, 조카)에 관해 물어본다. 진단이나 치료 여부, 유형을 막론하고 학업적·사회적·행동적·정서적 어려움을 겪었던 사람이 있는지 물어본다. 많은 성인이 어떤 식으로든 명확하게 밝히거나 해결되지 않은 어려움 혹은 특이점을 가지고 있다. 적응기능이 기대치보다 낮은 사람, 가령 우수한 학생이었지만 부모와 따로 살아 본 적이 없는 성인이 있는지 질문한다. 단순히 가족력만 물으면 몇 가지 기본 사항에 제한되는 경우가 많다(예: 어머니의 불안장애, 조카의 ADHD). 하지만 더 자세히 묻다 보면 "언니는 똑똑해서 수능에서 만점을 받았고 지금은 교수인데, 사실 사회성이 부족하고 데이트도 잘 하지 않습니다. 언니는 아주 불안하고, 아주 유별납니다. 누구와도 잘 어울리지 못하고 좀 고립된 것 같습니다"라고 어머니가 보고하거나, "우리 아버지는 정말 엄격해서 모든 것을 당신 방식대로 해야만 했습니다. 친구가 있기는 했지만, 전부 다 일평생 아버지의 유일한 관심사였던 남북전쟁의 재연을 좋아하는 남자들이었습니다. 다른 주제로는 이야기를 나누기가 어려웠습니다"라고 아버지가 보고하는 등 유용한 이야기를 종종 들을 수 있다. 물론 평가 없이 자폐증을 진단할 수는 없지만, 이야기를 통해 가족력의 가능성을 고려해 볼 수 있다.

이 시점에서 부모 중 한 명이 자신의 어려움을 자녀의 어려움과 관련지어 털어놓는 경우가 흔하다. 자신이 경험했던(혹은 지금도 경험 중인) 문제와 똑같은 어려움에 처한 자녀를 보는 일은 상당히 고통스럽고 불안할 수 있다. 부모가 당신의 결론을 부정하고 거부하는 결말이 될지, 아니면 부모가 자녀를 더 잘 이해하게 될 뿐만 아니라 부모 자신에 대해서도 중요한 통찰을 얻는 결말이 될지는 이 상황을 얼마나 신중하게 다루느냐에 달려 있다.

면담이 거의 끝에 다다랐다. 면담이 진행되는 동안 의심할 여지 없이 자녀의 **강점**에 관해 들었을 테고, 이제 더 많은 것을 명확히 물어볼 시점이다. 강점은 학업적(읽기, 수학, 쓰기, 역사 주제)이거나 인지적(지적 호기심, 시공간 기술, 언어 표현, 기억력 등)일 수 있다. 또한 사회적(높은 사회적 동기, 유머 감각 등)이거나 개인 내적(자신을 잘 알고 피드백을 방어적이지 않게 받아들일 수 있음)일 수 있다. 동반저서인 『자폐증인가요 I: 임상가와 모두를 위한 지침서』의 '제10장. 자폐적 강점'에서 언급했듯이, 자폐인의 강점으로 자서전적 정보나 다른 정보에 대한 기이한 기억력, 완벽한 음정, 다른 사람들이 놓치는 세부를 알아채는 능력(셜록 홈즈Sherlock Holmes[2]나 몽크 씨Mr. Monk[3]처럼) 등이 포함될 수 있다. 면담 말미에 강점을 명시적으로 논의하면 긍정적인 느낌으로 마무리할 수 있다.

마지막이지만 매우 중요한 사항으로, 부모에게 **평가 혹은 치료의 목표**, 즉 내원 사유와 기대하는 바를 다시 한번 물어본다. 때로는 부모의 가설을 물어볼 수도 있다(부모가 이미 ADHD나 자폐증 혹은 다른 특정 진단을 의심하고 있는지 알 수 없는 경우). 부모의 생각과 바람, 두려움을 알면 효과적인 부모 피드백 회기를 계획할 수 있다.

---

2) 역자 주: 영국의 작가 아서 코난 도일(Arthur Conan Doyle)이 쓴 추리소설 시리즈의 주인공이다. 19세기 말에 활동한 사설탐정이며, 여러 분야에서의 해박한 지식과 뛰어난 관찰력으로 사건을 해결한다.

3) 역자 주: 미국에서 2002년부터 2009년까지 방영된 TV드라마 〈몽크(Monk)〉의 주인공 에이드리안 몽크(Adrian Monk)이다. 전직 경찰이었으나 사고로 강박장애가 악화되어 퇴직하게 되고, 이후 사소한 사항도 놓치지 않고 기억하는 비상한 관찰력과 기억력을 발휘하면서 사설탐정으로 활약한다.

다음의 질문으로 면담을 마무리한다: "아직 논의되지 않았지만 언급하고 싶은 내용이 있습니까?" 부모가 아직 떠올리지 못했던 우려 사항, 강점, 질문을 언급하는 마지막 기회를 제공한다. 관련 일화나 정보가 떠오르면 당신에게 이메일을 보내도록 격려할 수도 있다. 일부 부모의 경우, 시간이 지나 생각과 기억이 숙성되면 더욱 가치 있는 자료를 줄 때도 있기 때문이다.

자주 하는 질문(FAQ)

- **부모 면담이 불가능한 경우는 어떻게 해야 합니까?** 18세 이상의 내담자가 부모 면담에 동의하지 않는 경우, 부모가 사망한 경우, 부모가 다른 이유로 참여하지 못하는 경우 등 부모 면담이 불가능할 때가 있다. 그렇다면 내담자의 과거와 현재 상황을 다른 관점에서 폭넓게 파악하는 일이 중요함을 설명하고, 다른 가능한 사람(예: 배우자, 형제자매, 조부모, 이모/삼촌, 교사, 코치, 친구, 가까운 지인)이 있는지 물어본다. 다만 중요한 것은 초기 과거력과 관련해서, 발달적 정보의 부재가 자폐증 진단의 배제 근거가 되지 않는다고 DSM에서는 명시한다.
- **부모와 교사의 관점이 다르다면 어떻게 해야 합니까?** 부모와 교사가 같은 아동을 전혀 다른 시각으로 바라보는 경우가 드물지 않는다. 자폐증에 흔한, 정서 조절 곤란의 문제가 있는 아동의 경우에 특히 그러하다. 학교에서는 '천사'이자 '모범생'이지만, 집에서는 쉽게 폭발하고 고통스러워하는 경향이 있어 온 가족이 '살얼음판 위를 걷게' 만드는 자녀일 수 있다. 몇몇 교사나 임상가는 명시적이거나 암묵적으로 이것이 양육의 문제라고 제의할 수 있는데, 섣부른 속단을 주의해야 한다고 저자는 언급한다. 혹은 교사가 심각한 문제를 부모와 공유하지 않았을 경우도 있다. 이는 아동이 (버스나 복도는 말할 것도 없고) 수업의 감각적, 사회적, 학업적 등등의 요구에 압도되기 때문일 수 있다. 이러한 불일치로 부모는 혼란스럽고 고통스러울 수 있으며, 당신은 이 차이를 조정하고 환경마다 필요한 지원 전략을 구현하기 위해 부모와 논의해 볼 수 있다.

- **부모가 서로 동의하지 않으면 어떻게 해야 합니까?** 자녀에 대한 개별적인 경험과 각자의 인식 및 관점에 따라 부모가 자녀를 서로 다르게 생각하는 경우가 있다. 특히 부모의 견해가 서로 정반대라면(예: 한 부모는 자녀가 사회적으로 취약하다고 강하게 느끼지만, 다른 부모는 자녀가 사회적으로 상당히 똑부러진다고 강하게 느끼는 경우), 임상가는 혼란스러울 수 있다. 이 경우, 부모 각각이 자녀의 강약점에 대해 어떻게 이러한 결론을 내리게 되었는지 구체적인 사례를 통해 설명하도록 격려하고, 의견 불일치가 드문 일이 아니라고 설명하면서 안심을 제공한다.
- **부모가 자폐증과 관련된 우려를 말하지 않았는데, 임상가가 자폐증 관련 질문을 하고 있다는 사실을 알게 되면 어떻게 해야 합니까?** 많은 내담자가 자폐증의 가능성을 궁금해하면서 내방하지만, 자폐증의 가능성을 고려하지 않는 내담자도 많다. 자폐증이 구체적인 의뢰 사유에 해당하지 않더라도, 임상 면담에서는 사회기술의 발달력과 대인관계 기능을 필수로 질문한다. 그다음에 부모의 반응에 따라 자폐증의 가능성을 심층적으로 탐색할 수 있다. 예를 들어, 부모가 "왜 이런 질문을 합니까? 아들이 자폐증이라고 생각하십니까?"라고 묻는다면, 당신의 "자녀를 세심하고 온전히 파악하기 위한 일환으로 아동의 개인력과 여러 기능 영역을 알아보는 다양한 질문을 폭넓게 하게 되고, 이를 통해 자녀를 완전한 인격체로서 이해할 수 있습니다"라고 설명한다.

참고문헌 및 읽을거리

American Psychiatric Association. (2022). *Diagnostic and Statistical Manual of Mental Disorders* (5th ed., text rev.). https://doi.org/10.1176/appi.books.9780890425787

Bourgeron, T. (2016). Current knowledge on the genetics of autism and propositions for future research. *Comptes Rendus Biologies, 339*(7-8), 300-307. https://doi.org/10.1016/j.crvi.2016.05.004

Duvall, S., Armstrong, K., Shahabuddin, A., Grantz, C., Fein, D., & Lord, C. (2021).

A road map for identifying autism spectrum disorder: Recognizing 86 The parent interview and evaluating characteristics that should raise red or "pink" flags to guide accurate differential diagnosis. *The Clinical Neuropsychologist, 36*(5), 1-36. https://doi.org/10.1080/13854046.2021.1921276

Henderson, D., Wayland, S. C., & White, J. (2023). *Is This Autism?: A Guide for Clinicians and Everyone Else*. Routledge.

Matson, J. L., Matheis, M., Burns, C. O., Esposito, G., Venuti, P., Pisula, E., Misiak, A., Kalyva, E., Tsakiris, V., Kamio, Y., Ishitobi, M., & Goldin, R. L. (2017). Examining cross-cultural differences in autism spectrum disorder: A multinational comparison from Greece, Italy, Japan, Poland, and the United States. *European Psychiatry, 42*, 70-76. https://doi.org/10.1016/j.eurpsy.2016.10.007

Monteiro Interview Guidelines for Diagnosing the Autism Spectrum(MIGDAS-2), Second Edition. (n.d.). www.wpspublish.com/migdas-2-monteiro-interview-guidelines-for-diagnosing-the-autism-spectrum-second-edition

Rutter, M., Le Couteur, A., & Lord, C. (2013). *ADI-R: Autism Diagnostic Interview Revised: Manual*. Western Psychological Services.

Steffenburg, S., Gillberg, C., Hellgren, L., Andersson, L., Gillberg, I. C., Jakobsson, G., & Bohman, M. (1989). A twin study of autism in Denmark, Finland, Iceland, Norway and Sweden. *Journal of Child Psychology and Psychiatry, and Allied Disciplines, 30*(3), 405-416. https://doi.org/10.1111/j.1469-7610.1989.tb00254.x

Wendt, J., & Lincoln, A. (2011, May 12). *Autism in an American Indian and Alaska native sample: The contribution of demographic characteristics, levels of acculturation, and cultural values and beliefs on service utilization* [Conference paper]. International Meeting for Autism Research 2011.

Wiśniowiecka-Kowalnik, B., & Nowakowska, B. A. (2019). Genetics and epigenetics of autism spectrum disorder—Current evidence in the field. *Journal of Applied Genetics, 60*(1), 37-47. https://doi.org/10.1007/s13353-018-00480-w

Young, S., Hollingdale, J., Absoud, M., Bolton, P., Branney, P., Colley, W., Craze, E., Dave, M., Deeley, Q., Farrag, E., Gudjonsson, G., Hill, P., Liang, H. L., Murphy, C., Mackintosh, P., Murin, M., O'Regan, F., Ougrin, D., Rios, P., Stover, N., Tayler, E.,

& Woodhouse, E. (2020). Guidance for identification and treatment of individuals with attention deficit/hyperactivity disorder and autism spectrum disorder based upon expert consensus. *BMC Medicine, 18*(1), 146. https://doi.org/10.1186/s12916-020-01585-y

제4장

내담자 면담

"…… '자폐증'이라는 단어를 사용하면서부터 우리는 개인의 내면 경험보다 외견의 모습으로 이 진단을 판단해 왔다."

- 도나 윌리엄스Donna Williams, 1996의 저서

『자폐증: 인사이드-아웃 접근법Autism: An Inside-Out Approach』 중에서

왜 내담자 면담이 중요한가? 사실 자폐증 진단에서 패러다임이 전환되어야 할 필요성은 꽤 오래전부터 있었다. 결정적인 자료를 제공할 수 있는 실험실 검사나 정밀검사scan가 부재한 상황에서 자폐증 진단은 역사적으로 **관찰 가능한 행동**에 의해 이루어졌다. 관찰 가능한 행동도 여전히 중요한 요소이고, 아동에게 특히 그렇지만, 이는 진단이 다른 사람의 주관적인 의견에 지나치게 의존하게 되는 안타까운 결과로 이어졌다. 부모, 교사, 배우자 및 기타 정보 제공자는 각자 자신만의 편견과 선입견을 품고 있으며, 임상가는 정보 제공자의 인식이 개인의 주관적인 경험보다 우선시되지 않도록 유의해야 한다.

예를 들어, 지난 몇십 년 동안 부모와 기타 정보 제공자를 대상으로 하는 자폐증 면담 도구가 많이 개발되었다. 사회적 및 의사소통 장애를 위한 진단 면담Diagnostic Interview for Social and Communication Disorders(이하 DISCO), 발달적, 차원적, 진단적 면담Developmental, Dimensional, and Diagnostic Interview(이하 3di), 아스퍼거 증후군(및 고기능 자폐증) 진단 면담Asperger Syndrome (and High Functioning Autism) Diagnostic Interview(이하 ASDI), 자폐증 진단 면담지-개정판Autism Diagnostic Interview-Revised(이하 ADI-R) 등

이 그것이다. 그러나 저자가 아는 한 내담자 본인에게 질문하는 문항이 있는 면담도구는 자폐증 진단 관찰 스케줄 2The Autism Diagnostic Observation Schedule, 2nd edition(이하 ADOS−2)와 자폐스펙트럼 진단을 위한 몬테이로 면담 지침, 제2판The Monteiro Interview Guidelines for Diagnosing the Autism Spectrum, 2nd edition(이하 MIGDAS−2) 둘뿐이다. 이 도구들은 다차원적인 평가 도구이며, '제8장 사회인지검사'에서 구체적으로 다룰 것이다.

자폐증을 밝히기 위해 관찰 가능한 행동에만 의존하는 일은 여러 이유로 문제가 된다. 첫째, **자폐증은 행동이 아니다. 자폐증은 세상에 대한 하나의 경험 및 반응 방식이다.** 우리는 이제 많은 자폐인이 어린 나이에 그럴듯하고 광범위하게 위장을 학습, 실행함으로써 심지어 가족이나 정신건강전문가에게도 자폐증이 쉽게 드러나지 않을 수 있음을 알고 있다. 이를 고려할 때 자폐인의 행동은 이들의 경험을 정확하게 반영하지 못하며, 우리가 자폐인의 경험을 배워 나가야만 자폐적 특성을 발견하고 이해할 수 있다.

❙ 자폐증 경험에서 본 시선으로: 경험 대 행동

"제가 일시적으로 정상처럼 보일 수 있지만, 결국 어떤 형태로든 정서적 반응의 둔화shutdown를 경험합니다. 이것을 [평가 중에] 다루지는 않았습니다. 평가에서는 대부분 오로지 어떤 일을 할 수 있을지만 질문했을 뿐, 그 일을 하기 위해 제가 어떤 대가를 치러야 하는지 물어보지는 않았습니다."

- 캐스 H.Cath H.

"저는 학교에서 성공적이었지만, 학교생활은 저에게 지옥과도 같았습니다. 제 최악의 원수조차도 학교에는 보내지 않겠습니다. 대학에서 친구가 있기는 했지만, 저와 다른 점들을 꾸준히 그리고 명백히 당혹스러워 했습니다. 그래서 단순히 '학교를 잘 다녔는지' '친구가 있었는지' 같은 체크리스트만으로는 많은 부분을 놓칠 수 있습니다!"

- 다이앤 H.Diane H.

둘째, **행동은 안정적이지 않다. 행동은 개별 상황에 따라 달라지며, 시간이 지나면서 극적으로 변할 수 있다.** 다양한 정보원에서 수집된 보고는 환경마다 크게 다를 수 있다.

예를 들어, 아동 내담자는 집, 휴식 시간, 수학 수업, 축구 연습, 스카우트 모임마다 매우 상이한 모습을 보일 수 있다. 성인 내담자도 마찬가지이다. 성인 내담자는 직장에서, 가족과 함께 집에 있을 때, 친구들과 외출할 때, 그리고 완전히 혼자 있을 때 각각 매우 달라 보일 수 있다. 이로 인해 임상가는 내담자의 행동을 통합적으로 이해하기가 어렵다. 게다가 성인에게 자폐증의 가능성을 고려할 때, (위장을 배우기 이전인) 어린 시절의 자폐적 특성에 관한 기억이 확실하지 않을 수 있다. 부모, 형제자매, 다른 지인 중에서 특이할 정도로 명확하게 기억하는 사람이 없는 한 말이다. 특히 현재의 패러다임과 행동적 자료를 중요시하는 방식은 나이 든 성인에게 대단히 불리하다.

다음으로, **일부 임상가는 자폐적 행동을 진료실 안에서 직접 관찰해야만 진단할 수 있다는 잘못된 믿음을 가지고 있다.** 이들은 많은 똑똑한 자폐인이 자폐적 특성을 숨기고 지지적인 대화 상대(즉, 치료자나 심리검사자)와의 일대일 상황에서 짧은 시간 동안 전형적인 눈 맞춤과 억양을 보일 수 있다는 점을 알지 못하는 듯하다. 실제로 몇몇 자폐인은 너무도 오랫동안 낯선 사람들 앞에서 가면을 써 온 나머지 이제는 '벗는 방법'을 알지 못해 자신의 바람과 달리 가면을 내려놓지 못하기도 한다.

마지막으로, 정신건강전문가가 외견의 행동 관찰로 개인을 가장 잘 이해할 수 있다고 가정하는 것은 오만하고도 무례한 태도이다. 개인의 행동과 더불어 내적 경험을 반드시 이해해야 한다. **우리는 내담자의 관점을 존중해야 하고, 이들의 내면 세계에 대한 호기심을 바탕으로 내담자와 작업을 진행해 나가야 한다.**

부모 면담에서 아메드Ahmed의 부모는 "아메드는 정말 놀라울 정도로 공감 능력이 뛰어나요. 우리 중 한 명이 아플 때 정말 세심하게 신경 써서 우리를 잘 돌봐 준답니다"라고 말했다. 한편, 내담자 면담에서 부모님이 아플 때의 돌봄 행동에 대해 질문하자 아메드는 "부모님이 행동하는 패턴에 익숙해요. 부모님이 편찮으실 때는 행동 패턴이 달라져요"라고 대답했다. 이처럼 아메드의 행동에 대해 당사자의 관점과 부모의 관점은 상당히 달랐다.

앞서 이야기한 모든 이유로 효과적인 면담에 내담자를 초대하는 일은 무엇보다도 중요하다. 효과적인 내담자 면담에서는 내담자의 내면 경험을 이해하는 것 이상으로 더 많은 성취를 이뤄 낼 수 있다.

훌륭한 부모 면담처럼, 훌륭한 내담자 면담에서는……

- 내담자의 내적 경험에 관한 정보를 제공한다.
- 내담자의 통찰력에 관한 정보를 제공한다.
- 내담자의 걱정을 이해하도록 돕는다.
- 내담자가 내적 경험을 통해 어떻게 자신의 행동을 형성하는지 이해하도록 돕는다.
- 내담자의 강점을 알도록 돕는다.
- 내담자가 통찰력을 얻도록 돕는다.
- 신뢰를 쌓도록 돕는다.

일반적인 원칙

특정한 구조를 취할 필요는 없다. 저자의 내담자 면담은 대체로 비구조화된 편이다. 면담의 길이와 깊이뿐만 아니라 내담자의 연령, 발달 수준, 인지기능, 언어기술, 사회-정서적 성숙도, 통찰력에 따라 강조되는 영역이 모두 다르다. 면담 질문 또한 내담자가 스스로 상담을 요청했는지(예: 자신이 자폐증이라고 믿고 있는 성인) 혹은 비자발적으로 의뢰되었는지(예: 내담자 또는 이들의 지인이 자폐증의 가능성을 전혀 고려해 본 적이 없더라도 임상가가 자폐증 평가의 필요성을 느끼는 경우)에 따라 달라진다. 또한 더 많은 시간을 할애하여 다뤄야 할 영역이 내담자마다 다를 수 있다. 예를 들어, 어떤 내담자에게는 감각 경험이, 다른 내담자에게는 위장 경험이 주요한 핵심이 될 수 있는데, 면담의 진행 방향에 영향을 미치게 된다. 당신은 내담자가 머무는 곳에서 만나야 하며, 이러한 이유로 저자는 면담 구조를 제안하지 않을 것이다. 5세 아동과 55세

성인에게 기대되는 대화의 종류는 상당히 다르기 때문이다!

부모 면담과 마찬가지로, 유연하게 접근하고 다양하게 질문하면서 내담자와 가장 잘 연결되어 이들의 경험을 끌어낼 수 있음을 저자는 발견하였다. 저자는 필요에 따라 개별 진단기준의 질문을 준비해서 사용하는 것을 선호하며, 이 장의 말미에 예시를 제공하였다.

면담을 시작할 때 무엇을 할지 알려 준다. 이는 물론 많은 이에게 유용하지만, 특히 새로움이나 모호함을 대처하기 어려워하는 자폐인에게 더욱 해당한다. 예를 들어, 진행될 활동 유형(예: 면담과 5~10분 정도 걸리는 여러 과제)을 명료하게 설명해 준다. 식음과 휴식을 안내한다. 일반적으로 검사 중 자유로이 음료를 마실 수 있으며, 원할 때마다 간식, 화장실, 스트레칭할 시간을 요청할 수 있다고 알려 준다. 마지막으로, 회기가 종료되는 시간을 알려 준다.

선호하는 의사소통 방식을 질문한다. 내담자가 당신을 어떻게 불러야 할지 명확히 알려 준다(예: 이름 혹은 '선생님' 등의 경칭). 물론 내담자를 어떻게 부르면 될지, 어떤 대명사[1]로 호칭할지도 물어본다. 청소년 혹은 성인 내담자라면, 특히 평가(혹은 치료)를 자발적으로 의뢰했다면 정보 제공 과정을 내담자가 주도하고 싶은지, 아니면 당신이 구체적으로 질문하여 이끌어 주는 방식을 선호하는지 물어본다. 다른 선호하는 의사소통이 있다면 이에 대해 명확하게 질문한다. 예를 들어, 저자는 최근 자신이 자폐적이라고 느낀 62세 변호사와 면담을 진행했는데, 이 내담자는 대답하기 전에 종종 생각이 끊어져서 긴 시간 동안 침묵하였다. 이러한 양상이 몇 차례 반복되자 저자는 "생각의 흐름이 끊어진 것처럼 보인다면 제가 질문을 드려서 도와드릴까요, 아니면 스스로 생각을 다시 정리할 때까지 가만히 기다려 드리는 것이 더 좋을까요?"라고 직접 물어보았다.

검사 회기에 대한 선택지를 제공한다. 사건의 순서나 휴식 시간에 대한 통제권을 최대한으로 제공한다. 예를 들어, 모호하거나 알 수 없는 상황에서 어려움을 겪는 내담자를 위해 일정표를 작성해 줄 수 있다. 몇몇 청소년은 쉬지 않겠다고 할 수 있다. 내

1) 역자 주: 영어권에서 He, She 등 어떤 대명사를 사용하여 지칭할지를 의미한다.

담자에게 검사나 면담 중 무엇을 먼저 할지 선택할 기회를 줄 수 있다. 합리적인 범위 내에서 내담자에게 통제권을 주면 줄수록 더 좋다.

비슷한 맥락에서 몇몇 내담자(특히 자폐증일 가능성이 있는 내담자)는 진료실 내에서 감각 자극에 의한 주의 분산에 취약하다. 내담자에게 주변에 무엇이든지 신경 쓰이는 요인(예: 조명, 온도, 소음, 냄새)이 있는지 물어보는 것만으로도 이들을 편안하게 해 줄 수 있으며, 신뢰 역시 쌓을 수 있다. 예를 들어, 저자는 몇 년 전부터 향수를 사용하지 않는다. 또한 요청에 따라 소리 나는 시계를 진료실에서 치우기도 한다. (시계를 영구적으로 제거할까도 생각했지만, 내담자가 시계 소리에 얼마나 민감한지, 그리고 이 상황을 어떻게 다루는지 관찰하는 것이 유용하고 흥미로워서 시계는 그대로 두었다.)

특정한 행동, 특성, 경험을 질문할 때는 과거와 현재를 모두 아우른다. 내담자가 과거의 경험이나 기능뿐만 아니라 현재 상황도 고려할 수 있도록 계속해서 상기시켜 줄 필요가 있다. 당신은 내담자의 과거와 현재 모두의 경험을 이해하고 싶다고 알린다.

질문할 때 단어를 신중하게 고른다. 비-자폐인 대부분에게는 개방형으로 질문해도 문제가 없지만, 자폐인은 개방형 질문의 모호함에 압도될 수 있다. 함축적이거나 비유적인 언어 사용 또한 문제가 될 수 있다. 많은 자폐인은 구체적이고 직접적인 질문에서 더 잘하는 경향이 있다.

지나치게 모호한 질문, 개방형 질문, 추론이 필요한 질문에서 발생할 수 있는 실제 예시:

- 임상가 "어떻게 오게 되셨나요?"
  내담자 "아버지가 데려다주셨어요."
  더 나은 질문 "왜 이 평가를 받으려고 하나요?"
- 임상가 "왜 [내담자의 정신건강의학과 주치의인] 페퍼 박사님Dr. Pepper을 만나기 시작했나요?"
  내담자 "우리가 왜 그분을 선택했는지는 모르겠어요."
  더 나은 질문 "당신은 왜 약을 먹게 되었나요?"

- **임상가** "입 안이 달콤해지는 느낌은 어떠세요Do you have a sweet tooth (혹은 달콤한 음식을 좋아하나요)?"
  내담자 "제 치아를 맛보진 않아요."
  더 나은 질문 "달콤한 음식을 자주 찾나요crave?"

항상 최대한 긍정적으로 유지한다. 언제나 가능한 한 긍정적인, 혹은 최소한 중립적인 표현을 사용한다. 이는 내담자에게 안전하고 지지적인 환경을 조성할 뿐만 아니라, 최근 연구에 따르면, 긍정적인 방식의 질문으로 더 많은 정보를 얻을 수 있다고 한다. 가령, 반복적인 행동으로 파생된 '문제' 대신에 '이점'을 묻는다면, 내담자로부터 지지를 끌어낼 가능성이 더 높다. 예를 들어, "특이하거나 반복적인 움직임이 있습니까?" 대신에 "많은 내담자에게는 스트레스를 받거나 흥분했을 때 하는 특정한 움직임이 있다고 합니다. 이 행동은 재미있거나 어떤 도움이 될 때도 있습니다. 혹시 당신에게도 비슷한 것이 있습니까?"라고 물을 수 있다.

속도를 천천히 한다. 많은 자폐인은 답변을 고민할 때 상향식 처리bottom-up process를 통해 여러 세부 사항과 선택지를 고려한다. 따라서 당신은 평소보다 더욱 천천히 면담을 진행할 필요가 있다. 질문을 던진 후 이 질문이 전달되고 답변을 머릿속으로 정리하는 시간을 평소보다 더 많이 허용한다. 내담자가 서둘러야 한다고 느끼면, 답변에 풍부한 정보나 진심이 담기지 않을 수도 있다.

명료하게 바꾸어 표현한다paraphrase**.** 통계적으로 임상가 대다수가 비-자폐인이다. 그래서 내담자 면담은 서로 다른 의사소통 양식을 가진 두 사람이 연결을 시도하는 과정이며, 오해가 발생할 위험이 있기 마련이다. 당신이 이해한 내용이 맞는지 명료히 하기 위해 내담자의 의사소통을 자주 바꾸어 표현해 본다.

내담자가 결론을 말하거나 내적 경험의 일부분을 제공할 때, 더 심층적으로 탐색한다. 내담자의 내러티브는 내담자 자신이 스스로에 대해 들려주는 이야기로, 자료의 중요한 단서가 된다. 내러티브를 들으면서 계속해서 예시를 요청한다. "당신은 그것을 어떻게 알게 되었습니까?" "어떻게 그렇게 결론을 내리게 되었습니까?" "다른 사람들이 당신에게 그렇게 이야기했습니까?" 등 명료화하는 질문을 한다. 후속 질문을 통해 내담자는 자신의 결론을 지지하는 풍부한 자료 혹은 당신을 다른 방향으로 이끌어 주는 자료를 제공할 것이다.

> 면담 중 헤일리Hailey는 "저는 좀 이상해요"라고 말했다. 어떻게 그런 결론을 내리게 되었는지 묻자, "다른 사람들이 그렇다고 했어요"라고 답했다. 다른 사람들이 '이상하다'고 생각한 이유를 말해 준 적이 있는지 묻자, "어떤 사람이 우리가 처음 만났을 때 제가 나무에 대해 끊임없이 이야기했다고 말했어요. 그래서 제가 좀 이상해 보였던 것 같아요"라고 말했다. 이 대답은 헤일리의 상호작용 방식뿐만 아니라 관심사의 강도를 논의하는 대화의 장을 마련해 주었다.

진단기준을 염두에 두면서 기록을 정리할 때 활용한다. 내담자 면담을 진행할 때, 진단기준의 구조 안에서 기록하는 방법을 고려한다. 이렇게 하면 내담자의 경험 중에서 더 이해해야 하는 부분과 이미 충분하게 이해가 되어서 마무리해도 되는 주제를 구분할 수 있다.

내담자의 목표와 다른 사람의 목표를 구별한다. 이는 내담자 본인 스스로가 아니라, 부모나 배우자/파트너에 의해 평가(혹은 치료)를 시작한 경우에 매우 중요하고도 어려운 문제이다.

사회적 상호작용 및 대인관계가 어떻게 보여야 할지에 대하여 당신의 신념과 판단은 잠시 유보한다. 비-자폐인인 임상가 개인이 개념화한 '건강한 사회적 상호작용'의 모습이 모든 내담자에게 적용될 수 없으며, 신경다양성을 가진 내담자들에게는 특히 그렇다는 점을 꼭 인식해야 한다. 우리가 사용하는 단어와 비언어적 의사소통에 반드시 신중한 주의를 기울여야 한다. 이를 위해서는 내담자의 경험, 이들에게 효과적인 것, 이들이 (성공을 어떤 방식으로 정의하든지 간에) 성취감과 안전을 느끼는 데 필요한 것이 무엇일지 비판단적인 호기심을 가지고 접근해야 한다.

"제 경험에 비추어 봤을 때, 건강관리전문가들은 정말로 매우 관계-지향적prorelationship입니다. 의도했는지는 모르겠지만, 건강관리전문가와 대인관계에 관해 논의할 때 어떤 사람이 관계를 맺고 있지 않거나 적극적으로 데이트를 하지 않거나 오래 갈 수 있는 관계를 찾고 있지 않으면 '부족한' 사람으로 가정합니다. 가족이 "왜 결혼을 안 했니?" "왜 아이를 안 갖니?"라고 물을 때, 저는 "당신은 왜 결혼했는데요?" "당신은 왜 아이를 낳았는데요?"라고 되묻습니다. 그러면 열에 아홉은 당연히 '그냥 해야 하는 일'이라고 생각하기 때문에 이렇게 질문하는 저를 이해하지 못합니다. 저는 건강관리전문가가 암묵적인 편견을 인식해야 하는 만큼, 이들이 대인관계에 대해 가지고 있는 편견을 조심하고 신경 쓰면 좋겠습니다."

– 캐롤 B.Carol B.

내적 경험을 이해하기 위해 노력한다. 개인의 경험을 명시적으로 질문한다(예: 눈 맞춤을 어떻게 느끼는지, 친구들과 수다 떠는 느낌이 어떤지, 사교 모임 이후에 느낌이 어떤지).

"저는 제 경험에 관한 질문을 하나도 받지 못했습니다. 친구가 몇 명 있는지, 친구를 얼마나 자주 만나는지, 친구란 어떤 의미가 있는지 질문받았지만, 그 친구들과의 관계에서 제가 경험한 어떤 것도 궁금해하지는 않았습니다."

– 라일리 A.Riley A.

긍정적인 경험을 질문한다. 부모 면담과 마찬가지로, 당신은 단지 자폐적 특성이나 문제만을 탐색하는 것이 아니다. 당신은 내담자가 자신의 강점, 안전하다고 느끼는 환경, 가면을 벗을 수 있는 순간, 행복하게 만들어 주는 활동 등을 확인하도록 돕는 것이다. 이러한 주제는 명시적으로 질문하지 않으면 찾기 어려울 수 있다.

"우리가 나누지 않았던 이야기 중에 당신이 하고 싶은 말이 있을까요?"라고 질문한다. 이 질문은 아직 다루지 않았던 의문점, 걱정거리, 경험 등을 꺼내는 기회가 된다. 종종 이 질문은 생산적인 논의로 이어질 수 있다. 가끔 내담자는 질문이 너무 광범위하거나open-ended 모호하다고 느껴서 의외의 대답을 할 수도 있다(이 반응 자체도 유의미한 자료가 된다).

장시간의 상세한 면담을 마치고 15세인 모에Moe에게 우리가 더 알아야 할 사항이 있는지 물었다. 모에는 "아직 많아요"라고 대답했다. 저자는 무엇이든 떠오르는 내용을 말해 보라고 요청했지만, 모에는 "모르겠어요"라고 답했다. "아직 이야기하지 않았지만, 우리가 더 알아야 할 것이 있을까요?"라고 다시 물었다. 그러자 모에는 "정말 이상한 일들에서 정말 이상한 세부적인 것들이 기억나요. 4년 전에 제 여동생의 친구를 처음 만났을 때 걔가 입고 있던 셔츠 깃 같은 거요"라고 말했다.

MIGDAS-2의 멋진 질문으로 마무리한다. "제가 지금까지 당신에게 많은 질문을 했습니다. 이제는 당신이 제게 질문해 보는 시간을 드리겠습니다." 비-자폐인 내담자라면 이 질문에 종종 즐거워하며, "왜 심리학자가 되셨어요?" "가장 재미있는 답변은 무엇이었어요?" 같이 질문하는 경우가 많다. 몇몇 비-자폐인 내담자는 사적인 질문에 관심이 없어도 암묵적인 사회적 기대를 충족시키기 위해 질문하기도 한다(예: "일이 재미있으신가요?"). 반면, 자폐인 내담자는 종종 이렇게 **즉흥적인**off-script 질문에 당황하거나 불편함을 느끼며, 이를 어떻게 처리해야 할지 확신하지 못하는 경우가 많다. 이는 저자가 MIGDAS-2에서 좋아하는 여러 보석 같은 질문 중 하나이며, 관련 내용은 '제8장. 사회인지검사'에서 자세히 다룰 예정이다.

의사소통할 통로를 열어 둔다. 성인 중에서도 특히 자폐증 진단을 희망하는 사람은 자신의 사례를 모조리 설명하고 싶어 하며, 세부 사항 일부를 빠트렸을까 봐 불안해하곤 한다. 많은 자폐인은 또한 구두 면담 형식보다 서면 답변을 편안해하며 훨씬 잘 답변하기도 한다. 저자는 항상 검사한 내담자에게 "어떤 세부 사항이라도 회기 이후에 기억이 나면 이메일로 보내도 된다"고 알려 주며, 평가 과정 동안 이들이 필요한 만큼 저자와 소통할 수 있게 한다. 평가를 진행하는 심리학자로서 저자는 회기 사이에 이메일로 소통하는 일이 편하지만, 치료자라면 치료적 관계의 경계가 침범된다고 느낄 수 있다. 대신에 치료자는 내담자에게 "다음 회기에서 언제든지 추가 세부 사항을 제공할 수 있다"고 안내할 수 있다.

자폐증 경험에서 본 시선으로: 서면 대 구두 표현

"생각하고 있는데 누군가가 쳐다보는 압박감이 없으면 훨씬 쉽습니다. 당신이 말한 내용에 어떻게 반응할지 궁금해하면서 말하는 중에도 여전히 어떻게 이야기할지 고민하고 있으니 말입니다. 그리고 제가 쓴 글을 읽어 보면서 제가 제대로 표현했는지 확인할 수 있어서 더 도움이 됩니다."

– 샬롯 R. Charlotte R.

"…… 많은 자폐인은 자신을 글로 표현하는 데 더 능숙합니다. 구두 표현으로만 판단하는 서비스 제공자provider라면 많은 정보를 놓칠 수 있습니다. …… 저는 내담자에게 작성해야 하는 기록지와 답해야 할 질문을 회기 사이에 제공합니다. 말과 글로 표현한 내용 간에 크게 불일치하는 정보가 있는지 살펴보면서 의미 있는 단서를 얻을 수도 있습니다. 저는 이것이 초반에 자폐적 특성을 평가하는 가장 효과적인 방법 중 하나라고 생각합니다."

– 킴 클래리Kim Clairy, OTR/L, 자폐증 작업치료사

당신의 역전이에 유의한다.

최근 몇 년 사이에 대중에게 자폐증 관련 정보가 폭발적으로 많아졌고, 스스로를 자폐증으로 확신하면서 자발적으로 의뢰하는 성인(그리고 일부 청소년)의 수가 증가하고 있다. 이들 중 다수는 자폐증을 어마어마하게 조사했을 수 있고, 게다가 몇몇은 자폐증 자체가 강렬한 관심사가 되기도 한다(동반저서인『자폐증인가요 I: 임상가와 모두를 위한 지침서』의 '제7장. 강렬하거나 비전형적인 흥미'에서 실시했던 설문 조사에 따르면, 약 20%에 해당했다). 자기–이해는 언제나 훌륭하며, 스스로를 이해하고자 주도적으로 연구하고 노력하는 사람은 자원과 동기 수준이 높고 종종 꽤 요점을 잘 잡는다고 저자는 믿는다. 실제로 프란체스카 하페Francesca Happe 등에 따르면, 자폐증 평가를 진행한 성인의 약 68%가 진단을 받았다. 힐데 저트스Hilde Geurts와 마르쉘 얀센Marcel Jansen의 연구에서는 그 비율이 더 높았는데, 진단을 원하는 성인의 약 84%가 자폐증 진단을 받았다.

따라서 자폐증이 자신을 반영한다resonate고 내담자가 보고했다는 이유만으로 자폐증의 가능성을 일축하거나, 더 나아가 내담자 자체를 무시하는 정신건강전문가에 대해 저자는 놀라움을 금할 수 없다(솔직히 말해서 실망스럽다).

내담자에 대한 당신의 반응을 의식적으로 살펴야 하며, 특히 자폐증의 가능성을 스스로 제기한 내담자에 대해서는 더욱 그렇다. 저자의 경험에 따르면, 자폐증에 대한 조사를 마친 내담자는 때때로 이들이 자폐증을 확인하기 위해 찾아간 임상가보다도 자폐증을 더 깊이 이해하고 있기도 하다. 또한 저자의 경험상, 자신이 자폐인이라고 강하게 믿는 사람은 실제로 자폐인 경우가 많으며, 이들의 자기-이해를 매우 진지하게 받아들여야 한다.

내담자가 스스로를 자폐증이라고 믿는다는 이유만으로 자폐증의 가능성을 축소할 수 없다는 점을 꼭 기억해야 한다. 사실 자폐증의 가능성이 더 높을 수 있다!

질문 예시

내담자 면담 중 자폐증을 다루는 부분에서 몇몇 질문을 미리 준비해 두면 좋은데, 만약 당신이 자폐증 관련 경험이 적다면 더욱 유용할 수 있다. 다음은 덜 명백한 자폐증의 표현을 가진 사람에게 관련 경험을 끌어내기 위해 고안된 질문의 예시이다. 저자는 다수의 면담 경험과 더불어 자폐증 성인에게서 이들이 어떤 질문을 받기 바랐는지 물어봤던 경험, 자폐증 가족 구성원과 함께 생활한 경험을 토대로 질문 목록을 만들었다. 몇몇 질문은 다양한 구조화된 또는 반구조화된 면담의 질문과 겹친다. 또 다른 질문은 테레사 리건Theresa Regan이나 켈리 말러Kelly Mahler 같이 저자가 존경하는 임상가가, 그리고 저자가 선호하는 질문 몇 개는 자폐증 성인이 제안해 주었다.

내담자를 압도하는 단일한 질문 목록이 되지 않도록 질문을 느슨하게 구성하였지만, 이렇게나 다차원적인 경험을 정확하게 분류하기는 당연히 불가능하다. 더불어 다음의 질문은 자폐증의 가능성을 탐색하기 위한 예시일 뿐이며, 면밀한 임상 면담에서는 정서 경험, 적응기능, 학업 등도 질문해야 한다.

내담자의 연령, 지적기능, 언어능력, 사회-정서적 성숙도, 자기 인식을 고려하여 질문을 선택하고 조정해야 한다. 예를 들어, 내담자에게 자폐증 진단이 고려되고 있음을 당사자가 모르는 상태일 때, 다음의 질문 중 일부는 부적절할 수 있다. 추가로, 다음 질문 중 다수는 아동에게 너무 어려울 수 있다. 개별 내담자마다 질문이 적절할지 임상적으로 판단해야 한다.

> 다음의 질문은 구조화된 면담을 위한 대본이 아니며, 면담을 진행하면서 각각의 기준을 생각해 보도록 돕는 참고 프롬프트이다. 반드시 모든 질문을 다 하거나 순서대로 물어볼 필요는 없다. 어떤 범주에서 이미 특성이나 행동을 발견했다면, 다음 영역으로 넘어가면 된다.
>
> 여기의 제안을 참고하되, 내담자의 내적 경험에 대한 호기심을 나침반 삼아 면담을 진행한다. 모든 자폐인이 유일무이하듯, 각각의 면담 또한 고유하다unique.

질문 예시: 현재 경험하는 어려움

- 평가/치료를 받으러 온 이유가 무엇입니까?
- (아동의 경우) 부모님이 왜 평가/치료를 받아 보자고 했는지 알고 있니?
- 당신에 대해 무엇을 알고 싶습니까?
- 당신의 삶이 어떤 모습이기를 바랍니까?
- 어떤 도움을 받고 싶습니까?
- 어떤 어려움을 겪고 있습니까?
- (아동의 경우) 무엇이 힘드니?
- 이러한 문제는 언제부터 시작되었습니까?
- 당신이 자폐증일 수도 있다고 생각하는 이유는 무엇입니까? (내담자가 의뢰 사유로 자폐증의 가능성을 제기한 경우)

- 자폐증 진단이 당신에게 어떤 의미를 가집니까?
- 당신이 자폐인이 아닐 수도 있다고 생각하는 이유는 무엇입니까?
- 다른 사람은 알지 못하는 당신만의 어려움이 있습니까?
- 부모/배우자/교사/고용주가 당신과 의사소통하거나 당신을 지원할 때 알았으면 하는 점이 무엇입니까? 그들이 당신에게 어떻게 다르게 해 주기를 바랍니까?

질문 예시: 사회적 상호작용

- 사람들과 이야기할 때 일반적으로 어떤 기분이 듭니까? 편안할 때와 그렇지 않을 때는 언제입니까?
- 일대일, 소모임, 대규모 집단 중 어떤 상황에서 더 잘할 수 있습니까?
- 누구와 대화하기를 좋아하며, 무엇에 관해 이야기를 나눕니까?
- "잘 듣지 않는다" "말을 자주 끊는다" "너무 많이 말한다" "너무 조용하다" 등의 말을 들어 본 적이 있습니까?
- 사회적 활동을 하는 것이 어떤 '비용'을 치르는 일처럼 느낍니까?
- 다른 사람들은 사회적 상호작용에 대응하는 '내장된 매뉴얼'을 가지고 있는데 당신에게는 없는 것처럼 느낀 적이 있습니까? (이 질문은 꽤 구체적이지만, 자폐인이 흔히 느끼는 감정을 반영한다.)
- 당신의 상호작용 양식에 대해 다른 사람으로부터 피드백을 받은 적이 있습니까? 만약 그렇다면 어떤 피드백을 받았습니까? 그 피드백에 당신은 공감이 갔습니까? 한 사람에게서 받은 피드백이었습니까, 혹은 여러 사람으로부터 받았습니까?
- 상호작용의 암묵적인(혹은 언급되지 않은) 규칙을 알아내려고 노력합니까? 암묵적인 규칙을 파악하기 어렵다면 어떻게 합니까?
- 다른 사람과 연결되기 어려운 패턴을 발견한 적이 있습니까? 만약 그렇다면 그 패턴을 설명할 수 있습니까?
- 우리가 어떤 사회적 규범을 왜 따라야 하는지 의문을 가진 적이 있습니까? 혹은 사회적 규범이 성가시거나 비논리적이라고 느낀 적이 있습니까?

- 부모님이 당신에 관해 어떤 이야기를 들려주었습니까? (테레사 리건Theresa Regan 박사에게서 인용하였다.)
- 누군가가 당신을 좋아하거나 당신과 교류하고 싶다는 것을 어떻게 알 수 있습니까? (내담자의 답변에 따라 비언어적 의사소통과 관련된 질문에도 해당할 수 있다.)

질문 예시: 비언어적 의사소통

- 다른 사람이 당신의 말하는 방식이나 몸의 움직임에 대해 언급한 적이 있습니까?
- 대화 중에 당신이 목소리, 손, 얼굴, 몸의 다른 부분을 어떻게 사용하는지 알아챈 적이 있습니까?
- "다른 사람의 눈을 바라보지 않는다"라는 말을 들어봤거나, 혹은 눈 맞춤이 어려웠던 적이 있습니까? 누군가와 직접 눈을 맞추는 일을 자연스럽게 느낍니까? 상대방의 눈을 봅니까, 아니면 눈 사이와 같이 눈이 아닌 다른 곳을 봅니까?
- 다른 사람으로부터 "당신의 얼굴 표정을 읽기가 어렵다" "당신은 감정을 잘 드러내지 않는다"는 말을 들은 적이 있습니까?
- 다른 사람의 마음을 '읽기 어렵다'고 느낍니까?
- 다른 사람의 생각이나 느낌에 특히나 민감합니까?

질문 예시: 대인관계

- 다른 사람들은 당신보다 더 많은 사회적 관계를 바라는 것처럼 보입니까?
- 사람들과 잘 지내기 어려웠던 적이 있습니까? 갈등 상황을 어떻게 처리합니까?
- 친구가 있습니까? (부모 면담에서와 마찬가지로, 내담자가 말한 친구의 '이름을 말하도록' 요청한 후 우정 지도를 그려 보고, 우정에 관해 내담자가 지각하는 바와 다른 사람의 관찰을 비교해 본다.)
- 당신의 우정을 설명해 주십시오. 예를 들어, 어떻게 만나게 되었습니까? 얼마나 자주 연락합니까? 어떤 공통점이 있습니까?
- 당신의 인생에서 인간관계에 얼마나 만족합니까?
- 더 많은 친구를 바라거나 사귀어야 한다는 압박감을 느낀 적이 있습니까?

- 무엇이 친구/절친이 되게끔 해 줍니까? 친구/절친은 단순히 아는 지인과 어떻게 다릅니까?

질문 예시: 위장camouflaging

진단기준에 위장이 포함되어 있지는 않지만, 임상가는 위장 행동을 이해하면서 내담자의 사회적 상호작용 경험을 통찰하게 되므로 위장을 별도의 문항으로 다룰 만한 가치가 있다.

- 외적인 행동이 내적 경험과 일치하지 않았던 때를 설명해 줄 수 있습니까? 이러한 일이 얼마나 자주, 어떤 상황에서 일어납니까?
- 사회적 상황을 탐색할 때 대본을 사용하거나 계획을 세웁니까? 어떤 일이 일어날지 해 보는 사전 연습이 유용하거나 필요하다고 생각한 적이 있습니까?
- 사회적 상황을 극복하기 위해 다른 사람(지인 또는 TV/영화 속 인물)을 연구하거나 따라 해 본 적이 있습니까?
- 언제 또는 누구와 함께 있을 때 온전한 자기 자신의 모습이 될 수 있습니까?
- 사회적 상호작용을 진행하기 위해 언제 대본을 사용합니까? 대본을 사용하지 않을 때면 어떤 모습으로 보이고, 기분은 어떻습니까?
- 다른 사람 앞에서 스스로 일부러 하거나 혹은 하지 않으려는 행동이 있습니까?
- 지금 당신은 위장하고 있습니까? 만약 가면을 벗어 본다면 어떤 모습이고, 기분이 어떻게 달라지겠습니까?

질문 예시: 반복적인 행동, 자기-자극self-stimming

- 스트레스를 받거나 흥분했을 때 무엇을 합니까? 어릴 적에는 어땠습니까?
- 특정한 움직임, 노래, 단어나 구절, 활동 등의 반복적인 행동이나 말이 있습니까? 어린 시절에도 있었습니까?
- 똑같은 영상/영화 보기, 똑같은 책 읽기, 똑같은 노래 듣기를 오랫동안 계속해서 반복한 적이 있습니까?

- 단순히 즐거워서, 아니면 대다수의 사람보다 더 자주 혹은 더 자세하게 목록이나 표를 작성한 적이 있습니까?
- "행동이나 말투가 특이하다"는 말을 들은 적이 있습니까? 만약 그렇다면 누구에게, 언제, 왜 그런 말을 들었습니까?
- 참고: 저자는 이 범주를 면담할 때 다양한 예시를 드는데, 가령 몸을 긁거나 뜯기, 왔다 갔다 걸어 다니는 행동, 꼭 필요하지 않은 목록/표를 재미로 반복해서 만들기 등이 있다. (『자폐증인가요 I: 임상가와 모두를 위한 지침서』의 '제5장. 반복적인 혹은 개인특유적인 행동'을 참조하라.)

질문 예시: 융통성

- 일이 예상대로, 원하는 대로, 계획한 대로 진행되지 않을 때, 어떤 기분이 들고 몸이 어떻게 반응합니까?
- 새로운 곳에 가거나, 새로운 활동을 시작하거나, 새로운 사람을 만날 때, 어떤 기분이 들고 몸이 어떻게 반응합니까?
- 새로운 상황에 어떻게 대비하거나 적응합니까?
- "매우 고집이 세다" "융통성이 없다"는 말을 들은 적이 있습니까?
- 생각, 인식, 활동에 사로잡혀stuck 빠져나오기 어려울 때가 있습니까?
- 도덕성, 정의, 공정성, 규칙 따르기에 강한 감정을 느낍니까?
- 모든 일을 정확히 맞게 또는 완벽하게 하려고 노력합니까?
- 말장난을 자주 합니까? 다른 사람의 말에서 이중적인 의미를 찾아내어 되풀이한 적이 있습니까? 다른 사람이 짜증날 정도로 합니까?
- 애매모호한 사항을 자주, 심지어 당신이 이해했음에도 지적하게 됩니까?

질문 예시: 관심사

- 당신의 관심사는 무엇입니까? 정말 좋아하는 활동, 생각, 연구할 거리가 있습니까? 어린 시절의 관심사를 돌이켜 생각해 볼 수 있겠습니까?
- 전문적인 어떤 분야가 있습니까?

- 이 관심사에서 다른 작업/활동으로 전환하기 어려웠던 적이 있습니까?
- "특정 활동에 지나치게 몰두한다" "특정 주제에 관해 너무 많이 말한다" "집착이 있다"는 말을 들은 적이 있습니까?
- 어떤 것에 관심을 가지게 되었을 때 어떤 느낌이 듭니까? 이 관심이 식사, 수면, 수행 능력, 다른 사람과의 상호작용에 영향을 미칩니까?

질문 예시: 감각 경험

- 감각 예민성이나 감각적 흥미가 있습니까?
- 소음이 있는 환경에서 집중하기 어렵다고 느낍니까? 여러 소리가 동시에 들릴 때 초조합니까?
- 향수나 다른 냄새, 질감, 사람과의 접촉이 불편하다고 느낀 적이 있습니까? 이 상황에서 어떻게 대처합니까? (내담자의 감각 경험을 이미 알고 있다면, 이 문항의 질문을 수정하거나 추가할 수 있다.)
- 특정한 맛, 냄새, 질감, 소리, 모습, 움직임에 끌릴 때가 있습니까?
- 당신에게 압도감을 느끼게 하는 특정한 경험이 있습니까? 그 상황에서 벗어나야만 했습니까? 어떤 상황이었습니까?
- 정서적 반응이 둔화shutdown되곤 합니까? 발생 원인은 무엇입니까?
- 통증에 대한 내성이 어떻습니까? 특별히 높거나 낮은 예시가 있습니까?
- 자주 배고프거나 목마르다고 느낍니까? 배고프거나 목마를 때 몸이 어떻게 반응합니까?
- 행복, 불안, 분노 등의 감정을 느낄 때 몸이 어떻게 반응합니까?
- 대다수가 놓치는 세부 사항, 변화, 움직임 등을 알아챈 적이 있습니까? 예를 들어, 온도 변화, 전구의 다양한 종류, 좋아하는 샴푸 브랜드 향의 미세한 변화를 감지한 적이 있습니까?
- 서투르다고 느끼거나, 혹은 다른 사람에게 이와 관련한 말을 들은 적이 있습니까? 자주 넘어지거나 미끄러집니까?
- 차멀미나 어지럼증이 자주 있습니까?

- 과민하다고 비난받은 적이 있습니까? 사람들이 언제 그런 말을 합니까?

질문 예시: 내담자의 긍정적인 경험

- 어떤 조건에서 잘합니까?
- 강점은 무엇입니까?
- 취미가 무엇입니까?
- 어떤 기억이 당신을 행복하게 만듭니까? 정말 행복했던 순간을 떠올려 보면, 그때 무엇을 하고 있었습니까? 왜 그렇게 행복했습니까?
- 어떤 생각을 하기 좋아합니까?
- 당신만의 특별한 점은 무엇입니까?

사라 웨일랜드는 내담자의 경험을 이해하는 유용한 도구로 피터 베르뮬렌Peter Vermeulen의 『자폐증의 좋은 기분 질문지Autism Good Feeling Questionnaire』(개정판, 2021)를 꼽는다. 감각 경험, 사회적 경험, 의사소통, 활동/프로그램, 새로움(변화 및 전환), 예측 가능성 등의 영역마다 면담 중에 활용할 만한 질문이 있을지 살펴보기를 추천했다.

자주 하는 질문(FAQ)

- **내담자가 다른 사람의 관점과 다르게 자신을 인식하고 있다면 어떻게 해야 합니까?**
  많은 자폐인이 자신의 강점과 약점을 자각하고 있지만, 그렇지 않기도 하다. 이 경우, 진단기준에 부합하는 예시를 찾기 위해 더욱 신중하게 이들의 내러티브(즉, 현재와 과거 경험에 관한 서술)를 분석한다. 그리고 보조 자료를 최대한 많이 수집한다. 이 장에서는 내담자의 내적 경험이 중요하다고 강조되었지만, 다른 사람(물론 임상가 당신도)의 관찰에 더욱 근거해서 진단내려야 할 때도 있다.

- **내담자가 자폐증 진단을 원하지 않으면 어떻게 해야 합니까?** 쉽지 않은 질문이다. 목표는 피드백 회기가 끝났을 때 임상가와 내담자(아동의 경우, 부모)가 동일한 입장에서 이해를 공유하는 것이다. 이 목표가 달성되지 않았다면, (1) 임상가가 틀렸거나, (2) 내담자/가족이 제시된 정보를 소화하거나 자폐증 관련 자료를 검토하는 데 더 많은 시간이 필요한 것일 수 있다. 내담자나 부모가 여전히 반대한다면, 진단을 보류하는 방법도 있다. 즉, 관찰된 특성을 보고서에 기술하되, 자폐증으로 진단하는 대신에 추후 재평가를 권고할 수 있다. 하지만 임상가가 진단을 고수해야 할 때도 있다. 가령, 진단이 매우 명확하고 분명한 경우, 또는 진단을 통해서만 이용 가능한 개입/서비스의 혜택을 내담자가 받을 수 있는 경우이다.
- **내담자가 이미 스스로를 자폐증으로 확신하고 있다면 어떻게 해야 합니까?** 몇몇 성인 또는 청소년 내담자는 이미 자신이 자폐인이라고 믿으며 내방한다. 이들은 자폐증에 대해 상당한 양을 미리 조사해 와서 자폐적 특성이 자신의 삶에 어떻게 영향을 주었는지 훌륭한 통찰과 예시를 들 수 있다. 하지만 역시 다른 내담자와 동일한 절차에 따라 진행한다. ADHD나 학습장애라고 믿으면서 내방한 내담자와 마찬가지로, 임상가는 이들이 진단기준에 부합하는지 신중하게 탐색하고 관련된 감별진단도 세심하게 고려해야 한다.

참고문헌 및 읽을거리

Geurts, H. M., & Jansen, M. D. (2012). A retrospective chart study: The pathway to a diagnosis for adults referred for ASD assessment. Autism: *The International Journal of Research and Practice, 16*(3), 299-305. https://doi.org/10.1177/1362361311421775

Gillberg, C., Gillberg, C., Råstam, M., & Wentz, E. (2001). The Asperger Syndrome (and high-functioning autism) Diagnostic Interview (ASDI): A preliminary study of a new structured clinical interview. *Autism: The International Journal of Research and Practice, 5*(1), 57-66. https://doi.org/10.1177/1362361301005001006

Happé, F. G., Mansour, H., Barrett, P., Brown, T., Abbott, P., & Charlton, R. A. (2016). Demographic and cognitive profile of individuals seeking a diagnosis of autism spectrum disorder in adulthood. *Journal of Autism and Developmental Disorders, 46*(11), 3469-3480. https://doi.org/10.1007/s10803-016-2886-2

Henderson, D., Wayland, S. C., & White, J. (2023). *Is this autism?: A guide for clinicians and everyone else.* Routledge.

Lord, C., Rutter, M., DiLavore, P. C., Risi, S., Gotham, K., & Bishop, S. L. (2012). *Autism Diagnostic Observation Schedule, Second Edition (ADOS-2).* Western Psychological Services.

(MIGDAS-2) Monteiro Interview Guidelines for Diagnosing the Autism Spectrum, Second Edition. (n.d.). www.wpspublish.com/migdas-2-monteiro-interview-guidelines-for-diagnosing-the-autism-spectrum-second-edition

Monteiro, M. J. (2016). *Family therapy and the autism spectrum: Autism conversations in narrative practice.* Routledge. https://doi.org/10.4324/9781315735948

Skuse, D., Warrington, R., Bishop, D., Chowdhury, U., Lau, J., Mandy, W., & Place, M. (2004). The Developmental, Dimensional and Diagnostic Interview (3di): A novel computerized assessment for autism spectrum disorders. *Journal of the American Academy of Child and Adolescent Psychiatry, 43*(5), 548-558. https://doi.org/10.1097/00004583-200405000-00008

Vermeulen, P. (2014). The practice of promoting happiness in autism. In G. Jones & E. Hurley (Eds.), *Good autism practice: Autism, happiness and wellbeing* (pp. 8-17). BILD Publications. (Download English version here: https://petervermeulen.be/autism-good-feeling-questionnaire/)

Williams, D. (1996). *Autism: An inside-out approach-An innovative look at the "mechanics" of "autism" and its developmental "cousins".* Jessica Kingsley Publishers.

Wing, L., Leekam, S. R., Libby, S. J., Gould, J., & Larcombe, M. (2002). The diagnostic interview for social and communication disorders: Background, inter-rater reliability and clinical use. *Journal of Child Psychology and Psychiatry, and Allied Disciplines, 43*(3), 307-325. https://doi.org/10.1111/1469-7610.00023

제5장

기록 검토 및 보조 면담

과거 기록의 검토와 보조 면담을 생략하기 쉬운데, 특히 내담자나 부모가 생활기록부와 이전 평가에서 "아무것도 없었다"고 말하는 경우에 특히 그러하다. 하지만 이 단계가 필수는 아니더라도 유용할 수 있다.

재치 있고, 친절하며, 똑똑하고, 배려심 많은 17세 소녀 타라Tara가 최근 저자를 찾아왔을 때 이보다 더 확실할 수가 없었다. 타라는 지금까지 ADHD, 강박장애, 불안장애, 감각처리장애, 투렛장애로 진단받았다. 하지만 타라의 부모는 자폐증이 아닐지 항상 궁금해 했고, 타라 자신도 최근 비슷한 의문을 품고 있었다. 타라의 동생 요나Jonah는 자폐증을 조기에 진단받았지만, 부모는 타라가 '자폐증이 아니'라는 말만 반복해서 들었다. 하지만 타라의 이전 보고서를 검토했을 때, 타라가 평생 동안 사회적 상호작용, 유연성, 감각적 민감성에서 어려움을 겪어 온 기록이 잘 남겨 있었다. 게다가 자폐증이 (부적절하게) 배제된 후, 이후의 평가사들은 그 결론을 액면 그대로 받아들였다.

이전 보고서를 자세히 검토한 결과는 다음과 같았다.

타라가 5세, 요나가 3세일 때 둘은 보건소에서 평가를 받았는데, 요나는 자폐증으로, 타라는 ADHD와 강박장애로 진단받았다. 보고서에는 문자 그대로 "타라가 여성이기 때문에 자폐증일 가능성이 낮다"라고 적혀 있었다.

3학년경에 타라는 학교에서의 심각한 신체 및 정서 조절 곤란에 대해 X 박사에게 심리평가를 받았는데, 이때 부모는 자폐증의 가능성을 제기했다. X 박사는 ADI-R을 시행한 후 "의사소통 및 제한된 행동 영역의 점수가 자폐증 진단을 지지하지만,

사회적 상호작용 영역의 점수는 해당하지 않는다"고 알려 주었다. 그러나 보고서에는 사회적 상호작용 영역에 상당한 어려움이 있다고 기록되었다. 특히 타라는 친구들과 놀기를 좋아했지만, '대본 안에서 통제되어야 했고', 사회적 상호작용 중에 TV 캐릭터의 독특한 틀에 박힌 특징mannerism을 '성격에 맞지 않고 성공적이지 않은 방식'으로 모방했다. 또한 자신의 행동이 다른 사람에게 미치는 영향을 인식하지 못하고 '무례하고 배려심이 부족할' 때도 있었다. 학교에서 타라는 놀이를 주로 주도하려고 했고, 친구가 이에 따라주지 않으면 어려움을 겪었다. 더욱이 자주 '대화를 자신의 생각과 관심 주제로 돌리려' 하였고, 대화는 '상당히 일방적인' 경향이 있었으며, '대화 상대방의 흥미를 고려하지 않고' 말하곤 했다. 부모가 수년간 사회기술을 코칭해 주어도 이러한 행동은 오래도록 지속되었다.

ADOS에서 타라는 평가자가 대화에 초대해도 반응하지 않았다. 대신에 '잠깐 멈추고는 자신의 내적 사고 과정에 따라 계속 말을 이어나갔다.' '타라는 대화에 참여해 달라는 명백한 촉구에도 반응하지 않았고', 이는 타라의 관심 주제에서도 마찬가지였다. '대화는 상당히 일방적이었다.' 타라는 대체로 협조적이었지만 '감정에 관한 질문을 받으면 즉시 조절 곤란을 보였다.' 타라는 학교에서 괴롭힘을 당했으며, '친구들과 어울리기 힘들고 때때로 외로움을 느낀다'고 보고했다.

더욱이 이전에 기록된 문서에 따르면, 타라는 괴로울 때 양손을 펄럭이고 양팔을 휘두르며, 주변의 도움에도 반응하지 않았다. 어린 시절에 장난감을 나열하고는 아무도 장난감을 만지거나 움직이지 못하게 했고, '상호작용 놀이보다 장난감 나열하기가 더 많았다.' 감각 예민성이 상당히 높았는데, 가령 머리를 감을 때 '히스테리'를 부렸고, 소음을 차단하기 위해 때로는 헤드폰을 착용했다. 농구를 하다가도 경기 신호음이 울려 퍼지면 손으로 귀를 막고 바닥에 쓰러지곤 했다. 또한 타라는 모호함에 대처하기 어려워했다. 예를 들어, 타라에게 더도 말고 덜도 말고 딱 이틀 전에 일정을 알려 주어야 했다. 때때로 타라는 단어를 만들어 반복적으로 말했고, '캐치프레이즈'를 만들어서 '지나치게 반복'하기도 했다. 타라의 언어기술은 잘 발달했지만 "매우 문자 그대로이다"라는 언급도 있었다.

이 모두에도 불구하고 보고서는 결론에서 자폐스펙트럼장애를 배제했다. X 박사는 다음과 같이 기술했다: "타라는 일반적으로 자폐증과 관련된 사회인지적 어려움과 반복적인 행동을 보였으나, 이는 불안감의 표현, 사회적 의사소통의 뚜렷한 결함, 불안을 다루기 위한 부적응적인 대처 방략으로 잘 설명된다." 보고서의 유일한 진단은 강박장애뿐이었다.

4개월 후, 이전의 평가에 만족하지 못한 부모는 Y 박사에게 타라의 신경심리평가를 의뢰하였다. 보고서에는 다음과 같이 기술되었다: "타라의 상호작용 방식, 억양, 발화는 많은 사람에게 불쾌감을 줄 수 있지만, 만약 상대방이 그 너머를 본다면 멋진 대화를 나누고 이어 갈 수 있다." 이 보고서를 읽어 보면 Y 박사가 자폐증의 가능성을 정말 고려했는지 알 수 없고, '이는 타라의 성격 및 관련 행동이 신경학적으로 연결된 방식이다' 외에는 타라의 매우 심각한 사회적·정서적 어려움이 무엇에 기인하는지도 분명하지 않다. 유일한 진단은 달리 분류되지 않는NOS 불안장애였다.

13세경에 타라는 Z 박사에게 신경심리평가를 받았고, 보고서에는 '극심한 분노 폭발', 불안, 융통성의 결여, 특정 감각 자극에 대한 '극심하고 부정적인 반응', 지속적인 사회적 어려움의 장기적인 과거력이 기술되었다. 또한 '또래와의 상호작용에서 경직되고 통제적'인데, '상대방이 반대되는 생각이나 행동을 보이면 잔소리를 해서' 또래와의 갈등이 비정상적으로 많으며, "상호작용을 특이할 정도로 글자 그대로 생각하고 해석한다"고도 기술되었다.

면담 중 타라는 "사람들과 오래 있으면 피곤하고 사회적 상호작용이 끝나면 회복이 필요하다"고 보고했다. 다른 사람과 함께 즐겁게 활동했더라도 이후에 종종 혼자 있는 시간이 필요했다. 평가자들은 또한 타라의 경직된 사고가 나타나는 다양한 모습을 기록으로 남겨 두었고, "주로 좌반구에 영향을 미치는 매우 미세한 수준의 기능 이상異常이 잔류한다"고 결론지으며, '매우 경미한 신경발달적 이탈'의 지표라고 말했다 (설령 이해가 되지 않더라도 걱정하지 않아도 된다. 저자도 이해하지 못했으니 말이다).

사회적 어려움에 대해 평가자는 '타라가 이해받지 못하는 이유 중 일부분은 비정상적으로 똑똑하기 때문'이라고 작성했다. 명확히 하자면, 타라는 지능검사(WISC-V)에서 전체지능지수(FSIQ) 120이었고, 가장 높은 지표 점수는 언어이해지표VCI로 133이었다. 이 정도로 경미한 영재성이 타라의 사회적 혹은 정서적 증상에 영향을 미친다는 근거는 없다. 진단은 투렛장애, OCD, 달리 명시된other specified ADHD였다.

기록 검토record review

건강관리전문가들은 일반적으로 사람들과의 상호작용을 즐기기 때문에 **기록 검토** 절차에 별다른 열정을 보이지 않곤 한다. 하지만 사립학교의 생활기록부에는, "새미Sammy는 쉬는 시간에 또래 친구와 상호작용하면서 큰 발전을 이루고 있다!" "찰리Charlie는 개에 관해서라면 백과사전에 비견할 만한 지식을 가지고 있으며, 아침마다 반 아이들과 지식을 공유하기 좋아한다!"와 같이 사소하지만 중요한 코멘트가 가득해 풍부한 정보를 제공해 준다. 물론 한두 개의 진술에 큰 의미가 없을 수도 있지만, (1) 진술에서 패턴을 찾아 (2) 관련 질문을 하는 것이 도움이 된다. 내담자, 부모, 교사는 특히 몇 년의 시간이 지나면 이러한 세부 사항을 기억하지 못할 수도 있지만, "찰리가 개를 좋아했다고 옛날 생활기록부에서 봤습니다"라고 단서를 제공하면 "아, 맞아요! 그건 다 잊고 있었어요! 찰리는 2학년 내내 그 이야기만 했어요!"라는 답변이 나올 수 있다. 개가 강렬한 관심사였을 수도 있고, 혹은 비슷하게 확연했던 다른 관심사가 있었는지 물어볼 수도 있다.

공립학교의 생활기록부는 일반적으로 서술형이 아니라서 세부 정보가 적지만, 여전히 소중한 정보를 포함할 수 있다. 생활기록부에서 성적 자체보다는 (학습 문제에 관한 평가가 아니라면) 다른 사람과 협력하고 존중하고 문제를 해결하는 기술이 언급된 부분을 더 자세히 살펴본다.

내담자/부모에게 (상당히 오래되었더라도) 작업치료나 언어치료 보고서, 사전 검사, 학교 보고서, 교육 계획, 우려 사항을 상담한 교사와의 이메일 등 무엇이든 관련된 문서의 사본을 요청할 수 있다. 부모는 때때로 과거의 진단을 포함하여 거의 기억하지 못하기 때문에 이런 자료로부터 정보를 찾아야 한다. 심지어 저자는 부모가 알지 못했던 자폐증의 이전 진단을 발견했던 경험도 있다!

오래된 검사 보고서를 검토할 때 자료 및 요약과 함께 문서화된 과거력에도 주목한다. 이 기록은 일반적으로 그 당시의 부모 및 교사 면담을 기반으로 하며, 모두의 기억에서 잊고 있었던 풍부한 정보가 담겨 있곤 하다. 행동 관찰의 내용도 자세히 살펴본다. 예를 들어, 이전 보고서의 행동 관찰 단락에서 아동의 비전형적인 대인관계 기술이나 제한된 범위의 얼굴 표정이 기술되었을 수 있다. 이는 불안이나 우울이 발생하기 이전의 자폐증 타임라인을 설정하는 데 매우 중요하다. 마지막으로, 과거의 개입에서 문서화된 목표를 살펴본다. 예를 들어, 언어재활사가 '눈 맞춤의 향상'을 목표로 잡았다면, 이는 비언어적 의사소통의 어려움과 관련한 초기 과거력을 시사한다.

빌Bill의 부모는 빌의 사회적 고립이 걱정되어 평가를 받으려고 했다. 이들은 초기 과거력에서 사회적 어려움과 관련한 기억을 떠올리지 못했고, 대신에 사회성의 문제가 고등학교 때 시작되었다고 보고했다. 그러나 초등학교에서 받았던 별도의 학습 지원 계획(504 plan)을 검토했을 때, 당시 교육팀이 빌의 자폐증 가능성에 대해 의문을 가지고 자폐스펙트럼 평가 척도(ASRS)를 시행했던 사실을 찾을 수 있었다. 빌의 부모가 작성한 ASRS는 유의한 수준에 해당하지 않았지만, 담임교사와 개입을 담당한 교사는 우려의 목소리를 높였다.

네이트Nate는 탁월하게 똑똑한 16세의 학생이었다. 나중에 둘 다 자폐인이라고 스스로 밝힌 부모는 네이트가 과거에 사회적 어려움을 경험했던 일을 떠올리지 못했다. 그러나 검토된 기록은 다른 이야기를 전달하고 있었다. 4세경, 소아과 발달 전문의는 네이트가 눈 맞춤이 부족하고, 놀이 기술이 제한적이며, "분수, 건축물, 쓰레기 트럭, 오븐, 벽난로, 자동차에 거의 강박적인 관심을 보인다"고 기술했다. 또한 네이트는 '자동차 제조에 대한 지식과 기술이 광범위했는데', 특히 배기관에 몰두했다. 8세에 실시한 심리평가 보고서에는 '비전형적인 사회적 태도', 상호성이 결여된 대화, 비정상적으로 저조한 사회적 동기가 기록되어 있었다. 마찬가지로 6학년경, 학교 심리학자는 네이트의 또래 관계 상호작용이 미흡하다고 지적하면서 사회적 규범을 정확하게 말할 수 있음에도 이를 "준수하지는 않으려고 한다"고 언급했다.

교사 면담[1)]

저자는 교사들을 경외한다. 저자는 주기적으로 교사에게 전화를 걸어 최근에 혹은 오래전에 가르쳤던 학생에 관해 물어보는데, 어떻게 그런지 교사는 항상 학생을 기억하고 있다! 만약 시간이 허락한다면, 특히 고학년 학생의 경우 현재의 담당교사뿐만 아니라 과거의 교사와도 통화해 보기를 추천한다. 중고등학생과 작업할 때는 내담자/부모에게 물어보고 초등학교 교사에게 전화하면 좋다. "그 학생은 기억이 안 난다"고 말한 교사를 저자는 한 번도 본 적이 없다.

평정 척도를 작성했더라도 교사 면담은 필수적인데, 그 이유는 (1) 학생이 수업에서 발표한 방식이나 내용에 관한 내러티브에 있어서 교사 면담을 대체할 수가 없으며, (2) 교사는 관찰한 내용을 서면으로 작성할 때 당연히 조심스러울 수밖에 없어서 보다 미묘한 방식으로 설명할 수 있다면 더 솔직할 수 있기 때문이다.

교사와 면담할 때 평가 목적이나 치료의 이유를 알릴 필요는 없고, 바람직하지도 않으며, 그저 "A 학생과 함께 작업하고 있는데, 교실에서의 모습이 궁금하다"고 말할 수 있다. 면담을 시작할 때는 개방형 질문이 권장되는데, 특히 면담 초반에 해당된다. "학생에 관해 말해 주십시오"라고 시작한다. "학생의 장점은 무엇입니까?" "어떤 단점이 있었습니까?"라고 질문한다. 교사에게 학생의 학업 능력과 사회적–정서적 기능, 재미있거나 흥미로웠던 이야기, 가장 인상 깊었던 기억을 말해 달라고 요청한다.

교사를 스토리텔링 양식mode으로 유도하는 개방형 질문에 더하여, **실제 관찰과 관찰에 대한 교사의 가설을 구별하기 위해 예리한 질문을 던져야 한다.** 내러티브는 자료 그 자체가 아니며, 자료의 실마리를 제공해 준다는 점을 기억하라. 예를 들어, 교사가 "학생이 불안해 보였다"고 말했다면, "어떤 점에서 그렇게 언급하셨습니까? 무엇을 관찰하셨습니까?"라고 질문한다. '학생의 사회기술이 좋거나 부족했다'고 보고되었다면, "어떤 점에서 그렇게 언급하셨습니까? 무엇을 관찰하셨습니까? 기억나는 예시가 있습니까?"라고 다시 물어본다. 항상 구체적인 관찰 내용을 유도하기 위해 노력

1) 역자 주: 미국 학교 상황과 관련된 면담 방식이며, 한국은 다소 다를 수 있다.

한다. 당신이 타당한 자료를 수집하고 있는지 확인하려는 목적도 일부 있지만, 이 사례들은 결론을 설명하는 데 유용하기 때문이기도 하다.

교사는 4학년인 호프Hope를 '자신감이 부족한 학생'이라고 묘사했는데, 구체적으로 말해 달라는 요청에 "호프는 인사도 하지 않고 다른 사람의 인사에도 잘 반응하지 않을 때가 있습니다. 그리고 눈도 잘 마주치지 않습니다"라고 대답했다.

마찬가지로 교사에게 학생의 또래 관계를 조금 이야기해 달라고 요청한 후 학생의 친구나 우정에 관해 물으면서 더 구체적으로 질문한다. 이는 학생의 패턴을 파악하는 데 상당히 유용한데, 가령 학생이 늘 특별한 도움을 필요로 하는지, 지배적이거나 수동적인지, 사회적으로 특이한지 등의 예시가 있다.

사립학교 교사를 면담할 때는 **학생이 공립학교에서 어떻게 지낼 것 같은지** 질문하면 도움이 된다. 사립학교의 학생 수가 적거나, 학생 중 특이한 사람이 많거나, 환경이 이례적으로 더욱 지지적일 때 특히 도움이 된다. 교사가 "안 됩니다! 이 학생은 공립학교에서는 잘 지내지 못할 것입니다!"라고 말한다면, 후속 질문을 통해 사립학교 환경에서 수용되는 사회적 취약점을 발견할 수 있다.

이전 담임이나 다른 수업의 교사로부터 이 학생에 관해 들은 적이 있는지 질문하여 **여러 학년에 길친 패턴을 찾아본다**. 이를 통해 다른 교사들이 학생에 관해 어떤 말을 했는지 알아낼 수 있으며, 미술, 음악, 체육 과목과 같이 덜 구조화된 수업에서 기능했던 정보도 얻을 수 있다.

학업뿐만 아니라 사회적, 정서적으로도 학생에게 **지원이 필요할지 교사에게 항상 질문한다.** 학생에게 불필요해 보이는 지원은 없는지, 추가해야 할 지원은 없는지 물어볼 수 있다. "학생은 어떤 조건에서 잘 성장하겠습니까?"라는 질문도 도움이 된다.

더하여, 교사가 말하기 주저하는 내용이 있다면 '비공식적으로off the record' 말할 수 있도록 한다. 이를 통해 교사는 부모 및 가족 역동과 관련된 유용한 관찰 정보를 알려 줄 수 있다. 이 정보가 보고서에 포함되지는 않지만, 가족을 이해하고 가족과의 의사소통 및 임상가의 권고 사항을 원활히 조정하는 데 도움이 될 수 있다. 교사는 때때로 비공식적으로 말해도 될지 고민했던 진단을 언급할 수도 있다. 자폐증과 관련된 이야기를 꺼낸다면, 어떤 점에서 그렇게 생각하게 되었는지 물어볼 수 있다.

면담을 마무리하는 유용한 방법으로 강점을 명시적으로 질문한 다음에 "제가 알아야 하는데 아직 언급되지 않은 내용이 있습니까?" 또는 "면담에서 언급되지는 않았지만, 더 생각나는 내용이 있습니까?"라고 질문하면 된다.

기타 보조 면담

아동이나 청소년 평가에서는 부모 및 교사 면담으로 충분한 경우가 많다. 그러나 다른 장면에서 아동이 어떠할지 여전히 명료하지 않을 때는 코치나 수업 외의 단체활동 담당자, 대가족, 친구의 부모 등 다른 성인과의 면담이 유용할 수 있다. 매우 비구조화된 상황에서 또래와의 상호작용을 관찰한 사람과 면담하는 것이 핵심이다. 보조 면담의 또 다른 목적은 아동·청소년의 환경을 평가하여 필요한 지원을 임상가가 언급할 수 있도록 하기 위함이다(즉, 더 나은 지원을 위해 환경을 어떻게 조정할 수 있을지).

성인 평가에서도 보조 면담이 필요할 수 있는데, 특히 면담할 가족이 없는 경우에 그러하다. 피면담자를 선정할 때는 내담자를 잘 이해하고 있는, 특히 사회적 상황에서 어떤지 잘 아는 사람이 주변인 중에 누가 있을지 물어본다. 내담자와 피면담자 모두에게 "보조 면담은 일방향의 대화이며, 피면담자에게 질문할 뿐 평가나 치료의 이유를 포함하여 어떤 정보도 제공하지 않는다"고 확실하게 언급할 수 있다. 이러한 안심 제공reassurance은 성인 내담자가 편안하게 보조 면담을 허락하도록 도와준다. 성인과의 보조 면담에는 고용주, 전 고용주, 직장 동료, 배우자, 전 배우자, 친구, 형제자매, 형제자매의 배우자, 심지어 스승sensei도 포함될 수 있다!

보조 면담은 다음과 같은 개방형 질문으로 시작할 수 있다.

- 이 사람에 대해 알려 주십시오.

- 이 사람에게서 우려되는 부분을 발견한 적이 있습니까?
- 사회적 상황에서 어떻습니까?
- 가장 기억에 남는 내담자와의 상호작용을 알려 주십시오.
- 다른 사람은 일반적으로 이 사람에게 어떻게 반응합니까?
- 이 사람에 대해 제가 놀랄 만한 점이 있다면 무엇입니까?
- 이 사람의 강점은 무엇입니까?

교사 면담과 마찬가지로 관련된 관찰 내용을 구체적으로 질문한다. 예를 들어, 고용주가 "스스로 일을 시작하지 않습니다" "지시를 잘 따르지 않습니다" "동료와 소통하는 데 문제가 있습니다"라고 말했다면, 구체적인 사례나 이야기를 물어본다. 그리고 항상 "제가 질문하지 않았지만, 알아야 할 내용이 있습니까?"라고 물으면서 마무

카니 씨Mr. Carney는 대학을 졸업한 50세 남성이며, 기억나는 것만 나열해도 사회기술과 의사소통, 정서 조절 곤란, 자존감, 우울증, 사회불안 등으로 오랫동안 어려움을 경험해 왔다. 카니 씨의 정신과전문의는 자폐증의 가능성을 제기하고 평가를 권유했다.

카니 씨를 처음 평가한 신경심리학자는 그가 유쾌했지만 "라포를 유지하기 위해 지속적인 노력이 필요했다"고 언급했다. 발화는 '단조롭고, 보통보다 멈추는 시간이 더 길었으며' '평가 내내 평탄 정동을 보였다.' 신경심리학자는 다음과 같이 결론지었다: "사회화socialization의 문제, 의존, 회피, 제한된 감정 표현을 가진 성격장애 C군 특성에 해당하며, 자폐증은 아니다 [……] [왜냐하면] 자폐증은 특히 언어 발달과 같은 특정한 발달 지연이 포함되기 때문이다." (카니 씨의 과거력에서 언어 발달의 지연은 명확하지 않았다.) 사회인지검사는 실시되지 않았고, 다른 보조 면담도 시도되지 않았다.

카니 씨는 이차 소견을 위해 저자를 찾아왔다. 전처와의 보조 면담은 카니 씨가 사회적 단서를 읽기 어려워하는 점, 잘 속는 점, 반복적인 행동, 9.11 테러와 같은 특정 주제에 심하게 '몰두'하는 점, 친구를 사귀지 못하는 점 등의 구체적인 사례를 다수 보여 주었다. 또한 누나는 카니 씨가 어렸을 때부터 "다른 사람과 관계 맺고, 교류하고, 친구 맺기가 [전부] 오랫동안 어려웠다"고 보고했으며, 아동기와 청소년기 동안 어머니가 진단과 도움을 구하러 다녔던 일을 회상했다.

사회인지검사 결과, 사회적 단서 읽기와 조망 수용perspective taking(즉, '다른 사람의 머릿속에 들어가기')에 상당한 문제가 있음이 나타났다.
결국 카니 씨가 사실 자폐증이라는 명확하고 설득력 있는 근거가 여러 정보원에서 발견되었다. 카니 씨는 진단을 받고 안도감과 수용된 느낌에 눈물을 흘렸다.

자주 하는 질문(FAQ)

- **내담자나 부모가 보조 면담을 원하지 않으면 어떻게 해야 합니까?** 물론 궁극적으로 내담자/부모는 보조 피면담자에 대한 접근을 거부할 권리가 있다. 만약 이들이 망설이는 모습을 보인다면, 그 이유를 이해하려고 노력한다. 비밀보장을 염려할 수 있으며, 이 경우의 피면담자에게 정보를 전혀 제공하지 않는다고 상기시켜 주면 더 편안하게 느낄 수 있다. 잠재적인 피면담자가 무슨 말을 할지 걱정할 수 있는데, 이 경우에 보조 면담은 자신/자녀를 이해하도록 돕는 데 목적이 있으며, 정보는 다다익선이라는 점, 다른 방식으로는 절대 접할 수 없는 솔직한 피드백을 얻는 특별한 기회임을 상기시켜 준다. 마지막으로, 몇몇 내담자/부모는 피면담자가 대안적인 입장으로 제시할 만한 내용이 없어서 보조 면담이 시간 낭비라고 생각한다. 이 경우에 당신은 "철저함을 더 선호하기에 기꺼이 시간을 '낭비'할 의향이 있다"고 말할 수 있다.
- **내담자나 부모가 과거의 기록을 보지 않기를 원한다면 어떻게 해야 합니까?** 때때로 내담자나 부모는 과거의 문서에 쉽게 접근할 수가 없으며, 직접 지하실을 뒤지거나 과거의 건강관리돌봄제공자에게 전화를 걸어 '추적해야' 한다는 생각에 압도감을 느낄 수 있다. 이 경우에 내담자/부모에게 "정리되지 않았거나 불완전하더라도 손에 잡히는 것은 무엇이든 보고 싶습니다"라고 말한다. 한편, 내담자나 부모가 접근할 수 있는 문서도 정작 공유하기를 원치 않을 때도 있다. 이 경우에는 그 이유를 이해하려고 노력한다. 이전 진단에 동의하지 않거나, 이전 진단이 지

금의 평가에 편견을 주지 않을지 걱정할 수도 있다(저자의 생각에는 합리적인 우려이다). 과거의 문서를 살펴서 많은 도움을 받을 수 있지만, 결론에 대한 내담자의 신뢰와 믿음을 잃어버릴 위험은 감수할 가치가 없다. 따라서 이 경우에는 적어도 예비적인 결론을 제시할 때까지는 문서 검토를 포기하는 데 동의할 수 있다.

- **검토한 기록이나 보조 면담에서 자폐증의 단서가 없다면 어떻게 해야 합니까?** 설령 그렇다고 하더라도 자폐증 가능성을 완전히 배제할 수는 없다. 그 이유로 먼저 피면담자가 가진 자폐증에 대한 고정관념이 자폐증의 실제 특성과 서로 맞지 않아서 피면담자가 자폐적 특성으로 인식하지 못하는 것일 수도 있다. 예를 들어, 저자는 한 경험이 많은 교사("25년 동안 교편을 잡았어요.")가 자폐증의 단서를 전혀 찾지 못했다고 보고하면서 그 학생이 "단짝이 없으며, 무의식적으로 다른 아이들이 불쾌하다고 여길 수 있는 방식으로 행동한다"고 묘사했던 경험이 있다. 더욱이 앞서 언급했듯이, 자폐증 아동은 지지적인 성인(예: 치료자, 평가자, 정신과전문의, 주치의, 언어치료사, 작업치료사)과 일대일의 구조화된 상황에서 매우 잘 지내는 경우가 많다. 이러한 까닭으로 기록 검토 및 보조 면담은 평가의 각기 다른 요소와 마찬가지로 여러 자료 중 하나의 자료 요소로 간주해야 한다.

참고문헌 및 읽을거리

Carbone, V. J., O'Brien, L., Sweeney-Kerwin, E. J., & Albert, K. M. (2013). Teaching eye contact to children with autism: A conceptual analysis and single case study. *Education and Treatment of Children, 36*(2), 139-159. https://doi.org/10.1353/etc.2013.0013

Duvall, S., Armstrong, K., Shahabuddin, A., Grantz, C., Fein, D., & Lord, C. (2021). A road map for identifying autism spectrum disorder: Recognizing and evaluating characteristics that should raise red or "pink" flags to guide accurate differential diagnosis. *The Clinical Neuropsychologist, 36*(5), 1172-1207. https://doi.org/10.1080/13854046.2021.1921276

제 6 장

평정 척도 및 자기-보고식 척도

사회인지평가와 관련된 평정 척도 및 자기-보고식 척도는 현재 셀 수 없을 정도로 많이 개발되었다. (실제로 저자가 시도해 봤지만, 계속해서 새로운 척도를 발견하느라 최종 개수를 세지 못했다.) 따라서 현존하는 모든 혹은 대부분의 척도를 검토하기란 사실상 불가능한 일이다. 대신에 이 장에서는 척도를 선택하여 사용하는 일반적인 지침을 제공하고, 저자가 최근 들어 유용하다고 생각하는 몇 가지 척도를 소개하고자 한다. 척도와 관련해서 저자가 전반적인 조언을 하자면 척도의 선택뿐만 아니라 사용 방식how도 신중해야 한다.

일반적인 원칙

평정 척도를 사용하기 전에 충분히 조사한다. 원래의 규준 집단에 주의를 기울인다. 오래된 척도의 규준 집단에는 대체로 남아가 많고 여아가 적으며, 주로 어린 아동이나 덜 분명한 자폐증보다는 자폐증이 명백히 관찰되는 아동을 대상으로 한다. 덜 분명한 증상의 자폐인을 규준 집단에 포함하지 않는 척도는 이들의 전집population에 민감하지 않을 것이다. 나아가 척도가 본래 측정하고자 한 의도intent를 고려한다. 예를 들어, 사회적 의사소통 질문지Social Communication Questionnaire(이하 SCQ)가 진단 평가에서 널리 사용되고 있지만, 이것은 진단 도구가 아닌 선별 도구로 개발되었다. 척도를 사용하기 전에 문항을 읽어 보면서 이해하기 쉬운지, 명백한 자폐증뿐만 아니라 덜 분명한 자폐증을 포착하도록 작성되었는지, 신경다양성을 지지하는지 확인한다. 마지막으로, 문항이 자폐증과 관련하여 부정확하거나 시대에 뒤떨어진 인식을 어느 정도로 반영하고 있는지 살펴본다(예: **"친구 사귀기에 관심이 없다."**).

이렇게 조사할 때 단순히 출판사의 웹사이트에 게시된 정보를 읽는 데 그치지 않는다. 실제 연구 자료를 검토하고, 가능하다면 척도의 원저자가 아닌 사람이 수행한 연구를 포함한다. 그리고 해당 척도와 관련한 경험을 신뢰할 수 있는 동료와 논의한다.

내담자에게 척도를 실시하기 전에 문항이 자폐스펙트럼 전체를 반영하는지, 아니면 시대에 뒤처진 고정관념에 초점을 두는지 검토한다. 예를 들어, 부모나 교사용 질문지에서 "아동이 빛, 도로의 라바콘traffic cone, 종이 클립 같은 특이한 물건이나 주제에 흥미를 보입니까?"라고 묻는다면, 이는 전통적인 자폐증의 표현에 초점을 맞춘 것이다. 따라서 〈고양이 전사들〉[1]에 집착하는 여아와 같이, 전형적이지만 강렬한 관심사를 가진 사람을 놓칠 가능성이 높다. 또한 공감 능력이 낮은지, 회전하는 물체에 매료되는지, 문을 반복적으로 여닫기를 좋아하는지 등의 문항도 오래되고 정형화된 인식을 강조하는 문항의 예이다.

점수를 가지고 곧바로 진단으로 직행하지 않는다. 평정 척도에서 유의미한 점수는 중요한 정보이지만, 점수만 가지고 직접적으로 진단을 내리지 않는다. 절단점을 충족했거나 **자폐 또는 손상**impaired 수준에 해당하는 점수를 받았다는 사실이 자동적으로 자폐증을 의미하지는 않는다. 마찬가지로 점수가 절단점 미만이거나 **비-자폐증** 수준에 해당하더라도 자폐증을 자동적으로 배제해서는 안 된다.

앞에서 언급하기도 했고, 널리 사용되는 SCQ를 예시로 이 문제를 논의해 보려고 한다. 저자의 의도는 이 유용한 척도를 비판하기 위함이 아니고, 사용 방식에 있어서 주의해야 할 점을 강조하고자 한다.

SCQ는 2003년에 출판된 부모/보호자용 설문지로, 자폐증 진단 면담지 개정판 Autism Diagnostic Interview-Revised(이하 ADI-R)을 기반으로 하는 40개의 예/아니요 문항으로 구성되어 있다. 초기에 권장되었던 절단점은 15점으로, 나이, 성별, 지적기능,

---

1) 역자 주: 케이트 캐리(Kate Cary), 체리스 밸드리(Cherith Baldry), 빅토리아 홈즈(Victoria Holmes) 등 다수의 작가가 에린 헌터(Erin Hunter)라는 필명으로 집필한 판타지 시리즈 소설이다.

언어 능력 등의 변인을 고려하지 않았다. 저자는 15점 미만의 점수를 근거로 내담자가 자폐증이 아니라고 해석하는 임상가를 많이 보았다. 그러나 사실 이는 검사 원저자의 의도에 어긋나는데, 절단점은 추가 평가의 필요성을 고려하기 위해 대상을 선별하는 기준으로 제안된 점수였다. 코리 슐만Cory Shulman 등이 언급했듯이, "선별 검사는 포괄적인 진단 평가로 이어지는 첫 단계여야 하지만, 너무나도 자주 종합평가 대신에 사용되며, 절차의 시작이 아닌 진단 과정으로 간주되고 있다."

더욱이, SCQ 후속 연구에서는 일부 집단에 대해 더 낮은 절단점을 제안하였다. 예를 들어, 1~25세의 대상을 포함한 루시 버나드-브랙Lucy Barnard-Brak 등의 연구에서는 자폐증 진단 가능성이 있는 절단점으로 10점을 권고하였으며, 이외의 다른 연구자들이 권고한 점수와도 일치하였다. 다른 연구에서는 절단점을 11점으로 제안하기도 했지만, 대다수가 미취학 아동을 대상으로 한 연구였다. 저자의 임상 경험에 따르면, 아동이 성장하면서 부모는 "자녀가 4~5세였을 때……"로 시작하는 많은 질문에 답하기를 점차 어려워하며, 명확한 기억이 떠오르지 않을 때면 종종 이러한 질문을 건너뛰거나 가장 무난한 답변을 선택하는 듯하다. 린다 이아브스Linda Eaves 등은 부모가 문항을 빠뜨리고 답하지 않았을 때 조정된 절단점을 고려해야 한다고 제안하였다. 마지막으로, 매튜 홀록스Matthew Hollocks 등의 보고에 따르면, "SCQ 점수는 진단 결과와 유의하게 연관되지 않는다. 임상 장면에서 SCQ 절단점은 우연한 수준보다 약간 더 나은 정도였다." 홀록스 박사 등은 SCQ의 특이도와 민감도가 초기에 보고되었던 수준보다 낮다는 다른 연구팀의 의견에 동의하였다.

따라서 SCQ는 심층 평가가 필요한 아동을 선별하는 데 가장 적합하며, 이는 원저자가 정확히 의도한 바이기도 하다.

다음을 반드시 기억해야 한다. 어떠한 단일한 척도로도 절단점의 충족 여부에 따라 자폐증을 진단하거나 배제해서는 안 된다.

지기Gigi는 열정 넘치고 창의력이 뛰어난 중학교 1학년 학생으로, 약자를 열렬히 지원하고 다른 사람을 돕기를 좋아하였다. 그러나 지기는 불안, 우울, 사회적 상황의 이해, 친구 관계의 유지에 오랜 어려움을 겪어 왔다. 지기는 상황의 미묘한 부분, 암묵적인 사회적 규칙, 그리고 다른 사람의 관점을 이해하지 못했다. 친구를 쉽게 만들었지만, 또래 관계의 유지가 늘 어려웠고, 최선을 다했음에도 단짝이 있었던 적이 한 번도 없었다. 지기는 반복적인 말하기와 움직임, 유치원 시기부터 교사들이 기록한 경직성, 아일랜드 춤과 메이크업에 대한 강렬한 관심사, 다양한 감각 예민성과 감각적 갈망 행동(예: 데오도런트 맛보기)이 있었다.

세월이 흘러 지기는 범불안장애, 사회불안장애, 강박장애, 주요우울증 진단을 받았는데, 지기와 부모는 이 모든 문제의 뿌리가 자폐증이 아닐지 의문을 품고 자폐증을 전문으로 하는 신경심리학자를 찾아갔다. 그러나 의사로부터 "지기가 자폐증의 기준에 부합하는 듯 보일 수 있으나 자폐증으로는 생각되지 않는다"는 소견을 듣고 지기와 부모는 큰 충격을 받았다. 의사는 어떤 이유에서 이렇게 판단했을까? 의사는 지기의 눈 맞춤이 "충분히 손상되지 않았다"고 언급했고, 보고서에 SCQ의 결과 점수인 14점이 "자폐스펙트럼장애의 절단점을 충족하지 않는다"고 기재하였다.

가능하다면 평정 척도를 내담자와 최소한 한 명 이상의 가족 구성원 및 다른 정보 제공자에게 제시한다(자기-보고식 척도에 추가해서). 아동의 경우, 거의 항상 부모/보호자와 교사에게 척도를 제공하게 된다. 성인의 경우, 두 명의 가족 구성원, 친구, 직장 동료 등에게 척도를 실시하면 유용한데, 가족 내에서 자폐증이 의심될 때 특히 그렇다. 내담자와 더불어 최소한 한 명 이상의 정보 제공자에게 평정 척도를 사용함으로써 내담자가 동 연령대에서 어느 정도 수준인지 이해할 수 있고, 추가 면담을 위한 기초 자료로도 활용할 수 있다. 서로 다른 맥락에서 내담자와 상호작용하는 각각의 정보 제공자로부터 얻은 응답을 통해 내담자를 더욱 입체적으로 바라볼 수 있다.

맥락을 고려한다. 각 평정자가 내담자를 어떤 맥락에서 관찰하는지 유의한다. 예를 들어, 내담자가 소규모 학급으로 운영되고 추가적인 지원을 제공하는 특수 사립학교에 다니고 있다면, 교사가 작성한 평정 척도의 응답만으로는 전형적인 교실 환경에서 내담자가 어떻게 행동할지 짐작하기 어려울 수 있다. 이 경우에 내담자가 일반 공립학교 환경에서 어떻게 적응할지 이해하기 위해서는 반드시 교사와 후속 면담을 진행해야 한다. 비슷한 상황으로는 다음의 사례가 포함된다.

- 부모나 배우자가 자폐증을 알지 못하고, 사회적 상호작용에 대해 비전형적인 관점을 가진 경우
- 아동이 홈스쿨링을 받는 경우(그리고 홈스쿨링 공동체에 소속되지 않은 경우)
- 아동의 손위 형제(또는 다른 가족 구성원)에게 상당한 지원이 필요하고, 이와 비교했을 때 상대적으로 영향력이 적어 보이는 경우

또한 척도를 작성하는 사람이 내담자를 비구조화된 사회적 상황에서 관찰하지 못했다면 주의해야 한다(예: 매우 구조화된 교실을 지도하는 고등학교 교사). 마찬가지로 성인 내담자의 친구가 척도를 작성한다면, 친구가 내담자와 얼마나 자주 만나는지 혹은 다른 사람과 상호작용하는지 알아야 한다.

자기-보고식 설문지의 문항을 신중하게 해석한다. (도릿 벤 샬롬Dorit Ben Shalom 등, 실비 베르토즈Sylvie Berthoz와 엘리자베스 힐Elizabeth Hill 등이 언급했듯이) 몇몇 자폐인은 자신의 정서를 알아차리고 명명하기 어려워하므로 자기-보고식 척도 결과를 분석할 때 더욱 신중을 기해야 한다. 이와 관련한 연구 결과가 많지 않고 혼재되어 있지만, 카를라 A. 마제프스키Carla A. Mazefsky 등을 포함하는 연구자에 따르면, 최소한 몇몇 자폐인은 자신의 정서 경험을 확인하고 논의하기 어려워한다. 동반되는 증상에 관한 전형적인 자기-보고식 척도는 대안적인 절단점을 적용하더라도 일반 인구에 비해 자폐인 집단에서 민감도와 특이도가 더 낮을 수 있다. 자폐인의 자기-보고는 통찰력이 부재하거나 타당하지 않다는 말이 아니다. 물론 몇몇 자폐인에게는 (그리고 몇몇 비-자폐인도) 타당한 자기-보고와 통찰이 어려울 수 있겠지만, 이들 척도는 대부분 비-자폐인을 대상으로 개발되고 표준화되었으므로 해석 시 주의해야 한다. 저자의 임상 경험에 따르면, 잠재적인 자폐인 내담자의 자기-보고식 문항을 분석할 때는 다음의 세 가지 취약성을 유의해야 한다: 과잉-보고, 과소-보고, 오해석.

- **과잉-보고에 유의한다.** 내담자가 작성한 자기-보고식 문항을 논의할 때, 과잉-보고의 가능성을 살펴야 한다. 일반 인구에서도 마찬가지일 수 있지만, 몇몇 자폐인은 아마도 명시적 맥락이 더 많이 필요하다 보니 문항의 의도를 직관적으로

이해하기가 어렵고, 이에 따라 문항을 긍정하게 될 수 있다. 예를 들어, 저자가 최근에 평가를 진행한 한 16세 청소년은 "누군가가 나에 대한 음모를 꾸미고 있다"는 문항에 그렇다고 답하였다. 이에 대해 질문하니 시험 편의 조치의 허용 여부를 두고 자신과 부모가 학교와 논쟁 중이라고 설명하였다. 그래서 저자가 문항의 의도를 명확히 설명해 주니 학생은 응답을 수정하였다. 이와 같은 문항이 한두 개 정도라면 중요하지 않을 수 있지만, 과잉-응답하는 패턴이 발생하면 점수가 확실히 타당하지 않을 수 있다(물론 여전히 내담자가 세상에서 경험하고 있는 중요한 정보를 얻을 수 있다). 이에 더해, 몇몇 자폐인은 자신의 신체에 유난히 민감하여 자기-보고식 문항에서 비정상적으로 많은 수의 증상을 경험한다고 응답할 수 있다.

- **과소-보고의 가능성도 조심한다.** 수잔 화이트Susan White 등을 포함한 몇몇 연구자는 일부 자폐인이 다른 정보원에서 보고된 내용보다 자신의 증상을 과소-보고할 가능성이 있다는 근거를 발견하였다. 이는 저자의 임상 경험과도 일치한다. 내부수용감각적 인식 수준이 낮은 사람이 자폐인에게서 상대적으로 더 많기 때문일 수 있다. 예를 들어, 만약 내담자가 불안을 시사하는 생리적 신호를 알아채지 못하거나 그 신호를 인식해도 불안과 연관 짓지 못한다면, 이들은 자기-보고식 척도에서 불안 관련 증상을 실제보다 적게 응답할 위험이 있다. 저자는 당사자가 자기-보고식 척도에서 불안을 경험한다고 표현하지 않았음에도, 주변 지인에게 불안한 사람으로 묘사되는 자폐인을 자주 접하였다. 이 경우에는 내부수용감각의 인식이 저조할 가능성을 살펴야 하며, 내담자의 전반적인 통찰력과 더불어 주변 지인이 이들의 내적 경험을 정확히 이해하지 못했을 가능성도 함께 평가해야 한다.
- **문항을 오해석했는지 확인한다.** 개인마다 실제 문항의 내용과 응답을 항상 세심히 검토해야 한다. 가능하다면 면담 전에 평정 척도를 작성하도록 하고, 완성된 척도를 사전에 검토하여 주목할 만하거나 헷갈리는 응답을 물어볼 수 있다.

물론 척도가 면담 전에 작성되지 않았을 수도 있다. 이때는 평정 척도의 응답을 검토하기 위한 짧은 후속 면담을 예약하거나, 질문이 몇 개 없다면 이메일을 통해 명확한 답변을 요청할 수 있다. 응답 내용은 점수 자체만큼이나, 혹은 그 이상으로 중요한 정보를 제공한다는 점을 기억해야 한다. 점수만이 유효한 자료의 전부가 아니다.

- **다양한 척도에서 오해석의 예시.** 앞서 언급하였듯이, 자폐인이 자기-보고식 척도의 문항을 잘못 해석할 때가 있다. 저자가 아직 관련 연구를 발견하지는 못했지만, 문항을 오해석하는 일이 비-자폐인보다 자폐인에게서 훨씬 더 자주 나타나는 패턴을 관찰하였다. 저자는 이러한 오해석의 상당 부분이 비-자폐인보다 명시적 맥락이 더 많이 필요한 자폐인의 특성에서 비롯되었다고 생각한다. 다음은 오해석의 몇몇 예시이다(〈표 6-1〉).

표 6-1 오해석의 예시

응답 문항	임상가의 가능한 해석	내담자의 설명
나는 여러 번 혹은 그 이상 확인해야 한다.	강박장애	나는 가끔 실수해서 퀴즈에서 내 답변을 확인한다.
나는 옳다는 느낌이 들 때까지 행동을 반복한다.	강박장애	나는 테니스 스윙을 매일 연습한다.
내가 혼자 있을 때조차도, 누군가가 나를 지켜보는 느낌을 받는다.	편집증	방금 바로 아버지가 지나갔듯이, 우리 집에는 창문이 많아서 가까이 있는 이웃은 창문을 통해 안을 볼 수도 있다.
나는 일이 잘 풀릴지 확신할 수 없다(일이 괜찮게 풀릴지 보다).	잠재적으로 우울증의 일부인 비관주의	누구도 미래를 알 수 없다. 삶에 있어서 낙관주의/비관주의를 질문하자, 내담자는 "일이 나에게 좋은 방향으로 진행되리라고 비교적 확신한다"고 답했다.
다른 사람들은 듣지 못하는 소리를 종종 듣는다.	환각	"저는 청력이 매우 민감한데, 지금도 당신의 시계 초침 소리가 제 주의를 분산시키고 있지만, 대부분은 이를 의식하지 못할 것입니다."

20세인 스펜서Spencer는 MMPI-3에서 '정신증적 프로파일'을 보여 주었다. 그러나 후속 면담에서 스펜서가 응답한 일부 문항의 예시와 이에 관한 설명은 다음과 같다.

- 나는 누군가가 나에 대해 이야기하고 있다고 확신한다. "부모님은 항상 저와 형제자매에 관해 이야기하십니다. 부모님이 조용히 이야기한다고 생각하실 때에도 목소리가 큰데, 우리는 항상 부모님이 우리에 대해 하는 말을 듣고 상처를 받습니다."
- 나는 환영vision을 본 적이 있다. "저는 어떤 일에 직감gut feeling이 들 때가 있습니다. 어떤 생각이 끊임없이 시각적으로 떠오르지만, 이것을 환영이라고 부르지는 않습니다."
- 누군가가 나를 최면으로 조종하고 있다고 느낀 적이 살면서 한 번 이상 있었다. "이것이 제가 전체 시스템에 대해서 느끼는 방식입니다. 학교, 정부, 우리가 돈에 대해 끊임없이 걱정하는 방식은 우리를 시스템 안에 가두려고 마치 최면을 거는 느낌이고, 여기서 벗어나려는 우리의 노력은 마치 마인드 컨트롤 하는 것처럼 느낍니다. 종교 조직도 마찬가지입니다."
- 혼자 있을 때 이상한 소리를 들은 적이 있다. "환각이 아닙니다. 단지 그날 들었던 비명 소리가 머릿속에서 반복되는 것에 가깝습니다. 비명 소리가 너무나 자극적이어서 당시에는 그 소리밖에 들리지 않았습니다."

필요하다면 단어 표현의 수정을 고려한다. 몇몇 내담자, 특히 맥락을 직관적으로 활용하여 문항을 해석하지 않는 사람에게는 자기-보고식 척도를 작성할 때 단어를 약간 바꿔 제시하면 유용할 수 있다. 예를 들어, 각 문항 앞에 '일반적으로generally'라는 단어를 추가해 줄 수 있다. "나는 눈 맞춤을 피한다"는 문항을 "일반적으로 나는 눈 맞춤을 피한다"라고 읽게 되는 것이다. 이를 통해 자신에게 일반적으로 사실인 상황에 중점을 두고, 예외 상황에는 덜 초점을 맞출 수 있다(예: "하지만 나는 내 강아지와 눈 맞추기를 좋아한다").

내담자와 함께 머무르면서 자기-보고식 척도를 완성한다. 많은 청소년 및 성인 내담자가 척도를 집에서 작성할 수 있지만, 자폐인은 질문이 많기도 하고 특이한 부분에서 명료한 설명이 필요할 수 있으며 평가자에게 응답과 관련하여 상세한 설명을 추가하고 싶을 수 있다. 따라서 내담자가 척도를 작성하는 동안에 평가자가 함께 있는다면, 내담자는 스트레스를 덜 받고 평가자는 더 유익한 정보를 얻을 수 있다.

평정자 간 불일치를 이해하기 위해 노력한다. 다양한 이유로 자기-보고와 정보 제공자의 보고 간에 불일치가 발생할 수 있다. 일부를 〈표 6-2〉에 제시하였다.

각각의 평정 척도는 단순히 하나의 정보 수집 방편이자 단지 하나의 정보원일 뿐임을 유념한다. 때때로 검사 전문가는 과거력, 측정치, 자기-보고식 척도, 검사 결과를 통틀어 모든 자료가 완벽하게 일치하는 사례를 접하게 된다. 우리 모두는 이러한 사례를 사랑할 수밖에 없다! 그러나 실제로는 자료가 비일관적인 사례가 훨씬 더 많으며, 여러 가지 이유가 있다. 예를 들어, 많은 영리한 자폐증 여아는 학교에서 '잘 견디지만', 집에서는 무너지는 경향이 있다. 이들은 고등학교에서 특히나 눈에 띄지 않는 경향인데, 고등학교에서는 교사와 매일 짧은 시간 동안만 보기 때문이다. 이때 교사 척도의 결과는 완전히 정상인 반면에, 부모 척도의 결과는 매우 유의미한 수준에 해당하는 경우가 상당히 흔하다. 반대로, 초등학교 교사의 척도 결과가 매우 유의미한 수준에 해당하지만, 부모 척도의 결과는 정상 범위인 경우도 있다. 내담자가 외동이거나 첫째인 경우 혹은 부모 자신이 사회적으로 독특한 경우, 저자는 이러한 현상을 종종 관찰할 수 있었다. 문화 요인도 고려해야 하는데, 다음에서 논의할 것이다. 따라서

표 6-2 불일치가 발생하는 이유의 예시

	반응			고려 사항
항목	내담자	부모	교사	
불안	그렇다	아니다	아니다	내담자가 불안을 가면 쓰기로 감추고 있다. 혹은 전형적인 방식으로 불안을 표현하지 않는다(예: 불안할 때 얼어 버리거나 화를 냄).
우울	아니다	그렇다	그렇다	부모와 교사는 내담자의 제한된 사회적 상호작용뿐만 아니라, 평탄 혹은 둔마 정동과 관련해서 응답했다. 내담자가 우울증일 수도 있지만, 우울하지 않은 자폐인일 가능성도 있다.
자폐적 특성	그렇다	그렇다	아니다	내담자는 학교에서 가면을 쓰고 있을 수 있다. 아동이 학교에서 잘 감추고 있다가 이후에 무너지면, 때때로 부모의 양육이 부족하다거나 증상을 과장하고 있다고 인식될 수 있다.
	그렇다	아니다	그렇다	무엇이 전형적인 행동인지 판단하는 부모의 참조 틀이 다를 수 있다. (1) 부모 스스로 자폐인이지만, 이를 인지하지 못하는 경우, (2) 자녀가 첫째이거나 외동인 경우, (3) 문화 차이가 있는 경우이다.

다양한 정보원을 통해 자료를 수집해야 한다.

종합하여 단일한 보고는 신중하게 검토되어야 하며, 평정 척도의 결과를 다른 자료와 결합할 때 가장 높은 예측치를 얻을 수 있다는 데 의견이 일치하는 것처럼 보인다(그리고 상식적으로도 그렇다).

문화 간 연결

문화 차이는 척도에 응답하는 데 영향을 줄 수 있다. 예를 들어, 불안을 평가하기 위해 고안된 척도 중 "자녀가 부모와 함께 취침합니까?"라는 문항과 관련하여 일부 문화권에서는 다른 문화권에 비해 자녀와 수면을 분리하는 시기가 전형적으로 더 늦을 수 있다.

더하여 평정 척도의 타당도 및 신뢰도와 관련된 근본적인 문제는 규준 집단의 민족/인종적 대표성에 있다. 예를 들어, 주실라Jussila 등의 연구에서 사회적 반응성 검사 2판Social Responsiveness Scale은 핀란드 인구 집단에서 위음성false negatives의 가능성이 높았다. 평가 도구가 문화 간 차이를 포괄하는 방향으로 수정되기 전까지 임상가는 개별 내담자의 문화적 배경을 고려하면서 평가 도구를 신중히 사용해야 한다.

사회인지 평정 척도와 자기-보고식 척도의 예시

다음에서 저자가 유용하다고 생각하는 평정 척도와 자기-보고식 척도 몇 가지를 간략히 설명하였다. 여기서는 사회인지와 직접적으로 관련된 척도만 포함하였다.

사회적 반응성 검사Social Responsiveness Scale(이하 SRS-2)

SRS-2는 저자가 사회인지평가에서 선호하는 평정 척도 중 하나이다. 2012년에 출판된 이 척도는 영유아용(2.5~4.5세), 아동·청소년용(4~18세), 성인용의 여러 버전으로 제공된다. 영유아용과 아동·청소년용은 부모와 교사가 작성하며, 성인용은 자기-보고와 친족/기타 보고자 양식이 있다. SRS-2는 사회적 어려움 및 제한적/반복적인 행동과 전형적으로 관련된 관찰 가능한 행동에 대해 응답자가 어떻게 인식하고 있는지를 측정한다.

장점

SRS-2는 사회적 문제를 다섯 가지 영역으로 세분화한다. 사회적 인식, 사회인지, 사회적 의사소통, 사회적 동기, 제한된 관심사 및 반복적인 행동이 그것이나. 저자의 생각에 이 하위 척도는 개인의 사회적 프로파일을 고려하는 데 유용한 틀을 제공한다. 또한 SRS-2는 미묘한 사회적 어려움에 민감하며, 문항이 헷갈리거나 오해의 소지가 없도록 이해하기 쉽게 작성되었다고 생각한다. 아울러 점수를 평정하기 쉬운 편이며, 남성 및 여성 내담자마다 별도의 규준을 제공한다.

주의점

SRS-2의 문항 대부분은 신경다양성을 지지한다. 그러나 드류 R.Drew R.가 설명하였듯이, "다른 많은 자기-보고식 도구처럼, SRS-2에서도 우리가 다른 사람들의 생각을 이해하고 응답하도록 요구한다. 몇몇 문항에서는 정확한 자가 평정이 제한될 수밖에 없는데, 다른 사람의 생각에 대한 우리의 생각과 다른 사람의 실제 생각을 비교해야 하기 때문이다." 예를 들어, "나는 보통 다른 사람들이 어떻게 느끼는지 알고 있나." "나는 다른 사람들이 보기에 이상하거나 기괴하게 보이는 방식으로 행동한다." 같은 문항이 있다. 이에 더해 위생, 모방 능력 등의 어려움과 관련된 문항을 근거로 SRS-2가 덜 분명한 자폐증의 탐지에는 민감하지 않으며, 일부 비-자폐인이 SRS-2에서 높은 점수를 받을 수 있다는 우려도 제기된다. 마지막으로, 다음 버전에서 트랜스젠더 및 논바이너리에 대한 규준이 포함된다면 이상적이겠다.

자폐스펙트럼 지수Autism Spectrum Quotient(이하 AQ)

AQ는 사이먼 바론-코헨Simon Baron-Cohen 등이 개발했으며, 자폐연구센터Autism

Research Centre 웹사이트에서 무료로 사용할 수 있다. 성인용은 16세 이상을 대상으로 하는 자기-보고식 척도이며, 청소년용(12~15세)과 아동용(4~11세)은 부모나 보호자가 작성한다. AQ는 자폐적 특성의 수준을 평가하기 때문에 자폐증에 특화되어 있다. AQ 저자들은 지적기능이 70 이상이고, 어느 정도의 언어 능력이 있는 사람을 대상으로 개발했다고 명시하였다. 이 척도는 여러 언어로 제공된다.

장점

저자가 보기에 AQ 문항은 명확한 방식으로 작성되어서 대부분 오해석되지 않을 것 같다. 그리고 문항 대다수가 신경다양성을 지지하는 어조로 작성되었다고 생각한다. 내담자의 자폐증 여부에 있어서 AQ 점수와 저자의 임상적인 지각은 거의 항상 일치하였다. 내담자는 AQ 각 문항에 대해 **확실하게** 혹은 **약간** 동의하거나 반대하는지 선택하게 되며, 이렇게 일부 평정 척도에는 부재한 유연성을 AQ에서 제공하는 점이 저자의 마음에 든다. 몇몇 자폐인은 이러한 유연성이 허용되지 않는 척도에 응답하기를 힘겨워하기 때문이다.

주의점

일부 문항은 시대에 뒤처진 인식에 의존하거나 지나치게 구체적인 경향이 있으며(예: "나는 날짜에 매료된다"), 성별에 따른 규준이 없다. 저자는 제안된 절단점을 대체로 선호하지 않는데, 통계적으로 타당하지 않아서가 아니라 제안된 절단점이 오해되고 오용될 수 있기 때문이다.

리트보 자폐증 아스퍼거 진단 척도-개정판Ritvo Autism Asperger Diagnostic Scale-Revised(이하 RAADS-R)

RAADS는 2008년에 처음 소개되었고, 2011년에 RAADS-R로 개정되어 3개 대륙의 9개 연구 센터에서 타당화되었다. RAADS-R은 임상 장면에서 임상가가 실시하도록 고안된 자기-보고식 척도이다(그래서 필요시 임상가가 특정 문항의 의도를 명확히 설명해 줄 수 있다). RAADS-R은 18세 이상이고, 지적기능이 평균 하 수준 이상(IQ≥80)

인 사람을 대상으로 한다. RAADS-R은 총 80문항이며, 문항마다 4개의 선택지가 제시된다: (1) 지금도 그렇고 어렸을 때에도 그렇다. (2) 지금만 그렇다. (3) 16세 이전에만 그렇다. (4) 전혀 그렇지 않다가 그것이다. RAADS-R은 무료로 사용할 수 있다.

장점

RAADS-R은 지적기능이 평균 하 수준 이상인 성인을 선별하려는 구체적인 목적을 가지고 개발되었다. RAADS-R 저자들에 따르면, 이 척도는 종종 진단받지 못하는 '경증 또는 준임상 수준의 [자폐증]'을 포착하기 위해 고안되었다. 저자는 RAADS-R에서 어떤 일이 과거에, 현재에, 모두에 해당하거나, 혹은 전혀 해당하지 않는지 구체화하는 방식을 좋아한다. 이는 이 척도만의 독특한 특징이며, 대상 집단에 매우 중요한 요소이기도 하다. RAADS-R은 DSM-IV 진단기준에 기반을 두지만, 감각적 차이를 평가하는 11개 문항을 포함하고 있어서 감각과 관련한 기준이 없는 DSM-IV의 한계가 보완된다. AQ와 마찬가지로, RAADS-R 문항 대부분은 이해하기 쉽고 비판단적인 방식으로 작성되어 있다. 저자의 임상 경험에 따르면, RAADS-R은 자폐인과 비-자폐인을 구별하는 데 효과적이다.

주의점

저자의 의견으로, 일부 문항은 비하적으로 느껴지거나 자폐증에 대한 구식의 이해를 바탕으로 한다(예: "나는 대개 정상적인 어조로 말한다" "나는 가까운 친구를 사귀고 싶다" "나는 이해심이 많은 사람이다" "나를 가장 잘 아는 사람들은 나를 외톨이라고 생각한다"). 성별과 무관하게 단일한 절단점이 제공되지만, 저자의 임상 활동에서 남성이 아닌 내담자에게 문제된 적은 없었다. RAADS-R은 80문항으로 구성되어 있어 몇몇 내담자에게 지루하거나 부담스러울 수 있다. 저자는 처음에 채점 방식을 체계화하는 데 다소 시간이 걸렸지만, 몇 번 해 보니 효율적으로 채점할 수 있었다. RAADS-R은 성인용만 있어서 (단축형의) 청소년용과 규준, 그리고 다양한 젠더 스펙트럼의 규준을 포함하는 버전이 나오기를 저자는 기대한다.

자폐적 특성 위장 질문지Camouflaging Autistic Traits Questionnaire(이하 CAT-Q)

CAT-Q는 로라 홀Laura Hall 등이 2018년에 출판한 연구용 자기-보고식 척도로, 16세 이상을 대상으로 한다. 총 25개의 각 문항은 "매우 반대한다"부터 "매우 동의한다"의 리커트 척도로 구성되어 있다. CAT-Q에서는 자폐증 자체가 아니라 자폐적 특성의 위장을 확인한다. 즉, 자폐적 특성을 감추려고 끊임없이 노력하는 사람은 대부분 자폐인일 가능성이 크며, CAT-Q는 진단이 간과될 수 있는 자폐인을 확인하는 도구이다.

장점

저자는 CAT-Q가 비-자폐인이라고 오해받을 위험성이 높은 자폐증 성인의 생생한 경험에 기반하고 있어서 좋다. CAT-Q는 자폐증 성인, 특히 대다수가 아동기가 아닌 성인기에 자폐증으로 진단된 사람들의 보고에 주로 바탕을 두며, 따라서 인지되기 어려운hard-to-recognize 집단에 특히나 민감하게 고안되었다.

이에 더해 CAT-Q에서는 임상가가 내담자의 표현 중에서도 위장을 핵심 요소로 여겨서 공식적으로 평가하고 조사하도록 독려하는 점을 저자는 좋아한다. 이 척도는 대화를 촉진하는 훌륭한 기회를 제공하며, 내담자의 응답에 대해 질문하는 과정에서 사회적 상호작용 경험과 관련된 풍부한 정보를 얻을 수 있다. 그러므로 CAT-Q는 전통적인 자폐증 평가에서 점수가 낮았던 이유를 이해하도록 도울 수 있다. 마지막으로, CAT-Q가 남성, 여성, 논바이너리를 위한 자료를 제공한다는 점도 가치 있다고 저자는 평가한다.

주의점

CAT-Q는 위장을 측정하지만, 자폐증이 아닌 다른 이유로 점수가 상승할 수 있다. CAT-Q 하위 척도(동화assimilation, 위장masking, 보상compensation)가 저자에게는 특별히 유용해 보이지 않지만, 위장보다는 동화나 보상에서 자폐인과 비-자폐인 간의 차이가 더 크다는 점이 흥미롭다. 또한 저자는 트랜스젠더에 대한 자료가 제공되기를 기대한다. CAT-Q는 연구용 척도이므로 규준이 제공되지 않는다. 그러나 저자가 자폐인과 비-자폐인 응답자의 자료를 기반으로 개별 내담자의 총점과 문항 평균 점수를 비교해 보면 유용할 때가 있다. CAT-Q는 위장 행동이 있으며, 이를 스스로 숙고하고self-reflect 보고할 수 있는 통찰력, 언어, 욕구를 가진 사람에게 가장 적합할 것이다. 마지막으로 RAADS-R과 마찬가지로, 이 척도도 저자가 채점을 효율적으로 체계화하기까지 시간이 다소 걸렸다.

아동기 자폐 평정 척도 2, 고기능형Childhood Autism Rating Scale, High Functioning(이하 CARS2-HF)

CARS2 **표준형 버전**Standard Version이 있지만, 이 책에서 논의하는 집단을 대상으로 할 때 저자는 **고기능형**High Functioning 버전을 주로 사용한다(다만 척도 개정 시 **고기능**이라는 단어가 사라지기를 바란다). CARS2-HF는 만 6세 이상이고, IQ가 80점 이상인 내담자에게 적용할 수 있다. CARS2-HF는 15개 문항으로 이루어져 있고, 검사자가 내담자를 1점(완전히 전형적임)에서 4점(전형적인 범위에서 심각하게 벗어남)의 리커트 척도로 평정한다. 평정한 점수를 합산하여 원점수를 얻는다.

장점

CARS2-HF는 검사자가 작성하는 평정 척도이며, 출처와 무관하게 내담자에 대한 모든 정보를 통합하는 기회를 제공한다(예: 과거력, 이전 문서, 다른 평정 척도, 자기-보고식 척도, 내담자의 자기 보고, 검사 점수, 행동 관찰로부터의 자료를 포함함). 그리고 임상가가 인과적인 설명을 고려하지 않도록 지시하는 점을 저자는 좋게 생각하는데, 이는 진단적 그늘diagnostic overshadowing이 없도록 돕기 때문이다(예: 임상가가 "단순히 불안 때문일 수 있다"는 이유로 눈 맞춤이 부족한 모습을 무시하는 경우). 따라서 CARS2-HF는 수집된 자료를 조직화하고 이를 의미 있는 범주로 통합하는 하나의 방법이 된다. CARS2-HF는 저자의 임상적 판단과 상관이 높았다.

주의점

다른 많은 도구와 마찬가지로, 이 척도는 대부분이 남성으로 구성된 표본으로 개발되었다. 더하여 앞서 언급했듯이, 연령, 성별, 문화 등을 고려하지 않고 단일하게 제안된 절단점을 사용하는 데 있어서 저자는 신중한 태도를 취한다. (모든 척도에서 그렇겠지만) 이 척도를 해석할 때 신중함을 기해 절단점을 사용하는 것은 임상가의 책임이다. 다시금 강조하지만, 평정 척도가 진단해 주지 않는다. 진단은 임상가의 몫이다.

사회인지평가의 일부로서 유용할 수 있는 기타 척도

종합 척도

임상 활동에서는 내담자의 문제를 전반적으로 파악하기 위해 개발된 척도를 사용하는 것이 표준적이다(예: 아동용 행동 평가 시스템Behavior Assessment System for Children(이하 BASC3),[2] 아켄바흐 시스템Achenbach system). 아켄바흐 시스템은 1세 이상의 모든 연령을 대상으로 다양한 자기-보고식 척도 및 정보 제공자가 평정하는 척도를 제공한다. BASC3는 8~25세를 대상으로 하는 자기-보고식 척도와 2~21세를 대상으로 하는 부모용 및 교사용 평정 척도를 제공한다. 저자는 두 척도를 광범위하게 사용해 왔으며, 면담의 방향을 마련하도록 내담자의 본래 모습을 전반적인 큰 그림으로 보여 주는big picture snapshots 유용한 도구라고 생각한다. 특히 BASC3는 자폐증의 가능성이 있는 아동, 청소년, 청년을 평가할 때 유용하다고도 생각한다.

적응기능 척도

자폐인은 지적기능에 비해 적응기능이 유의미하게 저조할 수 있다. 특히 가족의 지원을 내장하여 갖추지built-in 않은 성인, 그리고 생활기술, 직업훈련, 기타 지원 서비스를 받을 자격이 있다고 생각되는 성인의 적응기능을 확인해 보면 크게 도움이 될 수 있다. 적응행동평가시스템Adaptive Behavior Assessment System 및 바인랜드 적응

2) 역자 주: 국내에서는 '한국판 정서-행동 평가 시스템' 검사명으로 표준화되었다.

행동검사Vineland Adaptive Behavior Scales: Vineland-3 두 가지가 널리 사용되는데, 저자는 딱히 선호가 없고 둘 다 유용하다고 생각한다. 다만 저자는 두 척도 모두에서 정보 제공자들이 내담자의 적응기술을 과대평가하는 경향을 비공식적으로 관찰하였는데, 내담자에게 지원, 도움scaffolding, 언어적 촉구reminder가 필요한 기술에도 점수를 부여하는 경우를 포함한다. 이를 방지하기 위해 내담자가 완전히 혼자서 촉구나 도움이 없을 때를 가정하여 정보 제공자가 응답하도록 사전에 주의를 줄 수 있다. 더하여 정보 제공자는 내담자에 대해 활동을 수행할 수 있는 능력이 있는지뿐만 아니라 실제로 독립적으로 수행할 수 있는지를 고려해야 한다.

실행기능 척도

일반적으로 면밀한 평가에서는 실행기능 척도를 포함하며, 실행기능 질문지Behavior Rating Inventory of Executive Function(이하 BRIEF)의 BRIEF2 또는 BRIEF-A를 꼽을 수 있다. 이 척도는 2015년에 출판되어 널리 사용되고 있으며, 내담자의 일상생활에서 실행기능에 관한 지각을 평가한다. BRIEF2는 5~18세 학생을 대상으로 하며, 부모용, 교사용, 자기-보고식 질문지가 있다. 점수는 행동 조절, 정서 조절, 인지 조절의 하위 영역으로 세분화되며, 각 하위 영역은 여러 하위 척도로 나뉜다. BRIEF-A는 18~90세의 연령을 대상으로 실시가 가능하며, 자기-보고식과 정보 제공자용이 있다. 점수는 행동 조절과 메타인지로 세분화되며, 역시 각각 여러 하위 척도를 포함한다. 유아용(BRIEF-P)도 있다

BRIEF 및 자폐증에 관한 연구 대부분은 전환shift의 하위 척도에서 점수가 상승하는 양상을 강조한다. 이 하위 척도는 인지적 융통성과 변화transition의 어려움을 반영하는데, 자폐증 집단에서 놀라운 결과는 아닐 것이다. 다만 적어도 하나 이상의 연구에서 계획/조직화 하위 척도 및 정서 조절 하위 척도가 자폐증 아동에게 가장 두드러지는 영역으로 나타났다.

BRIEF2 및 BRIEF-A는 자폐증이나 사회적 기능을 측정하는 척도가 아니며, 자폐인이 흔하게 (물론 비-자폐인인 몇몇 집단에서도) 어려움을 경험하는 실행기능과 관련된 우려를 측정한다. 예를 들어, 어떤 연구에서는 자폐증 아동의 75%가 부모용

BRIEF2에서 임상적으로 유의미한 전체 실행 조합 점수global executive composite scores에 속한다고 보고하였다. 그러나 다음을 기억해야 한다: (1) 모든 자폐인의 실행기능이 저조하지는 않으며, (2) 자폐인도 실행기능의 서로 다른 측면에서 고심하고 씨름하고 있으며(실행기능의 프로파일은 매우 광범위하다), (3) 실행기능의 곤란은 자폐증에 국한된 문제가 아니다.

정서/성격 척도

내담자의 현재 정서 상태를 평가하는 다양한 척도가 있다. 예를 들어, 아동우울척도Children's Depression Inventory: CDI, 다차원적 아동불안척도Multidimensional Anxiety Scale for Children: MASC-2, 개정판 아동의 표현된 불안 척도Revised Children's Manifest Anxiety Scale: RCMAS-2[3], 아동용 불안 관련 장애 선별검사Screen for Child Anxiety Related Disorders: SCARED 등이 있다. 또한 미네소타 다면적 인성검사Minnesota Multiphasic Personality Inventory: MMPI(청소년용과 성인용), 성격평가 질문지Personality Assessment Inventory: PAI 같은 성격 검사의 실시도 유용할 수 있다.

앞서 논의된 바와 같이, 임상가는 자기-보고식 척도를 해석할 때 신중해야 한다. 자폐인은 문항의 실제 의도를 충분히 이해하지 못하고 비전형적인 문항에 동의할 수 있으며, 과잉 응답하거나 과소 응답할 가능성이 있다. 이에 더해 대부분의 척도는 자폐증 집단을 대상으로 표준화가 이루어지지 않았다. 다시금 말하지만, 응답을 신중하게 검토하고 주목할 만한 응답에 대해 질문한다. 감정이 전형적이지 않은 방식으로 표현될 수 있다는 점도 유념해야 하는데, 가령 자폐인이 전형적인 불안 증상을 보고하지 않았다고 해서 이것이 불안에 취약하지 않음을 의미하지는 않는다.

기타 척도

초반에 언급했듯이, 임상가가 찾을 수 있는 척도는 말 그대로 무수하다. 예를 들어, 감각 프로파일, 강박장애, 트라우마, 감정인식불능증, 진로, 내부수용감각 등에

3) 역자 주: 국내에서는 '아동불안척도 2판' 검사명으로 표준화되었다.

대한 척도가 있다. 자폐증에 대한 이해가 급격히 확장됨에 따라 새로운 척도를 마주하는 것이 흥미롭다. 임상가는 내담자에 관한 정보를 수집하는 새로운 방법들에 신중하면서도 개방적인 태도를 취해야 할 것이다.

자주 하는 질문(FAQ)

- **만약 내담자가 평가에 어떤 누구도 포함하고 싶지 않다고 한다면 어떻게 해야 합니까?** 물론 당신은 어떤 내담자에게도 외부인이 평가 과정에 참여하도록 강요할 수 없으며, 최종 결정권자는 내담자이다. 그러나 저자는 내담자/부모와 솔직하게 대화하면서 다른 정보 제공자가 어떤 정보에 접근할 수 있을지(혹은 접근하지 못할지), 그리고 왜 다른 사람으로부터 정보를 수집하는 일이 중요한지 명확히 하기를 권한다. 예를 들어, 만약 교사용 척도를 시행하는 경우 교사에게 내담자가 치료/평가를 받게 된 이유를 말하지 않으며 어떤 결과도 제공하지 않는다. 성인 내담자일 경우 이 원칙은 가족 구성원에게도 유사하게 적용된다. 추가로, 더 많은 정보를 수집하도록 임상가에게 허용할수록 임상가가 이들의 고민을 더 잘 도울 수 있다는 점을 내담자/부모에게 설명한다.
- **자폐증을 진단하기 위해 평정 척도 혹은 자기-보고식 척도를 실시해야 합니까?** 그렇지 않다. 유용할 수 있지만, 필수는 아니다.

참고문헌 및 읽을거리

Allen, C. W., Silove, N., Williams, K., & Hutchins, P. (2007). Validity of the social communication questionnaire in assessing risk of autism in preschool children with developmental problems. *Journal of Autism and Developmental Disorders, 37*(7), 1272-1278. https://doi.org/10.1007/s10803-006-0279-7

Autism Spectrum Quotient (AQ) (Adult). (n.d.). Autism Research Centre. www.autismresearchcentre.com/tests/autism-spectrum-quotient-aq-adult

Autism Spectrum Quotient (AQ) (Child). (n.d.). Autism Research Centre. www.autismresearchcentre.com/tests/autism-spectrum-quotient-aq-child

Auyeung, B., Baron-Cohen, S., Wheelwright, S., & Allison, C. (2008). The Autism Spectrum Quotient: Children's Version (AQ-Child). *Journal of Autism and Developmental Disorders, 38*(7), 1230-1240. https://doi.org/10.1007/s10803-007-0504-z

Barnard-Brak, L., Brewer, A., Chesnut, S., Richman, D., & Schaeffer, A. M. (2016). The sensitivity and specificity of the social communication questionnaire for autism spectrum with respect to age. *Autism Research: Official Journal of the International Society for Autism Research, 9*(8), 838-845. https://doi.org/10.1002/aur.1584

Baron-Cohen, S., Hoekstra, R. A., Knickmeyer, R., & Wheelwright, S. (2006). The Autism-Spectrum Quotient (AQ)—Adolescent version. *Journal of Autism and Developmental Disorders, 36*(3), 343-350. https://doi.org/10.1007/s10803-006-0073-6

Baron-Cohen, S., Wheelwright, S., Skinner, R., Martin, J., & Clubley, E. (2001). The Autism-Spectrum Quotient (AQ): Evidence from Asperger syndrome/high-functioning autism, males and females, scientists and mathematicians. *Journal of Autism and Developmental Disorders, 31*(1), 5-17. https://doi.org/10.1023/A:1005653411471

Becker, M. M., Wagner, M. B., Bosa, C. A., Schmidt, C., Longo, D., Papaleo, C., & Riesgo, R. S. (2012). Translation and validation of Autism Diagnostic Interview-Revised (ADI-R) for autism diagnosis in Brazil. *Arquivos de Neuro-Psiquiatria, 70*(3), 185-190. https://doi.org/10.1590/S0004-282X2012000300006

Behavior Assessment System for Children | Third Edition. (n.d.). www.pearsonassessments.com/store/usassessments/en/Store/Professional-Assessments/Behavior/Comprehensive/Behavior-Assessment-System-for-Children-%7C-Third-Edition-/p/100001402.html

Behavior Rating Inventory of Executive Function 2 | *BRIEF2*. (n.d.). www.parinc.com/

products/pkey/24

Behavior Rating Inventory of Executive Function for Adults | PAR. (n.d.). www.paric.com/Products/Pkey/25

Ben Shalom, D., Mostofsky, S. H., Hazlett, R. L., Goldberg, M. C., Landa, R. J., Faran, Y., McLeod, D. R., & Hoehn-Saric, R. (2006). Normal physiological emotions but differences in expression of conscious feelings in children with high-functioning autism. *Journal of Autism and Developmental Disorders, 36*(3), 395-400. https://doi.org/10.1007/s10803-006-0077-2

Ben Shalom, D., Mostofsky, S. H., Hazlett, R. L., Goldberg, M. C., McLeod, D. R., & Hoehn-Saric, R. (2003). Intact Galvanic skin responses and impaired self-reports in response to emotional pictures in high-functioning autism. *Annals of the New York Academy of Sciences, 985*(1), 501-504. https://doi.org/10.1111/j.1749-6632.2003.tb07111.x

Berthoz, S., & Hill, E. L. (2005). The validity of using self-reports to assess emotion regulation abilities in adults with autism spectrum disorder. *European Psychiatry, 20*(3), 291-298. https://doi.org/10.1016/j.eurpsy.2004.06.013

Blakeley-Smith, A., Reaven, J., Ridge, K., & Hepburn, S. (2012). Parent-child agreement of anxiety symptoms in youth with autism spectrum disorders. *Research in Autism Spectrum Disorders, 6*(2), 707-716. https://doi.org/10.1016/j.rasd.2011.07.020

Capriola-Hall, N. N., McFayden, T., Ollendick, T. H., & White, S. W. (2021). Caution when screening for autism among socially anxious youth. *Journal of Autism and Developmental Disorders, 51*(5), 1540-1549. https://doi.org/ 10.1007/s10803-020-04642-w

CARS2 Childhood Autism Rating Scale Second Edition. (n.d.). www.proedinc.com/Products/13565/cars2-childhood-autism-rating-scalesecond-edition.aspx

Carter, J. A., Lees, J. A., Murira, G. M., Gona, J., Neville, B. G. R., & Newton, C. R. J. C. (2005). Issues in the development of cross-cultural assessments of speech and language for children. *International Journal of Language & Communication Disorders, 40*(4), 385-401. https://doi.org/10.1080/13682820500057301

Cederberg, C. D., Gann, L. C., Foley-Nicpon, M., & Sussman, Z. (2018). ASD screening measures for high-ability youth with ASD: Examining the ASSQ and SRS. *Gifted Child Quarterly, 62*(2), 220-229. https://doi.org/10.1177/0016986217752098

Chesnut, S. R., Wei, T., Barnard-Brak, L., & Richman, D. M. (2017). A meta-analysis of the social communication questionnaire: Screening for autism spectrum disorder. *Autism: The International Journal of Research and Practice, 21*(8), 920-928. https://doi.org/10.1177/1362361316660065

Chlebowski, C., Green, J. A., Barton, M. L., & Fein, D. (2010). Using the childhood autism rating scale to diagnose autism spectrum disorders. *Journal of Autism and Developmental Disorders, 40*(7), 787-799. https://doi.org/10.1007/s10803-009-0926-x

Corsello, C., Hus, V., Pickles, A., Risi, S., Cook, E. H., Leventhal, B. L., & Lord, C. (2007). Between a ROC and a hard place: Decision making and making decisions about using the SCQ. *Journal of Child Psychology and Psychiatry, and Allied Disciplines, 48*(9), 932-940. https://doi.org/10.1111/j.1469-7610.2007.01762.x

Duvall, S., Armstrong, K., Shahabuddin, A., Grantz, C., Fein, D., & Lord, C. (2021). A road map for identifying autism spectrum disorder: Recognizing and evaluating characteristics that should raise red or "pink" flags to guide accurate differential diagnosis. *The Clinical Neuropsychologist, 36*(5), 1172-1207. https://doi.org/10.1080/13854046.2021.1921276

Eaves, L. C., Wingert, H., & Ho, H. H. (2006). Screening for autism: Agreement with diagnosis. *Autism, 10*(3), 229-242. https://doi.org/10.1177/1362361306063288

Embrace Autism | The ultimate autism resource. (n.d.). https://embrace-autism.com/

Harrison, A. J., Long, K. A., Tommet, D. C., & Jones, R. N. (2017). Examining the role of race, ethnicity, and gender on social and behavioral ratings within the autism diagnostic observation schedule. *Journal of Autism and Developmental Disorders, 47*(9), 2770-2782. https://doi.org/10.1007/s10803-017-3176-3

Harrison, P., & Oakland, T. (2015). *Adaptive Behavior Assessment System, Third Edition (ABAS-3)*. Western Psychological Services.

Hollocks, M. J., Casson, R., White, C., Dobson, J., Beazley, P., & Humphrey, A.

(2019). Brief report: An evaluation of the social communication questionnaire as a screening tool for autism spectrum disorder in young people referred to child & adolescent mental health services. *Journal of Autism and Developmental Disorders, 49*(6), 2618–2623. https://doi.org/10.1007/s10803-019-03982-6

Hull, L., Lai, M.-C., Baron-Cohen, S., Allison, C., Smith, P., Petrides, K., & Mandy, W. (2020). Gender differences in self-reported camouflaging in autistic and non-autistic adults. *Autism, 24*(2), 352–363. https://doi.org/10.1177/1362361319864804

Hull, L., Mandy, W., Lai, M.-C., Baron-Cohen, S., Allison, C., Smith, P., & Petrides, K. V. (2019). Development and validation of the Camouflaging Autistic Traits Questionnaire (CAT-Q). *Journal of Autism and Developmental Disorders, 49*(3), 819–833. https://doi.org/10.1007/s10803-018-3792-6

Jussila, K., Kuusikko-Gauffin, S., Mattila, M.-L., Loukusa, S., Pollock-Wurman, R., Joskitt, L., Ebeling, H., Moilanen, I., Pauls, D., & Hurtig, T. (2015). Cross-cultural differences in the parent rated Social Responsiveness Scale (SRS)?: Evaluation of the finnish version among high-functioning school aged males with and without autism spectrum disorder. *Research in Autism Spectrum Disorders, 9*, 38–44. https://doi.org/10.1016/j.rasd.2014.09.008

Lai, M.-C., & Baron-Cohen, S. (2015). Identifying the lost generation of adults with autism spectrum conditions. *The Lancet Psychiatry, 2*(11), 1013–1027. https://doi.org/10.1016/S2215-0366(15)00277-1

Manohari, S. M., Raman, V., & Ashok, M. V. (2013). Use of Vineland adaptive behavior scales-II in children with autism—An Indian experience. *Journal of Indian Association for Child and Adolescent Mental Health, 9*(1), 5–12.

Matson, J. L., Matheis, M., Burns, C. O., Esposito, G., Venuti, P., Pisula, E., Misiak, A., Kalyva, E., Tsakiris, V., Kamio, Y., Ishitobi, M., & Goldin, R. L. (2017). Examining cross-cultural differences in autism spectrum disorder: A multinational comparison from Greece, Italy, Japan, Poland, and the United States. *European Psychiatry, 42*, 70–76. https://doi.org/10.1016/j.eurpsy.2016.10.007

Mazefsky, C. A., Kao, J., & Oswald, D. P. (2011). Preliminary evidence suggesting caution in the use of psychiatric self-report measures with adolescents with high-functioning autism spectrum disorders. *Research in Autism Spectrum Disorders, 5*(1), 164-174. https://doi.org/10.1016/j.rasd.2010.03.006

Napoli, S. B., Vitale, M. P., Cafiero, P. J., Micheletti, M. B., Bradichansky, P. P., Lejarraga, C., Urinovsky, M. G., Escalante, A., Rodriguez, E., & Schiariti, V. (2021). Developing a culturally sensitive ICF-based tool to describe functioning of children with autism spectrum disorder: TEA-CIFunciona Version 1.0 Pilot Study. *International Journal of Environmental Research and Public Health, 18*(7), 3720. https://doi.org/10.3390/ijerph18073720

Norbury, C. F., & Sparks, A. (2013). Difference or disorder?: Cultural issues in understanding neurodevelopmental disorders. *Developmental Psychology, 49*(1), 45-58. https://doi.org/10.1037/a0027446

Ozsivadjian, A., Hibberd, C., & Hollocks, M. (2013). Brief report: The use of self-report measures in young people with autism spectrum disorder to access symptoms of anxiety, depression and negative thoughts. *Journal of Autism and Developmental Disorders, 44*(4), 969-974. https://doi.org/10.1007/s10803-013-1937-1

Ratto, A. B., Anthony, B. J., Kenworthy, L., Armour, A. C., Dudley, K., & Anthony, L. G. (2016). Are non-intellectually disabled Black youth with ASD less impaired on parent report than their White peers?. *Journal of Autism and Developmental Disorders, 46*(3), 773-781. https://doi.org/10.1007/s10803-015-2614-3

Rea, K. E., Armstrong-Brine, M., Ramirez, L., & Stancin, T. (2019). Ethnic disparities in autism spectrum disorder screening and referral: Implications for pediatric practice. *Journal of Developmental & Behavioral Pediatrics, 40*(7), 493-500. https://doi.org/10.1097/DBP.0000000000000691

Ritvo, R. A., Ritvo, E., Guthrie, D., Yuwiler, A., Ritvo, M., & Weisbender, L. (2008). A scale to assist the diagnosis of autism and Asperger's disorder in adults (RAADS): A pilot study. *Journal of Autism and Developmental Disorders, 38*, 213-223. https://doi.org/10.1007/s10803-007-0380-6

Ritvo, R. A., Ritvo, E. R., Guthrie, D., Ritvo, M. J., Hufnagel, D. H., McMahon, W., Tonge, B., Mataix-Cols, D., Jassi, A., Attwood, T., & Eloff, J. (2011). The Ritvo Autism Asperger Diagnostic Scale-Revised (RAADS-R): A scale to assist the diagnosis of autism spectrum disorder in adults—An international validation study. *Journal of Autism and Developmental Disorders, 41*(8), 1076-1089. https://doi.org/10.1007/s10803-010-1133-5

Rutter, M., Le Couteur, A., & Lord C. (2013). *ADI-R: Autism Diagnostic Interview Revised: Manual.* Western Psychological Services.

Sandercock, R. K., Lamarche, E. M., Klinger, M. R., & Klinger, L. G. (2020). Assessing the convergence of self-report and informant measures for adults with autism spectrum disorder. *Autism, 24*(8), 2256-2268. https://doi.org/10.1177/1362361320942981

Social Communication Questionnaire. *(SCQ).* (n.d.). www.wpspublish.com/scq-socialcommunication-questionnaire

Shulman, C., Rice, C. E., Morrier, M. J., & Esler, A. (2020). The role of diagnostic instruments in dual and differential diagnosis in autism spectrum disorder across the lifespan. *Child and Adolescent Psychiatric Clinics of North America, 29*(2), 275-299. https://doi.org/10.1016/j.chc.2020.01.002

Soto, S., Linas, K., Jacobstein, D., Biel, M., Migdal, T., & Anthony, B. J. (2015). A review of cultural adaptations of screening tools for autism spectrum disorders. *Autism, 19*(6), 646-661. https:// doi.org/10.1177/1362361314541012

Social Responsiveness Scale, Second Edition. *(SRS™-2).* (n.d.). www.wpspublish.com/srs-2-social-responsiveness-scale-second-edition

Stoll, M. M., Bergamo, N., & Rossetti, K. G. (2021). Analyzing modes of assessment for children with Autism Spectrum Disorder (ASD) using a culturally sensitive lens. *Advances in Neurodevelopmental Disorders, 5*(3), 233-244. https://doi.org/10.1007/s41252-021-00210-0

Sun, X., Allison, C., Auyeung, B., Zhang, Z., Matthews, F. E., Baron-Cohen, S., & Brayne, C. (2015). Validation of existing diagnosis of autism in mainland China using standardised diagnostic instruments. *Autism, 19*(8), 1010-1017. https://doi.org/10.1177/1362361314556785

Tierney, S., Burns, J., & Kilbey, E. (2016). Looking behind the mask: Social coping strategies of girls on the autistic spectrum. *Research in Autism Spectrum Disorders,*

23, 73-83. https://doi.org/10.1016/j.rasd.2015.11.013

Veytsman, E., Ferrendelli, C., Yang, J. W., Bolton, C. C., & Laugeson, E. A. (2016, May). *Using multiple informants to assess social functioning and treatment outcome for adolescents with ASD following the UCLA PEERS® program* [Poster presentation]. International Society for Autism Research Conference 2016, Baltimore, MD, USA. https://imfar.confex.com/imfar/2016/webprogram/Paper21189.html

Vineland Adaptive Behavior Scales | Third Edition. (n.d.). www.pearsonassessments.com/store/usassessments/en/Store/Professional-Assessments/Behavior/Adaptive/Vineland-Adaptive-Behavior-Scales-%7C-Third-Edit ion/p/100001622.html

Wallis, K., & Pinto-Martin, J. (2008). The challenge of screening for autism spectrum disorder in a culturally diverse society. *Acta Paediatrica (Oslo, Norway: 1992), 97*, 539-540. https://doi.org/10.1111/j.1651-2227.2008.00720.x

White, S. W., Schry, A. R., & Maddox, B. B. (2012). Brief report: The assessment of anxiety in high-functioning adolescents with autism spectrum disorder. *Journal of Autism and Developmental Disorders, 42*(6), 1138-1145. https:// doi.org/10.1007/s10803-011-1353-3

Wiggins, L. D., Bakeman, R., Adamson, L. B., & Robins, D. L. (2007). The utility of the social communication questionnaire in screening for autism in children referred for early intervention. *Focus on Autism and Other Developmental Disabilities, 22*(1), 33-38. https://doi.org/10.1177/10883576070220010401

Woodbury-Smith, M. R., Robinson, J., Wheelwright, S., & Baron-Cohen, S. (2005). Screening adults for Asperger syndrome using the AQ: A preliminary study of its diagnostic validity in clinical practice. *Journal of Autism and Developmental Disorders, 35*(3), 331-335. https://doi.org/10.1007/s10803-005-3300-7

Zhang, J., Wheeler, J. J., & Richey, D. (2006). Cultural validity in assessment instruments for children with autism from a Chinese cultural perspective. *International Journal of Special Education, 21*(1), 109-114. https://soar.suny.edu/handle/20.500.12648/2223

제 7 장

행동 관찰

왜 면밀한 행동 관찰[1]이 이렇게나 중요한가? 외견의 행동에 덜 주목하고 내담자의 내적 경험에 더욱 집중하는 패러다임의 전환이 필요한 한편, 내담자의 행동을 관찰하여 자폐증의 가능성을 시사하는 단서를 찾는 일도 여전히 중요하고 의미가 있다. 자료를 사용하여 내담자를 진단하고 이해한다는 점이 반복적으로 강조되는데, **자료에는 다양한 출처가 있다. 그리고 검사 점수는 이 중 하나일 뿐이다.** 따라서 내담자의 의사소통, 상호작용, 행동 패턴을 세심하게 관찰하여 풍부한 데이터를 얻을 수 있다.

이 장은 몇 가지 일반적인 원칙으로 시작하며, 이후 검사나 치료 회기 중에 관찰해야 할 단서를 제시한다.

일반적인 원칙

특정한 행동이 있다고 해서 반드시 내담자가 자폐적임을 의미하지는 않는다. 어떤 단일한 행동에는 여러 원인이 존재할 수 있다. 패턴을 찾아야 한다. 즉, 자폐증의 가능성을 시사하고 더 나은 설명이 없을 만한 행동을 다수 관찰해야 한다.

1) 저자 주: 이 장에서 논의되는 행동 관찰은 비-자폐인인 임상가의 관점에서 작성되었다. 여기서 언급된 행동이 틀렸다거나 손상되었다는 의미는 아니다. 신경다양성을 가진 우리의 내담자들을 더 잘 이해하고 지원하려는 순수한 노력의 일환으로 행동적 차이에 주목하고자 한다. 이 장에 기여한 임상가들은 모두 내담자에게 안전하고 신경다양성을 지지하는 공간을 만들기 위해 매우 헌신하고 있으며, 치료적 관계에 있어서는 내담자의 동반자가 되고자 한다.

어떤 특정 행동이 일부분 혹은 전혀 없다고 해서 내담자가 자폐증이 아님을 반드시 의미하지는 않는다. 일부 자폐인 내담자에게서 나타날 수 있는 특성과 행동일 뿐, 모든 자폐인에게 해당하지 않을 수 있다.

관찰 내용을 기록한다. 이는 평가자와 치료자 모두에게 중요하다. 많은 치료자가 회기 내용에 관한 기록을 남기지만, 내담자의 의사소통 방식, 표현, 행동에 관한 관찰을 필수적으로 기록하지는 않는다. 당신이 내담자나 부모에게 기본적인 행동 관찰을 기록하도록 조언하듯이, 당신 또한 자신의 관찰을 기록해 둔다면 패턴을 알아차리는 데 도움이 될 수 있다.

적극적인 호기심을 가지고 비판단적으로 관찰한다. 내담자의 행동이나 표현을 관찰한 그 순간에 이를 언급하지 않는 경우가 많다. 가령, 위생 상태가 좋지 않거나, 목소리 톤이 특이하거나, 일반적인 사회적 예의를 신경 쓰지 않는 등의 여러 행동을 알아차릴 수 있다. 이러한 종류의 관찰을 언급하는 일은 내담자에게 모욕이나 상처가 되거나 소외감을 줄 위험이 있다. 그러나 당신의 관찰을 내담자와 즉시 공유하는 일이 유용할 때도 있다. 이때의 목적은, (1) 그 행동과 관련된 내적 경험을 이해하고, (2) 자신이 다른 사람에게 어떻게 나타나는지에 관한 내담자의 통찰력을 평가하고 증진하기 위함이다.

예를 들어, 내담자가 계속 말을 끊는다면 이를 재치 있게 언급할 수 있다(예: 미소를 지으며 "제가 당신에게 너무 느린 속도로 말을 하나 보군요!"). 이를 통해 내담자가 이러한 종류의 유머를 받아들이고 이해하는지 파악할 수 있으며, 방해하는 행동과 관련한 대화의 장이 마련될 수도 있다. 만약 내담자가 "죄송합니다! 제가 자꾸 말을 끊는 걸 아는데, 항상 하려던 말을 잊어버려서 그렇습니다"라고 대답한다면, 사회적 직관보다는 작업 기억력이나 충동 조절의 어려움과 관련될 소지가 더 크다. 반면에 내담자가 자신의 방해 행동을 인식하지 못하거나, 혹은 스스로가 말을 끊는다고 막연히 인식하지만 그 순간에는 이를 알아차리기 어렵다고 표현한다면, 이는 사회적인 인식social awareness 능력의 제한을 더욱 시사한다. 그리고 이를 가족, 교사 등 다른 정보 제공자와의 보조 면담에서 탐색해 볼 수 있다.

물론, 당신의 모든 언급은 비판단적이어야 한다. 내담자가 임상가의 (추상적인) 사회적 기대를 충족시키지 못하고 있음을 알리는 것이 아니다. 대신에 임상가가 내담자 당신, 그리고 이들이 세상을 경험하고 살아가는 방식에 대해 이해하고 관심을 기울이고 있다는 의도를 담아 언급해야 한다.

사회적 행동을 촉진하기 위해 시도한다. 대기실에서 내담자를 맞이할 때, 이들이 당신의 눈 맞춤이나 말인사에 어떻게 반응하는지 살펴본다. 아동의 경우, 부모나 보호자로부터 어떻게 분리되는지 관찰한다. 평가 중에는 내담자가 비공식적인 사회적 요구에 어떻게 반응하는지에 주목한다. 예를 들어, 검사실로 이동하는 동안 가벼운 대화를 시도하면서 내담자가 전형적인 방식으로 응답하는지 살펴본다. 내담자와 작업하면서 사회적인 시도bid의 기회를 제공하고 이에 대한 반응을 관찰한다. 사회적 미끼breadcrumb를 던지고(예: "이번 주말에 무슨 일이 있었는지 믿기 어려울 거예요" "오늘 아침에 우리 고양이가 정말 웃긴 행동을 했어요"), 내담자가 관련된 질문을 하면서 반응하는지 본다(이 접근법이 치료 장면에서 적절하지 않을 수도 있지만, 자연스럽게 나올 수 있다). 내담자가 어떤 사건을 이야기할 때, 이와 관련한 당신의 개인적인 경험을 덧붙여서 끼어들어 보고(예: "정말 멋진 여행이었겠네요. 저도 최근에 플로리다에 다녀왔어요"), 내담자가 사고의 흐름을 전환할 수 있는지, 대인관계에 관심이 있는지 (혹은 관심 있는 척할 수 있는지) 살펴본다. 조용한 청소년에게는 재치 있게 반어적으로 표현해 보고(예: "다음으로 우리가 할 과제는 이거예요. 너무 신나서 참기 힘들겠죠?"), 어떻게 반응하는지 관찰할 수 있다. 모두 자료가 된다.

약점뿐만 아니라 강점도 살핀다. 임상가는 행동 관찰 시 우려되는 영역뿐만 아니라 내담자의 강점도 찾아야 한다. 예를 들어, 지속적 주의력, 강한 지구력, 고난도 문항에서도 계속 노력하려는 의지, 자신의 강점/어려움에 대한 통찰력 등이 있다. 내담자가 언제 사소한 잡담에 쉽게 참여하는지, 사회적인 시도에 적절한 질문을 하는지, 반어적 표현이나 농담에 반응하는지, 사회적 예의를 차리는 말(예: "부탁합니다" "고맙습니다" "건강하세요")을 사용하는지도 기록한다.

회기를 마치고 어떤 일이 일어나는지 알아본다. 회기 전후로 특기할 만한 일이 있었는지 내담자나 가족 구성원에게 알아본다면 유용할 수 있다. 예를 들어, 내담자가 회기에 참여하기 위해 시간과 에너지를 과도하게 들여서 준비했는지, 회기를 마친 후에 허물어지거나 철수하거나 낮잠이 필요했는지 등을 살펴본다. 만약 그렇다면 내담자는 임상가와 함께 있는 동안 위장하고 있었을 가능성이 있다.

석사학위를 가진 52세의 프랭키Frankie는 평생 동안 지속되어 온 불안, 우울, 섭식장애의 기저에 자폐증이 있을지 확인하기 위해 치료자로부터 의뢰되었다. 프랭키는 첫 회기 전날 미리 '연습 시행'을 했다고 쑥스럽게 인정했다. 이 연습 시행에는 회기 당일 입을 옷을 신중하게 골라서 입어 보기, 다음 날 예정된 시간에 집에서 출발해 보기, 미리 계획한 경로로 운전하기, 사전에 정해 둔 장소에 주차하기, 주차장에서 사무실까지 한 블록을 걸어가 보기 등이 포함되었다. 프랭키는 새로운 장소를 처음 방문하기 전에 항상 이렇게 해야 한다고 설명했다.

검사 환경에서의 행동 관찰

자폐증 내담자는 낯선 환경을 탐색하는 방식이 독특할 수 있다. 내담자의 눈 맞춤과 첫 인사에 대한 반응을 살피는 일 외에도, 내담자가 진료실이라는 익숙하지 않은 환경에서 어떻게 이동하는지 관찰하는 것이 유용할 수 있다. 예를 들어, 내담자가 대기실에서 이동할 때 진료실이 어디인지 모르면서도 앞장서서 복도를 걸어가는가? 만약 그렇다면 내담자가 방향을 모른다는 사실을 깨달았을 때 당신을 바라보며 단서를 찾는가, 멈춰서 (눈을 맞추거나 눈 맞춤 없이) 안내를 기다리는가, 아니면 그저 계속 복도를 헤매는가? 검사실에 도착한 후, 내담자가 어디에 앉는지 관찰한다. 몇몇 내담자는 평가자의 의자에 앉기도 한다(평가자의 자리 앞에는 보통 평가 도구나 노트북이 있어서 비-자폐인 내담자는 자연스럽게 평가자의 의자라고 인식한다). 어떤 다른 내담자는 방 한쪽 구석에 있는 소파나 의자에 앉을 수도 있는데, 이때 평가자는 착석하여 내담자가 검사하는 책상에 앉아야 한다는 암묵적인 기대를 알아차리는지, 아니면 명확한 요청(예: "여기 책상으로 와서 함께 앉아 주시겠어요?")이 필요한지 살펴본다.

자폐인 내담자는 글자 그대로 혹은 직설적으로 의사소통할 수 있다. 예를 들어, 앞의 사례에서 저자는 "여기 책상으로 와서 함께 앉아 주시겠어요Will you please join me at the table?" 대신에 "저와 책상에 함께 앉고 싶으세요Would you like to join me at the table?"라고 실수로 잘못 질문했는데, 어떤 내담자는 단순하게 "아니요, 감사합니다"라고 대답했다. 글자 그대로 의사소통하는 방식에 대해 부주의하다거나, 방어적이라거나 똑똑한 척한다고 잘못 해석하는 실수를 범하지 않아야 한다. 이 사례에서 내담자는 정중한 요청을 마치 차나 커피 중 선택하라는 질문으로 오해했고, 그래서 단순하고도 예의 바르게 "아니요, 감사합니다"라고 응답했을 수 있다. 이러한 반응 또한 자료가 된다. 또한 자폐인 내담자는 꽤 직설적일 수 있으며, 사회적인 여과 없이 자신이 본 그대로의 진실을 공유하는 경향이 있다. 예를 들어, 내담자는 당신의 발음이 틀렸다고 지적하거나 당신의 농담을 바로잡을 수도 있다. 이때의 직설적인 표현을 무례함, 반항, 트집으로 해석하면 안 된다.

검사 중 글자 그대로 의사소통하는 예시:

- 숫자의 순서를 거꾸로 말하도록 요청하면, 내담자는 숫자의 순서를 바꾸는 대신(예: 3–2–1 → 1–2–3) 각각의 수를 거꾸로 발음한다(예: 'two'를 'owt'로 발음함).
- "오늘 어떤 이유로 저를 만나러 오셨을까요Why have you come to see me today?"라는 질문에 "우리가 약속했기 때문입니다"라고 답한다.
- "어디 학교에 다닙니까?"라는 질문에 학교 이름 대신 학교 주소를 외워서 답한다.
- 그림의 장면을 보고 시작, 중간, 끝이 있는 짧은 이야기를 만들어 달라고 요청하면, 모든 이야기마다 항상 "시작은……. 중간은……. 끝은…….."의 문장으로 말한다.
- 회기 예약 시간이 끝나는 정확한 순간에 과제를 수행하던 중이라도 즉시 자리에서 일어나서 검사실을 떠난다.

암묵적인 내용을 명확하게 설명할 필요가 있다. 자폐인 내담자는 비-자폐인 내담자가 직관적으로 이해할 수 있는 질문이나 지시도 더욱 명확한 용어로 표현해 달라고 요청할 때가 많다.

검사 중 암묵적인 내용에 대해 명확한 설명이 필요한 예시:

- "이제 철자 검사를 하겠습니다. 제가 각 단어를 읽고 그것을 문장으로 말해 줄 것입니다. 여기 [앞에 놓인 답안지]에 단어를 적으면 됩니다. 준비되었습니까?"라고 설명하자, 캐롤라인Caroline은 "그러면 그 단어의 철자를 정확하게 표기해야 합니까?"라고 되물었다.
- 개념적 추론 과제에서 "두 개의 단어나 사물을 제시하면, 그 둘이 어떻게 비슷한지 말씀해 주십시오. 예를 들어, A와 B는 어떻게 비슷합니까?"라고 질문하자, 홀든Holden은 "둘 다 알파벳입니다!"라고 답했다. 이에 검사자가 "좋습니다! 그렇다면 정사각형과 원은 어떻습니까How about a square and a circle?"라고 묻자, 홀든은 "이것들에 대해서는 무엇을 말입니까What about them?"라고 되물었다.
- "짧은 숫자 나열을 듣고, 순서대로 따라서 말씀해 주십시오"라고 지시하자, 학생 대부분은 집중해서 숫자를 기억해야 한다고 자연스럽게 이해했지만, 네이트Nate는 "종이에 적어도 되나요?"라고 질문했다.

반복적이거나 특이한 언어 표현을 주의 깊게 듣는다. 개인특유적이거나 반복적인 언어 표현이 있는지 귀를 쫑긋 세운다. 좋아하는 만화나 영화의 대사, 당신의 말이나 어조를 따라 말하기, 어울리지 않는 어구를 반복하기(예: 검사 내내 "아, 정말 사랑스럽네요" "그건 엄청 무시무시하네요"라고 여러 번 반복해서 말하는 청소년) 등이 포함될 수 있다.

눈 맞춤이 특이할 수 있다. 내담자가 눈 맞춤을 사용하지 않거나 합동 주시joint attention에 반응하지 않을 수 있다. 눈 맞춤이 비정상적으로 짧거나(빠르게 시선을 돌림) 지나치게 길 수 있다(불편하게 느낄 정도로 뚫어지게 바라보기). 당신의 눈을 바라보지 않고 얼굴의 다른 부분이나 방 안의 다른 사물에 초점을 둘 수도 있다. 혹은 당신과 시선을 마주치지만, 사회적 상호작용을 조절하기 위해 시선을 사용하지 않을 수도 있다.

평탄 혹은 제한된 정동flat or restricted affect**을 보일 수 있다.** 몇몇 건강관리전문가는 내담자의 평탄하거나 제한된 정동에만 주로 입각해서 우울증을 진단하기도 한다. 그러나 평가 회기 내내 재미있는 일화나 과장된 칭찬, 어려운 과제에 대해서도 감정 표현이 똑같이 유지되면서 거의 변하지 않는 점을 발견했다면 자폐증의 가능성을 고려해야 한다. 더욱이, 제한된 정동이 계속해서 긍정적이기만 하다면, 부모나 임상가, 교사 등 주변 사람은 이를 쉽게 알아차리지 못할 수 있다. 그러므로 내담자가 우울한 주제나 스트레스가 많은 주제를 말하면서도 계속 밝고 쾌활한 태도를 유지한다면 반드시 주목하고 이를 기록해 두어야 한다.

조쉬Josie의 정동은 시종일관 밝았다. 목소리 크기가 때때로 변했지만, 어려운 과제에서 좌절할 때조차 정동이 변하지 않았다. 심지어 "저는 가족과 친구에게 짐이 되고 있어요. 저는 시간과 공간을 낭비하고 있어요" 같이 고통스러울 수 있는 주제를 말할 때에도 계속 표정이 밝았다.

내담자는 과제 유형에 따라 편안함이나 의사소통 방식이 다르게 보일 수 있다. 많은 자폐인 내담자는 구조화된 인지 과제나 학업을 수행할 때 자신감이 있거나 최소한 편안해 보인다. 이들은 이 활동에서 유창하게 말하고, 일반적인 속도로 작업하며, 특별한 감정 표현을 보이지 않을 수 있다. 그러나 사회적·정서적 기능을 평가하는 과제나 모호한 성격의 과제로 전환되면 의사소통 방식이나 정동이 달라질 수 있다. 이때 내담자는 침묵이 길어지거나 말에 군더더기가 많아지면서 유창하지 않아 보일 수 있다. 사고 과정에서 조직화나 일관성이 저조할 수 있으며, 자기 생각과 감정을 말로 표현하기 어려워할 수도 있다.

수잔 두발Susanne Duvall 등에 따르면, "몇몇 [자폐증] 아동은 구조화된 인지 검사에서 눈 맞춤이 많아지고 사회기술의 차이가 현저하지 않지만, 일상 대화와 같이 목표 지향적이지 않은 활동에서는 어려움을 보인다. 또한 명확하게 구조화된 검사에 성공적으로 참여하지만, 개방형의 혹은 모호한 질문과 지시를 어려워하며, 글자 그대로가 아닌 추상적이거나 비유적인 언어가 포함될 때 특히 그렇다."

어휘력 검사에서 프랭크 박사Dr. Frank의 몸짓 언어는 두드러지지 않았고, 유창하게 말했으며, '흠um' '마치like' 같은 말의 군더더기가 거의 없었다. 그리고 추가 질문이 필요하지 않을 정도로 효율적이고 간결하게 핵심을 벗어나지 않고 명확하게 응답했다. 반면, 임상 면담에서 사회적 · 정서적 고민을 논의할 때는 추임새를 자주 사용하고 침묵이 길었다. 또한 문장을 멈췄다가 다시 시작하거나 말끝을 흐리면서 사고의 흐름이 이탈하거나 길을 잃는 경향을 보였다. 더군다나 과장된 몸짓을 사용하다 보니 말과 조화되지 않고 어색했다. 프랭크 박사는 스스로를 이해하고 평가에 참여하려는 동기가 충분했지만, 면담 질문에 답하기를 상당히 어려워했다. 면담 도중에(면담이 의도적으로 느린 속도로 부드럽고 유연한 분위기에서 진행되었음에도) 프랭크 박사는 약간 어지러워하기도 했다.

자폐인 내담자는 수행을 마쳤다고 표현하지 않을 수 있다. 저자가 자폐증 내담자에게서 자주 관찰하는 모습이다(비-자폐인 내담자에게서는 매우 드물었다). 내담자가 독립적으로 검사를 수행하거나 자기-보고식 척도를 작성하는 동안, 검사자는 채점하거나 기록하거나 다음 과제를 준비하느라 내담자가 언제 작업을 마쳤는지 알아차리지 못할 수도 있다. 대다수의 비-자폐인 내담자는 수행을 마치고 다음 단계로 넘어갈 준비가 되었다고 언어적이든, 비언어적으로든 전달한다. 예를 들어, 연필을 분명하게 내려놓거나, 눈 맞춤을 시도하거나, 헛기침을 하거나, "다했습니다"라고 말할 수 있다. 반면, 몇몇 자폐인 내담자는 신호를 보내지 않고, 시간제한이 있는 검사에서도 단순히 작업을 멈춘 채 조용히 앉아 있을 수 있다. 시간제한이 없는 검사 중에 이러한 행동이 나타나면, 저자는 때때로 내담자의 반응을 관찰하기 위해 모르는 척하기도 한다. 어떤 내담자는 몇 분이 지나서야 저자의 주의를 끌려 하고, 어떤 경우에는 저자가 행동 실험을 포기하고 다음 단계로 넘어가기도 한다. 이는 내담자가 다른 사람의 관점을 이해하여 효과적으로 상호작용하기가 잠재적으로 어려울 수 있음을 보여 주는 흥미로운 예시이다.

객관식 검사에서 "평가자를 위해 말로 대답해 주면 좋겠다"고 명확히 말해 주었지만, 노아Noah는 답을 소리 내어 말하는 대신에 손가락으로 가리키기를 반복했다. 노아가 답을 가리켜도 평가자가 두어 번 보지 않는 척했지만, 노아는 침묵하면서 검사지 위에 손가락을 올려두기만 했고, 평가자에게 말로 알리거나 심지어 눈을 맞추려는 시도도 보이지 않았다.

자폐인 내담자는 특이한 감각 반응을 보일 수 있다. 감각적 과잉-반응성이 해당할 수 있으며, 시계의 초침 소리에 산만해져서 시계를 방에서 빼야 하거나 형광등의 작은 소음에 불편함을 느끼는 경우 등이 있다. 감각적 갈망의 징후도 나타날 수 있는데, 당신과의 상호작용이나 검사에 지장을 줄 정도로 특정한 피젯토이fidget toy[2)]를 사용하려는 욕구가 지속되는 경우가 있다. 더하여, 감각 장난감에 대한 반응이 일반적이지 않을 수 있는데, 이 장난감이 유발하는 감각 경험으로부터 흥분해서 반복적인 행동이나 특이한 신체 움직임을 보일 수 있다. 몇몇 내담자는 옷으로 감각 경험을 나타내기도 하는데, 신발을 벗거나 후드를 항상 눌러쓰거나 유난히 꽉 끼거나 헐렁한 옷만을 고집할 수 있다. MIGDAS-2는 감각 기반의 내담자 면담과 상세한 행동 관찰 체크리스트를 제공해서 매우 유용한데, 다음 장에서 사회인지평가 도구를 논의하면서 소개할 예정이다.

일부 자폐인 내담자는 자신이 주변 환경(또는 사람)에 미치는 영향을 신경 쓰지 않을 수 있다. 몇몇 내담자는 대기실이나 검사실에서 쓰레기, 음식, 음료를 치우지 않고 가거나 개인 물품을 가구나 바닥에 그대로 두기도 한다. 물론 이는 조직화 능력이 부족한 ADHD 내담자에게서도 흔하다. 다른 예로, 내담자가 계속 책상 아래에서 검사자의 다리를 차거나 검사자의 개인 공간을 침범하는 경우가 있다. 자폐인 내담자는 당신을 건드리거나 주변을 어지럽힌다는 사실을 깨닫지 못해 사과하지 않을 수도 있다. 그러나 이를 부드럽게 지적하면, 대부분은 기분이 나쁠 수 있다고 인식하고 미안해 한다.

2) 역자 주: 손가락을 꼼지락대며 놀거나 손장난을 할 수 있는 장난감이다.

휴식 시간을 제안해도 모두 거절할 수 있다. 몇몇 내담자, 특히 청소년과 청년은 물이나 간식을 먹거나 화장실에 가는 휴식 없이도 몇 시간 동안 계속 작업할 수 있다. 그러나 제안된 휴식 시간을 모두 거절할 때, 특히 어린 아동과 성인의 경우에서는 내부수용감각을 인식하는 수준이 저조할 가능성을 고려해야 한다. 당신이 내담자에게 피로, 배고픔, 갈증의 증거를 관찰했는데 내담자가 이를 해소하려고 시도하지 않는다면 더더욱 해당할 수 있다. 물론 내담자가 자신의 신체적 욕구를 인식하고 있지만 이를 표현하기 주저할 가능성도 있다. 이때는 사회적 상호작용의 관점에서 접근해야 하며, 내담자에게 어떤 이유로 휴식을 요청하거나 받아들이지 않았는지 물어볼 수 있다(그리고 항상 검사를 시작할 때, 휴식이 가능하며 필요하다고 분명히 알려 주어야 한다). 사회불안, 경직된 사고, 내부수용감각의 저조한 인식 등이 휴식하지 않는 이유가 될 수 있다.

맥락을 읽기 어려울 수 있다context blindness**.** 동반저서에서 맥락 인식의 어려움을 논의한 바 있다. 분명히 하자면 자폐인은 맥락을 전혀 보지 못하는 것이 아니라, 맥락을 직관적으로 활용하여 세상을 이해하고 반응하는 데 어려움을 겪을 수 있다. 사람이라면 누구나 가끔 맥락을 놓치거나 활용하지 못할 수 있지만, 일부 자폐인 내담자에게는 이 어려움이 반복된다. 따라서 맥락 인식이 어려운 패턴은 당신의 내담자가 자폐인일 가능성을 시사하는 중요한 단서가 된다. 내담자가 질문, 검사 문항, 환경을 특이한 방식으로 오해석하는지 살펴보고, 만약 이것이 단순 실수가 아닌 '전체 그림을 놓치는', 즉 숲을 보지 못하고 나무에만 초점을 두는(더 나아가서 숲속 특정 나무의 나뭇잎에 있는 잎맥에 집중하는) 경향을 시사하는지 고려한다. 이는 검사 중 다양한 방식으로 나타날 수 있으며, 다음은 몇 가지 예시이다.

검사 중 맥락 인식이 어려운 예시:

- 올리비아Olivia(14세)는 토막 짜기 과제 중 어떤 블록의 빨간 면이 검사 책자의 빨간색과 가장 비슷한 채도일지 결정하려고 동일한 토막들을 뚫어져라 조사했다.
- 캘빈Calvin(16세)은 기분에 대한 자기-보고식 척도를 작성하면서 자신에게 해당

하는 문장을 선택하였다(예: "나는 학교 다니기를 즐긴다" "나는 학교 다니기를 즐기지 않는다"). 모든 척도를 완료하고 '응답을 ×로 표시하십시오'라는 지시문을 발견하자, 캘빈은 자신이 체크 모양(✓)으로 표시했다는 사실에 상당한 불안감을 느꼈다.

- 로즈Rose(19세)에게 "짧은 문장을 빠르게 읽고 단순히 참인지 거짓인지 말해 달라"고 지시하였다. 연습 문항으로 "물고기는 책을 읽을 수 있다"라는 문장이 제시되자, 로즈는 "만약 물고기가 책을 읽을 수 있는데 우리가 아직 모르고 있는 거라면, 어떻게 해야 하나요?"라고 질문했다.
- 모건Morgan(15세)은 "산과 호수는 어떤 점에서 비슷합니까?"라는 질문을 받자, "먼저 그 산의 높이가 얼마인지 알아야 한다"고 응답했다.
- 페넬로페Penelope(16세)는 "My best friend one[3] the state−held horse race [나의 가장 친한 친구가 주에서 주최한 말 경주에서 우승했다]"라고 작성하였다.
- 잭Jack(11세)은 문장을 쓸 수 있지만, 대문자를 무작위로 사용했다(예: "This boy is Happy. This Nail is very pointy. The Toes on my foot are Little").
- 마야Maya(8세)는 수학 문제 "1.2+3= _____"을 풀면서 '1.'을 소수점 숫자로 잘못 인식해서 "1.2+3= _____"으로 이해했고, 이후의 모든 문제도 같은 방식으로 풀었다(예: 2., 3., 4.……).
- 니코Nico(12세)가 작성한 자기−보고식 척도 두 개에서 한 척도는 날짜를 '월/일/년' 순으로, 다른 척도는 '년/월/일' 순으로 적도록 했다. 니코는 혼란스러워하면서 왜 날짜 형식이 다르지 큰 소리로 질문했다.
- 조이Zoey(10세)는 퍼즐 그림에서 빠진 조각을 다섯 개의 선택지 중에서 고르는 시공간 과제를 수행했다. 선택지 아래에는 1부터 5까지 번호가 매겨져 있었는데, 조이는 이 숫자가 퍼즐 조각의 일부라고 생각하여 "아래 숫자들에 의미가 있나요?"라고 물었다.

3) 역자 주: 'won' 대신에 'one'으로 잘못 작성하였다.

저자는 받아쓰기를 시행할 때마다 맥락 인식이 어려운 예시를 자주 접한다. 받아쓰기 소프트웨어는 동음이의어(소리가 같지만 의미가 다른 단어 또는 구) 중에서 선택할 때 문맥을 쉽게 사용하지 못한다. 다음은 문맥에 민감하지 않고 맥락을 인식하지 못한 받아쓰기의 실제 예시로, 특이하지만 음운적으로는 적절한 철자 오류이다.[4)]

- Jamie gave up easily on tasks. For instants(→instance),
  제이미는 쉽게 일을 포기했다. 예를 들어,
- Margaret frequently paste(→paste) the room.
  마거릿은 자주 방을 걸어 다녔다.
- Write a Maine(→main) or topic sentence for this paragraph.
  이 단락의 주제문을 작성하십시오.
- Charlotte did not make consistent or meaningful iContact(→eye contact).
  샬롯은 일관되거나 의미 있게 눈을 맞추지 않았다.
- There were know(→no) other factors involved.
  다른 요인은 없었다.
- Elise's mother noted that her moods "swing up and down from day today, even our to our(→hour to hour)."
  엘리스의 어머니는 자신의 기분이 "하루하루, 심지어 한 시간마다 위아래로 요동친다"고 말했다.

4) 역자 주: 맥락 인식의 어려움으로 인해 발생한 철자 오류의 예시를 굵은 글씨로 표시하였으며, 괄호 안에 정확한 영문 철자를 표기했다.

자폐인 내담자에 대한 행동 관찰 기록은 흔히 매우 짧거나 매우 길다. 몇몇 자폐인 내담자는 사소한 잡담을 전혀 시작하지 않거나 이어 가지 않는다. 이들은 검사 중 거의 움직이지 않거나 정동이 변하지 않을 수 있다. 질문하지 않거나, 감각 장난감을 만지지 않거나, 휴식을 취하지 않거나, 주목할 만한 행동을 거의 보이지 않을 수도 있다. 이러한 내담자와는 몇 시간을 함께하더라도 기록할 내용이 거의 없어서 기본적인 몇 가지 관찰 사항만 겨우 적을 수 있다.

반면, 다른 자폐인 내담자는 특이한 행동이나 독특한 상호작용 방식을 다수 보여 줄 수 있다. 이들은 독특한 언어 표현, 미묘하지만 눈에 띄는 신체 자세나 움직임, 특징적인 몸짓이나 정동, 감각 장난감에 대한 흥미로운 반응, 맥락 인식이 어려운 예시, 환경에 대한 감각 반응 등 주목할 만한 행동을 다수 보여 줄 수 있다. 이러한 내담자와 함께라면 기록할 거리가 많을 수 있다.

심리치료 환경에서의 행동 관찰[5)]

초기의 전화 면담에서 거리감이나 압도감을 경험할 수 있다. 짧게 대화를 나누거나 일정을 조정하는 초기의 전화 면담을 다소 건조하게 느낄 수 있다. 내담자가 친근하거나, 매력적이거나, 따뜻하거나, 적극적인 인상을 주지 않을 수도 있다. 이들은 정보를 최소한으로 제공하며, 대화에 적극적으로 참여하기 어려워할 수 있다. 한편, 내담자가 과도하게 많은 세부 정보까지 장황하게 말하면서 이 전화 면담이 비교적 간단한 선별 목적임을 인식하지 못하는 듯 보일 수도 있다.

대기실이나 화상 회기의 기본 예절을 알지 못할 수 있다. 레베카Rebecca가 언급하기로, "저는 기다리는 기술을 가르쳐야 했습니다. 예를 들어, 대기실은 보통 예약 시간

5) 저자 주: 저자는 치료자가 아니며, 이 단락에서 지혜를 나누어 준 심리치료자인 라라 도일(Lara Doyle, LCSW), 레베카 골드버그(Rebecca Goldberg, MSW, LCSW), 하니야 실버맨(Haniya Silberman, LCSW-C), 캐런 스타로빈(Caron Starobin, LCSW-C), 손드라 울프(Sondra Wolff, LCSW)에게 깊은 감사를 전한다.

10~15분 전에 이용하는 공간임을 알려 주면서 매번 45분 일찍 도착하지 않도록 설명해 주었습니다." 또한 일부 내담자에게는 대기실에서 이어폰 없이 오디오북을 듣거나 영상을 보지 말아 달라고 요청해야 할 때도 있다.

화상 회기의 기본 예절도 비슷하다. 준비되지 않은 상태로 늦게 접속해서 회기가 시작했는데 컴퓨터를 움직이거나 옷을 갈아입는 내담자도 있다. 물론 비-자폐인 내담자도 때때로 회기에 늦거나 준비가 부족할 수 있지만, 반복되는 패턴을 스스로 인지하지 못하거나 별다른 사과가 없다면 주목할 만한 요소가 된다. 화면에 얼굴이 부분적으로만 보이거나 아예 보이지 않는 등 카메라 각도가 특이한 내담자도 있다. 이때 중요한 점은 스스로가 어떻게 보이는지, 그리고 치료자가 어떻게 느낄지에 대해 내담자가 인식할 수 있는지 확인하는 것이다. 예를 들어, 내담자가 "제가 카메라에 나오는 것이 불편합니다. 화면을 끄고 진행해도 괜찮을까요?"라고 직접 표현한다면, 이는 자폐증 여부와 무관하게 사회불안을 나타낸다고 볼 수 있다. 그러나 자신이 화면에 부분적으로만 보이거나 아예 보이지 않는다는 사실을 인지하지 못한다면, 이는 내담자가 타인의 입장을 고려하거나 사회적 예절을 이해하기 어려워한다는 단서가 될 수 있다. 손드라Sondra는 이에 대해 다음과 같이 언급하였다: "카메라 반대편에서 상대방이 어떻게 느낄지 감지하는 능력이 부족할 수 있습니다. 어떤 내담자는 [회기 도중에] 커피를 가지러 가서 5분 동안 자리를 비우기도 했습니다."

융통성이 부족할 수 있다. 저자가 면담한 모든 치료자는 치료자가 단 1분만 늦어도 힘들어 했던 내담자를 떠올릴 수 있었다. 반응의 정도는 농담을 가장한 가벼운 지적부터 불편함이나 짜증을 명백히 표현하는 경우까지 다양했다. 라라Lara는 '회기가 1분 늦게 시작되면, 끝나는 시간도 1분 연장될 수 있는지' 확인했던 한 내담자의 사례를 떠올렸다. 어떤 내담자는 입실을 허락하기도 전에 정해 놓은 시간에 맞춰 대기실에서 상담실로 직행하기도 하고, 회기의 요일과 시간을 동일하게 유지해야 하는 경우도 있다. 하니야Haniya는 "이 내담자들은 약속 시간과 일정에 대한 경직성이 뚜렷합니다"라고 설명했다. 예를 들어, "정해 놓은 회기 시간을 무조건 유지해야 하며, 그렇지 않으면 불안이 급격히 높아질 수 있습니다"고 덧붙였다.

내담자가 관점을 전환하기 힘들어 할 수 있다. 특정한 생각에 갇혀서stuck 새로운 방식으로 바꾸어 상황을 바라보기가 특히 어려울 수 있다. 예를 들어, "관계는 반드시 어떤 특정한 방식으로 보여야 하고, 사람들은 특정한 방식으로 행동해야 한다. 이 기대에 부합하지 않는 관계나 사람은 나쁘다"고 주장할 수 있다. 많은 치료자가 이를 흑백논리적 사고로 다룬다.

내담자와 치료자의 의사소통 방식이 다를 수 있다. 치료자의 방식과 관련하여, "이들에게는 제가 평소 치료자로서 사용하던 질문 방식을 바꿔야 합니다. 전형적인 반영, 해석 유도하기, 개방형의 모호한 질문은 전혀 효과적이지 않을 수 있습니다"라고 하니야가 언급했다. 캐런Caron 또한 동의하면서 "명시적인 방식으로 의사소통하고 너 많은 맥락을 제공해야 합니다"라고 말했다. 라라는 "회기의 리듬cadence 자체가 달라집니다. 진행 속도와 말하는 속도를 정말 많이 늦추어야 합니다. 또한 저는 내담자가 말하고자 하는 바를 어떻게 전달할지 생각하는 동안에 이어지게 되는 긴 침묵을 완전히 받아들여야 합니다"라고 평했다. 손드라는 "치료자로서 정동에 따라 접근하고 감정을 질문하도록 훈련받았지만, 이 전략은 몇몇 자폐인 내담자에게 혼란을 줄 수 있습니다"라고 지적했다.

물론 내담자마다 자신만의 방식을 가진다. 어떤 자폐인 내담자는 방대한 세부 사항까지 빼놓지 않고 상당히 장황하게 말하면서(듣는 상대방에게 어느 정도로 많고 적은 맥락이 필요한지 인식하기 어려운 점을 반영한다) 치료자가 상호작용에 참여할 기회를 주지 않는다. 어떤 다른 내담자는 치료 중 유난히 조용해서 치료자가 계속 이야기를 이끌어 내고 구조를 제공해야만 참여할 수 있기도 하다. 이 밖에도 유머 감각이 독특해서, 회기의 시작과 끝에 기본적인 사회적 예의를 생략해서, (의도치 않게) 때때로 무례하다고 느낄 정도로 말이 직설적이어서 등의 이유로 의사소통에서 차이가 나타날 수 있다.

감각 경험을 언급할 수 있다. 레베카는 자폐인 내담자가 자신의 목소리를 언급할 때가 있다고 했다: "'아, 목소리가 너무 크지 않네요' 혹은 '목소리가 마음에 들어요'라고 말하곤 합니다. 내담자가 명확히 표현하지는 못하지만, 음조나 리듬, 어조, 목소리 크기를 언급합니다." 내담자는 백색 소음기나 조명, 혹은 환경 내에서 일반적으로 눈에 띄지 않는 감각 요소를 알아채거나 불편해할 수도 있다.

특정한 주제가 나타날 수 있다. 저자가 면담한 치료자들은 자폐인 내담자와의 작업에서 반복해서 등장하는 문제나 주제가 있다는 데 모두 입을 모아 동의하였다. 예를 들어, 이들은 종종 관계가 '사라지거나ghosted' 끊어지는데, 그 이유를 알지 못할 때가 있다. 이와 관련하여 경계boundaries, 의사소통 방식, 관계의 규칙 등을 아우르는 대인관계의 이해가 논의의 주제가 되곤 한다.

하니야가 말했듯이, "내담자가 30세이든, 70세이든 똑같은 이야기가 반복됩니다. 핵심은 강도intensity, 규칙 탐색rule navigation, 경계의 문제입니다. 사실 '경계의 침범'이라기보다는 어떤 사람이 '규칙'을 어겼을 때 융통성이 없습니다. 예를 들어, 또래를 약간 다르게 느끼게 되면 '우리는 친구가 될 수 없다'고 생각하는 것입니다. 이러한 내담자에게는 사회적 규칙, 의사소통, 경계 설정, 데이트 규칙 등에 대한 도움이 필요합니다. 예를 들자면, '잘 지냈어What's up?' 같은 간단한 인사말이 어떤 의미인지조차 혼란스러워 하며 규칙을 파악하려고 애쓰곤 합니다. 비-자폐인 내담자에게서는 이러한 고민을 거의 듣지 않았습니다."

레베카는 "이런 내담자들은 대체로 호감이 가고 함께 있으면 즐겁지만 대인관계는 늘 쉽게 무너집니다. 그래서 저는 왜 이들이 친밀하고 지속적인 관계를 유지하기 어려워하는지 의문이 듭니다. 이들은 단짝 친구가 없거나, 감정표현이 지나치거나, 고립되어 있거나, 친구들이 계속해서 떠나곤 합니다"라고 말했다. 라라도 이에 동의하면서, "여아 내담자들 중 상당수가 성인과의 일대일 관계에서는 아주 잘 지내지만, 또래와의 관계에서 그렇지 못한 경우가 많습니다"라고 말했다.

자기감sense of self**이나 균형감의 결여**sense of balance가 또 다른 주제가 될 수 있다. 손드라는 다음과 같이 언급했다: "균형 찾기, 자신의 신체나 삶의 다른 영역을 조절하기, 다른 사람과 상호작용하는 방식에서 어려움을 경험합니다. [예를 들어], 이들은 어떤 하나에 올인할 수 있습니다. 관계에서 극단적인 모습을 보이기도 하는데, 지나치게 의존하거나 완전히 단절하는 식입니다." 라라도 이에 동의하면서, "관계에 너무 강렬하게 다가가거나 반대로 너무 빨리 물러나서 관계가 쉽게 무너집니다"라고 덧붙였다.

정서 조절emotional regulation도 또 다른 주요한 주제이다. 라라의 설명에 따르면, "자폐인 내담자 일부는 강한 감정폭발meltdown이나 분노폭발outburst을 보일 수 있습니다. 공격적으로 말하면서 부모를 자극할 수도 있습니다. 부모는 이를 무례함으로 받아들이지만, 사실 고의적인 반항 행동이 아닙니다." 캐런이 첨언하기로, "정서 조절 곤란은 종종 자신이 오해되리라는 예상에서 비롯되는데, 과거에 오해받았던 경험 때문에 이는 거의 트라우마와 유사한 경험이 됩니다. 다시 오해를 받을 수 있다고 짐작하면서 감정 조절이 어려운 것입니다."

동기motivation 관련 문제도 자주 등장한다. "제가 만나는 자폐인 대다수는 부모나 배우자 같은 다른 사람의 요청으로 상담실에 온 경우가 많습니다"라고 하니야가 말했다.

치료에서 전체적인 큰 맥락big picture**과의 연결이 약할 수 있다.** "제 자폐인 내담자 중 다수가 무엇을 말하고 싶은지 계획하지 않고 상담실에 옵니다. 이전 회기와 현재 회기가 연결되지 않는 경우가 많습니다"라고 손드라가 논평했고, 다른 치료자들이 강하게 공감했다. 레베카는 많은 자폐인 내담자가 세부 내용을 더 큰 맥락과 자발적으로 연결하지 않는다고 덧붙였다: "예를 들어, '아버지의 말씀이 어떤 의미였을까요?'라는 질문에서 '그 말이 내담자에게 어떤 의미를 가지는지' 혹은 '말 속에 어떤 의미가 있을지'로 구체적으로 질문해야 했습니다."

큰 그림으로 연결하기 어려운 점은 내담자의 '정서적 계획emotional planning'에도 영향을 준다고 캐런이 첨언했다. "비-자폐인은 친구와 대화할 때 상대방이 어떻게 느낄지를 더 직관적이고 빠르게, 쉽게 예상할 수 있습니다. 반면, 자폐인 내담자는 이 상황을 마치 '알고리즘과 같은 수학적 방식'으로 예상하곤 합니다. 예를 들어, '내가 이렇게 말하면 상대방은 이렇게 반응할 거야' 같은 식입니다." 캐런은 자폐인 내담자에게 각각의 상황에 따라 감정을 고려하도록 명시적으로 안내해야 한다고 깨닫게 되었다.

"비-자폐인 내담자는 보통 치료 목표나 감정 경험과 관련된 구체적인 주제를 가지고 오는 경우가 많고, 예시를 들기도 합니다. 반면에 자폐인 내담자는 꽤 즐거워하면서 대화에 기꺼이 참여하려는 의지도 있지만, [회기의 방향]을 이끌지는 않으며 치료자에게 더 많이 의존하곤 합니다"라고 하니야가 설명했다.

흔치 않게 길고 상세한 이메일을 보낼 수 있다. 자폐인 내담자는 때때로 지나치게 긴 이메일(또는 포털 메시지)을 보내기도 한다. 이메일에는 상당한 세부 정보와 많은 후속 질문이 철저히 정리되어 있어서 읽는 사람이 압도될 수도 있다. 이 맥락에서 라라는 자폐인 내담자의 부모가 '믿을 수 없을 정도로 길고 상세해서 책 한 권에 비견하는 이메일'을 보낼 수 있다고 덧붙였다(검사 맥락에서도 발생할 수 있는 일이다. 저자가 평가한 39세의 물리치료사는 표준 과거력 질문지에 더해 한 줄 간격으로 꽉 채운 9쪽 분량의 굉장히 상세한 정보를 이메일로 보냈고, 이후에도 추가 정보와 설명이 담긴 비슷한 이메일이 몇 통이나 더 이어졌다). 비-자폐인에게 흔치 않은 이러한 일은 자폐인에게서 그리 드물지 않게 나타나며, 이로 인해 의사소통의 틀을 명시적으로 논의할 필요가 생기기도 한다.

정서적인 단절이 존재할 수 있다. 정동, 내부수용감각, 감정인식불능증 관련 문제가 치료 회기 중에 불거질 수 있다. 손드라는 일부 내담자가 "정서 반응을 [보이지] 않고 이 세상을 살아가는 것처럼 보인다"면서 다음의 상황을 설명하였다: "내담자가 자폐인이라는 사실을 알기 전에 처음에는 평탄 정동flat affect으로부터 잘못된 신호를 받았습니다. 여기 있기를 불편해 하고 저를 좋아하지 않는 것처럼 보였지만, 계속해서 회기에 참석했습니다. 그리고 이들은 자신이 사회에서 왜 잘 이해받지 못하는지를 깨닫지 못했습니다. 많은 [자폐인 내담자]는 성인조차도 흔히 자신의 감정을 확인하기 어려워합니다. 자신이 어떻게 느끼는지 처음 아는 것만으로도 상당히 큰 도움을 받을 수 있습니다." 이는 내면 상태를 인식하지 못하거나 표현할 만한 적절한 어휘가 부족한 점과 부분적으로 관련될 수 있다.

하니야는 또 다른 예시를 들려주었다: "저는 한 어머니와 18세 딸을 상담한 적이 있습니다. 어머니는 계속해서 딸에게 '기분이 어떠니?' '뭐가 너를 힘들게 하니?'라고 물었습니다. 그런데 나중에 어머니가 내부감각에 관한 내용을 읽고는 [삶을 바꾸는 경험을 했다]고 말했습니다." 하니야는 정신과전문의와 작업할 때에도 다음과 같이 조언해야 할 때가 있다고 말했다: "'이번 주에 약을 복용하면서 어떤 점을 느꼈습니까?' '지금 기분이 어떻습니까?' 같은 질문은 지양해야 합니다." 라라는 "자폐인 내담자는 자신이 목마른지, 배고픈지, 배부른지 잘 모를 수 있습니다. 그래서 너무 많이 먹거나, 식사를 중단하지 못하거나, 탈수 증상을 겪을 수 있습니다"라고 덧붙였다.

치료의 진행 속도가 느릴 수 있다. 자폐인 내담자는 일반적인 치료 접근법이나 개입에 대한 반응이 약할 수 있다. 다만 "우리의 관점을 전환하고 이들과 다른 방식으로 작업한다면, 충분히 나아질 수 있습니다"라고 레베카는 현명하게 언급했다. 즉, 치료자는 내담자의 필요에 맞추어 접근 방식을 조정할 필요가 있다.

문화 간 연결

행동 관찰을 수행하고 해석할 때, 내담자와 당신의 문화적 배경 간의 상호작용뿐만 아니라 내담자의 문화적 배경을 필수적으로 고려해야 한다. 예를 들어, V 박사Dr. V는 정통 유대교 공동체에 속한 소년을 평가했는데, 평가 중 소년은 매우 방어적인 태도를 보이고 거의 눈 맞춤이 없었으며, 그래서 치료자와 연결되기가 어려웠다. V 박사는 이렇게 거리감 있는 태도를 예상하지 못했기 때문에 무언가를 놓쳤을지 스스로 되묻게 되었다. V 박사는 정통 유대교 문화를 잘 아는 동료에게 자문을 구했고, 동료는 V 박사가 어떤 옷을 입고 있었는지 물었다. 당시 V 박사는 반팔을 입고 있었는데, 이것이 소년을 당황하거나 불편하게 했을 가능성이 있었다. 또한 정통 유대교 문화에서는 낯선 이성의 어른과 눈을 맞추는 행동을 무례하다고 여길 수 있다는 사실도 알게 되었다. 이러한 문화적 이해가 없었더라면, V 박사는 소년의 행동을 자폐증의 가능성으로 귀인할 뻔했다.

자주 하는 질문(FAQ)

- **비-자폐인 내담자에게서도 이러한 행동을 볼 수 있지 않습니까?** 물론이다. 어떤 행동도 그 자체만으로 자폐증에 특정적이지 않으며, 반드시 어떤 의미를 갖지 않을 수도 있다. 그러나 어떤 내담자가 행동과 특성을 다수 혹은 지속적으로 보인

다면, 자폐증이 임상적 양상의 한 부분일 수 있다. 광범위하게 또는 지속적으로 나타나는 행동을 살펴야 한다.

- **학교 관찰은 어떻습니까?** 학교에서 직접 관찰하면 도움이 되겠지만, 저자는 이 방식이 자폐증 표본에 대해서는 그 높은 비용을 충분히 정당화할 만큼 유용하지 않다고 생각한다. 오히려 저자는 아동의 삶에 관여한 다른 성인(예: 이전의 교사, 운동장 지도 보조원aide, 학교 상담사, 코치, 활동 지도자, 친구의 부모)을 면담한다면, 시간을 더 효율적으로 활용하면서 더 많은 정보를 얻을 수 있다고 본다. 이들은 저자가 직접 관찰한 시간보다 아동을 더 오랫동안 더 다양한 환경에서 보아 왔다. 다만 만약에 당신이 학교 관찰을 진행하기로 선택했고 그 목적이 아동의 사회적·정서적 기능을 이해하기 위함이라면, 비구조화된 환경(예: 수학 수업이 아니라 쉬는 시간)에서 관찰해야 한다.

참고문헌 및 읽을거리

Matson, J. L., Matheis, M., Burns, C. O., Esposito, G., Venuti, P., Pisula, E., Misiak, A., Kalyva, E., Tsakiris, V., Kamio, Y., Ishitobi, M., & Goldin, R. L. (2017). Examining cross-cultural differences in autism spectrum disorder: A multinational comparison from Greece, Italy, Japan, Poland, and the United States. *European Psychiatry, 42*, 70–76. https://doi.org/10.1016/j.eurpsy.2016.10.007

제 8 장

사회인지검사

"자폐증 진단에 일괄적으로 해결책을 적용하는 것은 어리석은 일입니다. 만국 공통의 프리사이즈one-size-fits-all 판초를 만들어서 모든 사람에게 끼워 맞출 수는 없고, 그건 그냥 구멍이 뚫린 천 조각에 불과할 따름입니다. 진심으로요."

- 사라 M.Sara M.

사회인지검사를 모두 또는 대부분 검토하기는 불가능하다. 대신에 이 장에서는 평가 도구를 선택하고 사용하는 방법에 관한 일반적인 지침을 제공하며, 저자가 현재 유용하다고 생각하는 몇 가지 평가 도구를 소개하고자 한다.

일반적인 원칙

검사는 단순히 정보 수집의 조직화된 방식이다. 검사는 매번 동일한 방식으로 시행되고, 개인의 수행에 대한 객관적인 참조 틀인 규준 자료를 사용하기 때문에 도움이 될 수 있다. 저자는 이제 당신이 다음을 이해하기 바란다: 사회인지검사는 개인에 대한 정보원의 하나일 뿐이며, 그 자체로 어떤 마법은 아니다. 사회인지검사는 단지 정보를 수집하는 또 다른 방법일 뿐이다.

점수는 자료의 유일한 형태가 아니다. 결론과 권고 사항은 자료에 기반해야 하지만, 모든 자료가 검사 점수에서 도출되지는 않는다. '제7장. 행동 관찰'에서 언급했듯이,

사회인지검사 중에 내담자의 행동을 관찰하면 훌륭한 통찰을 얻을 수 있다. 다른 유형의 과제와는 다른 방식으로 이 과제에 접근하는가? 스트레스를 더 많이 받거나 좌절하는가? 작업 속도가 느린가? 더 많은 촉구와 질문, 재안내가 필요한가? 검사 후 피곤해 보이는가? 특히 사회인지검사 중 다른 유형의 과제에서와 다르게 나타나는 내담자의 모습 모두가 관련 자료가 될 수 있다.

검사 점수를 절대로 단독으로 사용하지 않는다. 표준화된 검사는 물론 표준화된 관찰 척도도 해당하는데, 이는 단지 개인이 조용한 일대일 환경에서 전문가와 함께 '수행한' 능력에 대해 제한 시간 동안의 짧은 단편적인 모습snapshot만을 제공하기 때문이다. 검사 환경에서는 개인이 맥락을 사용하거나 또래 친구들 혹은 한 번에 두 명 이상의 사람과 상호작용할 필요가 없다. 모든 검사로부터 획득한 정보(예: 검사 점수, 내담자의 언급, 관찰)는 개인력과 보조 면담 등의 모든 자료와 **통합**되어야 한다. 당신은 내담자에 대한 온전한 이해를 돕기 위해 종합된 수렴적인 자료를 탐색하는 것이다. 이쯤 되면 당연하게 들리겠지만, 여전히 많은 임상가, 학교, 보험사에서는 **단일한 검사 점수**에 근거하여 자폐증, 대금 지급payment, 서비스를 배제하기 때문에 이 점을 다시금 강조할 필요가 있다.

절단점은 진단기준의 충족 여부를 알려 주지 않는다. 현재의 진단분류 체계에 분명 결점이 있지만, 현재로서는 최선의 구조이다. 자폐증(및 저자가 아는 한 다른 모든 진단)의 DSM 기준에서는 특정 검사의 절단점을 **전혀** 언급하지 않는다. 검사 개발자와 다른 연구자들이 반복해서 언급하듯이, 중요하고 복잡한 임상적 결정을 내리는 데 충분한 단 하나의 검사 점수는 없다. 예를 들어, 캐서린 로드Catherine Lord 등이 발표한 ADOS-2 타당화 연구에 따르면, "ADOS-2 분류가 전체 임상 진단과 다를 경우, 최선의 임상 진단을 위해 임상적 판단은 ADOS-2 분류를 무시해야 한다."

현재의 많은 사회인지검사는 자폐증의 일부 표현에 민감하지 않을 수 있다. 여기에는 여러 가지 이유가 있다. 몇몇 검사의 규준 집단에서는 자폐증의 표현이 덜 분명한 자폐인을 포함하지 않는다. 몇몇 검사는 젠더 스펙트럼의 전반을 포함하는 별도의 규준이 없다. 몇몇 검사는 부분적으로 시대에 뒤떨어진 가설에 기반하거나 구식의 언어를 사용한다. 대다수는 아닐지라도 많은 수의 검사에서 시간제한이 없다. 몇몇 자폐인 내담자 특히 언어 능력이 뛰어난 여성 내담자의 경우에 일부 사회인지검사에서 엄청난 시간과 노력을 들여서 평균 점수를 받는다. 만약 이 검사에 시간제한이 있었더라면 민감도와 생태학적 타당도가 더 높았을 것이다. 일상의 상호작용에서는 누군가의 얼굴 표정을 연구하고 해석하는 데 30초 이상, 사회적인 시도bid에 어떻게 반응할지 고민하는 데 60초 이상 주어지지는 않기 때문이다. 마지막으로, 몇몇 검사는 실제적인 발생 양상과는 다르게 내담자에게 인위적으로 맥락을 제시해서 상대적으로 덜 민감할 수 있다. 다시 말해, 검사를 시행하고 구체적으로 지시하는 행위 자체가 내담자에게는 어떤 사극에 특별히 주의를 기울이도록 하는 단서가 되며, 실제 상황에서 이들이 어떻게 행동하는지를 반영하지 못할 수 있다. 분명히 하자면, 저자는 사용 중인 사회인지검사의 가치를 여전히 매우 높이 평가하고 있지만, 임상가가 이러한 척도의 중요한 한계점을 반드시 인식해야 한다고 생각한다.

자폐증의 임상적 진단을 위한 황금 기준gold standard의 검사는 없다. 어떤 검사 하나만으로도 자폐증을 진단하거나 배제할 수 없다. 위장하고 있는 사람을 평가할 때 특히 염두에 두어야 한다.

수행 타당도 척도가 중요하다. 모든 검사에 해당하겠지만 검사 수행이 내담자의 프로파일을 반영하는지, 아니면 내담자의 노력이나 참여도를 반영하는지 확인해야 한다. 이를 위해 모든 검사 내담자에게 수행 타당도 척도를 사용해야 한다. 내담자의 연령에 따라 독립적인stand-alone 척도와 내장된embedded 척도 모두를 사용해야 한다.

지폐증 진단에서 신경심리검사는 필수가 아니나. 인지, 언어, 수의력, 실행기능, 학업기술 등 다양한 영역에 걸쳐 개인의 기능을 이해하면 도움이 된다. 그러나 기능 전반에 대한 이해가 자폐증 진단에 엄격하게 요구되지는 않으며, 내담자의 인지 및 학업 기능에 문제가 없다면 평가는 사회인지평가로 좁힐 수 있다. 다만 주의력, 언어, 실행기능, 기타 인지 혹은 학업 기술에서 우려 사항이 있다면, 이와 더불어 자폐증의 가능성을 고려할 때 내담자의 강점과 약점을 온전히 이해하기 위해서 종합적인 신경심리평가를 받아 보도록 권할 만하다.

약점뿐만 아니라 강점도 탐색한다. 내담자는 어떤 어려움에 대해 우려하면서 신경심리평가를 받으려 하기 때문에, 신경심리학자가 문제 영역에 주로 집중하고 강점에는 거의 또는 전혀 관심을 기울이지 않게 되기가 쉽다. 그러나 신경심리평가의 주요 목표는 내담자의 인지적·학업적·사회적·성격적 강점을 탐색하는 것이어야 하며, 이는 내담자가 자신을 완전히 이해하고 발전을 이루어 나가도록 돕는 계획에 있어서 핵심이 될 것이다.

인지검사에서 단일한 자폐 프로파일은 없다. 자폐인의 전체 신경심리학적 프로파일은 굉장히 이질적이다. 예를 들어, 많은 자폐인은 시공간 기술이 뛰어나지만, 언어가 약점이거나 혹은 상대적으로 약할 가능성이 있다. 이는 자폐증의 '엔지니어–괴짜 샌님nerd' 고정관념과 일치한다. 그러나 다른 자폐인은 언어가 우수한 가운데 시공간 기술이 유의미한 혹은 상대적인 약점이 되기도 하며, 이를 비언어성 학습장애Non-Verbal Learning Disorder: NVLD 프로파일이라고 부르기도 한다. 로버트 조셉Robert Joseph 등의 몇몇 연구자는 많은 자폐증 학생이 불균형한 인지적 프로파일을 보인다고 언급했지만(저명한 자폐증 연구자인 데보라 파인Deborah Fein은 이것이 예외가 아니라 표준이라고 주장했다), 비교적 고르게 발달한 프로파일을 가진 자폐인도 분명히 존재한다. 더하여 자폐인은 처리속도, 실행기능, 운동 계획/실행, 쓰기에서 상대적인 약점을 보이는 경우가 많다. 몇 가지 가능한 편차discrepancy의 예시로, IQ 범위가 매우 낮은 수준에서 매우 높은 수준까지, 언어는 손상된 수준에서 우수한 수준까지, 주의력은 강점이 되거나 불균형적이거나 손상된 수준일 수 있다. 편차가 있을 때는 자폐증의 영향이 가중되거나 진단적 결정이 더 복잡할 수 있다. 예를 들어, 수용 혹은 표현 언어가 현저히 손상된 경우에 학생의 '언어연령', 즉 학생의 언어 기술에 상응하는 연령을 최선으로 추정하고, 생활연령보다 언어연령의 맥락에서 사회성의 발달을 고려하는 것이 도움이 될 수 있다.

연령의 범위에 대해 융통성을 가져야 한다. 저자는 가끔 내담자에게 규준 집단의 연령대를 초과하는 사회인지검사를 사용하곤 한다. 예를 들어, 저자는 성인 내담자에게 **사회적 언어 발달 검사**Social Language Development Test: SLDT의 **추론하기**Making Inferences 소검사를 실시해서 도움을 받은 적이 있다. 성인 내담자에 대한 표준점수나 백분위 점수는 없지만, 이 과제에 접근하는 방식, 문항에 대한 정서적 반응, 원점수가 유용한 정보로 활용될 수 있다.

문화 간 연결

평정 척도 및 자기-보고식 척도와 마찬가지로, 사회인지검사도 문화적 민감성이 빈약할 수 있다.

검사 편향test bias이 결과에 영향을 주는 방식에 유의해야 한다. 검사 편향은 특정 집단에서 검사 점수의 타당성에 의문을 제기한다. 검사 편향의 예시를 들자면, 문화적 배경 지식이 있어야 정답을 맞힐 수 있는 경우이다. 캐나다 여성인 조Jo가 검사 편향과 관련한 개인적인 경험을 공유해 주었다. 조가 미국의 대학원에 지원할 때 치렀던 표준 시험에서는 자신에게 생소한 포커 게임과 관련된 문항이 출제되었다. 다른 시험의 문항에서는 미국 화폐에 관한 지식이 필요했던 기억도 생생하다. 조는 이 표준 시험의 여러 문항에서 지적 역량 때문이 아니라 필요한 배경 지식에 익숙하지 않아서 불리했다.

지금까지 사회인지검사의 문화적 편향을 탐색한 연구는 제한적이다. 그러나 이제 우리는 현장에서 문화적 편견이 있을 가능성을 인지하고 있다. 당신이 검사를 실시할 때 이 점을 유의해야 한다.

사용하는 검사 자료의 문화적 민감성에 주목한다. 일부 사회인지검사를 포함하여 몇몇 검사는 자료에서 오로지 혹은 대부분 백인만을 묘사한다. 이는 잠재적으로 이 자료에 대한 내담자의 반응뿐만 아니라 내담자와의 라포에도 영향을 미칠 수 있다. 내담자는 우리가 보여 주는 크고 작은 신호를 통해 자신의 인생 경험에 대한 임상가의 이해도와 수용도를 측정한다. 검사 자료의 다양성이 부족하다는 사실을 인정하고 이에 대해 열린 자세로 이야기하자.

사회인지 평가 도구의 예시

저자가 유용하다고 생각하는 몇 가지 사회인지 평가 도구를 간략히 개관했으며, 사회인지와 직접 연관된 도구만 포함하였다.

사회적 언어 발달 검사Social Language Development Test(이하 SLDT)

SLDT는 저자가 선호하는 사회인지 평가 도구 중 하나이다. 초등학생용elementary version: SLDT-E: NU은 6.0~11.11세를 대상으로 하며, 4개의 소검사로 구성되었다. 2008년에 처음 출판되어 2017년에 규준이 업데이트되었다. 청소년용adolescent version: SLDT-A: NU은 12~17세를 대상으로 하며, 5개의 소검사로 구성되었다. 2010년에 처음 출판되어 2017년에 규준이 업데이트되었다.

장점

저자는 SLDT 두 버전 모두에서 추론하기Making Inferences 소검사의 민감도에 깊은 감명을 받았다. 이 소검사는 내담자가 단순히 사진 속 인물의 감정을 파악하는 것을 넘어 다른 사람이 어떻게 생각할지 상상해 보도록 요구한다. 저자는 추론하기 소검사에서 얻은 정보에 대해 거듭 감동과 감사함을 경험했고, 언젠가는 성인용도 사용할 수 있기를 기대 중이다. 저자가 좋아하는 또 다른 과제인 다중 해석Multiple Interpretations 소검사에서는 사진 속 인물에게 어떤 일이 일어날지 서로 다른 아이디어 두 개를 제시하며, 내담자가 사회적 시나리오를 유연하게 생각해 보도록 요구한다. 마지막으로, 저자는 개별 소검사가 독립적인 점, 그리고 평가자가 각각의 내담자에게 가장 적합해 보이는 소검사를 선택할 수 있는 점을 높이 평가한다.

주의점

이 검사에서는 구두 응답이 언어의 정확성에 따라 부분적으로 채점되기 때문에 표현 언어의 장애가 현저한 내담자에게 시행할 때 주의해야 한다. 반응 시간이 점수에 반영되지 않아 몇몇 내담자는 시간을 과도하게 들여서 만점을 받을 수 있으며(물론 시간을 기록으로 남길 수는 있다), 저자는 적어도 몇몇 소검사에는 시간제한이 적용되면 좋겠다고 생각한다. 다음 버전에서는 남성, 여성, 트랜스젠더, 논바이너리 개인에 대한 규준이 포함되기를 바란다.

WAIS-IV 및 WMS-IV의 고급 임상적 해법Advanced Clinical Solutions for WAIS-IV and WMS-IV(이하 ACS)

2009년에 출판된 ACS는 WAIS-IV 및 WMS-IV의 임상적 유용성을 향상하기 위해 고안된 과제의 집합이다. ACS는 16세 이상의 내담자에게 사용할 수 있으며, 다양한 소검사 중 사회인지적 측면을 평가하는 여러 소검사가 포함되어 있다.

장점

SLDT와 유사하게 평가자가 하나 이상의 소검사를 선택할 수 있으며, 저자는 이러한 융통성을 높게 평가한다. 저자는 정동 명명하기Affect Naming 소검사가 가장 유용하다고 생각하는데, 이 소검사에서는 내담자가 서로 다른 얼굴 표정을 지은 사람들의 사진을 보고 제한된 목록 내에서 표현된 정서를 식별하도록 한다. 이 소검사는 꽤 빠르고 쉽게 시행할 수 있고, 채점이 용이하며, 흥미로운 행동 관찰의 결과도 얻을 수 있다. 예를 들어, 몇몇 자폐인 내담자는 많은 인지 과제를 빠르게 완수하는 반면에 이 과제에서는 훨씬 더 느리게 수행할 수 있다. 어떤 자폐인 내담자는 이 과제를 이해하기 어려워한다. 배우가 실제로 느끼는 감정과 표현하려고 시도하는 감정 중 무엇을 식별해야 하는지 혼란스러워 할 수 있다. 저자는 늘 내담자와의 시간이 제한되어 있다 보니 이 배터리의 다른 소검사 일부는 충분히 살펴보지 못했고, 앞으로 해 볼 계획이다.

주의점

정동 명명하기 소검사의 민감도에 우려스러운 부분이 있는데, 특히 이 영역의 기술을 증진하기 위해 열심히 노력해 온 자폐인에게 그렇다. 다른 사람의 얼굴에서 빠르고 쉽고 직관적으로 감정을 식별할 수 있는 사람과 상당한 노력 끝에 이것이 가능한 사람 사이에는 차이가 있다. 이 소검사에는 시간제한이 없고, 몇몇 자폐인 내담자는 상당한 시간을 들여서 고득점할 수 있다. 만약 비-사회인지 과제에서 작업 속도가 느리지 않았다면, 이는 특히나 중요한 정보가 된다. 추가적으로, 다음 버전에는 젠더 기반의 규준이 포함되기를 바란다.

로버츠 통각 검사Roberts Apperception Test(이하 Roberts-2)

글렌 E. 로버츠Glen E. Roberts와 크리스 그루버Chris Gruber가 개발하여 2005년에 출판했으며, 6~18세 아동에게 실시할 수 있다. Roberts-2에서는 다양한 사회적 상황을 묘사하는 16개의 그림 각각에 대해 이야기의 시작, 중간, 결말을 설명하고 이와 관련된 감정을 언급해 달라고 내담자에게 요청한다. Roberts-2 규준이 있으며, 카드 16장을 모두 시행하도록 요구된다. 저자는 16장의 카드 모두를 완성하는 것이 아동에게 (그리고 이야기마다 축어록을 그대로 옮겨 적어야 하는 평가자에게도) 지치는 일이고 일반적으로 그만한 가치가 없음을 알게 되었다. 대신에 저자는 보통 몇 장의 카드를 골라 시행하고, 채점하기 전에 질적으로 관찰한다.

장점

Roberts-2는, 내담자의 (1) 언어 샘플, (2) 내러티브 형성 능력에 대한 샘플, (3) 덜 구조화되고 모호한 과제에 대처하는 능력에 관한 이해도를 확보하는 좋은 방법이 될 수 있다. 어떤 내담자는 이러한 창의적인 작업을 즐기는 반면, 어떤 내담자는 '옳은 답변'이 무엇일지 명확하지 않아서 스트레스를 받기도 한다. 이 모든 것이 유용한 정보가 된다.

주의점

저자는 Roberts-2의 유용함을 알고 자주 실시하고 있지만, 그럼에도 몇 가지 우려되는 부분이 있다. 무엇보다도 그림이 구식이고, 민감함이 부족하며, 심지어는 부적절해 보인다. 백인, 흑인, 라틴계 아동을 위한 카드가 별도로 있으며, 검사자는 (세 세트를 모두 가지고 있을 경우에) 아동의 인종에 가장 적합한 카드를 선택해야 한다. 더욱이, 모든 내담자에게 공통적으로 사용되는 카드는 5장이고, 나머지는 '남아' '여아' 카드로 나뉘어서 평가자는 양자택일해야 한다. 젠더 이분법에 맞지 않는 내담자와 작업할 때는 이 문제를 설명하고 (그리고 사과하고) 내담자가 소년, 소녀, 혹은 둘을 합친 모두를 선호하는지 물어봐야 한다. 이는 받아들이기 어려운 해결책일 수 있고, 그래서 저자는 미래에 개정될 카드를 기대하고 있다.

또한 Roberts-2는 언어 표현력에 의존하기 때문에 평가자는 발화가 현저히 어려운 아동에게 이 과제가 부적합할 수 있음을 인지해야 한다. 저자는 매뉴얼에서 (서로 다름을 비판단적으로 비추기보다는) "사회적 이해가 '양호한better' 혹은 '저조한worse' 수준" 등의 용어로 기술한 점이 아쉬운데, 다만 검사 지시문에까지 이 용어가 사용되지는 않는다. 마지막으로, 매뉴얼에서는 "거의 모든 아동이 흥미로워 하고 스트레스를 받지 않는다"고 언급하지만, 저자의 경험상 모호한 특성으로 인해 몇몇 자폐증 아동에게는 불쾌함이나 불안이 유발될 수 있다. 앞에서 언급한 바와 같이, Roberts-2는 유용한 정보를 알려 줄 수 있지만, 내담자로부터 에너지나 라포를 희생하게 될 수도 있다.

다차원적 평가 도구[1)]

자폐스펙트럼 진단을 위한 몬테이로 면담 지침, 제2판

The Monteiro Interview Guidelines for Diagnosing the Autism Spectrum, 2nd edition(이하 MIGDAS-2)

마릴린 몬테이로Marilyn Monteiro와 셰리 스테갈Sheri Stegall이 제작했고, 2018년에 출판되었다. MIGDAS-2는 이 자체가 검사라기보다는 평가자가 내담자에 관한 정보를 수집하고, 조직화하고, 이해하고, 결과를 논의하도록 돕는 몇 가지 요소로 구성된다. MIGDAS는 내담자와의 상호적인, 감각-기반의, 반-구조화된 진단 면담에 기반을 둔다. 언어가 유창하지 않거나 제한되는 사람, 혹은 언어가 유창한 아동·청소년과 성인을 대상으로 하는 다양한 형태의 진단 면담이 있다. 추가로, 면담 혹은 독립적으로 작성할 수 있는(서면의) 부모/보호자용, 교사용 설문지가 포함되어 있다. MIGDAS는 전부 질적이며, 점수나 규준이 없다.

1) 저자 주: MIGDAS-2 및 ADOS-2는 이론적으로 다른 장에도 포함될 수 있는 다차원적 평가 도구이다(예: MIGDAS의 경우 내담자 면담, 부모 및 교사 면담/질문지, 행동 관찰뿐만 아니라 결과를 조직화하고 논의하는 과정을 포함함). 이 평가 도구는 어떤 한 가지 범주에 깔끔하게 분류되지 않기 때문에 저자는 이 장에 포함하기로 임의적으로 결정했다.

장점

MIGDAS에는 많은 장점이 있다. 장애인 차별주의적인ableist 언어를 사용하지 않는 점이 가장 주목할 만하다(예: '결함의 심각도'). 대신에 신경다양성을 지지하고 비판단적인 사고방식에 근거하여 자폐적 반응 양상의 징후를 잠재적으로 시사하는 차이점을 강조한다. MIGDAS는 모든 연령과 다양한 수준의 언어 유창성을 가진 사람에게 사용될 수 있으며, 내담자의 진솔한 참여를 최우선으로 하는 매우 유연한 평가도구이다. 상호작용에 다양한 감각 경험을 의도적으로 불러오도록 관심을 기울인다는 점에서 독특하다. 저자가 MIGDAS에서 가장 좋아하는 부분 중 하나는 행동 관찰에 대한 상세하고, 매우 통찰력 있고, 비판단적인 설명이다. 저자는 종종 MIGDAS를 실시하지 않는 내담자에게도 행동 관찰을 사용한다. MIGDAS는 원격 시행이 가능하며, 팬데믹 봉쇄 기간 중에 혹은 멀리 떨어진 곳에 살아서 직접 대면이 어려운 내담자에게 특히 유용할 수 있다. 마지막으로, MIGDAS는 평가자가 체계적이고도 신경다양성을 지지하는 방식으로 검사 결과를 정리하고 논의할 수 있도록 해준다.

주의점

MIGDAS에는 채점이나 규준이 없다. 저자는 괜찮지만, 몇몇 평가자에게는 이것이 불편할 수 있다. 저자는 부모용, 교사용 설문지의 표지에 MIGDAS 글자가 쓰여 있지 않기를 바란다. 부모나 교사는 저자가 자폐증의 가능성을 고려 중임을 모르는 경우가 꽤 자주 있고, 온라인에서 'MIGDAS'를 검색하면 저자가 부모/교사에게 자폐증이 감별에 포함된다는 사실을 알리려고 준비하기도 전에 먼저 깨닫게 될 수 있다.

추가적으로, 저자는 일부 평가자가 MIGDAS의 유연성과 모호함에 적응하기 어려워한다는 점을 비공식적으로 인지하게 되었다. (저자는 이 책의 자폐인 검토자 중 한 명이 언급한 "모든 검사 중에 신경다양성을 가장 지지하는 '유연성과 모호함에 대한 적응의 어려움'을 몇몇 평가자가 경험한다니 신기하다"라는 말을 좋아한다.) 이는 MIGDAS 자체의 문제가 아니라, 일부 평가자가 덜 구조화된 도구를 사용할 때 느끼는 편안함의 수준과 관련된 문제이다. 저자는 임상가들이 이러한 불편함을 충분히 참아 내면서 MIGDAS에 익숙해지도록 격려하는데, 그만한 가치가 있다고 생각하기 때문이다!

자폐증 진단 관찰 스케줄, 2판

The Autism Diagnostic Observation Schedule, 2nd edition(이하 ADOS-2)

캐서린 로드Catherine Lord 등이 2012년에 출판했고, 자폐증의 가능성을 구체적으로 확인하기 위해 고안된 반구조화되고 표준화된 평가 도구이다. 연령과 언어 유창성에 입각한 네 가지 모듈과 걸음마기 모듈이 있으며, 자폐적 행동을 끌어내기 위해 기획된 표준화된 활동을 포함한다. 40~60분 동안 행동 표본을 수집한 후 평가자는 관찰된 행동을 코딩하고 알고리즘을 사용하여 점수를 채점한다.

장점

전반적으로 저자는 실제 점수 그 자체보다 ADOS에서 제공하는 행동 관찰의 기회를 더 높이 평가한다. 저자는 ADOS-2를 배우고 사용하면서 다양한 유형의 사회적 상호작용을 '밀어주고press' 자폐적 특성과 행동을 유도하기 위해 검사 중에 내담자와 어떻게 상호작용해야 할지 생각의 폭이 넓어졌다. 저자의 한 동료는 "ADOS는 훈련 이전에 발견하지 못했을 몇몇 행동을 어떻게 찾아야 할지 알려 주었다고 생각한다"고 말했다. 저자는 장난감 놀이(어린 아동만 가능함), 함께 그림책 읽기, 몸짓 사용을 유도하는 활동 등 다양한 과제를 좋아한다(즉, 저자는 특정한 ADOS 도구를 사용하지 않고도 다양한 활동과 사회적 밀어주기를 통합할 수 있다고 깨닫게 되었다. 또 다른 동료가 언급했듯이, "검사실에 장난감 바구니를 두고 필요할 때 비공식적인 방식으로 사용한다. 이를 위해 꼭 ADOS가 필요하지는 않다"). 저자는 많은 질문들도 좋아하는데, 이것이 ADOS에만 고유하지는 않다.

주의점

앞서 언급했듯이, 때때로 임상가들은 임상 장면에서 ADOS를 자폐증 평가를 위한 '황금 기준'으로서 부적절하게 지칭한다. 저자가 이미 말했지만, 불가피하게 다시 말할 수밖에 없다. 자폐증에 대한 단일한 검사는 없고, 여기에는 ADOS-2도 포함된다. 저자는 임상가가 ADOS-2 검사에 지나치게 의존하거나, 심지어는 발달력이나 보조면담 없이 자폐증을 진단하거나 배제하는 유일한 수단으로 사용하는 것을 보아 왔다.

ADOS-2 저자들도 직접 언급했듯이, "검사 대상자의 임상적 진단과 서비스 제공의 적격성을 결정하는 데 있어 ADOS-2 결과만을 단독적으로 사용해서는 절대로 안 된다."

ADOS-2 매뉴얼에서 또한 언급하기를 "ADOS-2는 [자폐증]의 전체적인 진단 평가의 한 부분일 뿐이다. ADOS-2는 현재 행동에 대한 정보만 제공하며, 제한된 시간 동안에 수집한 행동의 예시들에 기반을 둔다. 다른 질병들을 평가할 때와 마찬가지로 [자폐증]의 평가는 여러 평가 도구, 그리고 다양한 출처로부터 수집한 정보를 이용하여 기능의 다양한 영역을 평가해야 한다. ADOS-2를 사용하는 전문가는 그 사람의 임상 진단이나 서비스의 적격성을 판단하기 위해 이 도구에서 얻은 정보를 단독으로 사용해서는 절대로 안 된다는 사실을 기억해야 한다. 포괄적인 임상적 진단을 위해서는 발달력에 관한 정보, 그리고 좀 더 긴 시간 동안의 관찰로부터 얻은 정보가 필요하다."

ADOS-2 매뉴얼에서는 ADI-R 혹은 '기타 보호자 면담이나 설문지'를 구체적으로 언급한다. '보호자 면담'만 언급한 점은 저자들이 자폐인에게 '보호자'가 필요하다고 생각하고 있음을 시사한다. 이는 보호자가 필요하지 않은 잠재적인 자폐인에게 ADOS-2는 부적절하다는 저자의 관찰과도 일치한다.

ADOS는 유용한 평가 도구가 될 수 있지만, 자폐증의 진단에 반드시 필수가 아니며 충분하지도 않다. 저자와 사라 웨일랜드, 자멜화이트가 ADOS 훈련을 받기는 했지만, ADOS 훈련을 받지 않고도 자폐증의 인식, 이해, 진단(혹은 감별)에 완벽하게 유능하고 훌륭한 임상가를 많이 알고 있다. ADOS 매뉴얼에서 명시하듯이, "ADOS-2 분류와 전반적 임상 진단을 구분하는 것은 매우 중요하다. 임상 진단은 DSM-IV-TR이나 ICD-10[2]과 같은 표준 진단 체계에 의해 내린 것이다." DSM 혹은 ICD의 진단기준에 따라 내담자의 증상을 평가하기 위해서 ADOS의 훈련과 실시가 요구되지는 않는다. 게다가 ADOS-2의 비용과 실시를 위한 훈련은 많은 임상가에게 엄청난 부담이 된다.

2) 역자 주: 현재는 DSM-5-TR 및 ICD-11이 최신 버전이다.

앞에서 설명한 ADOS가 사용되는 방식이 걱정스러운 점에 더하여, 저자는 평가 도구 자체에 대해서도 우려가 된다. 저자는 **결핍**, **비정상**, **증상 심각도** 중심의 전통적인 용어를 선호하지 않으며, 앞으로 신경다양성을 지지하는 방향의 ADOS를 기대한다. 추가로, 저자는 과제가 유치하다고 느낄 수 있어서 많은 청소년이나 성인 내담자에게 ADOS의 일부분 혹은 전체를 사용하는 것을 자주 꺼린다(그리고 수많은 자폐인으로부터 비슷한 피드백을 들었다). 한 동료가 말하기로, "16세 청소년과 액션 피규어 놀이를 하는 활동은 정말 굉장히 어색하다. 성인에게 이 닦는 흉내를 내라고 하거나 그림책을 읽으라고 하는 지시는 자연스럽지가 않으며, 내담자와의 라포르가 깨질 수도 있다."

또 다른 고려 사항은 채점의 신뢰도이다. ADOS-2의 평가자 간 신뢰도가 높다는 인식이 있는데, 이는 여러 임상가가 독립적으로 ADOS 프로토콜을 채점할 때 점수가 서로 매우 유사하다는 의미이다. 그러나 이는 연구 수준research level을 성취한 평가자에게만 적용되며, 이 정도 수준의 훈련을 이수하고 유지하는 임상가는 거의 없다.

저자는 ADOS 임상 훈련을 이수한 심리학자 집단과 함께 여러 ADOS 프로토콜을 채점해 본 적이 있는데, 점수의 편차가 상당했다. 그러나 연구 수준의 신뢰도를 요구하는 기관에서 일했던 동료들도 평가자 간 신뢰도가 낮다고 언급했으며, 이 중 한 명이 말하기를 "우리가 매주마다 연습해도 점수는 매번 달랐다."

더욱이 저자의 임상적 관찰에 따르면(윌리엄 맨디William Mandy나 토마스 프레이저Thomas Frazier 등도 마찬가지로), ADOS는 위장에 능숙한 자폐인에게 민감도가 낮았다. 언어가 유창한 일부 자폐증 여성을 포함하는 몇몇은 구조화된 상면에서 일정 시간 동안 비-자폐적인 상호작용 양상(예: 전형적인 눈 맞춤, 반복 행동의 억제)을 유지하기 때문일 수 있다. ADOS-2는 일반적으로 1시간 미만인 제한된 시간 동안의 표본에 의존하며, 지적/언어적 기능이 평균에서 평균 이상인 많은 자폐인은 이 정도의 시간 동안 위장할 수 있다. 앨리슨 라토Allison Ratto 등이 지적했듯이, (위장 수준이 낮다고 추정되는) 남성 표본을 위주로 개발된 ADOS 등의 평가 도구는 위장 수준이 높은 사람을 포착하는 데 적합하지 않다. 그리고 "자폐적 특성이 ADOS 및 ADI-R과 일치하지 않거나 ADOS를 '통과'할 수 있는 여성은 연구에서 제외되는 자기-영속적인self-perpetuating 순환"이 되어 임상 활동에서 인식될 가능성이 더 낮아지게 된다.

많은 연구자가 이 문제를 인식하고 고심하기 시작했다. 2022년에 아닐라 디멜로 Anila D'Mello 등은 지역사회에서 자폐증으로 진단받고 관련 연구에 참여 의사를 밝힌 MIT 데이터베이스의 성인을 검토했다. 연구 참여 자격을 얻기 위해 참가자는 하나의 특정 검사(ADOS-2)에서 자폐적으로 보여야look autistic 했다. 자폐증 진단을 받은 사람 중 남성의 81%, 여성의 50%만이 자폐증 연구 참여가 가능한 ADOS 절단점을 충족했다. 이들은 이미 진단을 받은 사람들이었다! 연구팀은 자폐증으로 진단된 성인 40,000명 이상을 포함하는 서로 다른 6개의 데이터베이스에서도 동일한 결과를 확인할 수 있었다.

> 우리는 어떤 사람이 단지 임상가와 60분도 채 안 되는 시간 동안에 '신경-전형적이라고 통과되었다pass as neurotypical'는 이유만으로 자폐증을 배제할 수 없으며 배제해서도 안 된다.

실제로, 타당화 표본을 적절히 대표하지 않는 사람(잠재적으로 여성, 지능이 높은 사람 지능, 유색 인종)은 규준 자료에 정확하게 반영되지 못한다. 그리고 자료가 이들을 나타내지 않는다는 이유로 이들은 임상 활동에서 누락될 취약성이 더 높다. 더욱이 지난 수년간의 많은 연구에 위장하는 자폐인이 제외되었을 가능성이 크므로, 이들의 자폐증 표현형은 ADOS 채점이나 알고리즘에 반영되어 있지 않다. 멩-추안 라이 Meng-Chuan Lai 등이 언급했듯이, ADOS 원판의 모듈 4 연구에서 "자폐증 집단의 16명 중 2명, PDD-NOS 집단의 14명 중 3명만이 여성이었다." 만약 자폐증 여성이 남성보다 더 많이 위장하며(충분히 가능성이 있다.) 위장하는 여성이 연구에 포함되지 않았다면, 채점과 알고리즘은 이 집단을 놓칠 위험이 상당히 클 수 있다. 임상적으로 확인된 표본의 이러한 한계점은 아론 카트Aaron Kaat 등의 연구에서도 지적되었으며, 이는 저자의 ADOS 임상 경험과도 일치한다.

3) 역자 주: 맥락 인식의 어려움으로 인해 발생한 철자 오류의 예시를 굵은 글씨와 밑줄로 표시하였으며, 괄호 안에 정확한 영문 철자를 표기했다.

'황금 기준'의 명칭이 적절하지 않은 또 다른 이유로, ADOS는 어떤 사람이 자신의 또래와 상호작용하는 방식을 평가하지 않으며 내담자의 과거력도 고려하지 않기 때문이다. 수잔 두발Susanne Duvall 등에 따르면, "일회적인 1시간 동안의 관찰로 얻은 ADOS-2 코딩은 아동의 초기 발달력 정보를 포함하지 않으며, 아동이 또래 혹은 다른 친숙하거나 낯선 성인에게 행동하는 방식도 알려 주지 않는다. 더군다나 ADOS-2는 오로지 현재 행동에 관한 정보만을 제공한다."

또한 어떤 경우에는 "ADOS-2 점수와 진단의 절단점을 덜 강조하는 대신에 ADOS-2에서 확보된 풍부한 관찰 및 임상적 정보를 사용하여 보소 자료 및 조기 발달력에서 수집한 정보와 함께 DSM-5-TR 혹은 ICD-11 진단기준에 맞춰 보는 것이 적절할 수 있다"는 연구팀의 언급에 저자는 진심으로 동의한다.

마지막으로, ADOS-2는 원격으로 시행될 수 없으며, 마스크 착용이나 사회적 거리두기 등의 안전 지침이 적용된 상태에서 채점할 수 없음을 유념해야 한다.

자주 하는 질문(FAQ)

- 정규 검사를 하지 않아도 자폐증을 진단할 수 있습니까? 자폐증 진단을 위해 사회인지검사나 신경심리검사가 필수적이지 않다. 자폐증 진단이 허가된 자격증(지역에 따라 다르다)을 보유한 건강관리전문가라면, 합의된 진단기준을 사용하고 다양한 출처(면담, 관찰, 평정 척도, 문서)를 통해 정보를 수집하여 자폐증을 진단할 수 있다. 검사가 도움이 될 수 있지만, 항상 꼭 있어야 하는 것은 아니다.

참고문헌 및 읽을거리

Adamou, M., Johnson, M., & Alty, B. (2018). Autism Diagnostic Observation Schedule (ADOS) scores in males and females diagnosed with Autism: A naturalistic study. *Advances in Autism, 4*, 49–55. https://doi.org/10.1108/AIA-01-2018-0003

Alsaedi, R. H., Carrington, S., & Watters, J. J. (2020). Behavioral and neuropsychological evaluation of executive functions in children with autism spectrum disorder in the Gulf region. *Brain Sciences, 10*(2), 120. https://doi.org/10.3390/brainsci10020120

American Psychiatric Association. (2022). *Diagnostic and statistical manual of mental disorders* (5th ed., text rev.). https://doi.org/10.1176/appi.books.9780890425787

Becker, M. M., Wagner, M. B., Bosa, C. A., Schmidt, C., Longo, D., Papaleo, C., & Riesgo, R. S. (2012). Translation and validation of Autism Diagnostic Interview-Revised (ADI-R) for autism diagnosis in Brazil. *Arquivos de Neuro-Psiquiatria, 70*(3), 185–190. https://doi.org/10.1590/S0004-282X2012000300006

Bishop, S. L., Sweeney, M. P., Huerta, M., Havdah, A., & Lord, C. (2017, May 10-13). *Sex differences in ADOS-2 scores and classifications among verbally fluent children with autism spectrum disorder* [Conference presentation]. International Meeting for Autism Research, San Francisco, CA, United States. https://insar.confex.com/insar/2017/webprogram/Paper25811.html

Bowers, L., Huisingh, R., & LoGiudice, C. (2017). *Social Language Development Test-Adolescent: Normative Update (SLDT-E: NU)*. Western Psychological Services.

Braconnier, M. L., & Siper, P. M. (2021). Neuropsychological assessment in autism spectrum disorder. *Current Psychiatry Reports, 23*(10), 63. https://doi.org/10.1007/s11920-021-01277-1

Carter, J. A., Lees, J. A., Murira, G. M., Gona, J., Neville, B. G. R., & Newton, C. R. J. C. (2005). Issues in the development of cross-cultural assessments of speech and language for children. *International Journal of Language & Communication Disorders, 40*(4), 385–401. https://doi.org/10.1080/13682820500057301

Charman, T., & Gotham, K. (2013). Measurement issues: Screening and diagnostic instruments for autism spectrum disorders—Lessons from research and practise. *Child and Adolescent Mental Health, 18*(1), 52–63. https://doi.org/10.1111/j.1475-3588.2012.00664.x

Demetriou, E. A., Lampit, A., Quintana, D. S., Naismith, S. L., Song, Y. J. C., Pye, J. E., Hickie, I., & Guastella, A. J. (2018). Autism spectrum disorders: A meta-analysis of executive function. *Molecular Psychiatry, 23*(5), 1198–1204. https://doi.org/10.1038/mp.2017.75

Duvall, S., Armstrong, K., Shahabuddin, A., Grantz, C., Fein, D., & Lord, C. (2021). A road map for identifying autism spectrum disorder: Recognizing and evaluating characteristics that should raise red or "pink" flags to guide accurate differential diagnosis. *The Clinical Neuropsychologist, 36*(5), 1172–1207. https://doi.org/10.1080/13854046.2021.1921276

Finnegan, E., & Accardo, A. L. (2018). Written expression in individuals with autism spectrum disorder: A meta-analysis. *Journal of Autism and Developmental Disorders, 48*(3), 868–882. https://doi.org/10.1007/s10803-017-3385-9

Foley-Nicpon, M., Fosenburg, S. L., Wurster, K. G., & Assouline, S. G. (2017). Identifying high ability children with DSM-5 autism spectrum or social communication disorder: Performance on autism diagnostic instruments. *Journal of Autism and Developmental Disorders, 47*(2), 460–471. https://doi.org/10.1007/s10803-016-2973-4

Frazier, T. W., Georgiades, S., Bishop, S. L., & Hardan, A. Y. (2014). Behavioral and cognitive characteristics of females and males with autism in the Simons simplex collection. *Journal of the American Academy of Child and Adolescent Psychiatry, 53*(3), 329–340.e1–3. https://doi.org/10.1016/j.jaac.2013.12.004

Gotham, K., Pezzimenti, F., Eydt-Beebe, M., Han, G. T., & Herrington, C. (2020). Co-occurring mood problems in autism spectrum disorder. In S. W. White, B. B. Maddox, & C. A. Mazefsky (Eds.), *The Oxford handbook of autism and co-occurring psychiatric conditions* (New product ed., pp. 29–51). Oxford University Press.

Harrison, A. J., Long, K. A., Tommet, D. C., & Jones, R. N. (2017). Examining the role of race, ethnicity, and gender on social and behavioral ratings within the autism diagnostic observation schedule. *Journal of Autism and Developmental Disorders, 47*(9), 2770-2782. https://doi.org/10.1007/s10803-017-3176-3

Joseph, R. M., Tager-Flusberg, H., & Lord, C. (2002). Cognitive profiles and social-communicative functioning in children with autism spectrum disorder. *Journal of Child Psychology and Psychiatry, 43*(6), 807-821. https://doi.org/10.1111/1469-7610.00092

Keehn, B., Müller, R.-A., & Townsend, J. (2013). Atypical attentional networks and the emergence of autism. *Neuroscience and Biobehavioral Reviews, 37*(2), 164-183. https://doi.org/10.1016/j.neubiorev.2012.11.014

Lai, M.-C., Lombardo, M. V., Pasco, G., Ruigrok, A. N. V., Wheelwright, S. J., Sadek, S. A., Chakrabarti, B., MRC AIMS Consortium, & Baron-Cohen, S. (2011). A behavioral comparison of male and female adults with high functioning autism spectrum conditions. *PloS One, 6*(6), e20835. https://doi.org/10.1371/journal.pone.0020835

Lai, M.-C., & Szatmari, P. (2020). Sex and gender impacts on the behavioural presentation and recognition of autism. *Current Opinion in Psychiatry, 33*(2), 117-123. https://doi.org/10.1097/YCO.0000000000000575

Lord, C., Risi, S., Lambrecht, L., Cook, E. H., Leventhal, B. L., DiLavore, P. C., Pickles, A., & Rutter, M. (2000). The autism diagnostic observation schedule-generic: A standard measure of social and communication deficits associated with the spectrum of autism. *Journal of Autism and Developmental Disorders, 30*(3), 205-223.

Lord, C., Rutter, M., DiLavore, P. C., Risi, S., Gotham, K., & Bishop, S. L. (2012). *Autism Diagnostic Observation Schedule, Second Edition (ADOS-2)*. Western Psychological Services.

Mandy, W., Chilvers, R., Chowdhury, U., Salter, G., Seigal, A., & Skuse, D. (2012). Sex differences in autism spectrum disorder: Evidence from a large sample of children and adolescents. *Journal of Autism and Developmental Disorders, 42*(7), 1304-1313. https://doi.org/10.1007/s10803-011-1356-0

Manohari, S. M., Raman, V., & Ashok, M. V. (2013). Use of Vineland adaptive behavior scales-II in children with autism—An Indian experience. *Journal of Indian Association for Child and Adolescent Mental Health, 9*(1), 5-12.

Ming, X., Brimacombe, M., & Wagner, G. C. (2007). Prevalence of motor impairment in autism spectrum disorders. *Brain and Development, 29*(9), 565-570. https://doi.org/10.1016/j.braindev.2007.03.002

Monteiro, M. J., & Stegall, S. (2018). *Monteiro Interview Guidelines for Diagnosing the Autism Spectrum, Second Edition (MIGDAS-2)*. Western Psychological Services.

Napoli, S. B., Vitale, M. P., Cafiero, P. J., Micheletti, M. B., Bradichansky, P. P., Lejarraga, C., Urinovsky, M. G., Escalante, A., Rodriguez, E., & Schiariti, V. (2021). Developing a culturally sensitive ICF-based tool to describe functioning of children with autism spectrum disorder: TEA-CIFunciona Version 1.0 pilot study. *International Journal of Environmental Research and Public Health, 18*(7), 3720. https://doi.org/10.3390/ijerph18073720

Ratto, A. B., Anthony, B. J., Kenworthy, L., Armour, A. C., Dudley, K., & Anthony, L. G. (2016). Are non-intellectually disabled Black youth with ASD less impaired on parent report than their White peers?. *Journal of Autism and Developmental Disorders, 46*(3), 773-781. https://doi.org/10.1007/s10803-015-2614-3

Ratto, A. B., Kenworthy, L., Yerys, B. E., Bascom, J., Wieckowski, A. T., White, S. W., Wallace, G. L., Pugliese, C., Schultz, R. T., Ollendick, T. H., Scarpa, A., Seese, S., Register-Brown, K., Martin, A., & Anthony, L. G. (2018). What about the girls?. Sex-based differences in autistic traits and adaptive skills. *Journal of Autism and Developmental Disorders, 48*(5), 1698-1711. https://doi.org/10.1007/s10803-017-3413-9

Rea, K. E., Armstrong-Brine, M., Ramirez, L., & Stancin, T. (2019). Ethnic disparities in autism spectrum disorder screening and referral: Implications for pediatric practice. *Journal of Developmental & Behavioral Pediatrics, 40*(7), 493-500. https://doi.org/10.1097/DBP.0000000000000691

Roberts, G. (2005). *Roberts apperception test for children-2*. Western Psychological Services.

Shulman, C., Rice, C. E., Morrier, M. J., & Esler, A. (2020). The role of diagnostic instruments in dual and differential diagnosis in autism spectrum disorder across the lifespan. *Child and Adolescent Psychiatric Clinics of North America, 29*(2), 275–299. https://doi.org/10.1016/j.chc.2020.01.002

Stoll, M. M., Bergamo, N., & Rossetti, K. G. (2021). Analyzing modes of assessment for children with Autism Spectrum Disorder (ASD) using a culturally sensitive lens. *Advances in Neurodevelopmental Disorders, 5*(3), 233–244. https://doi.org/10.1007/s41252-021-00210-0

Sun, X., Allison, C., Auyeung, B., Zhang, Z., Matthews, F. E., Baron-Cohen, S., & Brayne, C. (2015). Validation of existing diagnosis of autism in mainland China using standardised diagnostic instruments. *Autism, 19*(8), 1010–1017. https://doi.org/10.1177/1362361314556785

Supekar, K., & Menon, V. (2015). Sex differences in structural organization of motor systems and their dissociable links with repetitive/restricted behaviors in children with autism. *Molecular Autism, 6*, 50. https://doi.org/10.1186/s13 229-015-0042-z

Wechsler, D. (2009). *Advanced clinical solutions for WAIS-IV and WMS-IV*. Pearson.

World Health Organization. (2019). *International statistical classification of diseases and related health problems* (11th ed.). https://icd.who.int/

Young, H., Oreve, M.-J., & Speranza, M. (2018). Clinical characteristics and problems diagnosing autism spectrum disorder in girls. *Archives De Pediatrie: Organe Officiel De La Societe Francaise De Pediatrie, 25*(6), 399–403. https://doi.org/10.1016/j.arcped.2018.06.008

Zeliadt, N. (2017, May 13). *Diagnostic tests miss autism features in girls*. Spectrum News. www.spectrumnews.org/news/diagnostic-tests-miss-autism-features-girls/

Zhang, J., Wheeler, J. J., & Richey, D. (2006). Cultural validity in assessment instruments for children with autism from a Chinese cultural perspective. *International Journal of Special Education, 21*(1), 109–114. https://soar.suny.edu/handle/20.500.12648/2223

제 9 장

자폐증과 혼동될 수 있는 특성 및 진단

이 장의 목표는 자폐증과 흔히 헷갈릴 수 있는 몇 가지 진단과 자폐증 간 공통점/차이점의 기초적인 이해를 제공하는 것이다. 자폐증은 다른 문제condition와 대부분 공존할 수 있지만(반드시 둘 중 하나만 있지는 않다), 이 장에서는 동반co-occurrence보다 감별에, **특히 자폐증을 놓치게 되는 이유**에 집중한다. 이 장은 감별진단 전체를 포괄하지 않으며, 따라서 다른 문제가 자폐증으로 오진되는 여러 방식을 논의하지 않는다. 복잡한 감별진단에 필수적인 수년간의 임상 수련, 수퍼비전, 경험은 무엇으로도 대체할 수 없다. 자폐증에 동반될 수 있는 많은 문제를 자세히 알고 싶다면, 이 책의 동반저서인『자폐증인가요 I: 임상가와 모두를 위한 지침서』를 참고하라.

이 장에서는 먼저 일반적인 원칙을 제시하며, 아동(영재)과 성인(성격장애)에게 중요하고도 흔하게 오해되는 차이점을 비교적 심도 있게 논의한다. 그리고 자주 헷갈릴 수 있는 다른 진단/문제를 일부 간단히 개관하며, 이는 다음과 같다.

- 주의력결핍 과잉행동장애ADHD
- 불안장애
  - 사회불안장애SAD
  - 선택적 함구증SM
- 강박장애OCD
- 선택적 함구증SM
- 적대적 반항장애ODD

- 양극성장애
- 우울
- 파괴적 기분조절부전장애DMDD
- 섭식장애
- 트라우마
- 반응성 애착장애RAD
- 정신증
- 사회적(실용적) 의사소통장애S/PCD
- 비언어적 학습장애NVLD
- 광범위한 자폐증 표현형BAP

일반적인 원칙

9세인 카라Kara는 그동안 충분한 자격을 갖춘 헌신적인 많은 전문가를 만났는데, 모두가 각각 진단과 그에 따른 치료 계획을 제시했다. 작업치료사의 감각처리장애, 언어재활사의 사회적/실용적 언어장애, 심리학자의 사회불안장애, 신경심리학자의 ADHD, 소화기내과 전문의의 과민성대장증후군 등의 진단이 있었다. 누구도 딸의 전부를 이해하지 못했다고 생각한 카라의 어머니는 조사를 통해 카라의 **모든** 어려움을 설명할 수 있는 단 하나의 진단이 자폐증이라고 알게 되었다. 소아과 전문의를 포함하여 어떤 임상가도 카라의 표현형 전체를 살피기 위해 한 걸음 물러서지 않았다.

절약의 법칙the law of parsimony을 기억한다. 많은 자폐인은 평생에 걸쳐 다양한 정신건강전문가를 수차례 만난다. 저자의 경험상 이들에게 자폐증이 고려되기도 하고 배제되기도 하지만, 자폐증이 고려조차 되지 않는 경우가 훨씬 더 많다. 그 대신에 이들이 부여받게 되는 여러 진단명은 표현의 단면만을 각각 다룬다. 가장 효과적인 임상가는 한발 물러나 큰 그림을 보면서 단일 행동이나 기술이 아닌 내담자 전체를 의미 있게 설명하는 진단으로 내담자의 강점과 어려움을 가능한 한 모두 통합하기 위해 작업한다. 수잔 두발Susanne Duvall 등이 언급했듯이, "진단 간 증상이 겹치다 보니 [자폐증]을 가진 사람이 [자폐증]이 아닌 다른 여러 장애로 오진되는 일이 드물지 않다. 이때 명확한 평가를 돕는 개념이 바로 간결함이다……. [자폐증]이 더 포괄적이고 정확하고 간결한 진단일지 증상의 군집을 재평가하고 숙고할 가치가 있다."

발달력, 경과, 맥락을 반드시 이해한다. 이 장에서 살펴보겠지만, 발달력과 경과에 대한 이해는 자폐증을 다른 가능한 진단과 감별하는 주된 방식이 된다. 더하여 임상가가 표면적으로 유사한 증상들의 근본적인 원인을 파악하려고 시도할 때, 맥락, 의도, 행동 패턴을 항상 고려해야 한다. 예를 들어, 로버트 두다스Robert Dudas 등에 따르면, 자폐인과 경계성 성격장애Borderline Personality Disorder(이하 BPD)를 가진 사람 모두 정서 조절 곤란과 관련한 자해 위험을 보이지만, 자폐인의 자해는 감각적 과부하와 관련된 반면, BPD의 자해는 대인관계 갈등과 더욱 연관된다.

주관적인 경험은 관찰 가능한 행동 이상으로 중요하다. 관찰 가능한 행동 이면의 생생한 내적 경험을 이해하기 위해 항상 노력해야 한다. 예를 들어, 가족이 모여 저녁 식사를 하는데 아이가 식탁에 앉기를 주저하거나 거부하는 경우, 사람들은 아이가 사회불안을 경험한다고 생각할 수 있다. 그러나 이 행동은 규칙적인 일과routine에서 벗어난 상황에 대한 불편감, 사회적 기대에 대한 혼란감, 혹은 주변 환경으로부터의 감각적인 압도감 때문에 발생한 결과일 수 있으며, 이는 자폐증의 가능성을 너욱더 시사할 수 있다.

DSM의 '세부 조항'을 꼼꼼히 살핀다. (자폐증을 포함해서 DSM에 따르면) 진단을 내리기 전에 임상가는 내담자의 표현이 '다른 정신장애의 증상으로 더 잘 설명되는지' 평가하도록 흔히 명시적으로 요구된다. 내담자의 특성, 재능, 어려움을 분명하게 설명할 수 있는 '다른 정신장애'가 있다면 우선적으로 진단되어야 한다는 의미이다.

DSM에 이러한 주의 사항이 있다면 자폐증을 포함한 다른 가능성이 배제되었거나 증상이 자폐증에서 예상되는 수준 이상인 경우에만 해당 진단을 고려해야 한다. 이는 진단기준에서 자폐증이 '다른 정신장애' 중 하나로 특정하게 기술되었는지와 무관하게 적용되며, 이 장에서 논의된 사회불안장애, 파괴적 기분조절부전장애, 사회적/실용적 의사소통장애 모두에서 자폐증의 감별이 필요하다. 선택적 함구증과 성격장애도 이와 비슷한 원칙이 있으며, 앞으로 논의할 것이다.

자폐증과 헷갈릴 수 있는 특성 및 진단

영재성[1)2)]

이 책의 맥락에서 영재성은 지적 영재성을 지칭하며, 이 단락에서는 영재 아동과 관련된 연구를 논의하지만, 많은 부분을 성인에게도 적용할 수 있다. 많은 부모, 교사, 건강관리전문가는 지적 영재가 단지 영재라는 이유만으로 사회적인 어려움, 감각 문제, 그리고/혹은 불안을 겪을 수밖에 없다는 시대에 뒤떨어진 믿음을 가지고 있다. 영재성과 자폐증을 구분하는 연구는 제한적이며, 대부분은 자폐증에 관한 구식의 믿음에 기반한다(예: "공감 능력이 부족하다", 자폐증이 있다는 가설이 제기된 '역사적 인물'은 그들의 '심오한 창조성과 업적'을 고려할 때 자폐증이었을 가능성이 낮음). (저자가 영재아에 관한 유명한 책에서 이 내용을 읽었을 때 소름이 돋았다.) 영재아에게 이러한 유형의 어려움은 영재성으로 귀인되는 경우가 많고, 자폐증은 가능성조차 고려되지 않는다.

공통점

영재아Gifted Children(이하 GC)와 자폐증 아동Autistic Children(이하 AC) 모두 심오한 관심deep interest을 추구하는 경향이 있지만, 자폐증이 아닌 GC는 대체로 '관심에서 벗어나는turn off' 능력이 더 양호하다. 감각적 과잉-반응성sensory over-responsivity 또한

1) 저자 주: 임상가와 교육자가 영재 학생을 이해할 수 있도록 도움을 준 디어드레 V. 로베키(Deirdre V. Lovecky) 박사의 작업에 많은 신세를 졌다. 또한 이 단락에서의 도움에도 감사드린다.

2) 저자 주: 영재의 범주는 광범위하다. 경미하거나(mildly) 중간 정도의(moderately) 영재는 특출나거나(exceptionally) 극도의(profoundly) 영재와 발달적으로 큰 차이가 없다고 예상된다. 또한 이 논의의 목적상, 영재아는 지적 재능이 있고 다른 문제나 동반질환은 없는 아동으로 가정된다.

GC 및 AC 두 집단 모두에서 흔하지만, GC는 예민함에 의해 현저한 정도로 영향을 받을 가능성이 적다(예: 빈번하거나 강렬한 감정폭발). GC 및 AC 모두 도덕성/정의 이슈에 대해 강한 느낌을 경험하는 경향이 있다. 다만 AC는 이 신념을 더 경직되게 고수할 가능성이 높다. 마지막으로, GC 및 AC 모두 또래 관계의 형성과 유지가 어려울 수 있지만, GC는 잘 맞는 또래를 만나지 못할 때에만 이러한 경향이 나타난다.

차이점

- **사회적 상호성.** GC는 사회적 상호성에 어려움이 없다고 예상되지만(예: 다른 사람의 관점을 고려하기, 서로 다른 상황에서 무슨 말을 해야 하는지 알기, 집단 역동이 작동하는 방식을 직관적으로 알아차리기, 사회적 규범이 중요한 이유를 이해하기), AC에게 이러한 사회적 기술은 일반적으로 덜 자동적이며 이들을 힘들고 지치게 한다. GC는 특정 주제에 깊은 지식이 없는 또래 친구와 관계 맺기를 어려워할 수 있지만, 넓은 범위의 다른 주제를 서로 소통할 수 있다.
- **비언어적 의사소통.** GC는 사회적인 신호 읽기, 개인 공간 지켜 주기, 목소리 크기 조절하기, 상황에 맞는 다양한 감정 표현하기(정동)에 특별한 어려움이 없다.
- **감각적 갈망/과소-반응성.** GC에서 흔하지는 않다.
- **반복적인 행동.** GC는 반복적인 언어(예: 반향어, 어구 반복)를 사용하지 않으며, 일반적으로 자기-자극self-stim을 보이지 않는다.
- **융통성.** 동일성/반복적인 일상routine에 대한 욕구는 거의 항상 자폐증의 특징이다. GC에게는 예상되지 않으며, 오히려 많은 경우에 강점이 된다.
- **낮은 근긴장/협응muscle tone/coordination.** GC는 다른 질환이 동반되지 않는 한 근긴장/협응이 저조한 문제를 보이지 않는다. 실제로 GC는 운동 협응 능력이 뛰어날 수 있으며(예: 발달적으로 빨리 걸었음), 특히 영재 여아의 경우에 쓰기 기술이 일찍 발달하고 미세 운동 기술이 우수할 수 있다. 대조적으로 많은(전부는 아니지만) AC는 협응과 긴장도의 문제를 보인다.
- **적응기능.** 적응기능의 어려움이 AC에게서 흔하지만, GC에서는 그렇지 않다.
- **정서적 강렬함intensity, 불안, 조절 곤란dysregulation.** GC가 불안이나 정서적 강렬함

에 더 취약하다고 흔히 생각되는 듯하다. GC는 감정을 더 잘 인식하고 깊게 느낄 수 있는 한편, AC에게서 자주 관찰되는 강렬한 조절 곤란을 보이지는 않는다. 실제로 저명한 GC 전문 작가인 디어드레 로베키Deirdre Lovecky에 따르면, GC 대다수가 보통 회복력이 더 좋고 정신건강 문제가 적고(낮은 불안을 포함해서) 또래 중 리더가 될 가능성이 더 크다(예외적으로 IQ 175 이상인 극도의 영재아에게서 불안의 유병률이 더 높고, 이보다 일반적인 영재 집단에서는 양극성장애의 유병률이 더 높다). 로베키 박사는 GC가 완벽주의일 수 있으나 완벽주의와 관련된 불안을 경험하는 경향은 아니며, 일반적으로 더 불안해하지는 않는다고 언급하였다. 또한 "영재아, 특히 여아가 높은 불안을 보일 때, 불안에 가려 있던 ADHD와 자폐증을 발견하는 경우가 있다. 그리고 영재아도 불안장애를 가질 수 있지만, 연구에 따르면, 평균 지능의 아동보다는 유병률이 더 높지 않다는 점을 기억해야 한다."

- **속도**. GC는 처리속도가 평균 이상인 경향을 보이는 반면, AC는 처리속도가 상대적으로 느릴 수 있다. 이는 WISC-V의 처리속도지표(PSI), 시간제한이 있거나 없는 소검사 간(예: 행렬추론 대 무게비교) 편차에서 확인할 수 있다. 질적으로는 일반적인 작업/전환 속도가 GC에서 최소한 평균(그리고 이상)이지만, AC에서는 느릴 수 있다.
- **맥락 민감성**context sensitivity. GC는 쉽게 일반화하는 반면에, AC는 이 영역에서 상당한 어려움을 겪을 수 있다.

요약

'영재가 보이는 독특한 특징이나 문제는 영재성에서 비롯되었으며, 자폐증과 같은 다른 진단의 가능성을 고려할 필요가 없다'는 생각은 정말 큰 오해이다. 대신에 이들을 더 자세히 살펴보아야 한다. 제시카 쾰러Jessica Koehler와 사만다 부엘Sammantha Buell 박사가 수집한 미발표 자료에 따르면, 1,263명의 영재아 중 7.77%가 자폐증이었다(저자의 생각에 자폐증에 대한 오해와 과소 진단 때문에 과소 추정되었을 수 있다). 로베키 박사가 조언하기로, "(자폐증) 진단을 내리지 않으면 이들은 받을 수 있는 서비스가 제한되고, 이는 잠재적으로 남은 인생에도 영향을 미칠 수 있다."

성격장애Personality Disorders(이하 PDs)

자폐증과 성격장애 모두 의사소통이나 정서적, 대인관계 문제가 지속적이고 만연한 특징을 가지며, 따라서 많은 임상가에게 감별이 까다로울 수밖에 없다. 이와 관련한 심층적인 지침은 이 장의 범위를 벗어나지만, PD 및 자폐증 전반, 그리고 PD 각각에 대한 몇 가지 생각을 제시할 것이다. 추가로 자폐증과 PD는 공존할 수 있다. 하지만 이 책에서는 PD 자체가 아니라 자폐증이 PD처럼 보이게 만드는 자폐증의 측면에 집중할 것이다.

DSM에서는 구체적인 PD의 진단기준을 기술하기 이전에 **성격장애 일반**General Personality Disorder(이하 GPD) 기준을 제시한다. GPD는 진단 그 자체가 아니라 모든 구체적인 PD에 기초가 되는 기준으로, GPD 기준부터 논의를 시작해 보겠다.

성격장애란 "개인이 속한 문화에서 기대되는 바로부터 현저하게 편향된 내적 경험과 행동의 지속적인 패턴"이 인지, 정서, 사회적 기능, 충동 조절 영역 중 두 가지 이상에서 나타나는 것이다(기준 A). 이 패턴은 서로 다른 상황에서 "경직되고 만연되어 나타난다(기준 B)." 이 패턴은 "사회적, 직업적, 그리고 다른 중요한 기능 영역에서 임상적으로 현저한 고통이나 손상을 초래한다(기준 C)." 익숙하게 들리는가? 이 중 어느 기준도 자폐증과 PD를 감별하는 데 유용하지 않다.

PD의 패턴은 '안정적이고, 오랜 기간 있어 왔으며, 최소한 청소년기 혹은 성인기 초기'로 거슬러 올라가 시작되어야 한다(기준 D). 이 부분이 자폐증과 PD의 감별 지점이 될 수도 있는데, 자폐증은 태어날 때부터 나타나고 (이론적으로) 초기 아동기에 진단되기 때문이다. 그러나 자폐증의 가면 쓰기와 보상이 너무도 능숙하여 늦은 나이까지 아무도 그에게 자폐증의 가능성을 고려하지 않았을 경우에는 도움이 되지 않는다. 실제로 2015년에 멩-추안 라이Meng-Chuan Lai와 사이먼 바론-코헨Simon Baron-Cohen이 언급했듯이 많은 사람이 성인이 되어서야 자폐증으로 진단되며, 주디스 바나드Judith Barnard 등이 발견하기로 성인기까지 진단받지 않은 자폐인의 비율도 높았다(잠재적으로 46%까지!). 로라 푸사르-폴리Laura Fusar-Poli 등에 따르면, 사실 자폐증 성인이 자폐증으로 인지되어 진단되기 전에 가장 흔하게 받은 진단 중 하나가 성격장애였다. 발병 연령이 자폐증과 성격장애를 감별하는 데 사용되기도 하지만,

자폐증의 행동 표현behavioral manifestation은 주어진 환경적 요구가 개인의 위장이나 다른 보상 능력을 넘어서는 청소년기 또는 성인기까지 뚜렷하게 나타나지 않을 수 있음이 이제는 분명하다.

GPD의 기준 E가 감별의 핵심이다: "지속적인 패턴이 다른 정신질환의 발현이나 결과로 더 잘 설명되지 않는다." 즉, 내담자의 특징적인 패턴을 적절히 설명하는 '다른 정신장애'(자폐증 포함)가 진단의 우선권을 가지게 된다. 따라서 어떤 **PD라도 진단하기 전에 자폐증의 가능성을 고려해야 한다.** (그리고 이미 PD로 진단된 내담자에게 아직 자폐증이 고려된 적이 없다면 지금 고려해야 한다.) DSM-5-TR에서는 조현성 PD 및 조현형 PD에서만 진단 시 임상가가 자폐증의 가능성을 고려하도록 명시하지만, 이 지침은 모든 PD에 적용되어야 한다.

이에 더해, **PD와 유사한 특성은 기저에 있는 자폐증의 직접적인 결과일 수 있다.** 이 특성은 자폐인이 비-자폐인을 위해 설계된 세상에서 길을 찾아나가려고 할 때 나타날 수 있다. 예를 들어, 과거에 미진단된 자폐인이 감각적·사회적 어려움을 심하게 겪고 지원이나 이해를 받지 못했다면 점차 회피적이거나 의존적으로 변할 수 있으며, 이는 회피성 PD 또는 의존성 PD의 표현과 유사해 보일 수 있다. 이때 PD의 특성은 자폐증과 함께 살아가면서 발생한 직접적인 결과이며, PD의 진단은 적절하지 않을 수 있다(도움이 되지도 않는다). 따라서 **PD로 진단된 대다수가 사실은 미진단된 자폐인일 수도 있다.** 사실 산드라 스트룬츠Sandra Strunz 등에 따르면, 자폐인은 적절한 진단을 받기 전에 PD로 오진될 위험이 있다.

PD 진단 시 '다른 정신장애'를 명시적으로 배제해야 한다는 분명한 지침에도 불구하고 **자폐증이 고려되지 않는 경우가 흔하다.** 아마 이론적으로 자폐증이 생애 초기에 발견되고 진단되기 때문에 후기 청소년이나 성인 내담자가 평가나 치료를 받으러 왔을 때 많은 임상가는 자폐증을 감별진단 목록에 포함할 생각조차 하지 않게 될 수 있다. 더욱이 토베 루그네가드Tove Lugnegård 등이 언급했듯이 PD는 성인 정신과 장면에서 대부분 진단되는데, 부모로부터 면밀한 발달력을 얻기가 어렵거나 불가능할 수 있고, 그러면 자폐증이 간과되기 쉽다. 실제로 요한 니레니우스Johan Nyrenius 등이 최근에 성인 정신건강의학과 클리닉에 신규 의뢰된 모든 환자를 대상으로 자폐증 검사를 실시한 결과, 최소 18.9%(최대 35%)가 미진단된 자폐증을 가지고 있었다! 더 주목할 만한 사실로 PD를 진단할 가능성이 가장 높은, 즉 성인과 작업하는 임상가는 자폐증 교육을 거의 받지 않았을 가능성이 역시 높았다. 한 성인 정신과 전문의는 최근 저자에게 다음과 같이 말했다: "자폐증 진단을 훈련받은 경험이 거의 없습니다. 자폐증이라면 아동기에 진단받았으리라고 가정해서 이전에 진단받지 않은 성인에게는 자폐증의 가능성을 고려할 필요가 없겠다고 생각했기 때문입니다."

마지막으로, 개별 PD를 논의하기 전에 저자의 동료인 테레사 리건Theresa Regan의 조언을 전하고 싶다: "자폐증과 개별 PD를 감별하는 구체적이고 객관적인 방법을 제시할 수는 없습니다. 오히려 임상가는 가능한 한 많은 정보를 수집하고 내담자 각각이 가지고 있는 큰 그림을 고려해야 합니다."

32세인 잭Jack은 대학 학위를 가지고 있지만, 여전히 집에서만 생활한다. 심한 불안 때문에 직장이나 대인관계를 유지할 수 없었고, 대부분의 시간을 방 안에서 혼자 지냈다. 행동 표현을 토대로 잭은 회피성 성격장애 진단을 받았다. 언어 지연의 발달력, 6세경의 ADHD 진단, 사회불안의 오랜 역사, 제한된 또래 관계, 청소년기에 비디오게임 중독 치료에 참여한 이력 등이 잘 문서화되어 있었지만, 이 요인들이 고려되지는 않았다. 이러한 경고 신호pink flag에 주목한 잭의 신경심리학자는 면밀한 평가를 통해 자폐증의 충분한 근거를 발견했다. 잭의 현재 상태와 과거력을 종합적으로 고려했을 때 자폐증 진단으로 가장 잘 설명될 수 있었다. 성격장애 진단과 달리, 자폐증 진단으로 잭과 가족은 잭의 욕구와 앞으로 나아갈 수 있는 로드맵을 이해하게 되었다.

조현성 PD 및 조현형 PD

두 PD와 자폐증 사이에는 중첩과 혼란의 역사가 있다. DSM-5-TR에서는 조현성 및 조현형 PD가 "자폐스펙트럼장애의 경과 동안에만 발생하는 것이 아니"라고 명시한다. 두 PD 중 하나를 진단하기 전에 자폐증을 반드시 배제해야 함을 의미한다. 감별진단의 핵심은 자폐증을 시사하는 제한적/반복적인 행동RRB 및 관심사의 네 가지 범주

중 두 가지 이상이 존재하는지 확인하는 것이며, 이와 같은 특성이 자폐증이 아닌 두 PD에는 해당하지 않기 때문이다.

편집성 PD

DSM-5-TR에서 편집성 PD는 "아동기와 청소년기에 외톨이, 원만하지 못한 또래관계, 사회불안, 학습 부진, 과민성, 독특한 사고나 언어, 그리고 특이한 환상 등의 모습으로 분명하게 드러난다"고 설명한다. 익숙하게 들리는가?

존재하지 않는 부정적인 의도로 귀인하는 경향이 편집성 PD 및 자폐증에서 잠재적으로 중첩된다. 하지만 자폐증에서 의심은, (1) 단서를 오해석하고 다른 사람의 의도를 오해하는 것, (2) 부정적인 사회적 경험이나 사회적 트라우마가 반복되어 과경계하는 것과 관련될 수 있다. 토베 루그네가드 등이 언급했듯이, "때때로 [자폐인]은 편집성의 특성을 보인다. 이는 타인의 의도를 이해하기 어려워하는 점, 생각의 처리 방식이 다른 점, 경우에 따라서는 부정적인 경험(예: 왕따)에 비추어 이해될 수 있다."

경계성 PD

괴란 리덴Göran Rydén 등이 발견하기로, 경계성 PD로 진단받았던 여성 중 일부가 사실 자폐인이었다. 자폐인과 경계성 PD 모두 대인관계 기능이 어렵고, 공감 능력이 부족하다고 인식되며, 친밀하고 신뢰에 기반하고 안정적인 관계를 형성하여 유지하기 어렵다. 자폐인은 다른 사람에 대해 흑백논리적 사고를 보일 수 있고, 이는 경계성 PD가 '이상화와 평가절하의 극단'과 유사하게 보일 수 있다. 그러나 자폐인은 대인관계에서 이상화와 평가절하 사이를 급격하고 반복적으로 오가지 않으며(즉, "사랑해, 미워해, 사랑해, 미워해"로 빠르게 이어지는 등), 이는 경계성 PD의 특징이다.

다른 공통된 특성/증상으로는 대인관계 과민성, 스트레스 민감성, 충동성, 불안정한 기분, 정동 조절의 어려움, 자해 등이 있다. 양쪽 모두 가족력에 섭식장애나 우울 같은 정신건강 문제가 있을 가능성이 높다. 양쪽 모두의 일부에서 자신이나 타인의 감정 이해가 어려울 수 있다고 하지만, 멩-추안 라이Meng-Chuan Lai와 바론-코헨Baron-Cohen은 비언어적 의사소통의 손상이 "경계성 PD에서는 거의 나타나지 않는다"고 보고하였다. 안정적인 정체감 형성의 어려움도 유사해 보일 수 있는데, 일부 자폐인에게서는 내부수용감각 인식의 문제(즉, 신체 신호를 읽기 어려워서 자신 스스로를 알 수가 없음) 그리고/또는 지속적인 가면 쓰기(자신이 진정 누구인지에 대한 감각을 키우기 어려움) 때문일 수 있다.

하지만 기저의 원인과 행동 패턴이 다르다. 자폐증은 태어날 때부터 존재하는 신경학적 기반의 차이로 잘 알려져 있다. 반면에 경계성 PD는 역사적으로 환경적 요인, 특히 발달기의 트라우마와 이에 따른 유기 공포와 관련이 있다. 로버트 두다스Robert Dudas 등이 언급했듯이, 경계성 PD를 가진 사람의 정서 조절 곤란(자살사고와 비자살적 자해 포함)은 대인관계와의 갈등을 중심으로 나타나는 경향이지만, 이와 달리 자폐인의 정서 조절 곤란은 감각적 과부하 그리고/혹은 동일성/예측 가능성을 향한 욕구와 연관될 가능성이 더 크다. 그리고 경계성 PD가 있는 사람은 자폐증보다 더 외향적이고 새로운 경험에 개방적이며 성실함이 덜하다.

저자는 멩-추안 라이와 사이먼 바론-코헨의 결론에 매우 동의한다: "경계성 PD를 진단하기 전에 자폐증을 배제해야 한다. 감별진단은 발달력을 고려해야 하며, …… 경계성 PD에서는 거의 나타나지 않고 자폐스펙트럼장애에 핵심적인 비언어적 의사소통의 손상을 자세히 평가해야 한다. 마찬가지로 경계성 PD가 있는 내담자는 전형적으로 자폐스펙트럼장애의 특징인 협소한 관심사, 반복, 동일성에 대한 고집을 보이지 않는다."

마찬가지로, 로버트 두다스 등은 경계성 PD로 의심되는 내담자, 그중에서도 아동기에 심각한 학대나 방임의 과거력이 없는 내담자에게 자폐증을 평가해야 할 필요성을 강조했다. 또한 자폐증과 경계성 PD 모두를 가진 사람은 자해 위험성이 특히 높으므로 주의해야 한다. 저자의 동료인 웬디 로Wendy Law가 지적한 바와 같이, 트라우마 경험에 더해 자신이 자폐인임을 알지 못하고 만성적으로 수용되지 못했던 경험이 자폐인에게 복합적으로 작용하면 경계성 PD로 이어질 수 있다.

이들에게 자폐증이 있는지 확인하는 과정이 특히나 중요한데, 이는 (1) 개인이 내적으로 서술되는 방식internal narrative을 바꾸고, (2) 주변 사람들이 이들을 서술하는 방식을 바꾸며, (3) 개입과 지원에 엄청난 영향을 미치기 때문이다. 예를 들어, 경계성

PD의 주요 치료법은 심리치료이지만, 자폐증의 경우에는 환경(감각, 대인관계 기대치 등) 변화가 중요하다.

반사회성 PD

반사회성 PD와 자폐증이 비슷해 보이는 측면 중 하나는 '사회적 규범을 준수하지 않는' 것이다. 그러나 반사회적인 사람은 타인에게 해를 끼치는 것을 즐기는 듯이 보이는 한편, 자폐인은 일반적으로 자신이 다른 사람을 불편하게 한다는 사실을 그 순간에 인지하지 못하곤 하며, 나중에 사실을 알게 되면 종종 기분이 안 좋아진다. 반사회적인 사람은 불법적인 행동에 관여할 가능성이 높다. 반면에 자폐인은 규칙을 잘 따르다가 매우 특정한 이유로만 법을 위반하는 경향이 더 높다(예: 강렬한 관심사가 된 누군가를 스토킹함, 감각적 갈망 때문에 물건을 훔침). 반사회성 PD의 대표적인 특징인 이익과 쾌락 추구를 위한 사기성deceitfulness은 자폐인에게서 드물다. 자폐인은 (일반적으로 거짓말에 능숙하지 않으며) 특정한 목적을 위해서만 다른 사람을 속이는 경향이 있다(예: 선호하지 않는 일을 피하거나 사회적 상황에 어울리기 위해). 반사회성 PD를 가진 사람은 스릴에 열광하는데, 이는 감각 자극에 대한 갈망과는 다르다.

공감 능력의 결여는 표면적으로 잠재적인 중첩 영역이다. 하지만『자폐증인가요 I: 임상가와 모두를 위한 지침서』의 '제2장. 상호성'에서 언급했듯이, 자폐증은 인지적 공감에 어려움이 클 수 있는 반면, 반사회성 PD는 인지적 공감을 잘해도 정서적affective 공감은 낮을 수 있다. 토베 루그네가드Tove Lugnegård 등이 언급했듯이, "사이코패스가 다른 사람을 조종하려면 그 사람의 생각과 감정을 잘 이해해야 하며, 이는 [자폐증]의 핵심적인 문제와 상반되므로 주요한 차이점이 된다."

마찬가지로 멩-추안 라이와 바론-코헨의 설명에 따르면, "자폐증 성인은 다른 사람의 감정 표현 이면의 마음 상태를 읽지 못하거나 상대방이 위로를 기대한다고 추측하지 못해서 공감하지 못하는 모습을 보일 수 있다. 반대로 누군가가 고통받고 있다는 말을 직접 들었을 때 많은 자폐인은 화가 나서 돕고자 하는 마음이 들 것이며, 이는 온전한 정서적 공감과 동정심을 반영한다." 자폐인이 실제로는 공감 능력이 있음에도 신경적 충돌neuro-crash, 번아웃, 감각적 과부하 때문에 정서적 공감 능력이 없는 듯이 행동할 수 있다는 점을 알고 있어야 한다. 이러한 어려움을 피하거나 다루려는 노력을 **무관심**not caring으로 해석하지는 않아야 한다.

자기애성 PD

자기애적인 사람과 자폐인 간에 자아 중심성ego-centricity이 중첩될 수 있다. 양쪽 모두 타인에게 불편함, 당혹감, 고통을 주는 방식으로 행동할 수 있고, 다른 사람들이 자신의 의견에 동의하거나 자신의 기대에 부응하리라고 경직되게 기대할 수 있다. 하지만 중첩되는 영역마다 **동기**가 다르다. 첫째, 양쪽 모두 자신이 옳다고 믿으면서 다른 사람을 바로잡으려고 할 것이다. 다만 자기애적인 사람은 자신이 옳다는 점에 대해 신망을 얻고 싶어 하며, 자신의 지식 기반에 대한 존경이 이들의 자아를 충만하게 한다. 반대로, 자폐인은 정보 자체에 더 초점을 맞추며, 자아의 만족보다 세부 사항이 중요하기 때문에 상대방을 바로잡으려고 한다. 둘째, 양쪽 모두 과도하게 말이 많고 다른 사람들의 관심을 바랄 수 있다. 그러나 자기애적인 사람은 관심의 중심이 되고 동경을 받으려는 목적이지만, 자폐인에게는 관심과 찬사가 주요한 동기가 되는 경우가 거의 없다. 오히려 자폐인의 과도한 발화량은 어떤 주제에 대해 열정이 넘쳐서, 그리고/혹은 단순히 대화 양식이 그렇기 때문일 수 있다. 셋째, 양쪽 모두 자신의 말과 행동이 다른 사람에게 미치는 영향을 이해하기 어려워할 수 있다. 다만 자폐인의 경우에 이를 인식하게 되면 대다수는 정서적으로 공감하고 신경 쓰게 된다. 반대로 자기애적인 사람은 자신이 다른 사람에게 끼친 영향에 대해서 상대방의 잘못으로 인한 어쩔 수 없는 일이라고 여긴다(예: 상대방을 지나치게 예민한 사람으로 여김). 마지막으로, 자기애적인 사람은 자신의 자아를 위해 매우 교묘하게 타인을 조종할 수 있지만(예: 가스라이팅, 미끼 던지기baiting, '플라잉 몽키flying monkey[3)]'), 자폐인은 의도적으로 타인을 조종하는 경우가 거의 없다.

3) 역자 주: 미국의 아동용 판타지 소설 『오즈의 마법사』 중 악역인 마녀가 자신의 이익과 목적을 이루기 위해 날아다니는 원숭이를 이용한 데에서 유래되었다.

연극성 PD

연극성 PD와 자폐증을 헷갈릴 일은 적어 보인다. 연극성 PD의 핵심 특징은 관심 추구이다. 반면에 자폐인은 사회적 상호작용에서 예측 가능성을 높이기 위해 통제를 시도할 수 있지만, 일반적으로 관심의 중심이 되려는 목적은 아니다. 그럼에도 중첩될 수 있는 증상이 있다. 예를 들어, 연극성 PD를 가진 사람은 피상적이고 빠르게 변화하는 감정을 보일 수 있다. 그리고 자폐인은 사회적 기대에 부응하기 위해 실제로는 경험하지 않는 감정을 내보이려고 하면서 솔직하지 않거나 피상적인 감정을 보일 수 있다. 더하여 일부 자폐증 여성에게 화장이나 패션이 강렬한 관심사가 되기도 하지만, 이 행동은 주목을 받으려는 연극성 PD와 본질적으로 다르다.

회피성 PD

어떤 사람이 회피성 PD의 기준(예: 대인 접촉이나 친밀한 관계를 피함, 비판이나 거절에 집착함, 자신을 사회적으로 서툴다고 바라봄)을 충족한다면 임상가는 필수적으로 이러한 증상이 근본적인 사회적, 의사소통, 융통성 그리고/또는 감각적 어려움에 대한 반응으로 시간이 지남에 따라 발생했는지 살펴야 한다. 특히 미진단되었거나 오해받았던 자폐인은 수년 동안 사회적·감각적 트라우마를 경험한 후에 이러한 행동이 나타날 위험이 많았다. 기저의 자폐증이 회피성 PD의 증상을 설명할 수 있다면, 회피성 PD 진단은 불필요하거나 부적절할 수 있다.

의존성 PD

마찬가지로 자폐인은 다른 사람의 도움을 보통 이상으로 요하거나 혼자서 활동하기 어려워하는 등 의존성 PD와 유사한 행동 특성을 보일 위험이 있다. 저자의 경험에 따르면, 이는 여러 가지 이유로 발생할 수 있다. 예를 들어, 일부 자폐인은 변화에 대처하기를 매우 어려워한다. 또는 상황 맥락을 읽지 못해서context blindness 엄청난 안심과 명확한 설명이 필요하거나, 감각적 과부하 때문에 운전을 피할 수도 있다. 실행기능(특히 개시와 전환)의 문제 때문에 자폐인이 외부의 도움 없이는 일을 (때로는 정말 하고 싶은 일임에도) 수행하기 어려워할 수 있다. 즉, 자폐인의 경우에 적응 행동

(즉, 일상생활 기술)이 지적기능보다 낮을 수 있으며, 이러한 불균형은 예상치 못한 다른 의존으로 이어질 수 있다. 이는 자폐인의 어려움이 의존적인 행동으로 이어지는 무수한 사례 중 일부에 불과하다. 앞에서 언급했듯이, DSM-5-TR에서는 "지속되는 패턴이 다른 정신질환의 발현이나 결과로 더 잘 설명되지 않는다"고 명시하며, 이 경우에 PD 진단은 부적절하거나 유용하지 않을 수 있다.

강박성 PD (이하 OCPD)

자폐증과 OCPD 간에 많은 부분이 유사해 보일 수 있다. 융통성이나 과제의 완수를 희생하더라도 정돈과 완벽주의에 몰두함, 규칙이나 목록에 몰두함, 도덕이나 윤리에 유별난 수준으로 신경 씀, 쓸모없는 물건을 버리지 못함, 다른 사람에게 특정한 방식으로 행동하도록 요구함, 융통성과 연관된 전반적인 어려움 등이 그것이다. 저자가 아직 연구 근거를 찾지는 못했지만, 역사적으로 OCPD로 진단된 많은 사람이 사실 미진단된 자폐인으로 추측된다. 저자는 "OCPD를 진단하기 전에 자폐스펙트럼 상태condition가 기저하는지 먼저 고려해야 한다"는 멩-추안 라이와 사이먼 바론-코헨의 권고에 동의한다.

요약

임상가는 특히 다음의 경우에 PD를 진단하기 전에, 과거에 미처 진단되지 않은 자폐증의 가능성을 고려해야 한다.

- 자폐증 기준을 충족한다.
- 자폐증에서 흔히 보이는 특징이 있다. 지속적인 불안, 정서적 반응의 둔화shutdown/번아웃, 신체적 문제, 감정표현불능증alexithymia, 실행기능 저하, 맥락을 읽지 못함context blind, 운동 문제, 성 정체성에 대한 의문 등이 그것이다.
- 심각한 학대나 방임의 과거력이 없다(사회적 트라우마 제외).
- 가족력에 자폐증의 가능성이 있다(진단받지는 않았지만, 가족 구성원의 성격 묘사를 통해 파악할 수 있음).

- 내담자가 자폐증을 조사해 보니 자폐증으로 자신의 경험이 설명되는 느낌이 든다.

임상가는 PD를 시사하는 특징과 행동이 자폐증으로 더 잘 설명될 수 있을지 확인해야 한다. 토베 루그네가드 등이 주장했듯이, "PD 진단을 받았거나 A군이나 C군에 속하는 뚜렷한 성격 특성을 가진 성인 환자에게서 [자폐증]을 발견하는 것이 가장 중요하다. 임상적 자각awareness, 면밀한 발달력, [자폐증]에 관한 진정한 지식이 핵심 단서이다. 개별 환자가 PD에서 [자폐증]으로 '재정의'될 때, 그는 자신이 직면한 핵심 문제를 더욱 잘 이해할 수 있는 기반을 마련하게 된다."

성인에게서 미진단된 자폐증이 성격장애처럼 보일 수 있음을 기억해야 한다. 이전에 자폐증을 진단받은 적이 없다고 해서 자폐증을 배제하거나 간과해서는 안 된다.

자폐증 경험에서 본 시선으로: 성격장애 진단

"저는 경계성 PD로 진단받았고, 제 자폐증을 알기 전까지는 과도하게 자극되고 있다는 사실을 몰랐습니다. 이제 감각 자극을 피하는 법을 알고 나니 경계성 PD 진단을 받게 한 증상 대부분이 사라졌습니다."

- 앤디 F.Andi F.

"저는 20대에 경계성 PD를 비롯한 여러 진단을 받고 온갖 종류의 항우울제와 항정신병 약을 먹었습니다. 30대 후반이 되고, 여자인 지인이 자폐증 진단을 받고 나서야 저는 자폐증이 여성에게 어떻게 다르게 나타나는지 알게 되었습니다. 결국 39세에 자폐증 진단을 받았고, 지금은 약을 먹지 않는데도 아마도 살면서 가장 안정된 상태일 것입니다. 돌이켜보면 제가 자폐인임은 분명했지만 아무도 자폐증이라고 말해 주지 않았습니다."

- 케일레이 R.Kayleigh R.

"성격장애 오진으로 저는 크게 오해받으며 좌절했고, [이제는 제가 알고 있는] 자폐증에 대한 제 평생의 투쟁이 전부 수용되지 않는다고 느꼈습니다. 제게 효과가 있을 도움을 찾으려는 희망을 잃었고, 나 자신self에 관한 생각과 지식도 믿을 수가 없었습니다."

- 리아나 P.Reanna P.

주의력결핍 과잉행동장애Attention-Deficit/Hyperactivity Disorder(이하 ADHD)

자폐증과 ADHD는 자주 동반된다. ADHD와 자폐증 간에 중첩되는 부분이 있으나 자폐증의 진단은 간과되곤 하는데, (1) 임상가를 포함한 다수가 두 장애의 중첩을 과대평가하고 있으며(즉, 실제보다도 훨씬 유사하다고 생각한다), (2) 많은 임상가가 ADHD 진단에 더 익숙하다 보니 자폐증보다 ADHD를 진단할 가능성이 크기 때문이다. 결과적으로 개인의 자폐적 특성이 ADHD로 귀인되는 **진단적 그늘**이 발생할 수 있다. 저자의 임상 경험에 따르면, ADHD로 진단된 사람의 자폐적 특성과 행동은 ADHD로 여기는 경우가 많았다. 관련자 모두는 그 표현을 이미 설명했다고 생각해서 아무도 자폐증의 가능성을 고려조차 하지 않는다.

이러한 관찰과 일관되게 바실리키 켄트로Vasiliki Kentrou 등은 ADHD로 진단받은 적이 없는 자폐증 아동에 비해 ADHD로 진단된 아동에게서 자폐증 진단이 남아는 약 1.5년, 여아는 약 2.6년 미루게 되는 양상을 발견했다! 이는 임상가가 ADHD와 자폐증 진단 중 하나를 골라야 했던 DSM-IV에서 파생되었을 가능성이 있고, 다행히 DSM-5-TR에서는 적절한 경우에 두 진단을 모두 내릴 수 있게 되었다. 종합해서 저자는 “두 장애 중 하나가 있을 경우에는 둘 다 고려한다”는 수잔 영Susan Young 등 전문가들의 의견에 동의한다.

공통점

ADHD와 자폐증 모두 다음에 해당할 수 있다: 운동 또는 언어 발달의 지연, 자기 조절, 주의력, 융통성 등 실행기능의 문제, 감각적 차이, 또래와 사회적 상호작용의 어려움, 관심 있는 주제나 활동에 주의를 지속하는 능력이 더 양호함, 불안과 우울 등 동반질환의 유병률이 높음.

차이점

- **사회적 어려움의 본질.** ADHD의 사회성 문제는 사회적 이해의 결여보다 자기 조절의 어려움이 더 큰 원인이 된다. ADHD인 사람은 다른 사람의 비언어적 신호에 반응하기, 끼어들기, 지나치게 말을 많이 하기, 개인 공간을 지키지 않기 등

의 문제를 보일 수 있다. 하지만 이는 사회적 이해가 핵심적으로 달라서가 아니라, ADHD 증상에 따른 부차적인 문제이다. 연구자인 케빈 앤셀Kevin Antshel과 나탈리 루소Natalie Russo가 지적했듯이, ADHD인 사람은 **무엇을 해야 할지 알지만 아는 대로 행동하지 않는** 반면, 자폐인은 무엇을 해야 하는지 **직관적이고 자동적으**로 파악하지 못한다. 즉, 자폐인은 지식이나 이해도가 다를 수 있으며, 이와 달리 ADHD인 사람은 특히 주의를 기울이지 않을 때 사회적 상호작용에 관한 지식을 일관되게 **적용**하기 어려울 가능성이 더 높다.

그리고 연구자들에 따르면, 자폐인의 사회적 어려움은 "부정적인 행동이 있어서가 아니라 긍정적인 행동(예: 사회적 접근, 눈 맞춤)이 없어서 발생하는" 반면, ADHD인 사람의 사회적 어려움은 "대화를 방해하고 끼어드는 등 부정적인 행동의 존재로 인해 더 많이 나타난다……." 또한 비-자폐인 ADHD 아동은 비언어적인 사회적 의사소통(예: 몸짓, 눈 맞춤, 몸짓 언어, 얼굴 표정)의 통합이 크게 어렵지 않은 경향이며, 사회적 동기, 사회적 에너지, 대인관계의 호기심이 비정상적으로 저조할 위험성도 크지 않다. 또한 다니엘 바리보Danielle Baribeau 등의 몇몇 연구자에 따르면, 부주의가 아닌 과잉행동이 사회인지 능력에 부정적인 영향을 미쳤다.

- **움직임의 유형**movement. 과잉행동을 보이는 ADHD인 사람은 상황에 적절하지 않더라도 일반적으로 움직임의 수준이 높을 수 있다. 자폐인이 보이는 자기-자극 행동의 반복적이거나 개인특유적인 특성과 달리, ADHD인 사람은 자신의 욕구 충족을 위해 어떻게든 움직일 것이다. ADHD인 사람은 특정한 패턴 없이 전반적으로 과도하게 움직이지만, 자폐인은 특정하게 반복적인 움직임을 보인다. 앞에서 언급했듯이, ADHD와 자폐증이 공존할 수 있으므로 두 가지 유형의 움직임이 모두 나타날 수도 있다.
- **변화와 전환에 대한 어려움의 범위**The range of difficulty with change and transitions. 양쪽 모두 전환이 어려울 수 있다. 하지만 ADHD인 사람은 즐거운 활동에서 노력이 필요하거나 지루하다고 느끼는 활동으로 전환하기 어려운 경우가 가장 흔하다. 또한 변화에 대처하는 데 필요한 실행기능의 문제로 어려움을 겪을 수 있지

만, 변화 자체에 대한 일차적인 정서적 반응이 있지는 않은 경향이다. 반면에 많은 자폐인은 일반적으로 새로움, 변화, 전환에 대해 더 광범위한 어려움을 경험한다. 또한 ADHD인 사람의 일부는 새로움을 추구하고 심지어는 원하기도 하는데, 이는 동일성에 대한 욕구가 강한 자폐인 대부분에게는 예상되지 않는 모습이다.

- **감각적 차이.** 양쪽 모두 감각적 과-반응성sensory hyper-responsivity에 취약하다. 하지만 저자는 ADHD인 사람이 저-반응성hypo-responsivity에 매우 취약한 경우를 관찰하거나 읽어 본 적이 없다(예: 내적·외적 감각에 대한 반응이 덜함). 추가로 ADHD인 사람의 일부는 자극(스릴)을 추구할 수 있지만, 비전형적인 감각적 갈망 행동이 흔하지는 않다(예: 물건을 핥거나 냄새를 맡는 행동).
- **RRB의 존재/부재.** DSM에 따르면, "…… 발달 과정과 제한적이고 반복적인 행동의 부재 및 ADHD에 대한 비정상적인 관심은 두 가지 상태를 구별하는 데 도움이 된다." ADHD인 사람은 관심 없는 대상에 집중하기 어려운 흥미-기반의 신경계를 가지고 있지만, 제한적이거나 비전형적인 관심사, 특이한 놀이 방식, 다른 사람이 중요하다고 생각하지 않는 세부 사항에 대한 과도한 초점, 반복적인 행동(앞에서 언급했듯이, 안절부절못하고 차분하게 있지 못할 수 있음)을 보이지는 않는다.

불안장애

불안장애는 기저하는 자폐증의 직접적인 결과로 나타날 수 있다. 자폐인에게 최적화되어 설계되지 않은 세상에서 자폐증을 가지고 살아가다 보면 불안할 것이다. 사람들은 당신이 통제할 수 없거나 때로는 알 수 없는 이유로 당신에게 화를 낸다. 사람들은 당신이 비-자폐적인 사회적 규범을 살피기 어려워한다는 이유로 무례하다고 생각한다. 사람들은 당신이 스스로를 조절하는 방식에 불편함을 느껴서 당신을 부정적으로 판단하고, 당신의 자기-조절을 허용하지 않아 당신이 더이상 버틸 수 없게 되면 당신에게 화를 낸다. 사람들은 당신이 왜 다른 사람을 잘못 이해하는지, 왜 명시적인 의사소통이 필요한지 알지 못한다. 감각 문제는 어디에나 있으며,

목록은 끝이 없다.

자폐인에게 불안이 비전형적으로 나타나는 몇 가지 방식이 있다. 예를 들어, 자폐인은 전형적으로 불안을 유발하는 요인(예: 타인으로부터의 평가, 낮은 성적, 질병)에 취약하지만, 비전형적인 일(예: 예상치 못한 변화, 감각적 과부하의 예상, 눈 맞춤, 18세 되기)에도 불안을 경험할 수 있다. 일부 자폐인은 비-자폐인과 달리 불안을 경험하지 않거나(내부수용감각의 변화로 인해), 불안을 언급하지 않거나(감정표현불능증으로 인해), 불안을 비-자폐적인 방식으로 표현하지 않을 수 있다(제한된 혹은 평탄 정동으로 인해). 이러한 특성은 불안의 진단과 치료를 어렵게 한다.

마지막으로, 저자의 동료인 조나단 달튼Jonathan Dalton에 따르면, 불안을 보고하는 일부 자폐인이 사실 느끼는 것은 과-자극overstimulation이나 압도감일 수 있다. 걱정은 언어에 기반하고 미래 지향적이며 구체적이고 손상이 덜하지만, 반면에 압도감은 느낌에 기반하고 현재 지향적이며 전반적이고 더 많은 손상을 줄 수 있다. 자폐인은 인지적 과부하(상향식bottom-up)의 정보처리 방식과 관련될 수 있다. 감각적 과부하, 사회적 과부하를 경험할 수 있다. 개인의 경험이 적응적 불안, 불안장애(오경보), 혹은 압도감 중 무엇에 해당할지 구분해야 하며, 이는 적절한 개입으로 이어질 수 있다.

이 단락에서는 두 가지 불안장애를 개관한다. 자폐증이 내담자의 경험과 행동을 이해하는 더욱 완전한 틀을 제공하는데도 불구하고, 다음의 두 가지 불안장애로 진단되는 사례가 많아서 선택하게 되었다.

사회불안장애Social Anxiety Disorder(이하 SAD)

자폐증과 SAD의 감별은 특히나 까다롭다. 타인에게 부정적으로 평가받는 느낌의 불안은 행동적 측면에서 자폐증과 상당히 비슷해 보이는데, 사회적 신호 읽기의 어려움, 다른 사람과 관계 맺고 우정 형성하기의 어려움, 눈 맞춤의 어려움, 사회적 위축이 포함된다.

SAD의 DSM-5-TR 진단기준에서는 "공포, 불안, 혹은 회피는 …… 자폐스펙트럼 장애와 같은 다른 정신질환의 증상으로 더 잘 설명되지 않는다"고 명시한다. 이는 SAD를 진단하기 전에 자폐증이 고려되어야 함을 시사한다. 즉, 연구와 임상 경험, 상식에 따르면, 자폐인도 현저한 사회불안을 겪을 수 있고 흔하기도 하다. 실제로 자폐증으로 인한 어려움을 안고 살아가다 보면 어느 정도의 사회불안이 자주 나타날 수밖에 없다.

수잔 두발 등이 언급하였듯이, 임상가는 행동 증상을 넘어 행동의 근원과 패턴까지 살펴봐야 한다. 자폐증에서 근본적인 문제는 감각과 융통성의 어려움에 더하여 전형적인 사회적 상호작용을 직관적으로 이해하고 다루기 어려워하는 점이지만, SAD의 근본적인 문제이자 핵심은 불안이다. SAD를 가진 사람은 가까운 가족이나 친구와 함께 있을 때 유의미한 사회불안을 경험하지 않으며, 이때 이들의 상호작용(과 내적 경험)은 사회적으로 전형적이다. 자폐인도 보통 신뢰하는 사람 곁에서는 더 안심하지만, 여전히 비전형적으로 상호작용할 수 있다. 부모, 형제자매, 가까운 친구와도 비전형적으로 상호작용한다면 사회불안보다 자폐증일 가능성이 더 크다. 마찬가지로 SAD가 있는 사람은 공개 연설(예: 연기)을 할 때 분투하는 경향이지만, 반면에 자폐인은 대본 없이 이루어지는 사교적인 잡담보다는 상호적인 의사소통이 덜 요구되는 공개 연설을 더욱 편안해할 수 있다.

추가로, SAD를 가진 사람은 특히 적대감 편향과 과경계로 인해 사회적 신호를 잘못 읽을 수 있지만, 자폐인이 사회적 단서를 잘못 읽는 일에는 더 광범위한 이유들이 존재한다. 그리고 SAD가 있는 사람은 눈 맞춤이 불편하고 혼란스럽고 주의 산만하게 한다고 느끼면서도 의식적으로 눈을 맞추려고 노력할 수 있다.

발달 과정에서 불안과 사회적 어려움 중 무엇이 먼저 발생했는지 파악하는 것이 SAD와 자폐증의 감별에 유용할 수 있다. 또한 SAD가 아닌 자폐증을 시사하는 지표, 즉 자폐증의 반복적인 행동, 감각적 차이, 강렬하거나 비전형적인 관심사, 융통성이 상당히 부족한 패턴이 있는지 살펴보면 도움이 된다. SAD에서 예상되지 않고 자폐증을 시사하는 다른 지표로는 또래 관계 유지의 어려움, 잦은 갈등, 저조한 사회적 동기 등이 있다. 항상 그렇듯이, 개인의 주관적인 경험이 자폐증을 이해하는 데 매우 중요하다.

멋지고 패셔너블한 25세의 의대생인 리키Ricky는 최근 친구와 함께 저녁 식사를 하러 갔다. 두 사람이 메뉴를 살펴보고 있을 때 종업원이 다가와 음료를 주문할지 물었다. 리키의 친구인 브리짓Bridget은 음료를 주문했고, 리키는 계속해서 조용히 메뉴를 살펴보았다. (리키는 몰랐던) 어색한 시간이 흘렀고, 브리짓이 "종업원이 음료 주문을 기다리고 있어"라고 말했다. 리키는 당황했다. 나중에 리키는 저자에게 "아무 말도 안 하면 제가 음료를 원하지 않는다고 알 거라 생각했습니다"라고 말했다. 불안하지 않았냐는 질문에 리키는 "아니요, 불안하지는 않았습니다. 다만 그 순간에 무슨 말을 해야 할지 몰랐을 뿐입니다"라고 답했다. 리키는 자폐증 진단을 받기 수 년 전에 SAD로 (잘못) 진단되었다.

선택적 함구증Selective Mutism(이하 SM)

DSM-5-TR에 따르면, SM 증상은 '자폐스펙트럼장애의 경과 동안에만 유일하게 발생하지는 않으며', 따라서 임상가는 두 진단 중 하나만을 선택해야 한다. 하지만 저자의 임상 경험상 두 증상은 종종 동반되어 나타날 수 있으며, 누군가 SM 증상을 보인다면 자폐증을 고려해야 한다고 생각된다. 실제로 최근의 여러 연구에서는 SM과 자폐증이 자주 동반될 수 있는 별개의 장애라고 제시한다. 예를 들어, 한나 스테펜버그Hanna Steffenburg 등에 따르면, SM 아동의 62.9%가 자폐증으로도 진단될 수 있었고, 에블린 클라인Evelyn Klein 등에 따르면, SM 아동의 80%는 추가적인 평가가 필요할 정도로 자폐증의 특성이 강하게 나타났다. SM과 자폐증 사이에는 강력한 유전적 연관성이 있는 듯하며, 피터 머리스Peter Muris, 토마스 올렌딕Thomas Ollendick, 머레이 스타인Murray Stein 등에 따르면, 자폐증은 불안만큼이나 SM의 강력한 원인이 될 수 있다. 추가로, 일부는 '상황적 함구증'이라고 표현하는데, 이는 자폐인이 보이는 짧고 일시적인 함구증 삽화를 지칭하는 것으로 보인다(반면, SM으로 진단받기 위해서는 최소한 한 달 동안 발생해야 한다). 종합하면, SM이 현재 있거나 혹은 과거에 있었던 내담자와 함께 작업할 때마다 자폐증의 가능성을 고려해야 한다. 감별을 고려할 때, DSM-5-TR의 SM 진단기준에 따르면, "아동이 함구증을 보이는 상황에서도 사회적 상호성의 손상과 제한되거나 반복적인 행동 양상은 나타나지 않는다." 따라서 SM을 가진 내담자에게 사회적 상호성의 손상, 그리고/또는 RRB가 있다면 임상가는 자폐증을 고려해야 한다.

강박장애Obsessive-Compulsive Disorder(이하 OCD)

OCD와 자폐증의 감별은 매우 어려울 수 있다. 둘 다 반복적인 행동을 보이며, 강박사고, '정확하지 않다는not just right' 감각, 불확실성을 견디기 어려움, 감각적으로 예민한 반응성을 경험하는 경향 때문이다. 자폐증과 OCD에 관여하는 유전적 토대와 신경회로가 중첩되어 보이며, 두 장애는 자주 동반되어 발생한다.

OCD와 자폐증에서 관찰되는 행동은 중첩되지만, 그 행동의 기저에 있는 기능과 정서 경험은 다르다. OCD 맥락에서 발생하는 강박행동은 고통과 불안을 완화하는 기능을 한다. 강박행동은 공포나 불안을 없애거나 두려운 결과를 예방하려는 시도이다. 자폐증의 반복적인 행동은 때때로 고통이나 불안을 줄여 주는 역할을 하지만, 시간이 지나도 똑같이 두려운 결과와 구체적으로 연관되지는 않는다. 무엇보다도, 자폐증의 반복적인 행동은 스스로를 진정시키고 전반적인 감정이나 감각 조절을 도우며 즐거울 수도 있다.

마찬가지로 강박사고와 강렬한 관심사에 대한 몰두는 서로 비슷할 수 있지만, 기저의 정서 경험이 다르다. 강박사고는 원치 않고, 고통을 주며, 원치 않는 생각이나 충동을 중화하기 위한 강박행동으로 이어진다. 강박사고를 가진 사람은 종종 강박사고에 관해 생각하거나 언급하기를 회피하며, 이를 머릿속에 떠올리거나 입에 담는 일은 즐거움이 아닌 공포와 두려움이 된다. 반면 자폐인에게 강렬한 관심사에 대한 몰두는 전형적으로 즐겁고, 이완되는 일이며, 순전히 재미있어서 관심사를 생각하고 말하고 탐구하는 등의 여러 방식으로 참여하는 경우가 많다(이것이 주변 사람들을 성가시게 하거나, 혹은 다른 사람들이 자폐인만큼의 강도로 관심사를 공유하지 않으면 괴로워할 수 있겠지만 말이다).

임상가는 자폐증과 OCD의 높은 동반 비율을 염두에 두고 다음의 질문을 고려해야 한다.

- **문제되는 생각/행동이 자아-동질적인가 혹은 자아-이질적인가?** 이것이 편안함과 위안을 주는가, 아니면 내담자가 없애려고 하는 고통의 원인인가? 이때 내담자의 목표와 가족 구성원의 목표를 구분하도록 유의해야 한다(예: 부모가 반복적인 행동을 멈추기 원하는 경우, 내담자는 단순히 부모의 요구를 들어주고 기쁘게 하려고 그 목표를 내재화할 수 있음). '자기-자극' 자체는 결코 고통스럽지 않지만(자아-동질적), 다른 사람들이 자기-자극을 멈추도록 요구하거나 강요할 때는 스트레스를 받을 수 있다. 반대로 강박행동은 종종 개인에게 '필요악'처럼 느끼기도 한다.
- **행동의 기능이 무엇인가?** OCD의 맥락에서 강박행동은 강박사고(그 생각이 '뭔가 잘못된 느낌'의 일반적인 의미일지라도)를 줄이기 위한 대처 방략이기 때문에 강박행동과 강박사고는 흔히 직접적인 관계를 가진다. 반대로, 자폐증의 반복적인 행동은 전형적으로 특정한 생각과 관련이 없다.
- **반복적인 행동의 가용 범위가 얼마나 되는가?** OCD를 가진 사람은 새로운 의식ritual으로 바꾸기가 쉽지 않고, 고통을 줄이기 위해서는 특정한 강박행동(또는 회피행동)을 해야만 한다. 자폐인마다 선호하는 반복적인 행동이 있지만, 이는 일반적으로 여러 선택지를 가지며 다른 유형의 자기-자극 행동으로 종종 대체될 수 있다.
- **만약 사회적 어려움이 있다면 문제의 증상에 의한 것인가?** OCD가 있는 사람은 강박 증상의 결과로 사회적 어려움을 경험하게 되는데, 가령 오염 공포로 인한 대인관계 회피 등이 있다. 반면, 자폐적 행동은 일반적으로 특정한 강박사고나 강박행동을 숨기려는 욕구에서 비롯되지 않는다.[4)]

적대적 반항장애Oppositional Defiant Disorder(이하 ODD)

DSM-5-TR에서 ODD는 부정적인 행동 목록으로 기술된다: 자주 욱하고 화를 낸다, 자주 화를 내고 과민하다, 자주 논쟁한다, 자주 적대적이다, 고의적으로 타인을

4) 역자 주: 자폐인의 사회적 어려움은 본질적으로 사회적 단서를 이해하고 처리하는 일, 감각적 처리 방식의 차이에서 비롯되는 경우가 많다.

귀찮게 한다, 앙심을 품고 있다 등. 원인으로는 환경적 요인(트라우마나 학대적/방임적 양육)이나 신경학적 요인[자폐증, ADHD, 태아기 알코올스펙트럼장애FASD]이 있다. DSM에서는 ODD 진단 시 임상가가 유의미한 기분장애 및 약물 사용을 배제해야 한다고 명시하지만, 자폐증을 배제하도록 요구하지도 않고 심지어 제안하지도 않는다.

저자는 임상가가 아동에게 ODD를 진단하기 전에 자폐증의 가능성을 고려해야 한다고 강력하게 생각하는데, 특히 임상 양상 중 적대적 행동만이 존재하지 않고, 발달 지연, 운동이나 감각 문제(과거 또는 현재), 사회적/의사소통 문제, 언어 문제(과거 또는 현재), 학업 문제 등이 있는 경우에 그렇다. 만약 내담자가 자폐증 기준을 충족하는 경우에 자폐증이 '적대적 행동'을 설명할 수 있으므로 기준을 충족하더라도 ODD 진단은 유용하지 않을 수 있다.

감별을 위해서는 사회적 상황과 기대에 대한 아동의 이해도를 필수적으로 파악해야 한다. 충분히 알고 있는 사회적 관습을 무시하겠다고 선택한 아동, 그리고 사회적 기대를 이해하지 못하는 아동 사이에는 유의미한 차이가 있다. 이와 더불어 행동의 이유를 반드시 이해해야 한다. 예를 들어, 만약 아동이 자주 과민하다거나 화를 낸다면 사회적 과부하, 감각적 과부하, 참기 어려운 새로움/변화 때문인가? 만약 아동이 자주 화를 내거나 분개한다면 윤리 의식이 유별나게 강하기 때문인가(예: 부모/교사의 정의 실현이 불공평하다고 느낄 때 반응한다)?

아동이 지시에 순응하지 않고 거부하는 주된 이유는 권위를 무시하기 때문인가, 아니면 지시의 맥락을 이해하고 사용하기 어려워서 기대되는 바를 아마도 이해하지 못했거나 잘못 해석했기 때문인가? 예를 들어, 일부 자폐인은 말을 정말 글자 그대로 해석한다. "식기세척기를 비워라"라고 말하면, 아동은 식기세척기에서 접기를 꺼내서 서랍장에 넣기보다는 식기세척기의 선반 위에 하나씩 올려 둘 수 있다. 이때 자폐증 아동은 의도적으로 성인에게 불복종하는 것이 아니고 명령의 의도를 잘못 이해한 것이다.

아동이 무례하거나 파괴적인 행동을 보이는 패턴을 살펴보는 것도 유용하다. 예를 들어, 자폐증 아동은 좋은 관계를 맺고 있는 교사의 수업 중에는 예의 바르게 행동하지만, 심술궂고 불공평하다고 생각하는 교사의 수업은 거부할 수 있다. 또한 글쓰기와 같은 특정 활동에는 반응하지 않고 행동을 중단할 수 있다. 다른 사람의 부정적인 반응을 인지하지 못해서 불쾌감을 줄 수 있는 방식으로 행동할 수도 있다(예: 다른 친구들이 더는 게임을 즐기지 않음에도 너무 거칠게 노는 것). 이러한 패턴이 보인다면 자폐증의 가능성을 반드시 고려해야 한다. 마지막으로, 자폐인은 실수로 무례하거나 상처 주는 말을 할 수 있지만, 저자의 경험상 자폐인이 **의도적으로** 다른 사람을 조종하는 경우는 드물다.

추가로 ODD 기준을 충족하는 아동은 병리적 요구 회피Pathological Demand Avoidance(이하 PDA)라고 알려진 자폐증의 하위 유형을 가질 수 있다. 이 책의 동반 저서에서 논의했듯이, 저자는 PDA를 '자율성을 향한 광범위한 욕구pervasive drive for autonomy'라고 지칭하기를 바란다. PDA를 가진 사람은 매우 무례하고 불복종하며 파괴적인 행동을 자주 보이지만, 이는 오로지 자율성의 감각을 유지하거나 되찾으려는 목적에 한정된다. 이는 통제 욕구가 아니다. PDA를 가진 사람은 다른 사람을 통제할 필요성을 느끼지 않으며, 오로지 다른 사람이 자신을 통제하는 일을 피할 뿐이다. PDA가 자율성의 상실을 지각하면 즉각적이고 극단적인 투쟁-도피 반응이 일어난다는 점에서 PDA의 핵심은 불안장애이다. ODD와 PDA를 감별하는 한 가지 방법으로, PDA의 반응은 기본적인 생존 본능(식사, 수면, 안전, 화장실 사용 등)보다 우선하며, 이는 ODD에서 예상되지 않는 일이다. 또 다른 감별법으로, 아동이 선호하는 활동에 참여하도록 성인이 요구할 때 아동의 반응을 관찰하는 것이다. ODD를 가진 아동은 부정적인 반응을 보이지 않으리라고 예상되지만, PDA를 가진 아동은 스스로가 그 활동을 하고 싶어도 따르기 어려울 수 있다.

종합하면, 아동이 ODD 기준을 잠재적으로 충족할 때마다 (PDA가 있든, 없든) 자폐증을 고려하고, 행동의 이유, 기능, 패턴을 필수적으로 살펴보아야 한다.

문화 간 연결

진단 과정에는 편견이 내재하는데, 특히 행동장애에서 그렇다. 여러 연구에 따르면, 소수 인종/민족의 아동은 ODD 등의 행동장애 진단을 받을 가능성이 더 높았고,

다른 (더 정확하거나 유용한) 진단은 간과되어 왔다. S 박사가 이에 동의하면서 말하기를, "일부 임상가는 유색인종의 아동에게 행동장애를 진단할 때 더 많은 편견을 가지는데, 뇌 기반의 문제가 아닌 적대적 행동이나 고의적인 파괴 행동으로 간주한다."

편견은 광범위하게 영향을 미칠 수 있다. 예를 들어, 정서 조절 곤란이나 비전형적이고 불쾌한 사회적 행동을 보이는 유색인종의 자폐증 남성은 오해받을 취약성이 극도로 높다. 그리하여 오진되거나 잘못된 약물을 처방받거나 수감될 수 있다. 흑인 남성은 특히나 이러한 차별의 대상이 되어 왔으며, 이는 평생의 심각한 결과를 초래할 수 있나. 소수 집난 남성의 부보는 이러한 위험성에 매우 민감할 수밖에 없으며, 이들이 자녀의 안전과 관련해서 가지고 있는 두려움을 심각하게 받아들일 필요가 있다. 임상가는 이 점을 신중하게 고려하여 유색인종 내담자의 행동 관찰을 해석해야 한다.

이는 흑인 법의학 심리학자인 P 박사의 경험과도 일치한다: "범죄의 기소 가능성에 있어 인종 관련 편견은 너무도 많다. 나는 오진된 내담자와 자주 작업한다. 그러나 범죄에 연루된 후에 진단을 변경하면 오로지 내담자를 변호하기 위해 바꾼 듯이 비춰 보일 수 있어 진실이 아닌 것처럼 들린다."

양극성장애

DSM에 따르면, 양극성장애는 진성의true (경)조증 삽화가 현재 또는 과거에 존재해야 하는데, 경조증은 적어도 4일, 조증은 적어도 7일 이상 지속되어야 하고, 과대성, 수면 욕구의 감소, 계속 말해야 한다는 압박감, 사고 비약, 위험을 감수해야 하는 활동 등의 관련 증상이 패턴으로 나타나야 한다. 자폐인은 활력, 활동 수준, 감정의 조절에 어려움을 겪지만, (양극성장애가 동반되지 않는 한) 원래 수준의 기능과 분명히 다른 (경)조증이 며칠 동안 연속적으로 나타나지는 않는다.

자폐인이 강렬한 관심사에 몰입할 때, 활력이 넘치거나 말이 많아지거나 기분 변동을 보일 수 있어서 감별이 까다로울 수 있다. 이후에는 자폐적 번아웃의 기간으로 이어질 수 있는데, 이 과정은 (경)조증에서 우울증으로 이어지는 주기와 비슷해 보일 수 있다. 임상가는 자폐증의 '정상적인' 기분 변동과 진성의 (경)조증 상태를 유의해서 감별해야 한다. 추가로, 양극성장애가 아닌 자폐인의 경우에 강렬한 관심사의 추구와 직접 연관되지 않는 한 위험한 행동이 증가하지는 않는다(예: 조증 상태인 사람은 일반적으로 과도한 금액을 소비하는 반면, 자폐인은 강렬한 관심사와 관련해서만 돈을 쓸 수 있음).

DSM에서는 (경)조증 삽화를 '증상이 없을 때의 개인답지 않은 명백한 기능 변화'가 '뚜렷이 구분되는 삽화'라고 명시하며, 따라서 시간에 따른 패턴을 필수적으로 확인해야 한다. 예를 들어, 저자는 굉장히 빠르고 장황하게 말하는 모습 때문에 이전에 양극성장애로 진단된 자폐인을 여러 명 만났다. 하지만 이들은 '뚜렷이 구분되는 삽화' 동안이 아닌, 수년 동안 이러한 발화 양식을 유지해 왔고, 다른 (경)조증 증상을 동반하지도 않았다.

이와 별개로, 소아 양극성장애의 표현은 (존재 여부보다) 어느 정도로 존재하고, 어떤 형태로 나타나는지 논쟁거리가 되어 왔다. 뚜렷하게 삽화적이지 않고 만성적으로 과민한 아동이 특히 논란이 되었고, 이 문제에 대한 견해는 당연히 감별진단에 큰 영향을 미칠 것이다. 저자가 양극성장애에 접근하는 방식은 자폐증과 동일하다. 저자는 **증상의 집합이 나타났다가 사라지는**wax and wane **삽화적 표현**을 명시한 DSM의 기준을 따른다.

종합적으로, (기저선과 뚜렷하게 구분되는) 기분 변동의 삽화적 본질이 분명하고, 이와 더불어 수면 욕구의 감소, 성욕 과다, 정신증, 활력이 증가하는 뚜렷한 기간(비정상적으로 생산적이어서 긍정적으로 여길지라도) 등의 패턴이 동반된다면 양극성장애를 고려한다. 증상의 패턴은 함께 나타났다가 사라져야 한다. 약어 GRAPES를 사용하여 양극성장애의 증상을 잘 기억할 수 있다. 과대성Grandiosity, 사고의 질주Racing thoughts, 활동의 변화change in Activity, 압출언어Pressured speech, 들뜬 기분Elated mood, 수면 욕구의 감소decreased need for Sleep가 그것이다. 수면과 관련하여 수면의 어려움(입면, 수면 유지, 편안한 숙면)과 수면 **욕구**의 감소를 반드시 구분해야 한다. 많은 사람이 다양한 이유로 수면의 어려움을 경험하지만, 전형적으로 주간 졸림이 동반되며 "잠을 자고 싶은데 못 잔다"고 호소하는 경우가 많다. 반면, (경)조증인 사람은 적은 수면량으로도 높은 수준의 에너지를 (며칠 동안) 유지할 수 있다.

감별 시 (내담자가 자폐증 기준을 충족하면) 다음의 상황에서 자폐증을 고려한다: 기분 변동이 어떤 특정한 유발 요인과 관련되는데, 특히 자폐증에서 흔한 요인일 때(변화, 감각적, 사회적), 기분 변동이 지원에 반응할 때(예: 감각적 과부하 상태에서 조용한 환경에 있도록 허용되었을 경우이다). 양극성장애보다 자폐증을 시사하는 다른 지표는 다음과 같다. 어떤 환경에서 일관되게 잘 지내다가 다른 환경에서는 일관되게 문제가 있을 때(예: 학교에서는 온종일 위장하고 있다가 집에서는 만성적이고 예측가능한 방식으로 감정폭발을 보이는 경우), 반복적인 행동/자기-자극, 시간이 지나도 일관된 감각적 차이, 강렬하거나 비전형적인 관심사, 시간이 지나도 일관된 융통성의 결여가 포함된다. 자폐증이 아니고 양극성장애만 가진 사람은 자폐증의 RRB 기준을 충족하지 않는다.

어떤 사람에게 기분과 행동의 **전형**typical이 무엇인지, 다시 말해 기저선일 때 실제 어떤 모습인지를 반드시 고려해야 한다. 예를 들어, 일부 자폐증 아동은 계속해서 쾌활한 정동이나 빠른 발화 속도를 보일 수 있고, (경)조증의 징후로 간주되려면 뚜렷하게 구분되는 기간 동안에 눈에 띌 정도로 증상이 달라야 한다. 또한 양극성장애를 가진 사람 중 일부는 계절에 따른 변동을 보일 수 있으므로 장기간에 걸쳐 기분과 행동을 추적해야 할 수도 있다. 양극성장애와 자폐증의 가족력도 모두 살펴보아야 한다. 마지막으로, 사람에 따라 자폐증과 양극성장애를 모두 가질 수 있으며, 반드시 둘 중 하나만 있어야 하지는 않다.

자폐증 경험에서 본 시선으로: 양극성장애 (오)진단

"저는 18세에 양극성장애로 오진되었고, 리튬, 항정신약, 항우울제, 기분안정제, 그리고 부작용을 조절하는 수많은 약을 처방받았습니다. [그러던 중] 한 심리학자가 저는 단지 자폐증이라고 했고, 이 말이 제 인생을 바꾸었습니다. 지금은 [ADHD와 우울] 치료를 위해 적절하게 투약하고 있습니다. 저는 더이상 반쯤 노숙하는 상태가 아닙니다. 6자리 소득이 찍히는 직장이 있고, 6년째 연애 중이고, 집도 있습니다. 저는 이제 27세이고, 나 자신에 대한 지식과 세상에 적응하는 방법이 없었더라면 아마 죽었을 거라고 확신합니다."

- 클로에 H.Chloe H.

"저는 이전에 제II형 양극성장애 진단을 받았습니다. 흥분→과도한 노력→번아웃의 주기가 조증과 우울증으로 잘못 해석되었다고 추측됩니다. 저는 '경조증' 순간에 제 관심사에 과도하게 집중해서 심하게 흥분했을 뿐이지, '내가 세상의 왕이고, 잠잘 필요도 없고, 무모한 행동을 할 테다'라고 생각한 적은 정말 없었기 때문입니다."

- O. S.

우울

평탄flat 혹은 제한된 정동, 다른 사람으로부터 철수되는 경향, 눈 맞춤의 감소, 반추, 주의 집중의 어려움, 과제 개시나 지속의 어려움, 식사나 수면의 어려움 등이 우울과 자폐증에서 중첩될 수 있다. 감별 시 이러한 표현이 유의미한 변화를 나타내는지 혹은 내담자의 일생에 걸쳐 지속되었는지 살펴본다. 다만 자폐인 일부는 초등학교 후반이나 중학교 초반에 표현/기능에 변화가 있기도 하다(동반저서에서 논의하였다).

어려움의 속성에 따라 감별할 수도 있다. 많은 자폐인이 생애 초기부터 식사나 수면에서 어려움을 겪지만, 이와 달리 우울에서는 식사나 수면 행동의 **변화**가 전형적으로 나타난다. 식사의 경우, 양쪽 모두 식욕 저하로 섭취량이 제한될 수 있다. 하지만 우울한 사람은 "단지 더는 배가 고프지 않다"고 인식하는 반면, 자폐인에게는 내부수용감각의 인식이 저하된 지속적이고 장기적인 패턴의 일환일 수 있으며, 음식의 맛, 냄새, 질감에 대한 감각적 과-반응성일 가능성도 있다. 마지막으로, 양쪽 모두 주의 집중을 지속하기 어려워한다. 우울한 사람은 대개 부정적인 생각을 반추하거나 단순히 '공허함'을 느껴서 부주의하다. 자폐인도 반추로 인한 부주의에 역시 취약하지만, 중립적이거나 긍정적인, 혹은 단순히 외부 자극보다 더 흥미로운 내적 생각에 의해 산만해지는 경우가 많다.

어떤 사람이 자폐적인 동시에 우울할 수 있음을 반드시 알아야 한다. 다만 일부 자폐인은 우울하지 않은데도 우울해 보일 수 있는데, 특히 중립적인 얼굴 표정을 유지하거나 목소리 억양이 거의 변하지 않거나 환경에 대한 반응성이 적거나 대부분의 주제/활동에 관심이 거의 없는 경우가 해당한다. 이때 임상가는 평탄한 표현만을 근거로 우울하다고 가정할 수 없다. 감정표현불능증이 존재하면 문제가 더 복잡한데,

자폐인이 자신의 감정 경험을 설명하지 못할 때 가족과 임상가는 그의 비언어적 표현에 더 중점을 두는 경향이 있기 때문이다.

마지막으로, 이 책의 동반저서인 『자폐증인가요 I: 임상가와 모두를 위한 지침서』에서 논의했듯이, 자폐적 번아웃은 우울을 동반하거나 이와 유사할 수 있다. 우울하지 않은 자폐인은 다음과 같이 저하된 기분low mood의 유의미한 증상을 보이지 않는다. 지속적으로 슬프거나 공허하거나 무가치하거나 절망적인 느낌, 설명되지 않는 갑작스러운 체중 변화, 매우 흥미로웠던 활동에서 즐거움의 상실(무쾌감증)이 그것이다. 이러한 우울 증상은 자폐인이 우울감을 경험하지 않는 한 자폐증의 한 부분이 되지 않는다.

파괴적 기분조절부전장애Disruptive Mood Dysregulation Disorder(이하 DMDD)

6~18세에게만 진단이 가능한 DMDD는 핵심 특징 2개를 가진다. 첫째, 심각한 반복성 분노폭발이 아동의 발달 수준과 상황에 부합하지 않는다. DMDD 기준을 충족하려면 분노발작이 일주일에 3회 이상, 1년 이상, 최소 두 곳 이상에서 존재해야 한다. 많은 자폐증 아동·청소년이 감정폭발meltdown/분노폭발outburst을 자주 보이기 때문에 중첩될 수 있다. 사건의 패턴을 자폐증 관련 유발 요인(감각적 과부하나 변화에 대처하기 등)으로 특정하게 귀인할 수 있는지 반드시 확인해야 한다.

DMDD의 또 다른 주요 특징인 '기분이 거의 매일, 하루 중 대부분 지속적으로 심하게 과민함'은 더 지접적인 감별 포인트가 된다. 이 가능성을 탐색하기 위해 부모에게 자녀의 평소 기분과 과민한 기분의 빈도를 질문해야 한다. "모든 일이 순조로울 때 아동의 기분은 어떻습니까? 토요일에 일어나서 주말 내내 원하는 것을 할 수 있다면 어떻습니까?" 이 조건에서 내담자가 중립적이거나 긍정적인 기분이라면 DMDD의 핵심 특징인 과민성의 기저선baseline이 없으므로 DMDD가 아닐 확률이 높다.

DSM에서 명시하기로, 분노폭발과 과민성 모두가 "세 환경(즉, 가정에서, 학교에서, 또래와 함께) 중 최소 두 군데 이상에서 존재하며 최소 한 군데에서는 심각하다." 위장이 가능한 많은 자폐인은 집에서 높은 과민성을 보이다가 학교나 직장에서는 보이지 않는다. 집에서 높은 빈도로 과민성이 나타나지만, 직장이나 학교에서는 과민성이 없다면 DMDD보다 자폐증을 시사할 수 있다.

DSM-5-TR에서 DMDD는 증상이 "다른 정신질환으로 더 잘 설명되지 않는다"고 명시하며, 자폐스펙트럼장애가 구체적으로 언급되어 있다. 따라서 DMDD 진단을 내리기 전에 자폐증을 배제해야 한다.

섭식장애

자폐증과 섭식 비전형성/장애 간의 복잡한 관계를 논하자면 책 한 권 분량을 쓸 수도 있다. 이 장에서 저자는 **섭식장애가 있는 사람이 종종 자폐적 특성을 가지며, 때로는 인식되지 못하는 자폐증을 지닌다**는 근거가 축적되고 있음을 강조하고 싶다. 예를 들어, 윌 맨디Will Mandy와 케이트 찬투리아Kate Tchanturia에 따르면, 섭식장애가 있고 융통성과 사회적 문제로 어려움을 경험하는 여성은 미진단된 자폐인일 가능성이 높았다. 이와 유사하게 엘리자벳 웬츠Elisabet Wentz 등은 섭식장애 환자의 약 23%에게서 (종종 당사자도 모르는) 자폐증을 발견했다.

(종종 미진단되는) 자폐증의 높은 발병률은 특히 신경성 식욕부진증Anorexia Nervosa(이하 AN)을 가진 사람에게서 잘 나타난다. 예를 들어, 바네사 후케Vanessa Huke 등의 체계적 개관 연구에 따르면, AN의 자폐증 유병률은 8~37%였고, 평균 유병률은 22.9%였다(일반 인구에서는 약 2.27%에 불과하다). 이와 유사하게 타케시 이노우에Takeshi Inoue 등에 따르면, AN에서 자폐증의 유병률은 16.3%이었다. AN으로 치료받았던 사람은 섭식장애로 치료받지 않은 사람보다 자폐증일 가능성이 7~10배 높았다.

연구에 따르면, 회피적/제한적 음식섭취장애Avoidant/Restrictive Food Intake Disorder(이하 ARFID)가 있는 사람은 그렇지 않은 경우보다 자폐증일 가능성이 2~6배 높았다. 예를 들어, 타케시 이노우에 등에 따르면, ARFID 표본의 자폐증 유병률은 12.5%였다(일반 인구에서는 약 2.27%). 다만 저자의 임상 경험상 ARFID를 가진 사람에게서 자폐증의 유병률이 더 높을 것으로 생각된다. 내담자의 현재/과거에 ARFID가 있다면 자폐증의 가능성을 고려해야 한다.

(과체중에 대한 두려움이 기저에 없더라도) 음식 섭취를 제한할 수 있는 자폐적 특징

과 행동이 많다. 내부수용감각 인식의 저조함(즉, 배고픔을 느끼지 못함), 섭식의 사회적 측면과 관련한 불안, 맛/냄새/질감에 대한 감각 예민성, 식사 계획과 관련한 실행기능의 어려움, 새로운 음식을 시도하지 못하는 융통성의 결여, 식사에 대한 경직된 믿음 등이 해당할 수 있다.

다시금 말하지만 임상가는 단순히 행동 자체에 주목하기보다는 제한적인 섭식 행동에 기저하는 감정, 경험, 믿음을 이해하기 위해 노력해야 한다. 섭식장애가 있는 내담자와 함께 작업할 때는 자폐증이 동반될 가능성을 필수적으로 고려해야 한다.

트라우마

이 책의 동반저서에서 언급했듯이, 트라우마와 자폐증 간의 복잡한 관계와 관련한 많은 문헌은 자폐증 인구의 트라우마 유병률과 증상에 초점을 맞추었고, 둘의 중첩이나 감별을 명료화하는 측면에는 관심이 부족했다. 중첩되는 공통점과 차이점에 관한 몇 가지 일반적인 주제는 다음과 같다.

공통점

- **사회적 상호작용과 대인관계의 어려움.** 양쪽 모두 사회적 위축, 제한된/평탄flat 정동, 사회적-정서적 상호성, 사회적 신호 읽기, 깊은 관계 맺기, 갈등 다루기, 개인정보 공유하기, 다른 사람의 의도를 직관적으로 이해하기, 눈 맞춤 사용하기에 어려움을 보일 수 있다.
- **정서적 어려움.** 양쪽 모두 불안, 우울, 반추, 자해, 기분 전환shift, 트라우마 원인의 회피, 감정 조절의 어려움에 취약하다. 특히 양쪽 모두 주변 세계로부터 안전하지 않은 느낌이나 압도감을 경험할 때가 많고, 개인적인 안녕well-being에 대한 객관적인 위협 없이도 위험함을 느낄 수 있다.
- **기타.** 각성 및 반응성의 조절 곤란, 주의력 및 실행기능 문제, 내부수용감각 인식의 어려움, 자기-옹호의 어려움, 수면 문제, 맥락에 둔감함, 융통성 문제(흑백논리적 사고, 완벽주의, 루틴 및 예측 가능성에 대한 욕구) 등이 포함된다. 또한 양쪽 모두 신체질환(예: 과민성대장증후군IBS, 자율신경실조증)이나 여러 정신과적 진단이

(정확하든, 부정확하든) 존재할 수 있다.

차이점

- **사회적 상호작용의 경험.** 자폐인은 사회적 규범에 대해 혼란스러워 하거나 동의하지 않을 수 있으며, 상호작용이 어색하거나 사회적 의사소통 기술을 통합하기 어려울 수 있다. 반면에 비-자폐증인 트라우마 경험자는 사회적 참여를 주저할 수 있지만, 안전함과 안정감을 느끼면 전형적인 사회적 상호작용을 이해하고 참여하기가 일반적으로 어렵지 않다.
- **눈 맞춤의 본질.** 비-자폐증인 트라우마 경험자는 눈 맞춤을 직관적으로 이해할 수 있지만 때때로 불편할 수 있다. 자폐인은 눈 맞춤에 지속적으로 불편함을 느끼거나, 노력이 필요하거나, 헷갈릴 수 있다.
- **감각 문제의 본질.** 양쪽 모두 감각적 과잉-/과소-반응성, 내부수용감각 인식의 변화, 감각적 과부하에 취약할 수 있다. 반대로 고유수용감각이나 전정기능의 차이, 감각적 갈망은 자폐증에서 종종 관찰되며, 저자는 비-자폐증인 트라우마 생존자에게서 이 특정한 차이점을 발견하거나 책에서 접해 본 적이 없다.
- **흑백논리적 사고의 초점.** 비-자폐증인 트라우마 경험자는 자기 자신 및 트라우마와 관련된 특정한 유발 요인(예: 어떤 사람이나 활동)에 대해 흑백논리를 경험할 가능성이 높다. 반면에 자폐인은 더 다양한 사람, 주제, 활동에 대해 흑백논리를 가진다.
- **반복적인 놀이의 주제.** 양쪽의 아동 모두 반복적인 놀이를 할 수 있지만, 트라우마의 경우에는 전형적으로 트라우마 자체, 더 일반적으로는 위험/구조rescue 관련 주제로 제한된다. 자폐증의 경우, 반복적인 놀이는 강렬한 관심사, 더 일반적으로는 동일성에 대한 욕구와 연관될 가능성이 높다. 위험이나 과거의 트라우마 주제와 무관하게 반복적인 놀이나 사물 사용을 보인다면, 자폐증일 가능성이 높다.
- **기타 반복적인 행동.** 양쪽 모두 반복적인 행동을 할 수 있다. 하지만 비-자폐증인 트라우마 생존자는 오로지 과경계 및 안전의 욕구와 관련한 반복적인 행동(예: 진정하기 위한 루틴이나 자해 행동)에 관여하는 경향이 많다. 반면에 자폐인은

흥분 표현, 지루함 다루기, 의사소통, 집중 등을 이유로 반복적인 행동을 수행한다.

- **수면 문제의 본질.** 양쪽 모두 수면 개시와 유지가 어려울 수 있지만, 플래시백, 악몽, 침습적인 기억은 모두 트라우마를 시사한다.
- **특별한 관심사와 언어적 차이.** 비-자폐증인 트라우마 생존자에게는 예상되지 않는다.

요약

- **자폐증과 트라우마는 자주 동반된다.** 임상가는 자폐인에게서 트라우마의 징후를, 트라우마 경험자에게서는 자폐증을 발견하기 위해 특별한 주의를 기울여야 한다.
- **감별 시 트라우마를 의심할 만한 근거가 없다면 자폐증의 가능성을 고려해야 한다.** 당연하게 들리겠지만, 트라우마의 과거력이 없음에도 당사자를 포함해서 누구도 기억하지 못하는 트라우마를 경험했다고 치료자로부터 이론이 제기된 사람을 저자는 많이 봤다. 이러한 일도 아예 없지는 않겠지만, 트라우마의 과거력이 없고 자폐증 때문에 증상이 나타났을 가능성도 있겠다.
- **발달력과 가족력에서 단서를 발견할 수 있다.** 가능하다면 부모나 다른 성인을 면담하거나 생애 초기의 자료를 검토하면서 발달 연대기를 탐색해 보면 좋다. 가족력도 단서를 제공할 수 있다(예: 자폐적 특성을 가진 친척이 한 명 이상 있는 경우).
- **트라우마의 과거력이 있다고 해서 자폐증에 대한 진단적 고려를 멈추면 안 된다.** 발달적으로 트라우마의 과거력이 있다고 하더라도, 만약 자폐증의 모든 진단기준을 충족하고, 자료가 자폐증 진단을 뒷받침하며, 자폐증과 일치하는 과거력이 있고(자가-보고에 의해서라도), 개인에게 타당하거나 이해가 된다면 자폐증으로 진단 내릴 수 있다. 단지 트라우마의 과거력이 있다는 이유로 자폐증을 고려하고 진단하는 과정을 중단해서는 안 된다(이는 진단적 그늘이 될 수 있다).

반응성 애착장애Reactive Attachment Disorder(이하 RAD)

RAD와 자폐증 간에 다음이 중첩될 수 있다. 잠재적으로 보호자에게 안락이나 위안을 구하거나 이에 반응하지 않음, 전형적인 수준의 사회적·감정적 반응성을 보이지 않음, 다른 사람과 상호작용할 때 제한된 범위의 감정을 보이는 것이다. 방임의 과거력이 없거나 애착 형성의 기회가 유의미하게 결핍되지 않았다면 임상가는 RAD 진단을 고려해서는 안 된다. RAD의 애착 문제는 기회의 상실과 직접 연관되기 때문이다. 특히 DSM-5-TR에서 RAD 진단을 충족하려면 '사회적 방임 또는 박탈' '주 보호자의 반복적인 교체' '선택적 애착을 형성하는 기회를 심각하게 제한하는 독특한 구조의 양육' 중 하나를 반드시 경험해야 한다.

실제로, 저자는 이러한 과거력 없이도 RAD를 고려하거나 진단하는 몇몇 임상가를 본 적이 있다. 트라우마나 방임의 과거력이 없다면 자폐증 아동은 부모나 가까운 가족, 친구와 애착을 형성하는 데 어려움을 겪지 않는다. 일부 자폐증 아동은 사랑하는 사람에게 애착을 표현하는(또는 표현하지 않는) 방식(예: 포옹을 피하거나 찾지 않음)이 다를 수 있다. 또 다른 점으로 RAD에서는 RRB가 없다.

더욱이 DSM-5-TR에서 명시하듯이, RAD로 진단하려면 "진단기준이 자폐스펙트럼장애를 만족하지 않는다." 자폐증을 우선 고려한 후 자폐증이 배제되었을 때에만 RAD를 진단할 수 있다는 의미이다.

RAD와 자폐증이 공존 가능하다고 주장한 수잔 디커슨 메이즈Susan Dickerson Mayes 등의 주장에 동의하지만(하나는 신경학적 기반이며, 다른 하나는 환경에 의한 것이므로), 대체로 RAD는 비교적 드물고 다소 논란이 되는 장애임을 유념해야 한다. 마지막으로, RAD와 자폐증은 근본적인 핵심이 다르다. RAD는 불충분한 돌봄으로 인해 발생하는 장애이다. 반면에 자폐증은 신경학적 차이로 인한 결과이고, 모두가 장애로 여기지는 않는다.

정신증

정신증은 이 자체가 진단은 아니며, 조현병, 망상장애, 단기 정신병적 장애, 조현양상장애, 조현정동장애 등을 아우르는 여러 진단의 증상이다. 건강한 사람도 때때로 정신증 삽화를 경험할 수 있다. 정신증은 현실과의 접촉 상실을 의미하며, **양성 증상** 그리고/또는 **음성 증상**으로 나타날 수 있다. **양성 증상**은 비정상적인 일이 발생하기 시작하는 것으로, 편집증, 망상(잘못된 믿음), 환각(잘못된 지각 또는 감각 경험), 심하게 와해된 사고/언어/행동 등이 해당한다. **음성 증상**은 통상적으로 일어나는 일이 중단되는 것으로, 평탄 정동flat affect(정상적인 감정적 징후sign를 보이지 않음), 위축, 불량한 위생, 무쾌감증 등이 해당한다. 수면, 기분, 운동 장애와 같은 다른 증상도 나타날 수 있다.

자폐증과 정신증의 관계는 복잡하다. 예를 들어, 일부 자폐인은 기저에 취약성이 있고, 정신증 삽화의 위험성이 더 높을 수 있다. 이 관계를 자세히 논하는 것은 이 책의 범위를 벗어난다. 자폐증과 정신증은 공존할 수 있지만, 여기서는 정신증이 아님에도 정신증처럼 보이는 자폐증의 측면에 국한하여 설명하고자 한다.

공통점과 차이점

- **음성 증상**negative symptoms. 양쪽 모두 다음의 모습을 보일 수 있다. 위축, 불량한 위생, 눈 맞춤의 어려움, 평탄 정동, 동기 저하, 말과 행동 개시의 저조함이다. M. 메리 콘스탄타레아스M. Mary Konstantareas와 테리 휴잇Terri Hewitt의 연구에 따르면, 자폐증 남성의 50%에서 유의미한 조현병 음성 증상이 나타났지만, 망상이나 환각과 같은 뚜렷한 양성 증상은 아니었다. 이전과 비교하여 적응기능 수준이 저하된 경우, 정신증이 아닌 자폐적 번아웃이나 우울증으로 인한 기능 저하인지 감별해야 한다.
- **편집증/망상의 발생**. 망상이나 편집증 등은 자폐증의 특징이 아니다. 그러나 자폐증은 다음의 상황에서 편집증처럼 보일 수 있다: (1) 다른 사람의 의도를 직관적으로 이해하기 어려운 경우, (2) 부정적인 사회적 경험이나 사회적 트라우마로 인해 다른 사람의 의도를 부정적으로 비약해서 자동적으로 해석하는 경우이다. 추가로 자폐인이 정치나 건강관리 등의 특정 주제에 대해 강렬한 관심사나 경직된 사고를 가지면 망상처럼 보일 수 있다. 예를 들어, 저자는 최근에 자폐증 아들이 평생 보였던 행동, 정서, 학업 문제 **모두**는 집이 송전선 근처에 있어서라

고 완전히 경직되게 확신하던 한 자폐증 여성을 치료한 적이 있다.

- 환각. 환각은 자폐증의 특징이 아니다. 그러나 환각처럼 보이는 경험이 자폐인에게서 높은 비율로 발생한다. 예를 들어, 자폐인이 "벽에서 윙윙거리는 전기 소리가 들린다"고 말했을 때, 이 정도의 감각적 과잉-반응성이 없는 사람이라면 자폐인의 말을 이해하기 어려울 수 있다. 엘리자베스 밀네Elizabeth Milne 등의 연구에 따르면, 자폐인은 감각 자극에 대한 과잉-반응성으로 인해 비전형적으로 지각할 가능성이 3배 더 높았다. 이는 자폐인이 자신의 감각 경험에 관해 무엇을 말하려는 것인지 이해하기 어려울 때 특히 문제가 될 수 있다.

  더하여 자폐인 몇몇은 살면서 감정이 촉발되었던 사건을 머릿속에서 반복적으로 재생하고, 때로는 그 사건에서 자신이 맡았던 역할을 소리 내어 연기하면서 화가 났던 상황의 상대역까지 상상하여 대화를 만들기도 한다. 외견상으로는 환청을 듣는 것처럼 보일 수 있다.

어느 날 밤에 샤리크Shariq의 부모는 샤리크가 혼자 샤워를 하는 동안 누군가에게 크게 외치는 소리를 들었다. 나중에 무슨 일인지 묻자, 샤리크는 주 초에 있었던 친구들과의 싸움을 머릿속으로 되풀이하면서 어떻게 다르게 행동할 수 있었는지 고민했다고 말했다.

- 비정상적이거나 와해된 언어 사용unusual or disorganized language. 일부 자폐인은 이해하기 쉬운 방식으로 이야기를 전달하지 못한다. 말에 맥락이 없거나 혹은 세부 사항이 너무 많아서 그 안에서 '길을 잃을' 수도 있다. 데이비드 R. 도세터David R. Dossetor가 관찰한 바와 같이, 이는 연상의 이완이나 와해된 사고로 비춰 보일 수 있다. 신조어와 같은 비정상적인 언어 사용도 정신증의 인상을 줄 수 있다.
- 기능 저하decline. 기능의 현저한 저하가 정신증의 특징으로 잘 알려져 있다(특히 청소년기나 초기 성인기에서). 자폐증이 퇴행성 장애는 아니지만, 자폐증 청소년·청년은 이 시기에 기능이 저하되거나 그리고/또는 자폐적 특성이 증가할 수 있다. 이는 종종 구조화structure의 감소, 학업적 기대치의 증가, 사회적 스트레스

요인으로 인해 발생한다. 예를 들어, 미진단된 자폐인은 대학의 캠퍼스 생활로 전환하면서 큰 붕괴crash를 경험할 수 있다. 이러한 표현을 보이는 사람을 평가할 때는 스트레스, 트라우마, 우울, 자폐적 번아웃, 혹은 이 모든 요인의 조합으로 인해 미진단된 자폐증이 악화되었을 가능성을 반드시 고려해야 한다.

- **자기-보고식 척도에서의 문항 선택.** 많은 자폐인은 자기-보고식 척도 문항의 의도를 오해해서 특이한 문항에 표시한다. 이들에게는 문맥이 매우 명시적으로 필요해서 그렇다. 예를 들어, 아동·청소년이 CDI-2에서 "나는 일이 잘 풀릴지 확신이 들지 않는다"는 문항에 동의하는 경우에 후속 작업을 할 필요가 있다. 이 질문을 읽고 자신의 미래를 비관적인 느낌으로 설명하는 대신에 "아무도 미래를 알 수 없다"는 사실에 기반해서 응답할 수 있으니 말이다. 마찬가지로, 많은 자폐인은 자기-보고식 척도에서 정신증 관련 문항에 동의할 수 있다. 예를 들어, "나는 다른 사람이 들을 수 없는 소리를 듣는다." 문항은 단지 청각적 대한 감각적 과잉-반응성을 의미할 수 있다.

16세인 테스Tess는 '초등학교를 무사히 졸업'하고 훌륭한 재능을 가진 음악가였지만, 6학년 때 불안과 우울로 어려움을 겪기 시작해서 13세에 진단평가를 받았다. 정신증의 가족력이 없고, 테스가 환각, 망상, 사고장애, 현실 검증력의 손상, 적응기능 저하를 경험했다는 증거도 없지만, 심리학자는 테스가 '급성의(또는 아마도 활성기의) 정신증적 장애'를 겪고 있다고 결론 지었다. 평가자는 올 A 학점을 받고 적응기술이 탄탄했던 13세 소녀에게 조현정동장애 또는 조현병일 '가능성'을 제시했다. 이 결론은 다수의 자기-보고식 척도에서 '때때로 다른 사람이 들을 수 없는 목소리가 머릿속에서 들린다' '누군가 때때로 나를 해치려는 듯한 느낌을 받는다' '설명할 수 없는 감각 증상을 경험한다'고 작성한 테스의 응답을 토대로 했다. 평가자는 발달력의 명확한 근거에도 불구하고 테스가 자폐증일 가능성을 고려하지 않았다. 이 평가자는 자폐인이 문항의 실제 의도를 잘못 해석하면서 자기-보고식 척도의 항목에 과도하게 동의했다는 사실을 알지 못했다. 테스는 병동에 입원하게 되었는데, 의료진은 정신증의 근거를 찾지 못하고 자폐증의 가능성을 제기했다. 딸이 조현병 환자라는 사실에 놀란 테스의 부모는 자폐증을 조사했고, 곧바로 딸이 자폐증에 해당한다는 사실을 알게 되었다.

무엇보다도, 테스 스스로가 자폐증에 관한 책을 읽고는 처음으로 자신이 이해되고 수용되는 느낌과 함께 희망을 품게 되었다.

요약하자면, 임상가는 정신증의 가능성이 있는 내담자를 감별하면서 자폐증을 고려해야 하는데, 음성 증상이 존재하고 양성 증상은 없는 경우에 더욱 그렇다. 청소년기나 초기 성인기에 기능이 저하되었다고 해서 자폐증을 배제할 수 없으며, 실제로 이 연령대의 자폐증에서는 전혀 드문 일이 아니다. 더하여, 정신증과 자폐증은 동반될 수 있으며, 이는 다음의 경우에서 가장 잘 확인된다. 새로운 환각과 와해된 행동이 발생하여 지속될 때, 구조를 강화하고 루틴을 회복해도 개선되지 않을 때, 항정신성 약물치료로 증상이 감소할 때이다. 멩-추안 라이와 사이먼 바론-코헨이 요약한 바와 같이, "중요한 감별 포인트는 정신증으로 보이는 증상의 본질이 자폐스펙트럼장애의 핵심 특성이나 반응 행동에 기인하는 것으로 더 잘 이해될 수 있는지이다."

사회적(실용적) 의사소통장애Social (Pragmatic) Communication Disorder(이하 S/PCD)

S/PCD는 비교적 신생의 진단으로 DSM-5에서 도입되었다. 진단기준은 자폐증의 세 가지 사회적/의사소통 기준과 매우 유사하다. S/PCD는 '언어적·비언어적 의사소통의 사회적인 사용에 있어서 지속적인 어려움'을 특징으로 한다.

- 인사 나누기 및 정보 공유하기와 같은 사회적 목적의 의사소통을 사용하기
- 맥락이나 듣는 사람의 요구에 맞추어 의사소통 방법을 바꾸기
- 대화 및 스토리텔링의 규칙을 따르기
- 암시적 또는 비문자적 메시지를 이해하기

익숙하게 들리는가?

DSM-5-TR에서 자폐증과 S/PCD 간에 주요한 차이점은 제한적/반복적인 행동RRB의 기준이며, RRB는 자폐증에서 나타나고 S/PCD에는 없다. DSM에서 알려 주듯

이, 제한적/반복적 특성이나 행동은 과거에 더 분명하게 나타났을 수 있으므로 과거력의 자세한 파악이 결정적이다. DSM-5-TR에서 S/PCD의 증상이 자폐증으로 더 잘 설명될 수 없다고 명시하며, 다시 말해 S/PCD로 진단하기 전에 자폐증을 먼저 배제해야 한다는 점이 중요하다. "…… 자폐스펙트럼장애의 진단은 그 진단기준을 충족하는 경우에 S/PCD의 진단을 대신할 수 있는데, 과거 또는 현재의 제한적이고 반복적인 행동에 대해 신중히 물어봐야 한다."

윌리엄 맨디William Mandy 뿐만 아니라 이베트 후스Yvette Hus, 오스낫 시걸Osnat Segal 등의 연구에 따르면, S/PCD가 자폐증과 별개라고 아직은 확신하기 어려우며, 저사 역시 동의한다. 수잔 두발 등이 언급했듯이, "임상 경험에 따르면, 자폐증 진단을 뒷받침하는 경고 신호pink flags와 다른 증상을 철저히 평가하지 않고 S/PCD 진단이 자주 사용된다. 평가자가 진단적 면담 과정의 일환으로 이 증상들을 질문하고 검사했더라면 자폐증을 진단했을 것이다."

비언어성 학습장애Non-Verbal Learning Disorder(이하 NVLD)

NVLD는 공식 진단이 아닌 신경심리학적 프로파일이며, NLD로도 지칭된다. 수십 년에 걸친 논의에도 불구하고, NVLD 증상의 합의가 아직 완전하지는 않아 보인다. 부진한 시공간 기술 및 상대적으로 강점인 언어 기술이 필수적인 특성이며, IQ 검사상 언어/시각적 차이가 통계적으로 유의미한 양상이 가장 일반적이다. 그리고 실행기능, 수학 개념, 소근육과 대근육의 운동 능력, 의사소통의 비언어적 측면(예. 비언어적 의사소통의 사용, 다른 사람의 비언어적 단서를 정확하게 해석하기) 등의 문제가 관련된다. 조셉 팔롬보Joseph Palombo와 앤 베렌버그Anne Berenberg는 NVLD 아동을 단조로운 말투로 말하거나, 억양이 비정상적이거나, '목석같고 위축된' 모습이라고 제시했다.

다음의 어려움도 NVLD 맥락에서 논의되는 특성이다: 고차원적인 이해(논점 파악하기), 협응과 균형(사람과 사물에 자주 부딪히는 경향을 포함함), 주의력과 집중력 조절, 또래 관계, 전환 및 새로운 상황 대처, 비-문자적인 언어 이해, 감각 예민성, 불안, 우울, 강박적인 몰두가 그것이다. 그리고 다음의 강점을 가질 수 있다. 초기 언어 발달, 세부 사항에 대한 주의력, 기계적인 기억력, 뛰어난 철자 및 읽기 능력(과독증

hyperlexia) 등. 데본 프라이Devon Frye와 린다 카란잘리스Linda Karanzalis는 이들이 '어릴 때부터 어른처럼 말하고' '순진하거나 지나치게 믿고' '반복적이거나 대화의 규칙적인 흐름을 방해할 정도로 항상 질문한다'고 언급했다. 익숙하게 들리는가?

NVLD의 이차적 증상과 특성 중 많은 부분이 (대부분은 아닐지라도) 자폐증과 분명히 중첩된다. 일부 자폐인은 확실히 NVLD의 언어/시공간적 프로파일을 가지고 있으며, 반면에 언어가 상대적으로 약하고 시공간 기술이 강점인 자폐인도 있다(언어와 시공간 기술에 유의미한 차이가 없는 자폐인도 많다). 즉, 일부 자폐인은 NVLD 프로파일을 지니며, NVLD 프로파일을 가진 사람 중 일부는 자폐인이기도 하다.

NVLD 신경심리학적 프로파일을 지닌 사람 중 자폐증 기준을 충족하는 비중을 알기 위해 추가 연구가 필요하다. 그리고 NVLD 신경심리학적 프로필을 가진 사람이 있다면 자폐인일 가능성도 고려해 본다. NVLD는 보험 청구가 불가능한 진단이며, IDEA(특수교육법) 범주에 포함되지 않았기 때문에 특히 중요하다.

광범위한 자폐증 표현형Broader Autism Phenotype(이하 BAP)

BAP는 진단기준의 역치를 충족하지는 않아도 자폐인처럼 보이는 사회적/의사소통 및 행동 특성을 지칭한다. NVLD처럼 공식 진단이 아니다. 모든 진단(예: 읽기장애, 우울, ADHD)에는 기준을 거의 충족하지만 이에 정확히 들어맞지는 않는 사람이 항상 존재한다. 자폐증에서도 마찬가지이다. 또한 자폐적 특성이 다른 이유로 인해 역치 이하로 보일 수 있다(예: 환경이 매우 수용적인 경우, 평정 척도를 작성하는 부모/교사가 자폐적 행동에 익숙해서 비정상적이라고 지각하지 않는 경우).

자폐인의 친척이 일반 인구보다 BAP의 가능성이 더 높을 것이라는 짐작은 합리적이다. 하지만 최근 수십 년 동안 자폐증에 관한 이해가 급격히 확장됨에 따라, 과거에는 BAP로 여겨졌던 일부(전부는 아니지만)가 이제는 자폐증에 해당할 수 있다. BAP와 자폐증의 경계에 있는 내담자와 작업할 때는 기능 손상을 심도 있고 진지하게 숙고해야 한다. 기능 손상은 단지 관찰 가능한 사회적·행동적 장해에만 국한되지 않으며, 자폐증이 미진단된 채로 살아가면서 경험하는 정서적·신체적 피해 또한 포괄한다는 점을 유념한다.

참고문헌 및 읽을거리

American Psychiatric Association. (2022). *Diagnostic and statistical manual of mental disorders* (5th ed., text rev.). https://doi.org/10.1176/appi.books.9780890425787

Anckarsäter, H., Stahlberg, O., Larson, T., Hakansson, C., Jutblad, S.-B., Niklasson, L., Nydén, A., Wentz, E., Westergren, S., Cloninger, C. R., Gillberg, C., & Rastam, M. (2006). The impact of ADHD and autism spectrum disorders on temperament, character, and personality development. *American Journal of Psychiatry, 163*(7), 1239-1244.

Antshel, K. M., & Russo, N. (2019). Autism spectrum disorders and ADHD: Overlapping phenomenology, diagnostic issues, and treatment considerations. *Current Psychiatry Reports, 21*(5), 34. https://doi.org/10.1007/s11920-019-1020-5

Baglivio, M. T., Wolff, K. T., Piquero, A. R., Greenwald, M. A., & Epps, N. (2017). Racial/ethnic disproportionality in psychiatric diagnoses and treatment in a sample of serious juvenile offenders. *Journal of Youth and Adolescence, 46*(7), 1424-1451. https://doi.org/10.1007/s10964-016-0573-4

Baribeau, D. A., Doyle-Thomas, K. A., Dupuis, A., Iaboni, A., Crosbie, J., McGinn, H., Arnold, P. D., Brian, J., Kushki, A., Nicolson, R., Schachar, R. J., Soreni, N., Szatmari, P., & Anagnostou, E. (2015). Examining and comparing social perception abilities across childhood-onset neurodevelopmental disorders. *Journal of the American Academy of Child and Adolescent Psychiatry, 54*(6), 479-486.e1. https://doi.org/10.1016/j.jaac.2015.03.016

Barnard, J., Harvey, V., Potter, D., & National Autistic Society. (2001). *Ignored or ineligible?: The reality for adults with autism spectrum disorders*. National Autistic Society.

Baron-Cohen, S. (2012). *The science of evil: On empathy and the origins of cruelty* (Illustrated edition). Basic Books.

Bauminger, N., & Kasari, C. (2000). Loneliness and friendship in high-functioning children with autism. *Child Development, 71*(2), 447-456. https://doi.

org/10.1111/1467-8624.00156

Benner, A. D., Wang, Y., Shen, Y., Boyle, A. E., Polk, R., & Cheng, Y. P. (2018). Racial/ethnic discrimination and well-being during adolescence: A meta-analytic review. *The American Psychologist, 73*(7), 855-883. https://doi.org/10.1037/amp0000204

Bennetto, L., Pennington, B. F., & Rogers, S. J. (1996). Intact and impaired memory functions in autism. *Child Development, 67*(4), 1816-1835.

Berg, K. L., Shiu, C.-S., Acharya, K., Stolbach, B. C., & Msall, M. E. (2016). Disparities in adversity among children with autism spectrum disorder: A population-based study. *Developmental Medicine and Child Neurology, 58*(11), 1124-1131. https://doi.org/10.1111/dmcn.13161

Brenner, J., Pan, Z., Mazefsky, C., Smith, K. A., Gabriels, R., & Autism and Developmental Disorders Inpatient Research Collaborative (ADDIRC). (2018). Behavioral symptoms of reported abuse in children and adolescents with autism spectrum disorder in inpatient settings. *Journal of Autism and Developmental Disorders, 48*(11), 3727-3735. https://doi.org/10.1007/s10803-017-3183-4

Broitman, J., & Davis, J. M. (2013). Overview of NVLD. In J. Broitman & J. M. Davis (Eds.), *Treating NVLD in children: Professional collaborations for positive outcomes* (pp. 9-27). Springer. https://doi.org/10.1007/978-1-4614-6179-1_2

Brown-Lavoie, S. M., Viecili, M. A., & Weiss, J. A. (2014). Sexual knowledge and victimization in adults with autism spectrum disorders. *Journal of Autism and Developmental Disorders, 44*(9), 2185-2196. https://doi.org/10.1007/s10803-014-2093-y

Chamberlain, B., Kasari, C., & Rotheram-Fuller, E. (2007). Involvement or isolation?: The social networks of children with autism in regular classrooms. *Journal of Autism and Developmental Disorders, 37*(2), 230-242. https://doi.org/10.1007/s10803-006-0164-4

Chaplin, E., & Mukhopadhyay, S. (2018). Autism spectrum disorders and hate crime. *Advances in Autism, 4*(1), Article 1. https://doi.org/10.1108/AIA-08-2017-0015

Clark, E. (2007). Conduct disorders in African American adolescent males: The perceptions that lead to overdiagnosis and placement in special programs. *Alabama*

Counseling Association Journal, 33(2), 1–7.

Coker, T. R., Elliott, M. N., Toomey, S. L., Schwebel, D. C., Cuccaro, P., Tortolero Emery, S., Davies, S. L., Visser, S. N., & Schuster, M. A. (2016). Racial and ethnic disparities in ADHD diagnosis and treatment. *Pediatrics, 138*(3), e20160407. https://doi.org/10.1542/peds.2016-0407

Cortesi, F., Giannotti, F., Ivanenko, A., & Johnson, K. (2010). Sleep in children with autistic spectrum disorder. *Sleep Medicine, 11*(7), 659–664. https://doi.org/10.1016/j.sleep.2010.01.010

Demetriou, E. A., Lampit, A., Quintana, D. S., Naismith, S. L., Song, Y. J. C., Pye, J. E., Hickie, I., & Guastella, A. J. (2018). Autism spectrum disorders: A meta-analysis of executive function. *Molecular Psychiatry, 23*(5), 1198–1204. https://doi.org/10.1038/mp.2017.75

Dinkler, L., Yasumitsu-Lovell, K., Eitoku, M., Fujieda, M., Suganuma, N., Hatakenaka, Y., Hadjikhani, N., Bryant-Waugh, R., Råstam, M., & Gillberg, C. (2021-preprint). *Early neurodevelopmental problems and risk for Avoidant/Restrictive Food Intake Disorder (ARFID) in the general child population: A Japanese birth cohort study* (p. 2021.11.08.21265646). medRxiv. https://doi.org/10.1101/2021.11.08.21265646

Dossetor, D. R. (2007). "All that glitters is not gold": Misdiagnosis of psychosis in pervasive developmental disorders—A case series. *Clinical Child Psychology and Psychiatry, 12*(4), 537–548. https://doi.org/10.1177/1359104507078476

Drerup, L. C., Croysdale, A., & Hoffmann, N. G. (2008). Patterns of behavioral health conditions among adolescents in a juvenile justice system. *Professional Psychology: Research and Practice, 39*(2), 122–128. https://doi.org/10.1037/0735-7028.39.2.122

Dudas, R. B., Lovejoy, C., Cassidy, S., Allison, C., Smith, P., & Baron-Cohen, S. (2017). The overlap between autistic spectrum conditions and borderline personality disorder. *PloS One, 12*(9), e0184447. https://doi.org/10.1371/journal.pone.0184447

Duvall, S., Armstrong, K., Shahabuddin, A., Grantz, C., Fein, D., & Lord, C. (2021). A road map for identifying autism spectrum disorder: Recognizing and evaluating characteristics that should raise red or "pink" flags to guide accurate differential diagnosis. *The Clinical Neuropsychologist, 36*(5), 1172–1207. https://doi.org/10.108

0/13854046.2021.1921276

Eminson, D., & Goodyer, I. (2004). Time for change to a developmental perspective in the education and training of psychiatrists. *Psychiatric Bulletin, 28*(10), 378-381. doi:10.1192/pb.28.10.378

Fadus, M. C., Ginsburg, K. R., Sobowale, K., Halliday-Boykins, C. A., Bryant, B. E., Gray, K. M., & Squeglia, L. M. (2020). Unconscious bias and the diagnosis of disruptive behavior disorders and ADHD in African American and Hispanic youth. *Academic Psychiatry, 44*(1), 95-102. https://doi.org/10.1007/s40596-019-01127-6

Fisher, P. W., Reyes-Portillo, J. A., Riddle, M. A., & Litwin, H. D. (2021). Systematic review: Nonverbal learning disability. *Journal of the American Academy of Child & Adolescent Psychiatry*, S0890856721002343. https://doi.org/10.1016/j.jaac.2021.04.003

Fitzgerald, M. (2003). Misdiagnosis of Asperger syndrome as anankastic personality disorder [2]. *Autism: The International Journal of Research and Practice, 6*, 435. https://doi.org/10.1177/1362361302006004010

Fitzgerald, M. (2005). Borderline personality disorder and Asperger syndrome. *Autism: The International Journal of Research and Practice, 9*(4), 452.

Fitzgerald, C., & Hurst, S. (2017). Implicit bias in healthcare professionals: A systematic review. *BMC Medical Ethics, 18*(1), 19. https://doi.org/10.1186/s12910-017-0179-8

Florida Psychiatric Society (Host). (2010, May 17). Treating Borderline Personality Disorders (No. 269) [Audio podcast episode]. In *The experts speak*. The Florida Psychiatric Society. www.iheart.com/podcast/269-the-experts-speak-an-educa-54158436/episode/treating-borderline-personality-disorders-54186548/

Frye, D., & Karanzalis, L. (2022, July 11). *What is nonverbal learning disorder?*. Additude. www.additudemag.com/what-is-nonverbal-learning-disorder-symptoms-and-diagnosis/

Fuld, S. (2018). Autism spectrum disorder: The impact of stressful and traumatic life events and implications for clinical practice. *Clinical Social Work Journal, 46*(3), 210-219. https://doi.org/10.1007/s10615-018-0649-6

Fusar-Poli, L., Brondino, N., Politi, P., & Aguglia, E. (2020). Missed diagnoses and misdiagnoses of adults with autism spectrum disorder. *European Archives of Psychiatry and Clinical Neuroscience, 272*, 187–198. https://doi.org/10.1007/s00406-020-01189-w

Gerdts, J., & Bernier, R. (2011). The broader autism phenotype and its implications on the etiology and treatment of autism spectrum disorders. *Autism Research and Treatment, 2011*, 545901. https://doi.org/10.1155/2011/545901

Geurts, H. M., van den Bergh, S. F. W. M., & Ruzzano, L. (2014). Prepotent response inhibition and interference control in autism spectrum disorders: Two meta-analyses. *Autism Research: Official Journal of the International Society for Autism Research, 7*(4), 407–420. https://doi.org/10.1002/aur.1369

Gillberg, C., & Billstedt, E. (2000). Autism and Asperger syndrome: Coexistence with other clinical disorders. *Acta Psychiatrica Scandinavica, 102*(5), 321–330. https://doi.org/10.1034/j.1600-0447.2000.102005321.x

Goff, P. A., Jackson, M. C., Di Leone, B. A. L., Culotta, C. M., & DiTomasso, N. A. (2014). The essence of innocence: Consequences of dehumanizing Black children. *Journal of Personality and Social Psychology, 106*(4), 526–545. https://doi.org/10.1037/a0035663

Gordon, C., Lewis, M., Knight, D., & Salter, E. (2020, March 17). Differentiating between borderline personality disorder and autism spectrum disorder. *Mental Health Practice, 23*(3), 22–26. https://doi.org/10.7748/mhp.2020.e1456

Gravitz, L. (2018, September 26). *At the intersection of autism and trauma*. Spectrum News. www.spectrumnews.org/features/deep-dive/intersection-autism-trauma/

Griffiths, S., Allison, C., Kenny, R., Holt, R., Smith, P., & Baron-Cohen, S. (2019). The Vulnerability Experiences Quotient (VEQ): A study of vulnerability, mental health and life satisfaction in autistic adults. *Autism Research, 12*(10), 1516–1528. https://doi.org/10.1002/aur.2162

Harvey, E. A., Breaux, R. P., & Lugo-Candelas, C. I. (2016). Early development of comorbidity between symptoms of Attention-Deficit/Hyperactivity Disorder (ADHD) and Oppositional Defiant Disorder (ODD). *Journal of Abnormal Psychology, 125*(2), 154–167. https://doi.org/10.1037/abn0000090

Henderson, D., Wayland, S. C., & White, J. (2023). *Is this autism?: A guide for clinicians and everyone else*. Routledge.

Hendrickson, W. A., & Ward, K. B. (1975). Atomic models for the polypeptide backbones of myohemerythrin and hemerythrin. *Biochemical and Biophysical Research Communications, 66*(4), 1349–1356. https://doi.org/10.1016/0006-291x(75)90508-2

Hong, M., Moon, D. S., Chang, H., Lee, S. Y., Cho, S. W., Lee, K.-S., Park, J.-A., Lee, S. M., & Bahn, G. H. (2018). Incidence and comorbidity of reactive attachment disorder: Based on national health insurance claims data, 2010–2012 in Korea. *Psychiatry Investigation, 15*(2), 118–123. https://doi.org/10.30773/pi.2017.11.01

Hoover, D. W., & Kaufman, J. (2018). Adverse childhood experiences in children with autism spectrum disorder. *Current Opinion in Psychiatry, 31*(2), 128–132. https://doi.org/10.1097/YCO.0000000000000390

Horovitz, M., Matson, J. L., Rieske, R. D., Kozlowski, A. M., & Sipes, M. (2011). The relationship between race and challenging behaviours in infants and toddlers with autistic disorder and pervasive developmental disorder—not otherwise specified. *Developmental Neurorehabilitation, 14*(4), 208–214. https://doi.org/10.3109/17518423.2011.566596

Huke, V., Turk, J., Saeidi, S., Kent, A., & Morgan, J. F. (2013). Autism spectrum disorders in eating disorder populations: A systematic review. *European Eating Disorders Review: The Journal of the Eating Disorders Association, 21*(5), 345–351. https://doi.org/10.1002/erv.2244

Humphrey, N., & Lewis, S. (2008). What does 'inclusion' mean for pupils on the autistic spectrum in mainstream secondary schools?. *Journal of Research in Special Educational Needs, 8*(3), 132–140. https://doi.org/10.1111/j.1471-3802.2008.00115.x

Hus, Y., & Segal, O. (2021). Challenges surrounding the diagnosis of autism in children. *Neuropsychiatric Disease and Treatment, 17*, 3509–3529. https://doi.org/10.2147/NDT.S282569

Inoue, T., Otani, R., Iguchi, T., Ishii, R., Uchida, S., Okada, A., Kitayama, S., Koyanagi, K., Suzuki, Y., Suzuki, Y., Sumi, Y., Takamiya, S., Tsurumaru, Y., Nagamitsu, S.,

Fukai, Y., Fujii, C., Matsuoka, M., Iwanami, J., Wakabayashi, A., & Sakuta, R. (2021). Prevalence of autism spectrum disorder and autistic traits in children with anorexia nervosa and avoidant/restrictive food intake disorder. *BioPsychoSocial Medicine, 15*(1), 9. https://doi.org/10.1186/s13030-021-00212-3

Jang, J., Matson, J. L., Cervantes, P. E., & Goldin, R. L. (2013). The relationship between race and comorbid symptoms in infants and toddlers with autism spectrum disorder. *Research in Autism Spectrum Disorders, 7*(11), 1433-1438. https://doi.org/10.1016/j.rasd.2013.08.011

Kambanis, P. E., Kuhnle, M. C., Wons, O. B., Jo, J. H., Keshishian, A. C., Hauser, K., Becker, K. R., Franko, D. L., Misra, M., Micali, N., Lawson, E. A., Eddy, K. T., & Thomas, J. J. (2020). Prevalence and correlates of psychiatric comorbidities in children and adolescents with full and subthreshold avoidant/restrictive food intake disorder. *The International Journal of Eating Disorders, 53*(2), 256-265. https://doi.org/10.1002/eat.23191

Kentrou, V., de Veld, D. M., Mataw, K. J., & Begeer, S. (2019). Delayed autism spectrum disorder recognition in children and adolescents previously diagnosed with attention-deficit/hyperactivity disorder. *Autism, 23*(4), 1065-1072. https://doi.org/10.1177/1362361318785171

Kenworthy, L. E., Black, D. O., Wallace, G. L., Ahluvalia, T., Wagner, A. E., & Sirian, L. M. (2005). Disorganization: The forgotten executive dysfunction in High-Functioning Autism (HFA) spectrum disorders. *Developmental Neuropsychology, 28*(3), 809-827. https://doi.org/10.1207/s15326942dn2803_4

Kerns, C. M., Newschaffer, C. J., Berkowitz, S., & Lee, B. K. (2017). Brief report: Examining the association of autism and adverse childhood experiences in the National Survey of Children's Health: The important role of income and co-occurring mental health conditions. *Journal of Autism and Developmental Disorders, 47*(7), 2275-2281. https://doi.org/10.1007/s10803-017-3111-7

Klein, E. R., Ruiz, C. E., Morales, K., & Stanley, P. (2019). Variations in parent and teacher ratings of internalizing, externalizing, adaptive skills, and behavioral symptoms in children with selective mutism. *International Journal of Environmental*

Research and Public Health, 16(21), 4070. https://doi.org/10.3390/ijerph16214070

Koehler, J., & Buell, S. (2020, November 5). *Living with intensity: Towards a greater understanding of the unique needs of gifted learners*. 67th Annual National Association for Gifted Children (NAGC) Convention, Disney's Coronado Springs Resort, Florida.

Konstantareas, M. M., & Hewitt, T. (2001). Autistic disorder and schizophrenia: Diagnostic overlaps. *Journal of Autism and Developmental Disorders, 31*(1), 19-28. https://doi.org/10.1023/A:1005605528309

Lai, C. L. E., Lau, Z., Lui, S. S. Y., Lok, E., Tam, V., Chan, Q., Cheng, K. M., Lam, S. M., & Cheung, E. F. C. (2017). Meta-analysis of neuropsychological measures of executive functioning in children and adolescents with high-functioning autism spectrum disorder. *Autism Research, 10*(5), 911-939. https://doi.org/10.1002/aur.1723

Lai, M.-C., & Baron-Cohen, S. (2015). Identifying the lost generation of adults with autism spectrum conditions. *The Lancet Psychiatry, 2*(11), 1013-1027. https://doi.org/10.1016/S2215-0366(15)00277-1

Lasgaard, M., Nielsen, A., Eriksen, M. E., & Goossens, L. (2010). Loneliness and social support in adolescent boys with autism spectrum disorders. *Journal of Autism and Developmental Disorders, 40*(2), 218-226. https://doi.org/10.1007/s10803-009-0851-z

Lugnegård, T., Hallerbäck, M. U., & Gillberg, C. (2012). Personality disorders and autism spectrum disorders: What are the connections?. *Comprehensive Psychiatry, 53*(4), 333-340. https://doi.org/10.1016/j.compps ych.2011.05.014

Maenner, M. J., Shaw, K. A., Baio, J., Washington, A., Patrick, M., DiRienzo, M., Christensen, D. L., Wiggins, L. D., Pettygrove, S., Andrews, J. G., Lopez, M., Hudson, A., Baroud, T., Schwenk, Y., White, T., Rosenberg, C. R., Lee, L.-C., Harrington, R. A., Huston, M., … Dietz, P. M. (2020). Prevalence of autism spectrum disorder among children aged 8 years—Autism and Developmental Disabilities Monitoring Network, 11 sites, United States, 2016. *MMWR Surveillance Summaries, 69*(4), 1-12. https://doi.org/10.15585/mmwr.ss6904a1

Maïano, C., Normand, C. L., Salvas, M.-C., Moullec, G., & Aimé, A. (2016). Prevalence of school bullying among youth with autism spectrum disorders: A systematic review and meta-analysis. *Autism Research: Official Journal of the International Society for Autism Research, 9*(6), 601-615. https://doi.org/10.1002/aur.1568

Mandell, D. S., Ittenbach, R. F., Levy, S. E., & Pinto-Martin, J. A. (2007). Disparities in diagnoses received prior to a diagnosis of autism spectrum disorder. *Journal of Autism and Developmental Disorders, 37*(9), 1795-1802. https://doi.org/10.1007/s10803-006-0314-8

Mandell, D. S., Walrath, C. M., Manteuffel, B., Sgro, G., & Pinto-Martin, J. A. (2005). The prevalence and correlates of abuse among children with autism served in comprehensive community-based mental health settings. *Child Abuse & Neglect, 29*(12), 1359-1372. https://doi.org/10.1016/j.chi abu.2005.06.006

Mandy, W., & Tchanturia, K. (2015). Do women with eating disorders who have social and flexibility difficulties really have autism?: A case series. *Molecular Autism, 6*(1), 1-10. https://doi.org/10.1186/2040-2392-6-6

Mandy, W., Wang, A., Lee, I., & Skuse, D. (2017). Evaluating social (pragmatic) communication disorder. *Journal of Child Psychology and Psychiatry, 58*(10), 1166-1175. https://doi.org/10.1111/jcpp.12785

Mansell, S., Sobsey, D., & Moskal, R. (1998). Clinical findings among sexually abused children with and without developmental disabilities. *Mental Retardation, 36*(1), 12-22. https://doi.org/10.1352/0047-6765(1998)036<0012:CFA SAC>2.0.CO;2

Markarian, Y., Larson, M. J., Aldea, M. A., Baldwin, S. A., Good, D., Berkeljon, A., Murphy, T. K., Storch, E. A., & McKay, D. (2010). Multiple pathways to functional impairment in obsessive-compulsive disorder. *Clinical Psychology Review, 30*(1), 78-88. https://doi.org/10.1016/j.cpr.2009.09.005

Mayes, S. D., Calhoun, S. L., Waschbusch, D. A., & Baweja, R. (2017). Autism and reactive attachment/disinhibited social engagement disorders: Co-occurrence and differentiation. *Clinical Child Psychology and Psychiatry, 22*(4), 620-631. https://doi.org/10.1177/1359104516678039

McDonnell, C. G., Boan, A. D., Bradley, C. C., Seay, K. D., Charles, J. M., &

Carpenter, L. A. (2019). Child maltreatment in autism spectrum disorder and intellectual disability: Results from a population-based sample. *Journal of Child Psychology and Psychiatry, 60*(5), 576-584. https://doi.org/10.1111/jcpp.12993

Mehtar, M., & Mukaddes, N. M. (2011). Posttraumatic stress disorder in individuals with diagnosis of autistic spectrum disorders. *Research in Autism Spectrum Disorders, 5*(1), 539-546. https://doi.org/10.1016/j.rasd.2010.06.020

Meier, S. M., Petersen, L., Schendel, D. E., Mattheisen, M., Mortensen, P. B., & Mors, O. (2015). Obsessive-compulsive disorder and autism spectrum disorders: Longitudinal and offspring risk. *PLoS ONE, 10*(11), e0141703. https://doi.org/10.1371/journal.pone.0141703

Milne, E. (n.d.). *Autistic people are three times more likely to have hallucinations*. The Conversation. http://theconversation.com/autistic-people-are-three-times-more-likely-to-have-hallucinations-77337

Milne, E., Dickinson, A., & Smith, R. (2017). Adults with autism spectrum conditions experience increased levels of anomalous perception. *PLOS ONE, 12*(5), e0177804. https://doi.org/10.1371/journal.pone.0177804

Moran, H. (2010). Clinical observations of the differences between children on the autism spectrum and those with attachment problems: The Coventry grid. *Good Autism Practice (GAP), 11*(2), 46-59.

Morgan, P. L., Staff, J., Hillemeier, M. M., Farkas, G., & Maczuga, S. (2013). Racial and ethnic disparities in ADHD diagnosis from kindergarten to eighth grade. *Pediatrics, 132*(1), 85-93. https://doi.org/10.1542/peds.2012-2390

Muris, P., & Ollendick, T. H. (2021). Selective mutism and its relations to social anxiety disorder and autism spectrum disorder. *Clinical Child and Family Psychology Review, 24*(2), 294-325. https://doi.org/10.1007/s10567-020-00342-0

Neff, M. A. (2021, October 11). *Autism vs. OCD*. Neurodivergent Insights. https://neurodivergentinsights.com/misdiagnosis-monday/ocd-vs-autism

Neff, M. A. (2021, September 27). *PTSD and autism*. Neurodivergent Insights. https://neurodivergentinsights.com/misdiagnosis-monday/ptsd-and-autism

Nyrenius, J., Eberhard, J., Ghaziuddin, M., Gillberg, C., & Gillstedt, E. (2022).

Prevalence of autism spectrum disorders in adult outpatient psychiatry. *Journal of Autism and Developmental Disorders, 52*, 3769–3779. https://doi.org/10.1007/s10803-021-05411-z

Ozonoff, S., Pennington, B. F., & Rogers, S. J. (1991). Executive function deficits in high-functioning autistic individuals: Relationship to theory of mind. *Journal of Child Psychology and Psychiatry, 32*(7), 1081–1105. https://doi.org/10.1111/j.1469-7610.1991.tb00351.x

Palombo, J., & Berenberg, A. H. (1999). Working with parents of children with nonverbal learning disabilities: A conceptual and intervention model. In J. A. Incorvaia, B. S. Mark-Goldstein, & D. Tessmer (Eds.), *Understanding, diagnosing, and treating AD/HD in children and adolescents: An integrated approach* (pp. 389–441). Aronson.

Paula-Pérez, I. (2013). Differential diagnosis between obsessive compulsive disorder and restrictive and repetitive behavioural patterns, activities and interests in autism spectrum disorders. *Revista de Psiquiatria y Salud Mental, 6*(4), 178–186. https://doi.org/10.1016/j.rpsm.2012.07.005

Pelletier, G. (1998). Borderline personality disorder vs. Asperger's disorder. *Journal of the American Academy of Child and Adolescent Psychiatry, 37*(11), 1128. https://doi.org/10.1097/00004583-199811000-00005

Postorino, V., Kerns, C. M., Vivanti, G., Bradshaw, J., Siracusano, M., & Mazzone, L. (2017). Anxiety disorders and obsessive-compulsive disorder in individuals with autism spectrum disorder. *Current Psychiatry Reports, 19*(12), 92. https://doi.org/10.1007/s11920-017-0846-y

Ratto, A. B., Kenworthy, L., Yerys, B. E., Bascom, J., Wieckowski, A. T., White, S. W., Wallace, G. L., Pugliese, C., Schultz, R. T., Ollendick, T. H., Scarpa, A., Seese, S., Register-Brown, K., Martin, A., & Anthony, L. G. (2018). What about the girls?: Sex-based differences in autistic traits and adaptive skills. *Journal of Autism and Developmental Disorders, 48*(5), 1698–1711. https://doi.org/10.1007/s10803-017-3413-9

Regan, T. (2021). *Understanding autism in adults and aging adults: New insights for improving diagnosis and quality of life* (2nd ed.). Indiego Publishing LLC.

Rhind, C., Bonfioli, E., Hibbs, R., Goddard, E., Macdonald, P., Gowers, S., Schmidt, U., Tchanturia, K., Micali, N., & Treasure, J. (2014). An examination of autism spectrum traits in adolescents with anorexia nervosa and their parents. *Molecular Autism, 5*(1), 56. https://doi.org/10.1186/2040-2392-5-56

Ritter, K., Dziobek, I., Preißler, S., Rüter, A., Vater, A., Fydrich, T., Lammers, C.-H., Heekeren, H. R., & Roepke, S. (2011). Lack of empathy in patients with narcissistic personality disorder. *Psychiatry Research, 187*(1-2), 241-247. https://doi.org/10.1016/j.psychres.2010.09.013

Rogers, J., Viding, E., Blair, R. J., Frith, U., & Happé, F. (2006). Autism spectrum disorder and psychopathy: Shared cognitive underpinnings or double hit?. *Psychological Medicine, 36*(12), 1789-1798. https://doi.org/10.1017/S0033291706008853

Rommelse, N. N. J., Franke, B., Geurts, H. M., Hartman, C. A., & Buitelaar, J. K. (2010). Shared heritability of attention-deficit/hyperactivity disorder and autism spectrum disorder. *European Child & Adolescent Psychiatry, 19*(3), 281-295. https://doi.org/10.1007/s00787-010-0092-x

Rommelse, N., Visser, J., & Hartman, C. (2018). Differentiating between ADHD and ASD in childhood: Some directions for practitioners. *European Child & Adolescent Psychiatry, 27*, 679-681. https://doi.org/10.1007/s00 787-018-1165-5

Rumball, F., Happé, F., & Grey, N. (2020). Experience of trauma and PTSD symptoms in autistic adults: Risk of PTSD development following DSM-5 and non-DSM-5 traumatic life events. *Autism Research: Official Journal of the International Society for Autism Research, 13*(12), 2122-2132. https://doi.org/10.1002/aur.2306

Rumsey, J. M., & Hamburger, S. D. (1990). Neuropsychological divergence of high-level autism and severe dyslexia. *Journal of Autism and Developmental Disorders, 20*(2), 155-168. https://doi.org/10.1007/BF02284715

Ruzzano, L., Borsboom, D., & Geurts, H. M. (2015). Repetitive behaviors in autism and obsessive-compulsive disorder: New perspectives from a network analysis. *Journal of Autism and Developmental Disorders, 45*(1), 192-202. https://doi.org/10.1007/s10803-014-2204-9

Rydén, G., Rydén, E., & Hetta, J. (2008). Borderline personality disorder and autism spectrum disorder in females—a cross-sectional study. *Clinical Neuropsychiatry, 5*(1), 22–30.

Scoyoc, A., Marquardt, M., & Phelps, R. (2018). The challenge and importance of differentiating trauma and stress-related disorders. In J. Fogler & R. Phelps (Eds.), *Trauma, autism, and neurodevelopmental disorders: Integrating research, practice, and policy* (pp. 73–91). Springer. https://doi.org/10.1007/978-3-030-00503-0_5

Shah, A. (2016, December 6). *Catatonia and catatonia-type breakdown in autism.* National Autistic Society. www.autism.org.uk/advice-and-guidance/profe ssional-practice/catatonia-autism

Stavropoulos, K. K.-M., Bolourian, Y., & Blacher, J. (2018). Differential diagnosis of autism spectrum disorder and post traumatic stress disorder: Two clinical cases. *Journal of Clinical Medicine, 7*(4), 71. https://doi.org/10.3390/jcm7040071

Stavropoulos, K., & McPartland, J. (Ed.). (2022). *Differential diagnosis of autism spectrum disorder.* Oxford University Press.

Steffenburg, H., Steffenburg, S., Gillberg, C., & Billstedt, E. (2018). Children with autism spectrum disorders and selective mutism. *Neuropsychiatric Disease and Treatment, 14*, 1163–1169. https://doi.org/10.2147/NDT.S154966

Stein, M. B., Yang, B.-Z., Chavira, D. A., Hitchcock, C. A., Sung, S. C., Shipon-Blum, E., & Gelernter, J. (2011). A common genetic variant in the neurexin superfamily member CNTNAP2 is associated with increased risk for selective mutism and social anxiety-related traits. *Biological Psychiatry, 69*(9), 825–831. https://doi.org/10.1016/j.biopsych.2010.11.008

Stevens, T., & Morash, M. (2015). Racial/ethnic disparities in boys' probability of arrest and court actions in 1980 and 2000: The disproportionate impact of "getting tough" on crime. *Youth Violence and Juvenile Justice, 13*(1), 77–95. https://doi.org/10.1177/1541204013515280

Strunz, S., Westphal, L., Ritter, K., Heuser, I., Dziobek, I., & Roepke, S. (2015). Personality pathology of adults with autism spectrum disorder without accompanying intellectual impairment in comparison to adults with personality disorders. *Journal of Autism and Developmental Disorders, 45*(12), 4026-4038. https://doi.org/10.1007/s10803-014-2183-x

Sucksmith, E., Roth, I., & Hoekstra, R. A. (2011). Autistic traits below the clinical threshold: Re-examining the broader autism phenotype in the 21st century. *Neuropsychology Review, 21*(4), 360-389. https://doi.org/10.1007/s11065-011-9183-9

Takara, K., Kondo, T., & Kuba, T. (2015). How and why is autism spectrum disorder misdiagnosed in adult patients: From diagnostic problem to management for adjustment. *Mental Health in Family Medicine, 11*(2), 73-88.

Tebartz van Elst, L., Pick, M., Biscaldi, M., Fangmeier, T., & Riedel, A. (2013). High-functioning autism spectrum disorder as a basic disorder in adult psychiatry and psychotherapy: Psychopathological presentation, clinical relevance and therapeutic concepts. *European Archives of Psychiatry and Clinical Neuroscience, 263 (Suppl 2)*, S189-196. https://doi.org/10.1007/s00406-013-0459-3

Topal, Z., Demir Samurcu, N., Taskiran, S., Tufan, A. E., & Semerci, B. (2018). Social communication disorder: A narrative review on current insights. *Neuropsychiatric Disease and Treatment, 14*, 2039-2046. https://doi.org/10.2147/NDT.S121124

Turcotte, P., Shea, L. L., & Mandell, D. (2018). School discipline, hospitalization, and police contact overlap among individuals with autism spectrum disorder. *Journal of Autism and Developmental Disorders, 48*(3), 883-891. https://doi.org/10.1007/s10803-017-3359-y

Tyson, K. E., & Cruess, D. G. (2012). Differentiating high-functioning autism and social phobia. *Journal of Autism and Developmental Disorders, 42*(7), 1477-1490. https://doi.org/10.1007/s10803-011-1386-7

Valenti, M., Ciprietti, T., Egidio, C. D., Gabrielli, M., Masedu, F., Tomassini, A. R., & Sorge, G. (2012). Adaptive response of children and adolescents with autism to the 2009 earthquake in L'Aquila, Italy. *Journal of Autism and Developmental Disorders, 42*(6), 954-960. https://doi.org/10.1007/s10 803-011-1323-9

Van Schalkwyk, G. I., Peluso, F., Qayyum, Z., McPartland, J. C., & Volkmar, F. R. (2015). Varieties of misdiagnosis in ASD: An illustrative case series. *Journal of Autism and*

Developmental Disorders, 45(4), 911–918.

van Steensel, F. J. A., Bögels, S. M., & Perrin, S. (2011). Anxiety disorders in children and adolescents with autistic spectrum disorders: A meta-analysis. *Clinical Child and Family Psychology Review, 14*(3), 302–317. https://doi.org/10.1007/s10567-011-0097-0

Walters, J., Hughes, T., Sutton, L., Marshall, S., Crothers, L., Lehman, C., Paserba, D., Talkington, V., Taormina, R., & Huang, A. (2013). Maltreatment and depression in adolescent sexual offenders with an autism spectrum disorder. *Journal of Child Sexual Abuse, 22*, 72–89. https://doi.org/10.1080/10538712.2013.735357

Webb, J. T. (2007). *A parent's guide to gifted children*. Great Potential Press.

Weiss, J. A., & Fardella, M. A. (2018). Victimization and perpetration experiences of adults with autism. *Frontiers in Psychiatry, 9*, 203. https://doi.org/10.3389/fpsyt.2018.00203

Wentz, E., Lacey, J. H., Waller, G., Råstam, M., Turk, J., & Gillberg, C. (2005). Childhood onset neuropsychiatric disorders in adult eating disorder patients: A pilot study. *European Child & Adolescent Psychiatry, 14*(8), 431–437. https://doi.org/10.1007/s00787-005-0494-3

Westwood, H., Eisler, I., Mandy, W., Leppanen, J., Treasure, J., & Tchanturia, K. (2016). Using the autism-spectrum quotient to measure autistic traits in anorexia nervosa: A systematic review and meta-analysis. *Journal of Autism and Developmental Disorders, 46*(3), 964–977. https://doi.org/10.1007/s10803-015-2641-0

Westwood, H., Mandy, W., & Tchanturia, K. (2017). Clinical evaluation of autistic symptoms in women with anorexia nervosa. *Molecular Autism, 8*(1), 12. https://doi.org/10.1186/s13229-017-0128-x

White, S. W., Maddox, B. B., & Mazefsky, C. A. (2020). *The Oxford handbook of autism and co-occurring psychiatric conditions*. Oxford University Press. https://doi.org/10.1093/oxfordhb/9780190910761.001.0001

Wikramanayake, W. N. M., Mandy, W., Shahper, S., Kaur, S., Kolli, S., Osman, S., Reid, J., Jefferies-Sewell, K., & Fineberg, N. A. (2018). Autism spectrum disorders in adult outpatients with obsessive compulsive disorder in the UK. *International*

Journal of Psychiatry in Clinical Practice, 22(1), 54–62. https://doi.org/10.1080/13651501.2017.1354029

Young, S., González, R. A., Mullens, H., Mutch, L., Malet-Lambert, I., & Gudjonsson, G. H. (2018). Neurodevelopmental disorders in prison inmates: Comorbidity and combined associations with psychiatric symptoms and behavioural disturbance. *Psychiatry Research, 261*, 109–115. https://doi.org/10.1016/j.psychres.2017.12.036

Yuhas, D. (2019, February 27). *Untangling the ties between autism and obsessive-compulsive disorder*. Spectrum News. www.spectrumnews.org/features/deep-dive/untangling-ties-autism-obsessive-compulsive-disorder/

Zeanah, C., Mary, M., & Gleason, M. M. (2010, January). *Reactive attachment disorder: A review for DSM-V*. American Psychiatric Association. www.researchgate.net/profile/Charles-Zeanah/publication/228683818_Reactive_Attachment_Disorder_a_review_for_DSM-V/links/0deec51e86576d1e8c000000/Reactive-Attachment-Disorder-a-review-for-DSM-V.pdf

제 10 장

자료를 조직화하고 통합하는 방법

왜 조직화 과정이 중요한가? 숙련된 임상가는 임상적 직관을 키우고 이에 주의를 기울이는 일이 얼마나 중요하고 유용한지 알고 있다. 저자는 당신이 내담자와 잘 작업할 수 있도록 이끌어 주는 내면의 목소리에 계속 귀를 기울이도록 격려한다. 그러나 직관의 한계도 알아야 한다. 어떤 이유에서인지, 많은 임상가가 내담자의 자폐증 여부를 그냥 알 수 있다고 속으로 믿고 있는 듯 보인다. 이는 "모든 자폐인이 한눈에 알아볼 수 있을 정도로 비정상적이며, 눈 맞춤이 불균형하고, 사회적 예절이 서툴고, 이상한 관심사를 가진다"는 잘못된 개념화에 기인할 것이다. 그러나 많은 자폐인이 비-자폐인과 (큰 대가를 치르면서) 자연스럽게 어울릴 수 있음을 우리는 이제 알게 되었다. 그러므로 **우리는 자폐인에 대하여 임상적 직관에 주로 혹은 단독으로 의존할 수 없다.**

우리가 ADHD나 학습장애 같은 다른 발달 문제를 진단할 때 결코 임상적 직관에만 의존하지 않는다는 점에 주목할 필요가 있다. 그렇지 않은가? 발달 문제가 있는지 확인할 때 우리는 조직화된 방식으로 구체적인 자료를 수집한다. 수집한 자료는 내담자의 주관적인 경험을 포함하고 있다. 그리고 우리는 수집한 자료를 합의된 진단기준 목록(예: DSM 혹은 ICD)과 비교하고, 자료가 기준을 충족하는 정도에 근거하여 진단 여부를 결정한다. 자폐증도 정확히 같은 방식으로 접근해야 한다.

조직화 및 통합 절차의 주된 목표는 당신의 발견을 종합하여 결론을 도출하는 것이다. 구조화된 의사결정 과정은 이 목표뿐만 아니라 그 이상을 달성할 수 있게 해 준다.

구조화된 의사결정 과정:

- 모든 자료를 조직화하고 숙고하도록 이끈다.
- 직관에 지나치게 의존하는 함정을 피하도록 돕는다.
- 자료의 일부를 무시하는 함정을 피하도록 돕는다.
- 빠진 자료가 있는지 명확히 해 준다.
- 자폐증 진단 여부의 결정에 있어서 자료에 근거한 방법을 제공한다.
- 주요한 문제 영역을 명확히 해 준다.
- 모든 강점을 발견하도록 돕는다.
- 권고 사항의 우선순위를 정하도록 돕는다.
- 내담자와 그 가족, 교사, 관련된 건강관리전문가를 교육하고 설득하는 구조화된 방법을 제공한다.
- 도전적인 사례에 직면했을 때, 자신감을 높이고 불안을 줄이도록 돕는다.

자료에 근거한 의사결정 과정의 진행 방식은 당신이 '정직함'을 유지하도록 해 준다. 이는 당신이 전체 그림의 한 부분에 지나치게 영향을 받거나 관련 요소를 무시하지 않고, 면담, 평정 척도, 검사 점수, 행동 관찰, 이전의 문서 등을 아우르는 모든 자료를 조직화하고 종합하도록 해 준다. 이 절차를 잘 활용하면 자폐증을 충분히 고려하기 전에 배제해 버리거나 자폐증을 너무 쉽게 진단하는 일을 방지할 수 있다. 이는 당신이 조직화되고 방법론적이고 자료에 근거하도록 촉구하며, 우리의 내담자가 적절한 대우를 받게 해 줄 것이다.

자료를 신중하게 조직화하면서 **추가로 수집해야 할 자료를 알 수 있다.** 예를 들어, 절차를 진행하던 중에 내담자가 단 하나의 기준만 제외하고 모든 기준을 충족할 수 있다. 이는 해당 범주를 다시 검토하라는 신호이다. 만약 당신이 이 기준을 충족하지 않는다고 확신한다면 자폐증으로 진단하지 않을 것이다. 반대로 특정 영역에 대해 충분히 질문하지 않았다는 사실을 발견할 수도 있다. 그렇다면 내담자, 부모, 교사에게 돌아가서 추가로 질문해야 한다. 이러한 유형의 작업을 처음 접하는 임상가에게 특히 흔하게 일어나는 중요한 일이다. 저자도 의사결정 과정이 끝날 무렵에서야 특정 문제에 관한 질문을 완전히 까먹고 있었다는 사실을 깨달았던 적이 있다! 이러한 일이 발생하더라도 다시 연락하는 것을 어색해할 필요가 없다. 사람들은 당신이 이렇게나 철저히 작업한다는 사실에 감명받고 감사할 것이다.

조직화된 의사결정 과정은 **문제 영역, 강점, 권고 사항의 우선순위가 명확해지도록 돕는다.** 평가는 오로지 진단을 목적으로만 하지 않으며, 내담자가 자신의 강점과 어려움을 이해하고 앞으로 나아가는 로드맵을 발견하게 해 준다. 내담자의 자폐증 여부가 꽤 빨리 결정된 사례에서도 저자는 여전히 전체 과정을 그대로 진행하면서 이들이 다른 사람보다 더 잘하는 일, 어려움을 겪는 일과 그 원인, 목표를 향해 나아갈 때 필요한 단계를 명료히 하여 내담자를 돕는다. 단순히 "자폐증입니다" 혹은 "자폐증이 아닙니다"라는 말만으로는 이를 달성할 수 없다.

조직화된 의사결정 과정은 당신이 **관련자 모두를 교육하고 설득하도록 돕는다.** 가장 중요한 대상은 내담자와 그 가족이다. 일부 내담자나 부모는 자폐증 진단을 이미 예상했거나 바랄 수 있지만, 다른 이들에게는 충격적이거나 반갑지 않은 소식이 될 수도 있다. 일반적으로 대부분은 자폐증을 매우 제한적으로만 이해하고 있으며, 알더라도 그 내용이 시대에 뒤떨어져 있기 마련이다. 이때는 자폐증 진단기준을 (비판단적인 용어로) 설명하고, 이들에게 혹은 이들이 사랑하는 사람에게 이 기준이 어떻게 부합하고 있는지 교육해야 한다. 많은 예시를 조직화하여 자료를 준비한다면 더 효과적으로 의사소통할 수 있다. 이와 관련한 구체적인 내용은 다음 장에서 자세히 논의할 것이다.

자폐증 가면 증후군autistic imposter syndrome이 존재하는가

그렇다! 몇몇 위장한 자폐인이나 뒤늦게 진단받은 자폐인은 가면 증후군에 취약할 수 있다. 즉, 진단을 통해 수용받고 안심했더라도 진단을 받을 '자격'이 없다고 걱정했던 시기를 거쳤을 수 있다. 이때 핵심은 진단이 이들에게 이해되고 안도감을 주어야 한다는 점이다. 이들은 진단이 잘못된 실수가 아니기를 바라며, 혹시나 실수일지 걱정하기도 한다. 만약 당신이 내담자에게 자료에 기반한 강력한 근거를 제시했다면 이들은 당신의 표현word을 다시 읽으면서 필요할 때마다 스스로를 안심시킬 수 있을 것이다.

당신이 토론, 편지, 공식 보고서를 통해 **내담자와 관련 있는 교사나 건강관리전문가를 교육하고 설득**해야 할 때도 있다. 어떤 전문가는 종종 자폐증을 오해하기 때문에 이들에게 제대로 설명하지 않으면 당신의 결론에 동의하지 않을 수도 있다. 이는 당신이 아직 내담자를 완전하게 지원하지 않은 것이다. 심사숙고하는 의사결정 과정은 당신이 생각을 명료화하고 조직화하도록 도우며, 이에 따라 당신은 다른 사람에게 더 쉽게 이해되고 설득력 있는 방식으로 말하고 기술할 수 있게 된다. 발견한 결과를 자료와 함께 효과적으로 문서화한다. 이를 통해 당신의 주장을 강하게 뒷받침하고 내담자를 더욱 옹호할 수 있다.

권고된 의사결정 과정을 활용하여 **당신의 전문성을 제고할 수 있다.** 이는 내담자의 어려움과 강점 각각이 자폐적 특성에 해당하는지 고심하도록 하며, 당신은 진단기준 자체와 더불어 진단기준의 다양한 표현 방식에 더욱 익숙하고 편해질 수 있다. 또한 당신은 잠깐 멈춰서 "______이/가 자폐증의 특성에 해당하는가?"에 더하여 "어떤 특성에 해당하는가?"도 자문해야 한다. 이 과정을 반복하다 보면 의사결정 과정에 친숙하게 되어서 훨씬 쉽고 효과적으로 면담을 진행할 수 있다.

마지막으로, 철저하고 일관된 의사결정 과정은 **임상가로서의 당신을 정서적으로 지지해 준다.** 특히 이러한 유형의 작업이 처음인 임상가는 확신이 부족하고, 심지어 스스로에게 가면 증후군imposter syndrome을 경험할 수 있으며, 위장한 자폐인과 작업할 때 더욱 두드러질 수 있다. 이들 내담자는 종종 다른, 때로는 더 경력 있는 건강관리 전문가와 작업했을 수 있고, 이 전문가들은 자폐증으로 진단을 내리지 않았을 수 있다. 그러나 다른 전문가들이 이전에 자폐증으로 진단하지 않았다는 사실이 실제로도 자폐증이 없다는 것을 의미하지는 않는다. 이전 평가자, 현재 치료자, 그리고 내담자의 삶에 관여했던 다른 전문가들과 의견이 다를 때는 부담감을 느낄 수 있다. 그러나 **조직화된 자료**에 의지한다면 이러한 불안에 대처하는 자신감을 가질 수 있다. 때때로 자료가 너무 많거나 혹은 일부 자료가 상충되거나 혼란스러워서 어떻게 최선으로 해석해야 할지 압도될 수도 있다. 하지만 조직화된 진단 체계를 사용한다면 이 상황에서도 준비되고 편안한 느낌을 가질 수 있다(사족으로, 저자의 수련 수퍼바이저 중 한 명이었던 리처드 슐만 박사Dr. Richard Shulman가 가르쳐 주었는데, 내담자는 우리가 이들의 감정을 그대로 느끼도록 만드는 뛰어난 방법을 꽤 가지고 있다. 우리가 어떤 사례에 압도감을 느낄 때, 내담자 자신도 온 세상에 압도당하는 느낌을 경험한다는 것이다).

일반적인 원칙

검사 점수는 자료의 유일한 형태가 아니다. 자폐증의 가능성을 고려할 때, 내담자, 부모나 다른 가족 구성원, 보조 면담, 기록 검토에서 얻은 내담자의 과거력을 종합적으로 이해하는 일이 바로 자료에서 가장 중요한 원천이 된다. 내담자의 과거력을 당신의 관찰, 평정 척도, 자기-보고식 척도, 검사 점수보다도 우선시한다. 평정 척도와 자기-보고식 척도는 단지 자료를 수집하는 방법일 뿐이며, 이를 진단기준에 비추어 고려해 볼 수 있다. 수집된 정보는 그 어떤 특정한 점수보다도 훨씬 더 중요하다.

당신의 역전이에 유의한다. 내담자가 스스로 자폐증이 있다고 믿으면서 (혹은 부모가 자녀에게 자폐증이 있다고 믿으면서) 평가를 받으러 오면, 임상가는 때때로 부정적으로 반응하곤 한다. 임상가가 내담자의 염려를 축소하는 것부터 내담자가 특정 진단을 요구한다는 단순한 이유로 경멸하거나 짜증스러운 얼굴 표정을 지으면서 무시하기까지 다양한 반응을 보일 수 있다. 단지 내담자가 스스로 자폐인이라고 믿는다는 이유만으로 자폐증의 가능성이 낮다는 연구는 저자가 본 적이 없다. 실제로 '제4장. 내담자 면담'에서 역전이와 관련해서 논의한 바와 같이, 자신이 자폐인이라고 믿는 내담자는 종종 자폐증에 대해 많은 조사를 하므로, 이들을 진지하게 받아들여야 한다. 몇몇 내담자는 조사를 너무 많이 해서 일부 임상가보다도 자폐증에 관해 더 많이 알 수 있다! 자폐증에 관심이 있는 일반인이 건강관리전문가보다 자폐증을 더 많이 배울 수 없다고 단정할 수 있겠는가? 특히 요즘처럼 훌륭한 자료가 많을 때는 더욱 그렇다. 스스로를 자폐인으로 여긴다고 해서 자폐증의 가능성이 낮아지는 것은 아니다.

이에 더해, 일부 임상가는 자폐증이 안 좋은 쪽으로 분류된다는 믿음을 견지하면서 내담자나 부모를 속상하게 할까 봐 진단을 주저한다. 만약 당신도 그렇다면 자폐증에 관해 스스로 공부를 지속하도록 저자는 강력히 촉구한다. 전문적인 연구도 계속한다. 당신의 고민을 동료와 함께 나눠 볼 수도 있다. 그리고 진단받지 못했거나 오진되었던 경험, 그러다가 정확한 진단을 받았던 경험을 성인 자폐인에게 질문하는 것이 무엇보다도 중요하다. 이들 대다수는 진단되지 않았거나 오진되었을 때 (당연히) 고통스러웠으며, 자폐증 진단을 받았을 때 지지적이고 수용되는 느낌을 받았다. 만약 당신에게 자폐적 특성이 있다면 당신도 진단을 알고 싶지 않겠는가?

자료가 중요하다는 점을 기억한다(과거에서든, 현재에서든 어느 시점에 사실이었든지 간에). 자폐증은 현재 혹은 과거의 증상에 근거하여 진단될 수 있다. 단, 해당 문제는 (현재 또는 과거에) 현저한 손상을 초래해야 한다. 진단기준에 따르면, 증상은 반드시 초기 발달 시기부터 나타나야 한다. 그러나 DSM-5-TR에서 명시하듯이, 성인에게서 상세한 발달력을 얻기가 상당히 어렵거나 불가능할 수 있고, "발달력의 정보가 없다"는 이유로 자폐증 진단을 보류해서는 안 된다. 나중에 증상이 완전히 나타나지 않거나 감출 수도 있으므로 꼭 기억해야 한다. DSM-5-TR의 자폐증 진단에서 제공하는 8~9쪽의 보충 정보는 시간을 들여서 읽어 볼 만한 가치가 있는데, 임상가가 단지 보조 면담을 하지 못했다는 이유로 진단을 배제해서는 안 된다고 명시한다.

'비-자폐적인' 특성/행동을 몇 개 관찰했다고 해서 자폐증을 배제하지 않는다. 자폐인은 환경마다 다른 모습으로 나타날 수 있다. 예를 들어, 특정 환경에서 더 많은 자폐적 특성을 보여 주면서 가정과 학교/직장에서는 서로 다르게 보일 수 있다. 어떤 내담자는 사회적 환경을 헤쳐 나가지 못해서 직장/학교에서 더 자폐적으로 보일 수 있는 한편, 다른 내담자는 TV 프로그램의 똑같은 회차를 반복해서 시청하거나 앞뒤로 오가며 걷는 등 좋아하는 일에 몰두하면서 집에서 더 자폐적으로 보일 수 있다. 위장 또한 중요한 역할을 할 수 있고, 외견의 관찰이 종종 개인의 내적 경험을 반영하지 못한다는 점을 반드시 고려해야 한다. 감각 반응이나 변동적인 불안 등의 다른 변인들 또한 내담자가 나타내는 모습에 영향을 줄 수 있다. 다음을 무엇보다도 중요하게 기억해야 한다: 우리가 '비-자폐적'이라고 분류하는 특성이나 행동(예: 일반적인 눈 맞춤, 훌륭한 유머 감각, 친구의 존재)이 있다고 해서 내담자가 자폐증이 아니라는 의미가 되지는 않는다. 누군가가 한 시간 동안 어떤 대상에 주의를 기울일 수 있다고 해서 ADHD가 아니라고 단정할 수 없으며, 누군가가 몇 시간 동안 평화로워 보인다고 해서 불안장애를 배제하지도 않는다. 그렇지 않은가?

진단기준을 충족하기 위해 단지 하나의 예시만을 사용하지 않는다. 진단기준을 지지하는 예시를 한 개 발견했다고 해서 이 진단기준에 해당한다고 경솔하게 표시하면 안 된다. 예를 들어, 면밀한 탐색 끝에 눈 맞춤을 제외한 내담자의 비언어적인 사회기술이 모두 온전하다는 사실을 깨달았다면, 자폐증보다는 사회불안을 주요한 요인으로 고려해야 한다. 마찬가지로, 어떤 내담자가 특정한 방식으로 정리하기를 좋아하는 한편, 동일성에 대한 욕구와 관련된 다른 징후를 보이지 않는다면, 융통성 결여의 진단기준을 충족하지 않을 가능성이 높다. 우리는 내담자가 진단기준 각각을 의미 있는 방식으로 충족하는지 확인해야 한다.

하나의 예시로 여러 개의 진단기준을 충족시키지 않는다. 하나의 예시가 어떤 진단기준에 더 부합할지 확신하기 어려울 수 있는데, 이때 양쪽 진단기준 모두에 이 예시를 적용하고 싶을 수 있다. 예를 들어, 반복적인 행동이 반복적인 운동/언어/사물 사용의 기준에 해당할지, 아니면 감각적 갈망으로 간주해야 할지 결정하기 어려울 때가 있다. 의심이 들 때면 해당 예시를 어떻게 가장 잘 분류할 수 있을지 유능한 동료에게 자문을 구하거나 다른 적절한 자료를 조사한다. 그러나 하나의 예시를 하나 이상의 진단기준에서 사용하지는 않아야 하는데, 이는 권장되지도 않으며 자료가 부족해 보이게 만들어 설득력을 떨어뜨린다. 다만 하나의 행동에 서로 다른 측면이 존재한다면 예외가 된다. 예를 들어, 저자가 최근에 상담한 18세 여학생은 어디를 가든지 특정한 고무줄을 가지고 다녔고, 이 고무줄에 대한 애정이 남달라서 강렬한 관심사로 분류될 수 있는 수준이었다(특이한 사물에 대한 애착의 일환으로). 이와 별개로, 규칙적으로 고무줄의 냄새를 맡는 행동은 감각적 갈망의 범주에 해당하였다.

오컴의 면도날 Occam's razor[1]**을 유념한다.** 이 책의 서문에서 논의했듯이, 자폐인은 평

1) 역자 주: 절약의 법칙으로도 알려져 있으며, 어떤 경쟁하는 이론이 있을 때는 가장 단순한 설명이 선호된다는 의미이다.

생 동안 흔히 다양한 진단을 받으며, 그중 일부는 정확하고 일부는 그렇지 않을 수 있다. 테레사 리건Theresa Regan은 『성인 및 노인 자폐증 이해하기Understanding Autism in Adults and Aging Adults』에서 한 번도 코끼리를 본 적이 없는 세 명의 맹인이 코끼리와 마주한 우화를 통해 전체적인 그림을 조망해야 하는 중요성을 강조했다. 각각의 맹인은 코끼리의 한 부분만을 만져서 설명했으며, 결국 여러 부분을 조합했을 때 비로소 전체 그림을 이해할 수 있었다(아이러니하게도 이는 맥락을 읽지 못하는 임상가에 대한 좋은 예시가 된다). 전체는 부분의 합 이상이며, 진실을 밝혀내기 위해서는 다양한 관점을 필수적으로 통합해야 한다.

만약 몇몇 자폐적 특성을 발견했음에도 결국 자폐증 진단을 내리지 않기로 했다면 그 이유를 명확히 한다. 그렇지 않으면, 내담자, 그 가족, 돌봄제공자, 미래의 평가자에게 혼란과 불만을 줄 수 있다.

팀 회의 보고서에서 엘레나Elena는 "친구를 사귀고 유지하기, 대화에 따라가고 참여하기와 같은 사회적인 어려움이 있다" "사회적으로 어색하고 미숙할 수 있으며, 자신의 생각과 의견을 조절하기 위해 신경을 써야 한다"고 언급되었다. 당시 엘레나는 사회적 단서를 읽거나 '자신이 사람을 성가시게 하는 것인지, 언제 물러나야 할지' 알아차리기가 어렵다고 보고하였다. 한 평정 척도에서 엘레나의 부모는 엘레나의 사회기술(백분위 점수 99 초과)과 융통성(백분위 점수 99 초과)이 모두 유의미한 수준으로 손상되었다고 평가하였다. 부모가 평정한 자폐스펙트럼 평가 척도ASRS 결과는 사회적 의사소통, 자기 조절, 행동적 경직성, 감각 예민성, 주의집중의 어려움뿐만 아니라 특이한 행동에 대한 우려를 시사했다. 교사가 평정한 ASRS에서도 모든 하위 척도가 상승했는데, 특이한 행동, 비전형적인 언어, 상동행동, 경직성, 감각 예민성과 더불어 사회적 의사소통, 자기 조절, 또래 및 성인과의 어울림, 사회적-정서적 상호성에서 상당히 유의미한 수준의 어려움이 나타났다. 그러나 검사자는 엘레나를 자폐증으로 진단하지 않았고, 엘레나의 "감각 문제, 사회기술 곤란, 경직성은 다른 정신질환의 진단으로 더 잘 설명될 수 있다"고 간단히 언급하는 데 그쳤다. 추가적인 설명은 없었다.

저자가 의사결정 과정을 구조화하는 방법

다음은 저자가 개발한 접근법으로, 저자가 아는 많은 임상가가 성공적으로 적용하고 있다. 이는 자료에 근거하고, 조직화된 절차의 한 예시이며, 일관되게 따라가기 쉽다. 당신도 한번 시도해 보고 당신의 필요에 맞게 조정하도록 저자는 권장한다.

> 의사결정 과정에 접근할 때, 당신의 자료를 조직화하고 통합하기 위해 구조화되고 일관된 절차를 활용한다.

저자의 의사결정 과정은 **작업지**(Worksheet, 이하 {**작업지**})를 바탕으로 한다. 저자는 자폐증 가능성이 있는 모든 내담자에게 {**작업지**}를 작성한다. 당신이 이 과정에 익숙해지기까지 약간 시간이 걸릴 수 있겠지만, 저자가 장담컨대 연습을 하다 보면 쉽다. 이에 더해 {**작업지**}를 작성하면 보고서 작성 시간도 단축할 수 있다.

저자는 먼저 {**작업지**}를 소개한 후 절차를 설명할 것이다. 세부 사항이 많지만, 정말로 꽤 간단하니 걱정하지 않아도 된다.

{**작업지**} **개요**: {**작업지**}는 단 두 페이지로 구성되어 있어 핵심 내용을 빠르게 정리하도록 도와준다. 첫 번째 페이지에는 DSM-5-TR의 자폐증 진단기준에 해당하는 모든 자료를 요약한다.

사회적 및 의사소통

1. 상호성
    -
    -
    -

2. 비언어적 의사소통

•

•

•

3. 대인관계

•

•

•

제한적이고 반복적인 행동

1. 반복적인 행동

•

•

2. 융통성 결여

•

•

3. 관심사

•

•

4. 감각적 차이

•

•

두 번째 페이지는 자폐증의 범주에 해당하지 않으나 흔히 동반되는 특성, 증상, 우려 사항의 목록으로 구성된다. 저자는 다음의 목록을 출발점으로 삼아 각 내담자에게 해당하지 않는 항목을 삭제하고 필요한 항목을 추가한다. 예를 들어, 언어 관련 문제가 없으면 언어 항목을 삭제한다. 두 번째 페이지에서 가장 흔하게 포함되는 항목은 ADHD(임상가용 문서이므로 **주의력과 실행기능**이라고 적지 않고 더 짧게 표기한다), 언어, 정서(불안, 우울, 강렬한 감정, 정서 조절 곤란 등), 의학적 증상, 맥락에 대한 높은 요구high need for context, 학습장애 등이다. 내담자의 강점도 당연히 포함해야 한다.

> **기타**
>
> - ADHD:
> - 언어:
> - 정서:
> - 의학적 증상:
> - 맥락에 대한 높은 요구:
> - 학습장애:
> - 강점:

{작업지} 사용법

1단계: 요약 및 권고 사항 이외의 보고서를 작성한다. 배경 정보, 평정 척도, 면담, 검사 결과 난락이 포함된다.

2단계: 작성한 내용을 순서대로 끝까지 읽는다. 관련된 내용을 발견할 때마다 {작업지}의 적절한 단락에 추가한다. {작업지}는 당신만 보는 문서이니 완전한 문장으로 작성할 필요가 없다. 핵심 자료를 올바른 범주로 분류하는 일이 가장 중요하다. 처음에는 시간이 다소 걸릴 수 있지만, 점차 익숙해지면 15~20분 정도로 {작업지}를 완성할 수 있다. {작업지}는 요약을 작성할 때 기본 틀이 되며, 최종 보고서의 작성 시간을 절약해 준다. 다음은 {작업지}에 자료를 분류하는 예시이다.

- 배경 정보 단락에서 "미취학기에 매디Maddie는 심한 분리불안을 경험했다."
  ▷ {작업지} 감정 단락에 '유아기의 분리불안PreK separation anxiety'이라고 간략히 기록한다.
- 배경 정보 단락에서 "부모는 제임스James가 다른 사람에게 인사하지 않으며, 인사에 반응하기 위해서는 반복적으로 단서가 필요하다고 보고했다."
  ▷ {작업지} 상호성 단락에 기록한다.
- 배경 정보 단락에서 "사만다Samantha는 불안하거나 신나거나 지루할 때마다 앞뒤로 걸어 다니기를 즐긴다."
  ▷ {작업지} 반복적인 행동 단락에 기록한다.
- 배경 정보 단락에서 "선생님들은 마커스Marcus가 교실에서 동기 수준이 높고 행동이 우수하다고 항상 언급했다."
  ▷ {작업지} 강점 단락에 해당 내용을 분류한다.
- 행동 관찰 단락에서 "노아Noah는 매우 제한된 정동을 보였고, 칭찬이나 좌절에도 감정 표현의 변화가 없었다."
  ▷ {작업지} 비언어적 의사소통 단락에 '검사 중 제한된 정서 표현'이라고 기록한다.
- 행동 관찰 단락에서 "샐리Sally는 사회적인 시도social bid를 무시하고 선호하는 주제에 대해서만 장황하게 말했다."
  ▷ {작업지} 상호성 단락에 '검사 중 제한된 상호작용'이라고 기록한다.
- 검사 결과 단락에서 "얼굴 표정을 읽는 검사에서 매우 낮은 성취도를 보였다."
  ▷ {작업지} 비언어적 의사소통 단락에 기록한다.

혹시 "보고서 전체를 다시 {작업지}에 옮겨 적어야 한다고!?"라고 생각했다면, 그렇지 않다. 저자는 수백 개의 {작업지}를 작성해 보았으며, 대부분 두 쪽 이내로 정리된다(보통 내용을 입력한 후 관련 정보를 보고서 문서에 복사/붙여넣기 한다). 당신이 작성한 내용 중 {작업지}의 어떤 범주로도 분류되지 않거나 자폐증에 대한 사례개념화와 무관하다면 {작업지}에 포함할 필요가 없다. {작업지}에는 자폐증과 관련된 가장 중요한 자료만 요약하여 정리한다.

3단계: 이제 자폐증의 가능성과 관련된 모든 정보가 두 페이지 안에 정리되어 있다. 한번 확인해 보라! **사회적 및 의사소통** 단락의 모든 항목을 충족하는가? **반복적이고 제한된 행동** 단락의 4개 항목 중 최소 2개 이상을 충족하는가? 만약 내담자가 진단기준을 충족한다고 판단된다면 5단계로 넘어간다.

4단계: 모든 자료를 조직화했는데 자폐증의 근거가 충분하지 않다면 진단을 내리지 않게 될 가능성이 높다. 하지만 내담자가 대부분의 기준을 충족하고 있음에도 여전히 확신이 서지 않는다면(즉, 임상적 호기심이 해결되지 않았다면) 당신에게는 추가적인 자료를 수집할 기회와 의무가 있다. {**작업지**}는 현재 충족되지 않은 진단기준을 명확하게 보여 준다. 이제 내담자, 가족 구성원, 교사에게 돌아가서 해당 기준과 관련된 증상을 구체적으로 질문할 시점이다. 그럼에도 자폐증의 근거를 발견하지 못했다면 당신은 자폐증을 배제하기 위한 조사를 충분하고도 성실히 다한 것이다.

{작업지} 예시

사회적 및 의사소통

1. 상호성

- 생활기록부: 아바Ava는 교실에서 다른 학생들과의 원활한 상호작용이 '매우 어렵다.'고 많은 교사가 우려함(예: 이유 없이 노래를 실책함). 다른 학생이 화가 났는데도 '끊임없이' 놀림. '지나치게 말이 많다'는 언급도 있지만, ADHD의 다른 징후는 없음.
- 부모: 사회적 예절을 갖추어 대화에 참여하기 어려움. "마치 대화의 방식을 전혀 모르는 듯 보입니다." 대화가 '일방적'이며, 다른 사람의 말에 관심을 보이지 않음. 자신의 행동이 다른 사람에게 미치는 영향을 이해하지 못함(예: 과도한 문자 메시지 보내기, 또래에게 설교하듯 말하기).
- 내담자: 인생에서 기본적인 사회적 상호작용이 혼란스러웠던 경험을 장황하게 이야기함. 타인을 관찰하거나 TV 프로그램을 보면서 배우려고 했지만, '내적으로 참고할 만한 기준이 없으면internal reference' 상호작용에 참여할 수 없다고 느낌. 다른 사람이 힘든 일을 겪고 있을 때 이를 인지하지 못해 공감 능력이 부족하다고 오해를 받

았고, 알아차려도 "뭐라고 말해야 하는지 몰라서 결국 아무 말도 하지 않았어요. 하지만 그 사람들이 힘들어 하는 걸 보면 항상 슬펐어요"라고 말함.

- 면담 중 관찰: 말을 끊어야만 대화에 참여할 수 있음. 상호성이 전혀 없음. 임상가가 말할 때에도 마치 듣지 않는 것처럼 보임.

2. 비언어적 의사소통
    - 부모 및 교사: 다른 사람들이 아바의 비언어적 의사소통을 읽기 어려움. 얼굴 표정의 변화가 거의 없음.
    - 내담자: "항상 '얼마나 오래 상대방을 봐야 하지?'라고 고민해요. 먼저 무슨 말을 할지 결정하면 상대방을 볼 수는 있지만, 상대방을 보면서 생각을 정리할 수는 없어요. 상대방을 좋아해도 마찬가지예요. 가끔 상대방이 제 시선을 끌기 위해 고개를 움직이는 모습을 볼 수 있지만, 전 그렇게 하고 싶지 않아요. 그러면 상대방이 말하는 내용이나 제가 하려는 말을 생각할 수가 없거든요."
    - 면담 중 관찰: 칭찬이나 좌절에도 정동 변화가 없음. 표정을 읽기 어려움. 비언어적 단서를 해석하는 검사에서 백분위 점수 5에 해당함.

3. 대인관계
    - 부모: 또래 관계 및 깊은 유대감의 형성에 지속적인 어려움. 오랫동안 소외감을 느낌. "대부분의 우정이 깊지 않았고, 오래 지속되지 않았습니다."
    - 교사: 특별히 가까운 친구가 없으며, 의도치 않게 일방적인 관계를 형성함.
    - 내담자: "저는 친구가 있기를 바라지만, 관계가 오래 지속되지는 않아요. 모두 저를 떠나는데, 왜 그런지는 모르겠어요."

제한적이고 반복적인 행동

1. 반복적인 행동
    - 어린 시절에 운동장에서 원을 그리며 걸어 다님. 현재는 앞뒤로 걸어 다님. 강박적으로 피부를 뜯음.

2. 융통성 결여
    - 생활기록부: 동일성에 대한 욕구가 높아 변화를 받아들이기 어려워한다고 여러 교사

가 언급함(예: '수업의 한 측면을 강하게 거부함' '참여하고 싶지 않으면 책상 아래로 숨음' '자기 책상에 무엇이 어디에 놓여야 하는지에 대한 경직성').

- 부모 및 교사: '공정성에 대한 감각sense of fairness이 강렬하고 융통성이 부족함' '무엇을 특정한 방식으로 원하면' 사고 과정이 여기에 갇혀 버림. "생각하고 말하는 방식이 경직되어 있습니다."
- 내담자: 어떤 생각에 '고착fixing' 되어서 반복되는 고리loop에 갇혀 버린다고 설명함. "가끔은 여기서 빠져나오는 데 몇 달이 걸리기도 해요."

3. 관심사
- 부모: 늘 관심사가 별났음(예: 늪, 미생물, 직물 개발).
- 내담자: 팬 소설fan faction을 쓰며, 한 이야기를 3년 동안 작업 중임. "이건 제가 계속 하는 일이에요."

4. 감각적 차이
- 부모: 배가 고프거나 화장실에 가고 싶을 때를 인식하지 못함. 통증 내성이 매우 높음.
- 내담자: "소리에 예민해서 타격이 커요." 시계 소리 때문에 집중하지 못해서 시계를 치워야만 검사를 진행할 수 있었음.

5단계: 내담자가 사회적/의사소통의 기준 3개를 모두 충족하고, 제한적/반복적인 행동의 기준 4개 중 최소 2개를 충족한다고 판단했다면 한 걸음 물러나 스스로 다음의 질문을 하면서 재확인한다.

- 임상적으로 유의미한 손상이 있는가? 사회성, 정서, 일상 적응기술 등 어떤 영역에서도 나타날 수 있다. 내담자가 치료나 평가를 받으러 내방했다면 임상적으로 유의미한 손상이 있을 가능성이 높다.
- 자폐증 진단이 이 내담자에게 적절한가? 의뢰 사유에 대한 답이 되는가? 내담자를 가장 잘 설명하는가?

- 더 적절한 설명은 없는가? 증상/우려 사항을 설명하는 다른 요인을 고려했는가? 예를 들어, 당신이 내담자를 더 잘 이해하도록 돕는 다른 진단, 환경 요인, 문화적 요소가 있는가?
- 자폐증 진단은 내담자가 스스로를, 그리고 주변인이 내담자를 더 잘 이해하도록 돕는가?
- 자폐증을 진단하지 않는다면 그 이유를 명확하고 구체적으로 설명한다. 내담자는 명확한 설명을 들을 자격이 있다.

> 정보를 수집할 때는 세부 사항에 집중해야 한다(예: 특정 행동이 발생하는 빈도, 유발 요인, 목적).
>
> 반대로, 정보를 해석하여 결론을 도출할 때는 세부 사항에 덜 집중하고 전체 그림을 살펴야 한다.

6단계: 마지막으로, {작업지}의 기타 단락에 기록된 우려 사항을 반드시 설명해야 한다. 자폐증은 ADHD, 불안, 우울 등의 어려움을 동반하는 경우가 많다. 이 단계에서는 추가적인 진단적 우려 사항을 명확히 한다.

자주 하는 질문(FAQ)

- **여성/여아는 DSM 기준에 부합하지 않다고 들었는데, 그렇다면 임상적 판단만으로 진단해도 괜찮습니까?** 그렇지 않다. 저자는 DSM 기준이 여성에게 '부합'하지 않는다는 연구 결과를 본 적이 없다. 다만 똑같은 증상/특성이 남성과 다르게 나타날 수 있기 때문에 임상가는 무엇을 찾아야 하는지 알고 있어야 한다. 예를 들어, 당신이 『자폐증인가요 I: 임상가와 모두를 위한 지침서』 중 '제7장. 강렬하거나 비전형적인 흥미'를 읽었다면 비전형적인 관심사뿐만 아니라 일반적일지라도 강

렬한 관심사를 기록해야 한다고 알고 있을 것이다. 또한 임상가는 여성(그리고 자폐증의 표현이 덜 분명한 다양한 젠더 스펙트럼을 가진 사람)에게서 자폐증을 잘 포착하는 방법을 숙지해야 한다.

- **내담자의 자폐증이 확실하다고 생각될 때에도 이 작업을 진행할 가치가 있습니까?** 저자의 의견으로는 그렇다. 이 작업은 자폐증을 너무 쉽게 진단하거나 배제하는 일을 방지해 준다. 또한 당신이 내담자와 그 가족뿐만 아니라 교사나 다른 건강 관리전문가에게 자폐증 진단을 교육하고 설득하는 일에 필요한 철저하고 조직화된 자료를 제공해 준다. 많은 자폐증 성인이 살면서 오진되거나 몹시도 오해받아 왔다는 점을 기억하라. 자신과 다른 사람들이 자폐증 진단을 진실로 이해하고 믿을 수 있도록 하는 강력한 문서화 과정은 충분한 가치를 가진다.
- **{작업지}는 수기로 작성해야 합니까, 컴퓨터로 작성해야 합니까?** 상관없다! 자신에게 가장 적합한 방법을 실험해 보고 선택하면 된다. 저자가 교육한 몇몇 심리학자는 빈 양식을 출력하여 직접 손으로 작성하는 반면, 다른 이들은 컴퓨터로 양식을 만들어 내담자의 정보를 입력한다. 컴퓨터로 입력하면 이후 보고서를 요약하거나(평가자의 경우) 편지를 작성할(치료자의 경우) 때 간단히 서식만 깔끔하게 바꾸면 된다는 장점이 있다. 자신에게 가장 잘 맞는 방법을 찾고 실행하는 것이 가장 중요하다.
- **저는 치료자라서 내담자를 주 1회 1시간씩 만날 뿐이고, 종합평가를 진행하지는 않습니다. 그래도 제게 이 작업이 유용합니까?** 그렇다. 저자는 {작업지}를 내담자의 문서함에 보관하고 회기마다 새롭게 발견한 관련 정보를 추가하도록 권한다.
- **제가 자폐증의 진단도, 배제도 확신할 수 없을 때는 어떻게 해야 합니까?** 누구에게나 발생할 수 있는 일이다. 자폐증의 가능성을 지지하는 이유와 아직 자폐증으로 진단하지 않는 이유를 명확히 정리하여 설명한다. 수많은 자폐증 성인은 여러 임상가를 만났을 때마다 (자폐증을 전혀 고려하지 않은 경우에도) 요점에 대한 명확한 설명 없이 "확실히 모르겠다"는 결과를 들어 왔고, 이것이 얼마나 큰 좌절감을 주었는지 저자에게 말해 주었다. 따라서 내담자와 보호자를 충분히 지원하려는 목적뿐만 아니라, 미래에 (직후이든 나중이든) 다른 돌봄제공자를 찾아갔을

때 유용한 문서를 제공하기 위한 목적에서도 명확히 설명하는 것이 중요하다.

참고문헌 및 읽을거리

American Psychiatric Association. (2022). *Diagnostic and statistical manual of mental disorders* (5th edition, text rev.). https://doi.org/10.1176/appi.books.9780890425787

Duvall, S., Armstrong, K., Shahabuddin, A., Grantz, C., Fein, D., & Lord, C. (2021). A road map for identifying autism spectrum disorder: Recognizing and evaluating characteristics that should raise red or "pink" flags to guide accurate differential diagnosis. *The Clinical Neuropsychologist, 36*(5), 1172–1207. https://doi.org/10.1080/13854046.2021.1921276

Henderson, D., Wayland, S. C., & White, J. (2023). *Is this autism?: A guide for clinicians and everyone else*. Routledge.

Regan, T. (2021). *Understanding autism in adults and aging adults: New insights for improving diagnosis and quality of life* (2nd ed.). Indiego Publishing LLC.

Shulman, C., Rice, C. E., Morrier, M. J., & Esler, A. (2020). The role of diagnostic instruments in dual and differential diagnosis in autism spectrum disorder across the lifespan. *Child and Adolescent Psychiatric Clinics of North America, 29*(2), 275–299. https://doi.org/10.1016/j.chc.2020.01.002

제 11 장

결과를 의미 있게 논의하는 방법

"이 모든 과정에서 제 의견이 매우 경청되고 진지하게 받아들이고 있다고 느꼈습니다. 이전의 경험이나 상호작용과 다른 신선한 경험이었습니다."

- 리아나 P.Reanna P.

이 대화에서 단 하나의, 유일하게 옳은 방법은 없다. 이 장에서는 결과를 피드백하는 대화의 몇 가지 일반적인 원칙과 구조화하는 방법을 논의한다. 참고로 자폐증의 가능성을 피드백하는 논의에 초점을 맞추며, 신경심리학적 결과의 광범위한 논의는 다루지 않는다. 피드백 회기를 포괄적으로 논의하고 싶다면 카렌 포스탈Karen Postal과 키라 암스트롱Kira Armstrong의 저서인『기억에 남는 피드백: 신경심리평가 결과를 효과적으로 의사소통하는 기술That Sticks: The Art of Effectively Communicating Neuropsychological Assessment Results』을 권한다.

피드백 회기는 왜 중요한가? 숙련된 임상가라면 (혹은 초심자도) 누구나 알다시피 내담자에게 정보를 제공하는 **방식**how이 세상을 완전히 바꿔 놓는다. 피드백 회기가 제대로 이루어지지 않으면 내담자는 판단적인, 비판적인, 오해받는, 혹은 두려운 느낌을 받을 수 있다. 내담자는 압도감을 느끼거나, 자신/자녀를 부정적으로 바라보거나, 당신에게 화를 내면서 상담실을 떠날 수 있다. 심지어 당신의 결과를 모두 반박할 수도 있다. 하지만 원활히 진행된 피드백 회기는 내담자의 인생에서 전환점이 될 수도 있다. 처음으로 자신(혹은 자녀)을 완전히 이해하게 되고, 경청과 이해, 타당화된 느낌을 받을 수 있기 때문이다. 내담자는 희망과 통제감, 앞으로 나아갈 힘을 얻어서 상담실을 떠날 수 있다.

일반적인 원칙

신경다양성을 지지하는 어조를 사용한다. 전반적인 어조와 관련하여 내담자(혹은 자녀)가 자폐인이라고 언급할 때 나쁜 소식을 전하듯 행동하면 안 된다. 불안하지 않은 모습으로 가능한 한 낙관적인 느낌을 담아 전달하기 위해 노력한다. 더 미시적인 수준으로는 언어에 세심한 주의를 기울여서 의학적/증상 중심의 사고방식을 신경다양성을 지지하는 언어로 재구성한다. 이는 내담자를 향한 존중을 보여 주기 위해서이기도 하지만, 신경다양성을 이야기하고 생각하는 방법에 있어서 내담자와 가족에게 역할모델이 되기 위해서도 필수적이다. 〈표 11-1〉에 몇 가지 예시를 제시하였다.

표 11-1 장애인 차별주의적인 언어를 신경다양성을 지지하는 말로 바꾸기

차별주의적 언어	신경다양성을 지지하는 언어
당신은 눈 맞춤이 저조합니다.	당신에게 눈 맞춤은 편안하지 않거나 노력이 필요할 수 있습니다(내담자의 말을 사용해서). 당신은 사람들의 눈 맞춤에 대한 욕구를 충족시키기 위해 열심히 노력해 왔고, 다른 사람의 욕구를 성공적으로 만족시키지 못했을 때는 비난받았을 수 있습니다.
당신의 자녀는 제한된 관심사를 가지고 있습니다.	자녀는 관심 있는 주제에 '깊이 파고드는' 놀라운 능력이 있습니다. 자녀의 뇌 양식은 한 가지 주제나 활동에 오랜 시간 깊이 있게 집중하는 데 적합합니다. 역사상 가장 위대한 인물 중 일부가 이러한 특징을 가지고 있기도 했습니다.
당신은 사회적 신호를 잘 읽지 못합니다.	비-자폐인의 사회적 신호를 읽기 어려울 수 있고, 비-자폐인은 당신의 신호를 읽기 어려워할 수 있습니다. 이는 당신 내부의within 문제가 아니고, 당신에게 문제가 되는 일입니다.
당신의 자녀는 융통성이 부족하고 경직되어 있습니다.	자녀의 뇌는 예측 가능하고 규칙적인 상황에서 최고의 수행을 보입니다. 자녀는 이 상황에서 진정되고 안전감을 느낍니다.

포용적인inclusive **태도를 가진다.** 카렌 포스탈Karen Postal 박사에 따르면, "상담실에 더 많은 사람이 함께할수록 변화가 일어날 가능성이 커진다." 첫 회기일지라도 내담자에게 피드백 회기에 누구와 함께하고 싶은지 질문한다. 내담자와 브레인스토밍하면서 내담자를 깊이 이해하여 혜택을 누릴 수 있는 사람이 누구인지 생각해 본다. 여기에는 직계가족이나 대가족의 구성원, 가까운 친구, 치료자, 혹은 내담자가 초대하고 싶은 누구라도 포함될 수 있다. 때로는 이전의 건강관리 경험이 불편했기 때문에 내담자 혼자 첫 번째 피드백 회기를 가진 다음에 가족과 함께 두 번째 회기를 진행하는 것이 도움이 될 수 있다.

구조를 제공한다. 대다수가 피드백 회기에 다양한 감정을 가지고 참석한다. 결과를 듣는다고 들떠 있을 수 있다. 다른 한편으로는 불안감을 느낄 수도 있는데, 몇몇은 당신이 내리게 될 진단에 대해, 또 다른 누군가는 당신이 내리지 않을 진단에 대해 불안해할 수 있다. 소니아 루피엔Sonia Lupien 박사가 제시한 약어인 NUTSNovel, Unpredictable, Threatening, and/or feel a low Sense of control는 사람들이 새롭거나, 예측할 수 없거나, 위협적이거나, 통제감이 낮은 상황에서 스트레스를 받는 경향을 상기시켜 준다. 정신건강전문가로부터 피드백을 받는 일은 이 모든 항목에 해당할 수 있다! 회기의 구조를 명확하게 전달해 예측 가능성을 높임으로써 내담자의 불안을 즉시 완화할 수 있다. 회기를 계획하고 구조화하면 피드백을 제공하는 임상가의 불안감도 낮아진다는 사실을 저자는 발견했다. 물론 그 순간에 발생하는 내담자의 요구에 주의를 기울이고 유연하게 대처하는 일도 중요하다.

협력적인 분위기를 조성한다. 피드백 회기는 단순한 통보가 아닌 협력적으로 논의하는 자리임을 명확히 한다. 당신의 결과가 내담자/부모에게 공감되기를 바라지만, 만약 이들이 결론에 동의하지 않거나 확신이 들지 않는다면 꼭 당신과 소통해 달라고 이들에게 알려 준다. 이상적으로 피드백 회기는 한 사람의 강의가 아니라 모두가 참여할 수 있는 대화로 진행되어야 한다.

청자를 파악한다. 가능한 한 내담자의 언어로 문제 영역을 설명한다. 내담자/부모의 우려, 이론, 두려움, 통찰 수준을 고려한다. 내담자의 수준에 맞추어 어휘를 조정한다. 내담자의 유머 사용에 주의를 기울여서 이에 맞춰 유머를 사용한다. 내담자가 피곤해하거나 집중력이 저조해진 신호를 찾으면 내담자의 필요에 맞게 계획을 조정한다. 어떤 가족은 가능한 한 많은 정보와 빠른 속도를 선호하며, 자신의 문제를 잘 통찰하고 있다. 다른 어떤 가족은 속도가 훨씬 느려야 하며, 받아들일 수 있는 정보의 양이 제한적이고, 새로운 정보를 접할 때 취약하다. 가족의 신호에 주의를 기울이고 이에 따라 논의를 조정한다.

서면으로 제공될 내용(그리고 시기)을 명확히 한다. 상당한 양의 소중한 정보가 제공되는 피드백 회기는 내담자/부모를 압도할 수 있다. 몇몇은 집중과 정보처리를 도우려고 메모하기를 선호할 수 있는 반면, 어떤 사람은 서면 보고서가 제공된다는 사실을 이해하지 못해 모든 내용을 적어야 한다고 생각해서 대화 중 주의가 분산될 수 있다. 피드백 회기의 대화에 내담자가 온전히 참여할 수 있도록 회기를 시작할 때 앞으로 논의할 모든 내용이 서면 보고서에 포함된다고 알려 준다. 또한 내담자가 보고서를 언제 받을 수 있는지 일정을 안내한다.

문제를 강점보다 먼저 다룰까, 나중에 다룰까. 강점과 어려움 중 무엇을 먼저 논의해야 더 좋은지 합의된 바는 없으며, 임상가마다 자신에게 무엇이 맞다고 생각되는지 실험해 보고 결정하면 된다.

저자는 긍정적인 언급으로 간단히 시작한 다음에 문제 영역을 먼저 검토하고, 강점은 마지막에 남겨 두는 방식을 선호한다. 저자가 강점을 먼저 검토할 때 내담자/부모는 '하지만'을 기다리기 때문에 일부만 경청한다는 사실을 알게 되었다. 다른 임상가들과 이 문제를 논의할 때, 저자는 다음과 같이 조언한다: "연례 보고를 하러 상사에게 가는 모습을 상상해 봅시다. 상사가 '당신은 항상 제시간에 도착하고, 서류 작업을 효율적으로 처리하며, 동료들과 잘 어울립니다'라는 언급으로 시작할 때, 당신도 '하지만'을 기다리곤 하지 않습니까?" 피드백 회기에서는 내담자가 문제 영역에 대한 어떤 결론을 매우 기대하고 있어서 더욱 그렇다. 내담자는 의뢰 사유에 대한 명확한 답을 듣고 싶어 한다. 저자가 보기에 문제를 먼저 다뤄야 내담자의 온전한 참여를 끌어낼 수 있다. 그리고 저자는 내담자의 다양한 강점을 논의하는 긍정적인 언급으로 마무리하기를 좋아한다.

몇몇 임상가는 강점을 비추면서 논의를 시작하고, 이후 문제/우려 영역으로 넘어간 다음, 회기 마지막에 다시 강점으로 돌아가서 내담자 프로파일의 중요한 특징을 강조하는 방식을 선호한다.

전문 용어, 검사명, 검사 점수를 피한다. 개별 검사 점수는 그 자체로 의미를 거의 가지지 못한다. 자료의 패턴, 그리고 이 패턴에서 도출된 의미가 중요하다. 더욱이 모든 검사 점수를 검토하는 일은 내담자에게 부담이 되며, 관련 없는 세부 사항에 집중하게 만드는 위험을 초래할 수 있다. 피드백 회기에서 특정한 요점을 짚기 위해 때때로 한두 개의 점수를 논의할 수 있지만, 일반적으로는 검사 결과의 패턴을 설명하는 데 충실하고, 내담자에게 오해의 소지가 있거나 부담을 줄 수 있는 특정 점수의 언급은 지양해야 한다.

시각 자료를 활용한다. 임상가는 피드백 회기 중 많은 정보를 검토하게 되는데, 시각적인 보조 자료는 구조를 강화하고 내담자가 정보를 쉽게 이해하여 받아들이도록 도울 수 있다. 시각 자료는 모두가 요점에 집중하도록 유도하고 사소한 세부 사항에 얽매이지 않도록 촉진한다. 또한 많은 내담자와 부모의 주의력이나 실행기능이 고르지 않다는 점에서(ADHD, 자폐증, 불안, 수면, 우울증 등으로 인해) 시각적 단서가 더욱 유용할 수 있다.

시각 자료에는 다양한 형태가 있다. 예를 들어, 청소년에게 가장 두드러진 강점과 문제, 가장 중요한 권고 사항 몇 가지를 한쪽 분량의 요약본으로 제공할 수 있다. 부모와 대면할 때 결과에 따라 자폐증 진단기준을 한쪽 분량의 요약본으로 제공할 수 있다. 원격으로 피드백 회기를 진행할 때는 주요 결과를 요약한 슬라이드를 제공할 수 있다(회기를 마치고 내담자에게 이메일로 보낼 수 있다). 보조 자료는 대화를 체계적이면서도 유연하게 이끄는 데 활용될 수 있으며, 내담자가 한 번에 너무 많은 정보에 압도되지 않도록 도와준다. 이를 위한 단 하나의 정답은 없지만, 시각 자료는 내담자가 결과를 이해하도록 돕는다. 그리고 짧은 요약 정리는 당신이 생각을 미세하게 조정하고 다듬도록 해서 핵심 메시지take-home message를 명료하고 조직화된 방식으로 전달할 수 있게 해 준다.

구체적인 검사 문항도 강력한 시각 자료가 될 수 있다. 예를 들어, 저자는 종종 내담자/부모에게 사회적 언어 발달 검사SLDT, WAIS-IV 및 WMS-IV의 고급 임상적

해법ACS의 감정 명명하기Affect Naming, 로버츠 통각 검사Roberts-2의 특정 문항을 보여주면서 내담자와 다른 사람의 반응을 비교하여 논의하곤 한다. 이러한 예시는 내담자, 부모, 배우자, 관련 임상가에게 꽤 놀라운 경험이 될 수 있다.

얼마나 확신하는지 소통한다. 당신의 검사 결과에 대해 자신이 있다면 이 점을 분명히 밝힌다. 자폐증이 덜 분명한 많은 이는 자폐증 가면 증후군에 취약하고, "나는 정말 [똑똑하고/성공적이고/사교적이고/재미있고 등등], 그래서 나는 사실 자폐증이 아닐 수도 있다"고 생각할 수 있다. 당신이 결과를 확신한다고 전달한다면 이들에게 큰 도움이 될 수 있다.

이와 다르게 만약 당신이 결과에 확신이 들지 않는다면, 즉 내담자가 자폐증의 여러 기준을 충족하지만 모두에 해당하지는 않는다고 생각된다면 내담자/부모와도 이를 논의해야 한다. 피드백 회기 중 자료가 부족하다고 생각되는 기준을 더 자세히 탐색하고, 내담자/가족과 함께 무엇을 적합하게 느끼는지 논의하는 시간을 가질 수 있다. 내담자의 말을 주의 깊게 들어야 하며, 내담자/부모에게 마치 당신이 내담자/자녀에 대한 최종 권위자인 듯이 언급하지 않도록 유의한다.

순간에 머무른다 Let moments land. 중요한 대화 중에 멈춤pause을 허용하는 것은 언제나 좋은 생각이며, 멈춤은 대화에 참여한 모두가 나 스스로와 상대를 서로 확인할 수 있게 해 준다. 이는 신경다양성을 가진 사람과 작업할 때 특히 중요한데, 이들은 처리속도가 느리고 정보와 감정을 흡수하는 데 시간이 필요한 경우가 많기 때문이다. 내담자와 대화를 나누면서 공감되는 부분과 그렇지 않은 부분을 주기적으로 확인한다. 공감 가는 내용은 종종 다양한 감정을 유발하며, 새로운 유관 정보로 이끌어 줄 수도 있다. 피드백 회기 중 내담자나 부모가 "중요하지 않다고 생각해서 이 말을 하지 않았는데……"라고 언급하는 경우가 꽤 자주 있다. 이와 달리 만약 어떤 내용을 공감하지 못하거나 명백히 동의하지 않는 점이 있다면 방어적이지 않은 방식으로 논의를 진행하는 데 시간을 들여야 한다.

모든 감정을 타당화하고 수용한다validate. 내담자와 부모는 종종 복합적인 감정을 경험한다. 자폐증 진단에 대한 흔한 반응 중 하나는 안도감이다. 내담자와 부모는 안도했다는 느낌에 불편해할 수 있지만, 수년간을 혼란에 빠뜨렸던 문제에 대해 마침내 설명을 들으면 기분이 좋아질 수 있다.

과거의 임상가가 혹은 부모 스스로가 진단을 놓쳤다는 사실에 실망하거나 분노할 수도 있다. 오진에 대한 당혹스러움과 분노는 타당하고 수긍되는 반응이다. 오진이 얼마나 자주 발생하는지 설명하고, 본인이나 건강관리전문가만의 잘못이 아님을 알 수 있도록 한다.

부모는 종종 자녀의 자폐증을 몰랐다는 사실에 죄책감을 느낀다. 물론 이는 합리적이지 않지만, 부모의 죄책감이 늘 그렇지만은 않다. 죄책감을 느낀다고 해서 실제로 죄를 지었다는 의미가 아니라는 점을 깨닫도록 돕는다.

모든 감정을 수용한다. 왜냐하면 내담자는 다른 누군가가 자신의 경험을 살피고 이해하고 받아 준다는 사실을 알 필요가 있다. 이는 누군가의 감정에 대해 도움을 주는 간단하지만 강력한 방법이다.

> "제게 우울과 불안이 있다는 말을 20년 동안 들어 오면서 읽었던 모든 '나쁜' 내용을 머리로 받아들이기는 했지만, 약간만 나아지고 여전히 어떤 한계가 있다고 생각했습니다. 특히 제 스스로가 상담자로서 심리학적 지식이 깊다 보니 더욱 실패자처럼 느꼈습니다. 그래서 그 모든 '실패'라는 단어가 신경학적 질환의 한 특성이라는 제 보고서를 읽고, 저는 마침내 수용되었다고 느꼈습니다. 그리고 더는 '정상'처럼 보이려고 가면을 쓸 필요가 없다고 생각하게 되었습니다. 저 자신으로서 있는 그대로 살 수 있도록 해방된 것입니다!"
>
> - 안젤라 P. Angela P.

내담자가 당신의 의견에 동의하지 않는다고 해서 방어적인 태도를 취하지 않는다. 저자는 면밀하고 협력적인 절차를 사용할 때, 잘 조직화되고 일관성 있는 자료를 기반으로 결과를 도출할 때, 그리고 내담자에게 자폐증을 교육할 때, 압도적으로 많은 수의 내담자가 진단에 동의한다는 사실을 발견했다. 저자에게 진단받은 딸이 있는 내담자를 대상으로 설문조사를 실시했을 때, (종종 예상치 못하게도) 3개월에서 5년이 지난 후 응답한 97%의 부모가 진단에 동의했다. 하지만 간혹 동의하지 않는 내담자나 부모도 있었다. 이때는 이들의 관점을 이해하려고 노력한다. 예를 들어, 내담자/부모가 "자폐인은 공감 능력이나 유머 감각이 부족하다"는 시대에 뒤처진 인식을 고수하고 있다면, 이들의 이해를 확장하는 교육에 힘쓴다. 에릭 마이클 가르시아Eric Michael Garcia, 데본 프라이스Devon Price, 애니 코토비츠Annie Kotowicz 같은 자폐증 작가의 저서를 소개한다. 이유가 무엇이든 (여러 가지가 있겠지만) 내담자/부모의 관점을 이해하고 이들과 협력하도록 노력한다. 궁극적으로 우리 모두는 동일한 목표를 가지고 있다.

문화 간 연결

문화적 민감성과 라포 형성은 평가를 시작할 때와 마찬가지로 마무리할 때에도 중요하다. 초반에는 가족이 이야기를 공유해 주도록 도왔다면, 후반에는 가족이 경청하도록 돕는다. 다음은 문화 및 피드백 회기와 관련하여 잠재적으로 취약할 수 있는 몇 가지 사례와 함께 각각에 대한 자멜 화이트의 권고를 제시하였다.

몇몇 가족 구성원은 전문가가 자녀나 손자를 취조한다고 걱정할 수 있다. 이에 대해 내담자/부모에게 **일방향이 아닌 협력적으로 이루어지는 과정임을 명시적으로 알린다.** 내담자/부모의 관점을 진심으로 경청하고 존중함으로써 명시적이고도 암묵적으로 이들에게 주체감sense of agency을 부여한다. 또한 당신의 의견이 막연한 임상적 직관이 아닌 **자료**에 근거하고 있으며, 대부분의 자료는 면담을 통해 수집되었음을 분명히 한다.

몇몇 가족 구성원은 자녀에게 평생의 **대중적인**public 낙인이 되지 않을지 우려한다. 이에 대해 개방적으로 논의한다. 예를 들어, 가족에게 정보는 비공개로 유지될 수 있고, 무조건 공개해야 할 필요가 없으며, **자폐증은 '까다롭다' '자기중심적이다'** 등의 꼬리표보다 낙인이 덜하다는 점을 알려 준다.

몇몇 문화권에서는 가족이 어떤 지역사회 구성원(예: 목사)과 긴밀한 관계를 맺고 있다. 가족에게 영향력을 발휘하는 사람에게 가족이 직접 정보를 전달하도록 기대하기보다는 가족과 함께 회기에 참석하도록 한다. 누가 해당할지 파악하고, 만약 가족이 누군가를 포함하기로 선택했다면 가족을 지지한다.

피드백 회기에서는 힘의 균형이 임상가의 권위 쪽으로 더욱 몰린다는 점에 유의한다. 내담자가 당신을 박식한 전문가로 여기기를 바라겠지만, 존경하는 협력자로 삼는 것 역시 중요하다. 내담자가 당신의 이름을 부르도록 하는 방법도 고려해 봄직하다.

몇몇 내담자는 당신의 의견에 동의하지 않을 때 불편함을 느끼거나 말하기를 꺼릴 수 있다. 과거에 건강관리전문가와 부정적으로 상호작용한 경험이 있거나, 해당 문화권에서는 의사(혹은 교수)에게 동의하지 않는 일이 무례하다고 여기기 때문일 수 있다. 내담자가 동의하지 않으면 솔직하게 알려 달라고 명시적으로 요청하도록 자멜은 권고한다. 동의하지 않는 일이 드물지 않으며, 당신은 이를 더 탐색해 볼 기회를 바란다고 내담자에게 알려서 모든 관련인이 내담자를 더 잘 이해할 수 있도록 한다. 상담이 진행될 때 주기적으로 확인하고, 논의된 내용에 의견을 제시하도록 명시적으로 요청하고, 질문하도록 격려한다. 내담자가 당신의 의견에 동의하지 않는다고 한 경우, 내담자의 감정을 수용하고 존중하고 유연하게 대처하며, **내담자의 관점을 진지하게 받아들인다.** 공통 기반을 찾으려고 노력한다. 당신이 내담자나 내담자의 자녀에 대해 최종적인 전문가가 아니라는 사실을 인정한다.

당신의 결론이 가족의 참조 틀과 일치하지 않는 경우, 먼저 가족의 참조 틀을 충분히 이해한 다음에 대안적인 해석을 포용하는 이해의 폭을 확장할 수 있도록 함께 노력해야 한다. 이러한 유형의 작업은 한 번의 대화만으로 이루어지지 않는다. (당신과 작업하기 어렵다면) 이상적으로는 신뢰할 만하고 안전한 장면에서 장기적으로 문제를 다루어 나갈 수 있는 임상가를 찾도록 도와줄 수 있다.

모든 가정마다 자폐증을 생각하는 방식이 다르며, 때로는 문화에 영향을 받기도 한다. 예를 들어, 많은 미국인은 자폐증이 냉담하거나 거리를 두는 어머니 때문에 발생한다고 믿었고, 여전히 많은 미국인이 자폐증을 백신으로 인한 질병 혹은 장애라고 믿고 있다. 내담자의 사고방식과 더불어 이것이 문화로부터 어떤 영향을 받았는지 이해해야 한다. 예를 들어, 몇몇 문화권에서는 어떤 진단이나 다른 점이 가족에게 수치심을 줄 수 있고, 과거의 죄악에 대한 신의 처벌로 여길 수 있다. 가족 집단이 여러 문화적 배경을 가진 사람들로 구성되어 있어 서로 완전히 다르고, 때로는 반목하는 사고방식을 가지고 있을 때는 문제가 더욱 복잡해진다.

이때 임상가는 반드시 **개인 각각이 속한 문화적 배경의 맥락에서 개인적인 경험을 이해하고 수용해야 한다.**

마지막으로, 서로 겹치는 경험이 있다면 이를 활용한다. 임상가와 가족의 문화 간에 교차하는 지점이 있다면 개방성과 수용성으로 이어 주는 다리가 될 수 있다. 공유된 경험은 논의에 강력하고 긍정적인 영향력을 가진다.

> "저 역시 부모라는 사실을 공개하기로 임상가로서 결정하자, 장벽이 사라지는 느낌이었습니다. 왜냐하면 직전까지만 해도 저는 그들이 상대하기 싫은 바로 그 시스템, 그러니까 낙인찍으려는 시스템의 일부였기 때문입니다. 임상적인 목적을 가지고 제가 자폐증 아동의 부모임을 공유하기로 결정했을 때, 이들은 순식간에 안도하는 모습이었습니다. '당신도 이걸 겪어 봤군요. 이걸 받아들였군요. 이걸 이해하겠군요. 그렇다면 질문이 있습니다.' 자폐증 아동을 둔 흑인 부모로서의 제 역할은 제가 임상적으로 할 수 있는 어떤 것보다 효과적이었습니다. 자신과 비슷해 보이는 사람이라는 연결이 신뢰를 형성하는 데 중요한 역할을 했습니다."
>
> – 흑인 임상사회복지사 A

피드백 회기: 하나의 접근 방식

진솔한 대화를 위한 시간을 확보한다. 가능하면 피드백 회기에 2시간을 확보하는데, 이는 서두르지 않으면서 정보를 전달하고 논의할 수 있는 충분한 시간이다. 아동이나 청소년에게 피드백을 제공할 때는 연령, 지적기능 수준, 집중력, 통찰 수준에 따라 30~60분으로 계획을 세운다.

회기를 시작하면서 구조를 설명한다. 먼저, 내담자에게 피드백 회기의 개요를 설명한다(예측 가능성을 높이면 스트레스가 줄어든다는 사실을 기억한다). 예를 들어, 다음과 같이 말할 수 있다: "평가를 받으려고 저를 찾아온 이유이기도 한, 주 호소 문제를 먼저 언급하면서 시작하겠습니다. 다음으로는 당신(혹은 자녀)의 여러 강점을 논의하고 싶습니다. 문제점과 강점을 모두 명확히 파악한 후에 우리는 권고 사항을 논의해 보려고 합니다."

핵심punchline**을 뒤로 미루지 않는다.** 내담자의 문제로 바로 직진하든, 아니면 강점을 간략히 설명하든지 간에 '요점'에 빠르게 다다르도록 한다. 이를 통해 내담자의 불안감이나 호기심을 덜어 줄 수 있고, 결과를 설명하고 내담자의 반응을 처리하는 충분한 시간을 확보할 수 있다. 물론 작업 방식은 내담자마다 다르겠지만, 다음의 예시는 일평생 불안과 우울을 겪고 자신이 자폐증인지 알아보기 위해 평가를 요청했던 28세 내담자에게 보여 준 슬라이드이다(피드백 회기는 원격으로 진행되었다).

결론:

- 당신은 평생 엄청난 오해를 받아 왔다.
- 당신은 다른 유형의 신경계를 가지고 태어났다.
- 당신은 자폐증이다.
- 비-자폐인의 세상에서 살아가기 위한 노력이 당신을 불안하고 우울하게 했다.

진단기준을 검토하고 이것이 내담자에게 어떻게 적용되는지 살펴본다. 대다수가 자폐증을 전혀 모르거나 상당히 시대에 뒤떨어진 고정관념을 가지고 있다. 종종 영화 〈레인맨Rain Man〉의 레이몬드Raymond, 드라마 〈빅뱅 이론Big Bang Theory〉의 셸든Sheldon, 혹은 '극심한' 자폐증을 가진 누군가를 떠올리곤 한다. 그러므로 피드백 회기에서 자폐증의 교육에 시간을 할애해야 한다. 먼저, 신경다양성 패러다임을 개관하면서 자폐인이 본질적으로 틀린 것이 아니며, 자폐인을 위해 설계되지 않은 세상에서 기능해야 하기 때문에 많은 어려움을 겪는다는 점을 설명한다. 다음으로는, 내담자에게 자폐증의 DSM 혹은 ICD 진단기준을 소개한다. 진단기준이 신경다양성을 지지하는 방식으로 기술되지는 않았지만 진단을 위한 합의된 구조를 제공하며, 직감이나 마법의 심리적 주술이 아닌 **자료**에 근거한 결론임을 내담자에게 전달하는 것이 매우 중요하다. 저자는 내담자와 함께 개별 기준을 논의하면서 기준 자체와 이들이 기준을 어떻게 충족하는지 살펴보는 작업이 매우 유용하다고 생각한다. 저자는 이때 **작업지**를 보조적으로 사용하며, 내담자의 과거력과 검사에서 획득한 구체적인 사례를 준비한다. 이를 통해 내담자는 자폐증에 관해 배우고 임상가가 결론에 도달한 방식을 이해할 수 있다. 자폐증 진단을 원했던 사람들은 진단 과정이 매우 타당했음을 알게 된다. 그리고 이 과정은 진단에 깜짝 놀랐거나 부정적이었던 사람들마저도 대부분 진단을 이해하고 받아들이도록 돕는다.

> "제게 필요했던 건 단순히 제 신념을 확인해 주는 사람이 아니라, 저 스스로가 저를 자폐인으로서 철저하고도 사실로 자신 있게 받아들이고, 의심할 여지 없이 표현하는 일이었습니다."
>
> \- 드류 R.Drew R.

다른 우려 사항을 논의한다. 진단기준을 살펴보고 내담자에게 질문할 시간을 준 다음, 내담자가 마주하고 있는 다른 어려움을 설명한다. 다음과 같이 시작할 수 있다: "아직 다루지 않은 몇 가지 문제가 있습니다. 지금부터 내담자 당신(혹은 자녀)이 겪고 있는 다른 어려움을 이야기해 봅시다. 자폐증의 진단기준에 포함되어 있지는 않아도, 자폐증과 관련되고 자폐인에게 매우 흔한 문제이기도 합니다." 다음으로는 **작업지의 기타 문제**Other Issues 목록에서 ADHD, 불안, 우울, 맥락 사용의 어려움, 위장 문제 등 무엇이든 논의한다. 이 작업의 목표는 이러한 문제가 자폐증과 별개이거나 무관하지 않으며 자폐인에게 흔히 발생하는 동반질환임을 이해하도록 돕는 것이다. 내담자/부모가 논의를 통해 분리되어 있던 요소들을 연결하면서 여러 문제가 자폐증 하에서 어떻게 서로 맞물리고 이해될 수 있는지 깨닫도록 돕는다.

강점과 온전한intact **기능을 강조한다.** 내담자의 강점과 온전한 기능을 다루는 시간을 확보한다. 저자는 보통 지적기능, 언어, 시공간 능력, 기억력 등의 인지적 강점을 먼저 강조한 다음, 온전하거나 강점인 학업 기술을 논의한다. 마지막으로, 성격이나 개인적 특성character의 강점 목록을 개관하는데, 이 목록은 친절함, 유머, 직업윤리, 공감 능력, 음악적 재능, 운동 실력, 관심 주제에 몰두하는 능력, 사회정의에 대한 관심 등 무궁무진하다. 검사뿐만 아니라 내담자, 부모, 교사, 치료자 등 모든 이에게 질문하여 내담자의 강점을 찾을 수 있다. 이 부분의 논의를 마무리할 때는 내담자/부모가 잊고 있었던 중요한 강점이 있을지 항상 물어보고, 강점 목록을 추가할 기회를 제공한다.

권고 사항을 논의한다. 강점과 문제를 명확히 파악했다면 이제 권고 사항을 논의할 차례이다. 자세한 내용은 다음의 '제12장. 권고 사항'에서 설명하겠다.

자주 하는 질문(FAQ)

- **부모가 자폐증 진단에는 동의하지만, 자녀에게 알리기를 원치 않으면 어떻게 해야 합니까?** 저자는 극히 드문 예외를 제외하고, 부모가 자녀에게 자폐증을 알리도록 강력히 권장한다. 아동은 (연령에 상관없이) 자신이 어려움을 겪고 있음을 안다. 아동은 자신에게 무엇이 쉽고, 무엇이 어려운지 짐작하고 있다. 만약 자신의 어려움을 설명하는 비판단적인 용어를 알려 주지 않는다면 아동은 더 부정적인 언어를 사용할 가능성이 높다. "나는 다른 유형의 뇌를 가지고 태어났고, 이걸 자폐증이라고 해"라는 말은 "나는 멍청해" "나는 비호감이야" "나는 이상해" "나는 나빠", 혹은 아이들이 더 적절한 이해와 언어가 없을 때 스스로에게 내뱉는 무수한 비합리적인 말보다 월등히 낫다. 자기 잘못이 아님을 이해하면 아동·청소년·성인은 자기 비난을 멈추고, 자기 자비를 연습하고, 커뮤니티를 찾고, 치유하는 과정을 시작할 수 있다.

  더욱이 우리 모두는 자녀가 확고한 자기-옹호자로 성장하기를 바라는데, 특히 어려움을 경험하는 우리 자녀에게는 더욱 그렇다. 자기-옹호의 첫 번째 단계는 통찰이다. 자녀가 어떤 종류의 신경계를 가지고 있는지 알려 주면서 자기-인식을 제공할 수 있다.

부모에게 비밀은 종종 수치심이나 당황스러움을 암시한다는 점 역시 생각해 볼 만하다. 부모가 자녀에게 부끄러움이나 당혹감을 느낀다고 자녀가 생각하지 않도록 하는 일이 그 무엇보다도 중요할 것이다. 마지막으로, 이는 단순히 기본적인 존중의 문제이다. 어찌 되었든 누군가가 당신에 관한 어떤 중요한 정보를 알고 있다면 당신에게 말해 주기를 원하지 않겠는가?

> "자녀에게 숨기지 않도록 (혹은 일찍이 명확히 하도록) 제안합니다. 저는 3학년 때 진단을 받았습니다. 고등학생 때에도 스스로 무언가 이상하다고 계속 의심했는데, 대학에 지원하기 전까지 아무도 제 진단을 말해 주지 않았습니다. 이유도 모른 채 모든 선생님이 저를 다르게 대하는 일은 정말 끔찍했습니다. 아버지에게 듣고 나서야 왜 제게는 그렇게 어려운 일이 많았는지, 왜 시험에서 '특별 대우'를 받았는지 같은 것들이 한 번에 이해되었습니다. 부모님은 그동안 다 알고 계셨지만 '이게 바로 이유'라고 단 한 번도 명확히 말씀해 주지는 않았습니다."
>
> - 앤지 L. Angie L.

- **내담자나 부모가 자폐증 진단을 원하거나 기대했는데, 진단을 받지 못했을 때는 어떻게 해야 합니까?** 내담자 스스로에 대한 관점 혹은 자녀에 대한 부모의 관점을 반드시 존중해야 하는데, 이는 자폐증 진단의 가능성을 고려할 때 중요한 자료이기도 하다. 내담자/부모가 자신/자녀를 자폐인이라고 생각하는 것이 맞을 때도 있지만, 때로는 강점과 문제 프로파일에 대한 다른 설명이 존재할 수도 있다. 이때는 진단기준을 면밀히 검토하고 충족하지 않은 부분과 그 이유를 살피면서 근거를 자세히 설명해 준다. 내담자의 증상/특성/경험에 대한 대안적인 설명도 제시해야 한다.
- **결과를 다른 유관 전문가와 논의하기도 합니까?** 내담자가 허락하는 한 다른 전문가가 자폐증이라는 비판단적인 시각으로 내담자를 더 잘 이해하도록 도울 기회를

환영하자. 다른 건강관리전문가가 진단에 동의하지 않는다면 내담자가 어떤 기준을 충족하지 않는지 설명해 달라고 정중하게 부탁한다. 종종 임상가는 직감이나 자폐증에 대한 구식의 이해, 혹은 (다양한 상호작용 상황에서 내담자가 어떤 사람인지 이해하기보다는) 내담자에 대한 자신의 경험에만 의존하여 결론을 짓는 경우가 많다. 진단기준을 사용하여 논의를 진행할 수 있으며, 당신은 작업지를 통해 이미 준비가 되어 있을 것이다.

- **아동·청소년 내담자에게 직접 피드백을 제공해야 합니까?** 아동·청소년 내담자도 평가 결과를 알 권리가 있다. 어떤 경우에는 부모와의 대화를 통해 가장 잘 이루어질 수 있다. 다른 경우에는 아동·청소년이 임상가와 직접 만나는 것이 도움이 된다. 상황에 따라 일대일 면담으로 진행할 수 있는데, 이때 학생은 부모와 함께 있을 때 미처 떠오르지 않았던 질문을 할 기회를 가질 수 있다. 그리고 상담 말미에 부모가 입실하도록 해서 논의된 내용을 간략히 개관하고, 부모가 후속 질문을 하도록 준비할 수 있다.
- **내담자에게 서면 문서를 제공해야 합니까?** 그렇다! 저자가 많은 자폐인(특히 성인)에게 듣기로, 임상가로부터 비공식적으로 자폐인이라는 말을 듣기는 했는데 공식 문서를 받은 적이 없다고 했다. 담당 임상가와 연락이 끊기면 진단을 증명할 방법이 없어서 다른 건강관리전문가의 오진에 취약할 수 있다. 평가를 수행하고 심층 보고서를 작성하는 자세한 지침은 이 책의 범위를 벗어난다(물론 보고서 작성에 유일한 정답은 없다). 다만 보고서에 내담자가 어떻게 DSM-5-TR 기준을 충족하는지, 그리고 어떻게 자폐인이 아니라고 오해되는지를 정확하고 상세히 기술해야 한다고 저자는 강조한다. 치료 장면에서는 당신이 자폐스펙트럼장애로 진단했음을 밝히고, 어떤 기준을 충족하는지 구체적으로 설명한 편지를 내담자에게 제공할 수 있다. (다른 건강관리전문가를 위해) 비-자폐인으로 오해받기 쉬운 상황을 설명하는 문단도 추가할 수 있다. 마지막으로, 특히 후기 청소년기이거나 성인인 내담자인 경우에 동의하거나 동의하지 않는 이전의 진단을 기록해 둘 수 있으며(예: 내담자가 과거에 적대적 반항장애 혹은 성격장애 진단을 받았을 경우), 당신이 이전의 진단에 동의하지 않는다면 그 이유를 명시한다.

참고문헌 및 읽을거리

American Psychiatric Association. (2022). *Diagnostic and statistical manual of mental disorders* (5th ed., text rev.). https://doi.org/10.1176/appi.books.9780890425787

Bernier, A. S., & McCrimmon, A. W. (2021). Attitudes and perceptions of Muslim parents toward their children with autism: A systematic review. *Review Journal of Autism and Developmental Disorders, 9*, 320–333. https://doi.org/10.1007/s40489-021-00256-9

Duvall, S., Armstrong, K., Shahabuddin, A., Grantz, C., Fein, D., & Lord, C. (2021). A road map for identifying autism spectrum disorder: Recognizing and evaluating characteristics that should raise red or "pink" flags to guide accurate differential diagnosis. *The Clinical Neuropsychologist, 36*(5), 1172–1207. https://doi.org/10.1080/13854046.2021.1921276

Ecker, J. (2010). *Cultural belief systems in autism and the effects on families* [Bachelor's thesis, Barnard College]. https://doi.org/10.7916/D8TX3NCQ

Jegatheesan, B., Miller, P. J., & Fowler, S. A. (2010). Autism from a religious perspective: A study of parental beliefs in South Asian Muslim immigrant families. *Focus on Autism and Other Developmental Disabilities, 25*(2), 98–109. https://doi.org/10.1177/1088357610361344

Lupien, S. (2017, May 2). *Recipe for stress.* Centre for Studies on Human Stress (CSHS). https://humanstress.ca/stress/understand-your-stress/sources-of-stress/

Monteiro, M. J., & Stegall, S. (2018). *Monteiro Interview Guidelines for Diagnosing the Autism Spectrum, Second Edition (MIGDAS-2)*. Western Psychological Services.

Pearson, J. N., Stewart-Ginsburg, J. H., Malone, K., & Avent Harris, J. R. (2022). Faith and FACES: Black parents' perceptions of autism, faith, and coping. *Exceptional Children, 88*(3), 316–334. https://doi.org/10.1177/00144029211034152

Postal, K. S., & Armstrong, K. (2013). *Feedback that sticks: The art of effectively communicating neuropsychological assessment results* (1st ed.). Oxford University Press.

Riany, Y. E., Cuskelly, M., & Meredith, P. (2016). Cultural beliefs about autism in Indonesia. *International Journal of Disability, Development and Education, 63*(6), 623-640. https://doi.org/10.1080/1034912X.2016.1142069

Sakai, C., Mulé, C., LeClair, A., Chang, F., Sliwinski, S., Yau, Y., & Freund, K. M. (2019). Parent and provider perspectives on the diagnosis and management of autism in a Chinese immigrant population. *Journal of Developmental and Behavioral Pediatrics: JDBP, 40*(4), 257-265. https://doi.org/10.1097/DBP.0000000000000660

Sharp, J. (2020, October 5). How to conduct a knockout feedback session-with Dr. Karen Postal (No. 147) [Audio podcast episode]. In *The testing psychologist*. www.thetestingpsychologist.com/147-how-to-conduct-a-knockout-feedback-session-w-dr-karen-postal/how-to-conduct-a-knockout-feedback-session-w_dr-karen-postal/

Someki, F., Torii, M., Brooks, P. J., Koeda, T., & Gillespie-Lynch, K. (2018). Stigma associated with autism among college students in Japan and the United States: An online training study. *Research in Developmental Disabilities, 76*, 88-98. https://doi.org/10.1016/j.ridd.2018.02.016

Van Patten, R., & Bellone, J. (2019, April 1). The art and science of delivering feedback-with Dr. Karen Postal (No. 17) [Audio podcast episode]. In *Navigating neuropsychology*. www.navneuro.com/17-the-art-and-science-of-delivering-feedback-with-dr-karen-postal/

Zuckerman, K. E., Sinche, B., Cobian, M., Cervantes, M., Mejia, A., Becker, T., & Nicolaidis, C. (2014). Conceptualization of autism in the Latino community and its relationship with early diagnosis. *Journal of Developmental and Behavioral Pediatrics: JDBP, 35*(8), 522-532. https://doi.org/10.1097/DBP.0000000000000091

제 12 장

권고 사항

이 장은 구체적인 권고 사항보다 **지침 원칙**guiding principle을 제공하며, 물론 이는 내담자마다 개별화되어야 한다. 도움을 제공하는 방법은 (이미 저술되기도 했고) 책 한 권의 분량도 모자랄 수 있으므로 저자가 이들이 마땅히 받아야 할 모든 가능성을 복잡하고도 미묘하게 모조리 다루기는 어려울 수 있다.

역사적으로 자폐인이 덜 자폐적으로 보이는 방안이 권고되어 왔다(예: 자기-자극을 덜 하기, 더 많은 대화를 나누기, 더 많이 눈 맞춤하기). 이와 대조적으로, 이 책에서 제시하는 일반적인 원칙은 다음의 세 가지 중요한 목표를 기반으로 한다:

1. 자폐인과 그의 가족, 이들의 삶에서 중요한 사람들이 자폐인을 장애의 시선이 아닌 신경다양성의 관점에서 이해하도록 돕는다.
2. 자폐인이 안전하다고 느끼도록 돕는다. 사람은 안전하다고 느낄 때 자신의 능력(예: 실행기능과 사회기술)이 향상된다. 안전감 없이는 그 무엇도 중요하지 않다.
3. 자폐인이 덜 자폐적으로 보이도록 시도하기보다는 비-자폐인이 지배하는 세상에서 자폐인이 자폐인으로서 진정한 삶을 살 수 있는 수단과 전략을 협력적으로 개발한다.

목표는 자폐인의 안녕, 유능감, 미래에 대한 희망이다.

이 장에서는 다음의 여러 이유로 특정 개입법을 추천하지 않는다.

- **몇몇 개입은 변하고 있다.** 예를 들어, ABA가 자폐인에게 최우선의(혹은 유일한) 개입으로 권장되던 시절이 있었다. ABA 치료자의 선한 의도에도 불구하고, 수많은 자폐증 성인이 ABA로 트라우마를 경험했다. 저자의 생각에 ABA 분야는 이들의 피드백을 받아들이기 시작해서 접근법을 가다듬고 있는 듯 하다.
- **몇몇 개입은 연구되지 않았지만 (혹은 연구하기 어렵지만) 도움이 될 수 있다.** 예를 들어, 사라Sarah는 수년 동안 관계 발달 개입Relationship Development Intervention(이하 RDI)을 시행하면서 부모가 자녀의 외현화된 행동에 기저하는 문제를 이해하도록 돕고 수많은 가족의 삶을 바꾸었다. RDI는 매우 개별화된 개입이라서 연구하기가 상당히 어렵다. 아직 충분히 연구되지 않았다고 해서 효과가 없다는 의미는 아니다.
- **비-자폐인과 마찬가지로 개입은 치료자 역량만큼만 효과적이다.** 최고의 임상가는 한 가지 개입만 적용하지 않으며, 서로 다른 접근 방식의 여러 측면을 유연하게 활용해서 내담자의 필요를 최대한으로 충족한다. 유능한 임상가라면 '올바른' 접근법이 내담자마다 다르고, 시간이 지나면서 내담자에 따라 달라진다는 사실을 알고 있다.
- **자폐인마다 고유한 어려움, 강점, 목표, 선호를 지니며, 이 모두가 개입에 영향을 미친다.** 모든 유형의 안녕wellness에 대한 천편일률적인 접근법은 없으며, 특히 복잡하고 극도로 다양한 경향의 사람들에게는 더욱 그렇다.

지침 원칙

내적으로 서술되는 방식을 바꾼다. 자기-이해는 우리가 내담자에게 줄 수 있는 가장 소중한 선물 중 하나로, 내담자의 안녕을 북돋고 자기-옹호 및 건강한 관계의 토대를 마련해 준다. 이상적으로 건강관리전문가는 내담자의 진솔하고 비판단적인 자기-이해를 돕는다. 많은 자폐인, 특히 뒤늦게 자폐증을 확인한 사람은 자신에 대해 부정적인 내러티브를 만들어 왔다. 신경다양성이라는 비판단적인 관점에서 자신을 바라보도록 내러티브를 수정하는 일은 삶을 바꾸는 경험이 될 수 있다. 많은 자폐인이 이 깨달음을 통해 평생 처음으로 자기 자비를 경험했다고 표현했다. 이와 더불어 자신의 신경다양성을 이해해야만 자신의 경험과 어려움을 생각하고 논할 수 있는 틀과 언어를 가지게 된다. 자기-이해는 변화하고 적응하는 동력이 된다. 예를 들어, 어떤 자폐인이 자신의 사고가 쉽게 갇혀 버린다는stuck 취약성을 알게 되었다면 이 상황이 발생할 때, 방해될 때, 도움이 될 때를 인식하는 법에 대해 배울 수 있으며, 언제 어떻게 조정할지 선택할 수 있게 된다. 내적으로 서술되는 방식을 바꿀 때는 신경다양성을 지지하는 언어를 필수적으로 사용해야 하며, 건강관리전문가는 내담자를 위해 모델링을 제공해야 한다.

내적으로 서술되는 방식을 바꾸면 자기-자비를 위한 여유 공간이 생긴다

35세의 IT 전문가인 아론Aaron은 항상 지쳐 있었다. 대화를 통해 아론은 자신의 신체에 주의를 기울이지 않고 외부의 임의적인 기준을 억지로 따르고 있다는 사실이 분명해졌다. 예를 들어, 감각 자극과 사회적 요구가 적고 조용한 야간을 선호하지만, 아침 일찍 일어나야 했다. 근무 시간이 전적으로 유연했지만, 아론은 천천히 업무를 시작하고 싶은 자신에 대해 게으르다고 생각했다. 퇴근 후에는 달리기를 강행했고, 일과 후에 쉬고 싶은 자신을 끊임없이 질책했다. 아론은 수용validation이 필요했고, 수용받을 자격이 있었으며, 수용의 혜택을 누렸다. 자신의 신체를 살피고 내적으로 서술되는 방식을 바꾸도록 '허락' 받았을 때, 아론은 말 그대로 안도의 울음을 터뜨렸다. 이 변화로 자기 자비에 접근할 수 있었을 뿐만 아니라, 저녁 내내 자책하는 대신에 업무 시간을 뒤로 조정하고 퇴근 후에는 자기-비난 없이 휴식하면서 하루를 더 빨리 회복할 수 있도록 스스로를 허락했다.

자폐증 경험에서 본 시선으로: 진단 후 내적으로 서술되는 방식이 바뀐 일

"스스로를 실패자, 부스러기, 제 또래의 기준에 미치지 못하는 사람으로 인식하는 대신에 저는 [자폐증이라는] 사실을 알지 못한 채 어떤 편의도 없이 제 어려움이나 스스로에 대한 모든 것을 이해하지 못한 상태에서도 상당한 성취를 이뤄 낸 사람이라고 깨닫게 되었습니다. 그렇게 저는 혼란스러움과 수치심, 내면화된 장애인 차별주의에서 벗어날 수 있었습니다. 그리고 감사에 감사를 더해서 스스로에 대한 훨씬 더 큰 인내심을 가지고 저 자신에 대한 자부심과 이해, 만족으로 나아갈 수 있었습니다."

- 아시아투 라오인Asiatu Lawoyin

"저의 자폐증을 깨닫고 처음으로 저 자신과 선명하게 마주할 수 있었습니다. 안심이 되었습니다. 제 강점과 약점을 개인적인 실패가 아닌, 적어도 부분적으로는 제 하드웨어 패턴의 일환으로 보게 되었습니다. 그 이후로 저는 저 자신을 자비롭게 대할 수 있게 되었습니다."

- 캐시 D.Kathy D.

"저는 저 자신에게 더 친절해졌고, '음, 사실 네 뇌가 이렇게 작업하는구나. 네가 못나서 생긴 결과가 아니고, 다른 사람을 신경 쓰지 않아서 생긴 결과도 아니야. 이건 단지 뇌 화학과 뇌 신경의 결과일 뿐이지'라는 식으로 이해하게 되었습니다."

- 로렌 O.Lauren O.

"저는 제 뇌, 몸, 안녕에 도움이 되지 않는 기준을 붙들고 있었습니다. 하지만 진단 후에는 제 욕구를 옹호하고, 제게 효과적인 방식으로 삶을 더 잘 꾸려 나갈 수 있게 되었습니다."

- 로라 Z. 웰던Laura Z. Weldon

다른 사람에게 서술되는 방식을 바꾼다. 새로이 진단받은 자폐인의 삶에서 큰 비중을 차지하고 있는 사람이라면, 자폐인의 행동이 가지는 의미와 목적이 내적으로 서술되는 방식internal narrative을 조정하는 데 도움이 필요할 수 있다. 자폐인의 내적 경험이 이들의 행동, 안전감, 기대를 충족하는 능력에 어떻게 영향을 주는지 가족이나 교사 등의 사람들이 이해할 수 있도록 격려한다. 자폐인은 인지적 프로파일이 불균형할 수 있는데, 높은 IQ나 뛰어난 수학 실력이 실제적인 일상을 쉽게 헤쳐 나갈 수 있다는 의미와 상통하지는 않는다고 알려 준다. 예를 들어, 가족 행사에서 입을 다물고 있거나 위축된 모습이 무뚝뚝하거나 무례해서가 아니라, 단순히 사회적인 에너지가 부족하거나 큰 모임에 대처할 능력이 부족하기 때문일 수 있다. 다른 사람이 자폐인의 삶을 서술하는 내적 내러티브를 바꾸는 일은 자폐인에 대한 기대와 상호작용을 조정하는 데 있어서 필수적인 전제가 되며, 이를 통해 건강하고 긍정적이고 생산적인 관계를 만들어 나갈 수 있다.

내적으로 서술되는 방식을 바꾸는 일은 한 번의 대화로 이루어지지 않는다. 관련자 모두의 지속적이고 열린 대화가 필요하다. 자폐증 아동의 경우에는 가족, 교사, 건강관리전문가, 돌봄제공자 등 모두가 이 대화에 참여해야 한다. 자폐인 청소년 혹은 성인의 경우, 자폐인은 자폐증을 공개하는 시기와 논의하는 방식에 대해 통제감을 가져야 한다.

마지막으로, 자폐인과 함께 살거나 일하는 사람을 교육할 때는 항상 신경다양성을 지지하는 언어를 사용하면서 모범이 되어야 하며, 가령 **증상** 대신 **특성** 혹은 **행동**이라고 언급할 수 있다. 자폐인을 비난하거나 비-자폐인의 상호작용 방식이 본질적으로 더 낫다고 가정하는 언어를 사용하지 않도록 주의한다. 예를 들어, **"몰리**Molly**는 눈 맞춤을 못한다"**는 말 대신에 **"몰리는 눈 맞춤을 불편해하며, 우리 비-자폐인이 눈 맞춤에서 선호하는 방식을 따르는 데 어려움이 있다"**고 말할 수 있다.

서술되는 방식을 바꾸면 기대치가 달라진다.

5학년의 자폐증 아동인 시아라Ciara는 수업 시간에 계속 머리핀을 가지고 놀았다. 이 행동이 신경 쓰인 교사는 시아라에게 그만하라는 요청을 반복했다. 교사가 그 행동이 시아라에게 가지는 중요성과 목적을 이해하자, 전보다 유연하게 대할 수 있었다.

자폐증 진단을 받은 후, 아리엘Ariel은 자신의 내적 경험, 특히 스트레스를 받는 일을 더 많이 이야기하게 되었다. 아리엘이 "스트레스를 주는 부분만 빼면 크리스마스 아침이 좋아요"라고 털어놓자, 어머니는 깜짝 놀라 "크리스마스 아침에 어떤 점이 스트레스이니?"라고 물었다. 아리엘은 "선물을 열 때 웃고 행복한 표정을 지어야 하는데, 그렇지 않으면 사람들이 화를 내요!"라고 대답했고, 선물이 정말 마음에 들어도 이런 기분이 든다고 설명했다. 어머니는 다른 가족에게 아리엘이 대다수만큼 감정을 드러내지 않는다고 이해시켰고, 아리엘에게도 꼭 그렇게 할 필요는 없다고 알려 주었다.

다른 사람의 불안감을 관리한다. 불안은 전염된다. 그래서 지금까지 자폐인은 사랑하는 사람을 위해 되도록 불안을 표현하지 않도록 권장되었다. 다른 사람의 불안을 낮추기 위해 자폐인 스스로의 모습을 바꾸도록 하는 일은 자폐인의 목표가 될 수 없다. 가족이 겪는 불안을 다루자고 아동에게 치료를 권하면 안 된다(다만 일부 자폐인은 자신이나 가족의 불안에 대처하는 방법을 배우기 위해 치료를 받아야 할 수도 있다). 대신에 내담자의 부모가 지속적인 교육과 지원을 받을 수 있도록 한다. 온라인 강좌와 커뮤니티뿐만 아니라, 지역 내에서 다른 부모와 실시간으로 소통하는 기회가 포함될 수 있다.

저자는 최근에 24세 자폐인인 노아Noah와 그에게 헌신적인 부모를 만났다. 당시 노아는 친한 친구가 몇 명 있는 성공적인 대학원생이었다. 가족 관계가 전반적으로 좋았고 개방적으로 의사소통을 했지만, 회기 중 약간의 갈등이 있었다. 노아는 불안하다고 생각하지 않았지만(저자도 동의했다), 부모는 심리치료를 적극적으로 주장했다. 노아가 이를 거절할 때마다, 부모는 노아의 심리적 안녕을 (막연하게) 걱정하는 일이 반복되었다. 결국 부모는 노아가 치료를 받도록 설득해 달라고 저자에게 터놓고 요청하게 되었다. 저자는 부모에게 "저는 당신의 불안을 치료하기 위해 노아가 치료를 받도록 할 수는 없습니다. 치료를 받으면 당신에게 도움이 될까요?"라고 물었다. 긴장된 몇 초 후에 부모는 웃으면서 인정하고 동의했다.

안전한 공간을 만든다. 사람이 모든 환경에서 안전하다고 느끼는 것이 이상적인데, 가정과 건강관리 장면에서 특히 중요하다. 안전하다고 느껴야만 다른 사람과 교류하고, 정보를 받아들이고, 효과적인 결정을 내리고, 생산성을 높이고, 안녕감을 경험할 수 있다. 안전하지 않다고 느낄 때, 즉 **투쟁**fight, **도피**flight, **경직**freeze 모드가 되면 우리는 위협을 감지하기 위해 과경계하게 되고, 이 외에는 주의를 기울이기 어렵다. 이 상태에서 우리의 실행기능 기술과 사회적 참여 시스템은 작동하지 않는다. 생각해 보라. 굶주린 호랑이와 맞닥뜨렸을 때, 수학을 배우거나 사교적으로 수다를 떨거나 큰 프로젝트를 계획하거나 슬퍼하는 친구를 돌볼 수 있는가? 굶주린 호랑이(혹은 위협으로 인식되는 어떤 상황)와 마주쳤을 때, 당신의 몸은 말 그대로 생존 모드로 전환되고 다른 기술은 절전 상태가 된다.

물론 우리 대부분은 흔히 호랑이와 마주치지 않는다. 사실이 그렇다고 하더라도 우리 몸이 현실의 위협과 지각된 위협 간의 차이를 늘 구별하지는 못한다. 예를 들어, 저자는 최근에 침실에서 거미를 봤다. 인지적으로는 거미가 저자의 생명이나 건강에 위협이 되지 않는다고 알고 있었다. 하지만 저자의 몸은 지각된 위협에 반응해서 심박수가 빨라지고 거미로부터 눈을 뗄 수가 없고 방금까지만 해도 딸과 즐겁게 나누던 대화를 이어 갈 수가 없었다. 이 지각된 위협이 해결될 때까지는 다른 것에 집중할 수가 없었다.

많은 사람이 (아주 작은) 거미에 대한 저자의 끔찍한 경험에 공감할 수 있겠지만, 자폐인은 비-자폐인이 안전하다고 느끼는 상황에서도 특히나 더욱 취약하게 위협을 지각한다. 예를 들어, 많은 자폐증 학생은 아무도 적극적으로 그를 괴롭히지 않는데도 학교에서 압도감을 경험하고 안전하지 않다고 생각한다. 주의력, 실행기능, 사회기술 등을 향상하려는 모든 시도가 실패만 하면 다행이고, 최악의 경우에는 스트레스를 악화시킨다. 그러므로 안전감의 조성이 가장 우선시되어야 한다. 디씨 피어스DC Peers의 전무이사인 캐서린 로버트슨Catherine Robertson이 2021년의 소식지에 작성하기를, "사회적 전략social strategies 집단의 성인은 현실의 모임에서는 볼 수 없는 대화의 어색함을 설명해 주었는데, 그 이유를 묻자 이곳에서는 안전감을 느낀다고 답했다."

안전감을 조성하는 한 가지 방법은 개인이 원하는 만큼 가면을 벗을 수 있도록unmask 허용하고 격려하는 것이다. 동반저서에서 설명한 바와 같이, 위장이나 말투 변화code switch는 지치는 일이고, 수치심의 요소가 가미되면 더욱 그러하다. 자폐인이자 사회심리학자인 데본 프라이스Devon Price 박사가 말하기를, "나의 모든 말과 행동을 모니터링해야만 하는 일은 정말 지친다. 발각되지 않기 위해 항상 경계심을 늦추지 않아야 하며, 수치심과 비난까지 내면화해야 한다."

부모, 배우자, 동료, 친구, 치료자는 자폐인이 사회성을 더 갖추도록 하거나 스스로와 다른 모습을 보이도록 압박하지 않음으로써 이들의 삶을 특별하게 만들 수 있다. 당신의 기대를 살펴봐야 한다. 자폐인에게 눈 맞춤을 하도록, 전형적인 의사소통 양식을 준수하거나, 자기-자극을 피하도록 요구하는 일은 이들을 불편하게, 심지어는 안전하지 않다고 느끼게 할 수 있다. 자폐인이 이러한 일을 강요받으면, 심지어 꽤 잘 해내더라도 소진, 번아웃, 불안, 우울과 같은 엄청난 대가를 치르게 된다.

몇 년 전, 저자의 자녀들이 이 교훈을 가르쳐 주었다. 저녁 식탁에 앉아 비-자폐인 자녀가 말하던 중이었고, 자폐인 자녀(당시 20세와 18세)는 접시를 내려다보고 있었다. 저자는 이 행동이 무례하다고 느껴서 언짢아졌고, 동생이 자신의 말을 경청하고 있음을 알 수 있도록 눈을 맞춰달라고 부탁했다. 그러자 아이들은 저자를 적절한 자리로 데리고 가면서 "엄마, 우리는 하루 종일 바깥 세상에서 눈을 맞춰야 해요. 여기 집에서도 억지로 눈을 맞추라고 강요할 필요는 없어요"라고 설명했다. 물론 저자의 아이들이 옳았고, 앞으로 서로의 의사소통에서 필요한 부분을 최대한으로 충족하는 협력적인 방법에 대해 가족끼리 생산적으로 토론하게 되었다.

가족 체계에 주의를 기울인다. 가족은 각자의 요구need를 가진 개개인으로 구성되지만, 가족은 하나의 체계system이기도 하다. 체계 자체가 잘 기능하기 위해 각 개인에게 의지하는 만큼이나 개별적인 요구 또한 중요하다. 신경다양성 프로파일을 가진 일부 가족에서는 가족 역학이 특히 복잡할 수 있다. 취약한 가족 구성원을 기본적으로 이해하고 수용해야 하며, 체계 내 모든 구성원이 자신의 요구를 충족하는 일 역시 중요하다. 가족 치료는 어려운 시기를 보내는 가족에게 헤아릴 수 없을 정도로 큰 도움이 될 수 있다(이때 치료자는 신경다양성 프로파일을 이해해야 한다). 저자가 좋아하는 개입 중 하나는 불안한 아동기 정서를 위한 지지적 양육Supportive Parenting for Anxious Childhood Emotions(이하 SPACE)으로, 부모가 불안한 자녀에게 지지와 동기를 주는 한편, 자녀를 과도하게 돌보지 않도록 한다. 저자는 SPACE 접근법이 자폐인 가족 맞춤형으로 어떻게 제공될 수 있을지 기대하고 있다.

자폐인이 머무는 곳에서 접촉한다. 자폐인과 접촉하는 방법에는 여러 가지가 있다. 앞에서 설명한 눈 맞춤의 예시처럼, 대화 중 비-자폐인은 자폐인이 선호하는 의사소통 양식으로 조정해 줄 수 있다. 특히 부모는 자녀가 자신의 하루를 수다스럽게 말해 주거나 선호하지 않는 주제에 관심을 보이도록 기대하기보다는 자녀에게 특별한 관심사를 이야기할 충분한 기회를 주면 좋다. 꼭 그날 있었던 감정이나 사건을 말해야만 친밀감이 생기는 것은 아니다. 자녀의 관심사와 활동에 흥미를 표현하면서 자녀의 공간에서 만나면 된다. (모순적이게도 자폐인은 다른 사람의 주제와 활동에 관심을 보이도록 조언을 듣는다. 이는 비-자폐인에게도 똑같이 적용되는 조언이다.)

목표와 개입을 자폐인과 함께 논의하면서 이들의 공간에서 접촉할 수도 있다. 안전과 관련된 문제가 아니라면 개입이나 목표에 따르도록 강요해서는 안 된다. 행동 계획을 수립할 때는 자폐인의 개인적인 목표를 반드시 고려한다. 예를 들어, 자폐증 아동이 아무런 동기 없이 사회기술 집단에 등록하는 경우가 있다. 만약 당사자가 참여를 원치 않거나 사회기술의 변화에 관심이 없다면 개입은 효과적이지 않을 수 있고, 오히려 고통이나 갈등의 원인이 되어 역효과를 낼 수도 있다.

유능감과 효능감의 증진을 돕는다. 사람은 자신에게 낯선 상황을 잘 헤쳐 나가고 상황 변화에 따라 접근 방식을 조정할 수 있는 능력이 있다고 믿어야 한다. 비-자폐인에게는 쉬운 느낌이지만, 자폐인에게는 스트레스로 혹은 완전히 압도적으로 느껴서 회피, 정서적 반응의 둔화shutdown, 무능감으로 이어지고, 가장 간단한 작업조차 처리할 수 없다는 느낌이 강화될 수 있다. ("그건 어렵지 않잖아. 너라면 당연히 할 수 있지" 같은 선의의 말은 상황을 악화시킬 수 있다.) 자폐인에게 도전이 되면서도 감당할 만한 딱 알맞은 수준의 도전을 제공하는 방법을 신중하고도 협력적으로 고려해야 하는데, 이는 자폐인(혹은 모든 사람)이 유능감과 회복탄력성을 함양하는 가장 좋은 방법이기도 하다.

새로운 의사소통/상호작용 양식을 탐색한다. 자폐인의 의사소통 양식/선호를 이해하고 최대한 수용한다. (만약 이것을 어렵게 느낀다면 자폐인이 비-자폐인의 의사소통 양식에 적응하는 일이 어떤 느낌인지도 짐작할 수 있다.) 내담자마다 다르겠지만, 다음의 접근법 몇 가지가 유용할 수 있다.

- **직접적으로 말한다.** 개방형 질문이나 모호한 질문을 지양한다. 대다수가 아닐지라도 많은 자폐인은 직접적이고 명확하며, 심지어는 구체적인concrete 의사소통을 선호한다. 예를 들어, "어떻게 생각하세요?" 혹은 "이번 주는 어떠셨어요?"라는 질문은 몇몇 사람에게 너무 모호하게 다가와서 정확히 답변해야 하는 느낌을 줄 수 있다. 마찬가지로 많은 자폐인은 "그릇이 진짜 더럽네"라고 말하기보다는 "설거지 좀 해 줘"와 같이 원하는 바가 직접 전달되는 방식을 더 선호한다.
- **서술문declarative의 언어를 사용한다.** 몇몇 자폐인은 언어재활사의 용어로 명령mands(요구)을 좋아하지 않는다. 이들에게 명령하는("설거지 좀 해 줘.") 대신에 관찰하도록("그릇이 더럽네.") 하면 무엇을 해야 할지 스스로 알아내는 기회를 줄 수 있다. 서술문의 언급은 특히 통제감에 대한 욕구가 높은 자폐인에게 효과적일 수 있다.
- **속도를 조절한다.** 일부 자폐인은 처리속도가 느려서 당신이 말한 내용을 처리하고 대답을 생각할 시간을 주면 더 잘할 수 있다. 인내심을 가져야 한다. 자폐인이 혼란스러워 하거나 말을 듣지 못했다고 가정하지 말고, 침묵을 다른 말로 채우려고 하지 않는다.
- **투쟁 혹은 도피의 신호를 알아차린다.** 자폐인은 자신이 언제 불안이나 압도감 등을 느끼는지 항상 알지는 못하며, 알더라도 이를 표현하지 못하거나 너무 불편해서 도움을 요청하지 못할 수도 있다. 자폐인과 함께 생활하거나 일할 때는 자폐인이 투쟁, 도피, 경직 모드로 진입하는 신호를 인지하고, 이때 도움이 될 만한 방법을 알아 두어야 한다. 예를 들어, 어떤 사람은 위축되어 잠시 혼자 두어야 하며, 다른 사람에게는 안심시켜 주거나 주의를 분산시켜야 한다. 이미 감정폭발meltdown을 보였다면(분노 발작처럼 보일 수 있다.) 설득, 협상, 보상/결과물의 사용은 유용하지 않으며, 오히려 모든 사람의 좌절감을 악화시킬 수 있다.
- **대화보다는 활동에 더 참여한다.** 많은 비-자폐인은 서로 대화를 나누고, 개인적인 경험을 공유하고, 감정을 표현하는 등의 방식으로 다른 사람과 소통한다. 이와

대조적으로 많은 자폐인은 활동을 공유하면서 더 쉽게 소통할 수 있다. 예를 들어, 저자는 아들과 셀 수 없이 많은 전쟁 놀이 시간을 가졌다. 저자가 토요일 오후를 보내는 선호하는 방식은 아니었지만, 경험을 공유하면서 서로의 유대감을 키울 수 있기에 기꺼이 참여했다.

- **계속 배운다.** 신경다양성의 의사소통에 관한 책, 팟캐스트, 블로그 등이 무수히 많다. 저자가 좋아하는 책 중 하나는 잔느 게이너Zanne Gaynor, 캐스린 알레비조스Kathryn Alevizos, 조 버틀러Joe Butler가 쓴 『확실해요?: 신경다양성의 세계에서 효과적인 의사소통Is That Clear: Effective Communication in a Neurodiverse World』이다. 사라 웨일랜드는 린다 머피Linda Murphy가 쓴 『서술적인 언어 핸드북The Declarative Language Handbook』을 좋아한다.

> "자폐인 내담자와 작업할 때 '기분이 어땠나요?' 또는 '어떤 점 때문에 그런 기분이 드나요?'와 같은 진부한 말을 피해야 합니다. 우리는 알 수가 없으니 말입니다. 해결-중심 전략으로 작업하고, 불가능한 일을 처리할 만한 작업 단위로 쪼개세요. 우리는 놀라울 정도로 정밀한 언어를 사용하며, 의사소통 역시 마찬가지라는 점을 알아주세요. 그리고 우리는 사람들에게 꽤 많은 상처를 받았고, 전문가가 실수로 준 어떤 고통이라도 우리에게는 10배의 상처라는 사실을 알아주세요."
>
> \- 자폐인인 치료자, 매트 로우리Matt Lowry

수용, 수용, 수용한다validate. 진심으로 이해받고 수용되는 느낌은 더할 나위 없이 중요하다. 수용은 신뢰와 라포를 형성하고 힘든 순간을 지지하는 데 필수적이다. 우리 모두는 수용이 필요한데, 특히 평생 동안 (의도치 않게) 자주 **수용되지** 못한 자폐인에게는 더욱 그러하다. 자폐인이 "왜 그냥 먹으면 안 돼?" "왜 그렇게 예민하게 굴어야 해?" "왜 좀 더 친절할 수 없어?" 같은 질문을 받을 때가 해당한다. 좋은 의도로 질문했을 수도 있지만, 자폐인은 자신을 사랑하는 사람들, 교사, 동료, 건강관리전문가 등으로부터 오해를 받으며 평생을 살아 왔다.

이와 관련한 책도 있는데(예: 카린 디 홀Karyn D. Hall과 그웬 쿡Gwen Cook의 『수용의 힘

The Power of Validation』), 저자는 수용에 관해 몇 가지 요점만 설명하고자 한다.

- **수용이 먼저이다.** 누군가가 감정을 강하게 경험할 때, 문제를 자세히 알려 달라고 하거나 특히 해결책을 제안하기 전에 먼저 수용해야 한다.
- **수용하기 위해 반드시 동의할 필요는 없다.** 누군가가 상황을 인식하는 방식에 동의하지 않더라도 느낌에는 동의할 수 있다. 상대방과 다른 관점을 가지고 있다면 상대방의 느낌을 수용한 후에 공통점을 찾기가 훨씬 쉬울 수 있다.
- **수용하면서 코칭한다.** 사회적 코칭 시 수용해야 하는데, 특히 자폐인이 당신의 권고를 이해하지 못할 때 더욱 해당한다.

로렌Lauren은 학교와 독서를 좋아하는 행복한 중학교 2학년 학생이었다. 어느 여름날, 로렌은 수년 동안 참석했던 여름 캠프에서 청소년 상담사가 되기로 결심했고, 매일 저녁 기분 좋게 집으로 돌아와서는 즐거운 하루였다고 말했다. 그래서 로렌의 어머니는 캠프 담당자로부터 로렌이 상담사로 일할 수 있을지 걱정된다는 전화를 받았을 때 깜짝 놀랐고, 상황을 설명해 달라고 부탁했다. 담당자는 "매일 아침에 캠프 참가자들이 도착하면 인사를 해야 하는데, 로렌은 그냥 조용히 서 있기만 합니다"라고 말했다. 어머니가 말을 꺼내자, 로렌은 "그건 정말 바보 같은 규칙이에요! 바로 전날 봤는데 왜 인사해야 하나요?"라고 외쳤다. 로렌의 어머니는 "그래, 정말 임의적인 사회 규칙이지 않니? 네가 왜 그렇게 느끼는지 충분히 알겠구나!"라고 말하면서 로렌을 수용해 주었고, 그다음에 로렌에게 "'일반인'(자폐증이 없는 사람을 뜻하는 로렌의 용어)은 매일 처음 만난 사람에게 인사를 하지 않으면 속상해하고, '일반인'은 예민해서 인사를 해 주지 않으면 이를 개인적으로 받아들인단다"라고 설명했다. 로렌은 자신이 수용되었다고 느꼈고, 어머니가 자신의 입장에서 상황을 바라봐 주었기 때문에 코칭을 받아들일 수 있었다.

동기를 부여한다empower. 자기-옹호는 모든 사람에게 중요한 목표인데, 자폐인에게는 더욱 특별하다. 개인적인 차원에서 자폐인에게 동기를 부여하는 몇 가지 방법은 다음과 같다.

- **자기-이해.** 자기-옹호를 위한 첫 번째 단계는 자기-이해이다. 무엇이 필요한지

모른다면 무언가를 요구할 수도 없다! 당신 주변의 자폐인이 자신의 감각, 의사소통 등의 요구 사항을 이해하도록 돕는다. 이와 관련하여 몇몇 자폐인은 신체의 생리적 신호에 주의를 기울이고 맥락화하여 정확한 의미로 해석하는 방법을 배우는 데 도움이 필요할 수 있다.

- **언어.** 자폐인이 감각, 의사소통, 사회성 등의 지원을 요청하는 데 필요한 명확한 언어를 배우도록 돕는다.
- **자기-옹호의 노력을 지지한다.** 이상적으로는 순응(자폐인에게 다른 사람의 목표와 기대를 따르도록 가르치는) 훈련을 축소하고, 자폐인이 자기-향상의 목표를 파악하여 이를 향해 나아가도록 돕는 데 집중해야 한다. 부모, 교사, 상사는 개인이 처음으로 자기-옹호를 시도할 때 가르침을 줄 수 있는 순간을 찾고, 이상적이지 않은 방식으로 시도되었더라도 지지해 준다. 이는 특히 피해자가 되기 쉬운 자폐증 여성에게 중요하다.
- **어떻게 도와드릴까요?** 조언하거나 문제의 해결책을 제시하는 대신에 "어떻게 도와드릴까요?"라고 물어본다. 무엇이 필요한지 스스로 생각하는 책임감을 유지하면서도 당신의 지지를 느끼도록 할 수 있다. 이 질문은 상대방에게 문제를 해결할 수 있으리라는 믿음과 더불어 무엇이든 기꺼이 돕겠다는 의사를 전달한다. 몇몇 사람에게는 "어떻게 도와드릴까요?"보다는 "저는 당신이 무엇을 해야 할지 알아낼 수 있다고 생각합니다. 제 도움이 필요하면 알려 주세요"라는 말이 더 효과적일 수도 있다.

자폐인 연구자 데나 가스너Dena Gassner는 자폐인이 자기-옹호의 자신감을 높일 수 있는 다음의 3단계 전략을 추천하였다. 먼저, 자폐인은 다른 자폐인의 일인칭 설명을 통해 자폐증을 배운다. 다음으로 자신의 경험을 연구하고 자신을 가장 잘 설명하는 단어를 찾아 자신의 자폐적 렌즈를 통해 세상을 경험하는 방법을 배운다. 마지막으로 자폐인이 신뢰할 수 있는 동료에게 피드백을 부탁한다. 이를 통해 자신에 대한 이해와 더불어 자신의 필요를 전달할 때 사용하는 언어를 개선할 수 있다. 예를 들어, "저는 자폐인인데, 형광등 때문에 편두통이 생깁니다. 혹시 이 방의 조명을 바꾸거나 제 사무실에서 뵐 수 있을까요?"라고 말할 수 있다.

신경적 충돌neuro-crash**과 번아웃의 관리를 돕는다.** 동반저서인 『자폐증인가요 I: 임상가와 모두를 위한 지침서』에서 설명했듯이, 신경적 충돌과 번아웃은 많은 자폐인에게 심각한 문제이다. 자폐인인 건강관리전문가 로라 웰던이 지적했듯이, "자폐적 번아웃은 선천적인 차이라기보다는 우리가 예방하고 치료해야 하는 상태라고 생각한다."

이상적으로는 자폐인과 함께 생활하고 가르치고 일하고 지원하는 사람들이 신경적 충돌과 번아웃을 최소화하고 발생 시 회복을 촉진할 것이다. 방법은 개인마다 다를 수 있다. 자폐인의 번아웃을 다루는 자세한 지침은 자폐인이 쓴 여러 글을 참고할 수 있는데, 저자가 가장 좋아하는 글 중 하나는 자폐증 심리학자인 메간 안나 네프Megan Anna Neff의 〈자폐적 번아웃 회복Autistic Burnout Recovery; Neurodivergentinsights.com〉 블로그 포스팅이다. 그리고 저자가 아는 많은 자폐인에게 도움이 되었던 몇 가지 기본 사항을 소개한다.

- **감각 자극을 관리한다.** 감각적 요구와 어려움을 이해하기 위해 작업한다. 예를 들어, 조명이나 소음 수준을 조절하고, 사람과의 접촉을 피하고, 선호하는 음식을 얻고, 선호하는 옷을 입을 수 있는 등의 혜택을 받을 수 있다. 감각적 요구는 상황에 따라 매일매일 달라질 수 있음을 이해해야 한다.
- **사회적 기대에 유연하게 대처한다.** 예를 들어, 저자가 최근에 함께 작업했던 한 자폐증 남성은 동료가 직장에서 잡담을 시도하지 않게 해 달라고 요청했다. 대가족 저녁 식사나 모임에서 15분만 함께 있다가 나갈 수 있게 해 달라고 부모에게 요청한 10대 여학생과 작업하기도 했다.
- **개별화된 편의를 제공한다.** 감각적·사회적 조정 외에도 자폐인이 신경적 충돌이나 번아웃을 경험할 수 있는 다른 조건을 확인하도록 돕는다. 재클린 페데 JÂcqûelyn Fede 박사와 에이미 로랑Amy Laurent 박사가 만든 상황별 사람 작업지는 이를 보조하는 훌륭한 도구 중 하나이다.

- **회복을 위한 시간과 공간을 마련한다.** 자폐인이 예상치 못한 무력감unplanned crash으로 더는 압도감에 대처할 수 없고, 침대에서 몸을 일으키지 못할 정도가 되어도 휴식이 필요하다는 사실을 수치스럽게 느낄 수 있다. 주변 사람들이 게으르다거나 무책임하다거나 연극적이라고 비난할 수도 있다. 반대로, 계획된 회복 시간은 수치심이나 비난을 유발하지 않는다. 회복을 위한 생물학적 욕구를 채우도록 스스로를 허락하고, 주변 사람은 이 과정을 지지해 준다. 관련자 모두가 이는 사치가 아니라 자폐인의 기본적인 건강과 안녕을 위한 생물학적 필수 요소임을 기억해야 한다.

위장과 진정성의 균형을 맞춘다. 치료에서 자폐인이 더 많이 혹은 덜 위장하도록 가르치지 않아야 한다. 대신에 어떻게 위장에 대한 인식awareness을 높일 수 있을지, 그리고 어떻게 위장을 일상에서 기능적인 도구로 활용하면서도 '가면을 내려놓고' 자기 자신이 되는 균형을 찾을 수 있을지에 초점을 맞춰야 한다. 자폐인이자 사회심리학자인 데본 프라이스Devon Price 박사가 언급했듯이, 목표는 '가면을 써야 할 곳과 쓰지 않아도 되는 곳을 알고, 어떻게 하면 내 삶의 균형을 유지해서 되도록 안전하게 진정성 있는 사람이 될 수 있는지를 찾는 것'이다.

자폐증 경험에서 본 시선으로: 진정성

"제 '증상'이 외부로 드러나도록 허용하고 나서부터는 증상이 훨씬 더 도드라졌지만, 저는 제 모습과 제가 하는 일에 대해 훨씬 더 편안해졌습니다. 몇몇 기능이 더 좋아지기도 했는데, 이제는 제 욕구를 더 잘 충족시키는 방법을 알고 있기 때문입니다."

- 미미Mimi

"저는 위장을 포기했습니다. 제 건강의 대가가 너무 컸습니다. 저는 주변을 자폐인 동료들로 채웠고, 이들에게 사랑과 인정을 받으려고 내가 아닌 다른 사람이 될 필요가 없습니다. 저는 세상이 조용하고, 어둡고, 평화로울 때 교대 근무를 합니다."

- 제나 J.Jenna J.

자폐인이 감각/운동/조절 욕구를 충족하도록 돕는다. 수많은 자폐인이 자기-자극을 포기하도록 격려, 언질, 강요, 비난을 받는다. 하지만 많은 자폐인의 주장으로 자기-자극이 움직임, 사물 사용, 감각 경험 등의 중요한 목적 달성에 유용하다는 점이 알려졌다. 자기-자극을 가진 자폐인을 알고 있다면 먼저 그 자기-자극이 실제로 문제를 일으키는지 자문한 뒤, **누구의** 문제인지 생각해 본다. 예를 들어, 만약 자기-자극이 다른 가족 구성원을 짜증 나게 한다면 자폐인에게 단순히 멈추라고 해서는 안 된다. 이는 두 사람 사이의 문제이고, 서로가 동의하는 해결책을 찾기 위해 협력해야 한다. 만약 다음의 예시와 같이 자폐인에게 잠재적으로 문제가 될 수 있는 자기-자극이라면 그 원인을 이해하고, 자폐인의 욕구를 충족할 수 있는 다른 방법을 찾도록 도와야 하며, 이 과정에는 수치심, 비난, 보상, 처벌이 개입되지 않아야 한다.

마찬가지로, 많은 자폐인은 매일 같은 음식을 선택한다. 다른 사람에게는 '경직된' 식습관으로 보이지만, 일반적으로는 합당한 이유가 있다. 예를 들어, 감각적 차이로 음식 선택권이 제한되었을 수 있고, 매일 같은 음식을 먹어야 실행기능에 훨씬 덜 부담이 가기 때문일 수도 있다.

고등학교 2학년의 자폐증 학생인 게이지Gage의 일상은 수년째 똑같은 루틴으로 이루어져 있다. 스트레스를 받거나 흥분하면 앞뒤로 뛰어다니며 손을 튕기거나 공상하곤 한다. 부모는 게이지의 또래 친구들이 어떻게 반응할지 걱정이 되었고, 게이지가 이 행동을 그만하도록 격려하고, 심지어는 이 행동을 하지 않을 때 보상을 주기도 했다. 하지만 이 행동이 게이지에게 가지는 목적과 중요도를 이해하게 되자, 부모는 게이지를 더 설득하거나 막지 않았다. 대신에 개인 공간을 사용할 수 없는 상황을 위해 비슷한 느낌을 주는 대안 행동을 게이지와 함께 찾아보았다. 게이지에게는 자전거 타기가 효과적이었고, 모두가 추가된 선택지의 덕을 보게 되었다.

자신의 삶이 어떤 모습일지 다시 상상하도록 돕는다. (하위문화, 종교 공동체, 가족 문화 등을 포함하여) 문화는 삶이 어떤 모습으로 보여야 '하는지'에 대해 비전을 제공한다. 예를 들어, 많은 사람은 일찍 일어나 낮에 일하고 밤에 잠드는 일이 '최고'라고 믿는다. 그러나 이것이 모두에게 반드시 최고의 일정은 아니며, 어떤 사람은 낮에 자고 밤에 생산적으로 일할 때 더 좋은 수행을 보이기도 한다. 다른 예시로는 결혼을 들 수 있는데, 많은 문화권에서 (이성애자) 결혼이 이상적이라고 믿지만, 이것이 모두에게 해당하지는 않는다. 자폐인은 이러한 **암묵적인 가정**을 배우고, 이것이 자신에게 적합한지 아닌지를 평가해야 한다. 주변의 삶과 다르더라도 자신의 안녕을 지지하는 삶을 만들어 나갈 수 있음을 알게 되면 놀라울 정도로 자유로워질 수 있다.

대학을 졸업한 28세의 샬롯Charlotte은 밤에 깨어 있고 낮에 잠들기를 매우 선호했다. 그러나 직장에 다닐 때마다 밤에 잠들고 낮에 일하기 위해 억지로 노력했다. 고용주들은 샬롯을 좋아했지만, 샬롯은 만성적으로 소진되고 압도되었으며, 일 자체가 정말로 마음에 들어도 몇 개월 이상 직장을 유지할 수 없었다. 샬롯의 치료자는 샬롯에게 자신의 삶을 머릿속으로 다시 그려 보고, 밤에 일하고 낮에 잠들 수 있는 일자리를 고려해 보도록 격려했다. 이 일정은 샬롯에게 훨씬 더 효과적이었는데, 아마도 밤에는 사회적 요구와 감각 자극의 수준이 낮기 때문일 수 있다. 샬롯은 처음으로 한 직장에서 오래 일할 수 있었다.

핵심 문제를 파악하고 우선순위를 정한다. 사라 웨일랜드가 자신의 내담자에게 자주 언급하는 말처럼, **바다를 끓일 수는 없다.** 자폐인의 여러 어려움 중 일부는 자폐증과 직접적으로, 다른 일부는 동반질환과 관련된다. 문제들 한꺼번에 해결하는 종합 계획을 세우고 실행하는 일은 내담자뿐만 아니라 부모, 교사, 건강관리전문가에게도 부담스러울 수 있다. 따라서 우선순위를 정하고 협력해야 한다. 개인마다 자신의 가장 큰 문제가 무엇인지, 자신의 삶에서 어떤 변화를 원하는지 숙고하도록 격려하고, 필요한 경우에는 도움을 줄 수 있다. 앞으로 나아갈 방법을 알기 위해 서로 맞물려 있고, 상호 의존적인 수많은 어려움을 **큰 그림으로 파악**해 두면 유용하다.

예를 들어, 신체 조절은 감정 조절에 필수적이다. 많은 자폐인은 불안이나 소진을 유발하는 의학적 문제를 가지고 있으므로 의학적 문제부터 해결하는 방식이 필요하거나 도움이 될 수 있다. 당연히 트라우마가 있다면 이를 고려해서 계획을 세워야 한다.

비슷한 생각의 사람들과 연결되도록 지원한다. 내담자에게 관심사를 공유하는 사람들과 접촉해 보도록 조언하고(다음에서 논의했다), 나아가 비슷한 방식으로 세상을 경험하고 반응하는 이들과도 연결될 수 있도록 격려한다. 자신의 경험을 공유하고 이해하는 사람들과 연결되는 일은 자폐인과 그 가족의 고립감을 줄이고 동기를 높일 수 있다.

온라인 커뮤니티는 자폐인에게 특히 유용할 수 있다. 관계를 맺을 수 있는 폭이 넓고, 상호작용이 실시간으로 이루어지지 않아서 자신만의 속도로 참여할 수 있다. 무엇보다도 온라인에서는 위장해야 한다는 부담감이 적다.

❙ 자폐증 경험에서 본 시선으로: 커뮤니티

"다른 자폐인들과 주로 온라인 커뮤니티, 포럼을 통해 소통하면서 저와 비슷한 방식으로 세상을 바라보고 생각하는 사람들을 많이 알게 되어 도움이 됐습니다. 우리는 물리적 공간에서 만나지 않을 가능성이 높은데, 대부분이 가면을 쓰고 숨어 지내서 서로를 인식하기 어렵기 때문입니다."

- 패트 G.Pat G.

"제 생각에 최소한 저같이 약간의 지원만이 필요한 자폐인 집단에서 최고인 환경은 자폐인 동료, ADHD나 학습장애가 있는 사람, 신경-전형적인 사람이 함께 혼합된 곳입니다. 그러면 사람들이 함께 어울려서 외롭지 않을 수 있습니다."

- 자카리 M.Zachary M.

동반질환에 대해 약물치료를 고려한다. 자폐증의 ADHD, 불안, 우울/과민성 증상에 대해 흔히 향정신성 약물이 처방된다. 일부 약물은 비-자폐인에 비해 효과가 저조할 수 있으며, 자폐인은 부작용에 더 민감할 수 있다는 근거가 제시되었다. 그러나 일부 약물이 자폐인에게 상당히 유용하다는 근거도 있다. 개인의 약물 반응성을 예측하는 방법은 없고, 오로지 시도해야만 알 수 있다. 약물치료로 크게 효과를 본 자폐인이 많지만, 이러한 유형의 약물을 내성하지 못하거나 시도조차 하지 않으려는 자폐인도 많다. 자폐인이 ADHD, 불안, 우울, 과민성으로 어려움을 겪고 있다면 건강관리전문가와 함께 약물의 잠재적 위험과 이득을 개방적인 마음으로 논의하도록 격려한다.

지식, 기술, 습관을 쌓는다. 사람마다 다르겠지만, 몇 가지 흔한 예시는 다음과 같다.

- **적응기능.** 이상적으로 자폐증과 무관하게 모든 청소년/청년이 요리, 가계부 관리, 집 유지 보수 등의 실용적인 생활 기술을 배우도록 권고된다. 이는 비-자폐인 또래보다 독립적인 성인으로 성장하는 데 더 오랜 시간이 필요한 자폐인에게는 더욱 중요할 수 있다.
- **건강한 생활 방식.** 신체 조절은 인지 및 감정 조절의 근간이 된다. 규칙적이고 충분한 수면, 상식적인 영양 섭취(적절한 수분 섭취를 포함해서), 자연에 대한 접근성, 규칙적인 운동 등이 포함된다.
- **내부수용감각적 인식.** 내부수용감각의 인식은 기본적인 항상성 유지(예: 배고플 때 식사하기, 통증 관리하기) 및 감정(예: 불안, 분노) 관리에 기초가 된다. (많은 자폐인이 그렇듯이) 내부수용감각적 인식이 비정상적으로 높거나, 낮거나, 변형되면 건강 및 정서적 안녕의 문제에 취약할 수 있다. 개인의 몸에서 오는 생리적 신호에 주의를 기울이고 해석하는 방법, 그리고 자신의 경험과 이에 따른 필요를 전달하는 언어를 배워야 한다. 요가, 마음챙김, 신체 요법, 바이오피드백 등의 방법이 있다. 자세한 내용은 내부수용감각에 대한 켈리 말러Kelly Mahler의 통찰력 있고 실용적인 웨비나Webinar 및 책 등을 참고하라.
- **적극적인 휴식**radical downtime**.** 우리는 모두 공상, 달리기, 하이킹, 명상 등 셀 수 없이 많은 방법으로 적극적인 휴식의 혜택을 누릴 수 있다. 내담자가 자신만의 적극적인 휴식법을 찾도록 돕는다. 저자가 아는 어떤 자폐증 여성은 '공격적인 심사숙고aggressive pondering'라고 부르기도 한다.
- **사춘기/성교육.** 자폐인은 종종 자신의 신체 변화와 성sexuality을 이해하고 평화롭게 다루는 것을 어려워한다. 내담자에게 신체의 생리적 측면을 적극적으로 가르치고, 성적 요구와 욕구를 안전하게 충족하는 방법을 배우도록 돕는다.

- **사회기술.** 사회기술 개입은 몇몇 내담자에게 매우 도움이 된다. 그러나 어떤 내담자는 더 많은 위장이 아닌, 덜 위장하는 방법을 찾아야 할 수도 있다. 따라서 자폐인 내담자를 사회기술 집단에 무조건 의뢰하지 않도록 조심해야 한다. 왜냐하면,
  - 내담자가 사회기술 집단에서 배운 내용을 항상 일반화하지는 않는다(특히 통찰력, 동기, 맥락 민감성이 부족한 경우에는 더욱 그렇다).
  - 사회기술 개입은 자폐인에게 위장하는 법을 가르치는데, 과도한 위장이 문제가 되는 경우도 많고, 특히 표현이 덜 분명한 사람에게 그렇다.
  - 가면을 쓴 자폐인은 종종 사회기술 집단에 속하는 사람들과 잘 맞지 않는다고 느낀다.
  - 사회기술 훈련은 변화의 부담감을 전적으로 자폐인에게 부과한다.
  - 만약 자폐인이 비-자폐인과 상호작용하는 방법을 배우고 싶어 하고, 이것이 다른 사람을 기쁘게 하기 위해서만이 아니라면 모든 수단을 동원해서 이 과정을 안내하고 지원해야 한다. 이를 위한 몇 가지 선택지가 있다. 사회기술 집단에 더하여 (잘 맞는 집단이 있는 경우) 부모나 중요한 사람이 일상적으로 코칭해 줄 수 있다. 코칭은 그 순간마다, 혹은 미래의 상황을 예상해서 일이 발생한 후 다시 설명해 주는debriefing 등 다양한 형태를 띨 수 있지만, 비판단적이고 지지적으로 이루어져야 한다. 또 다른 좋은 선택지는 **즉흥**improv이다. 즉흥 기술은 좋은 대화 기술과 동일하다. 상대방의 말에 주의를 기울이고 이어 나가는 것이다. 마지막으로, 최근에 한 소셜 미디어Neuvodivergent Lou에서 다른 사람과의 소통을 연습하는 장소로 사회기술 집단이 아닌 특별한 관심사SPecial INterest(SPIN) 집단을 제안한 글을 봤는데, 저자도 전적으로 동의한다!

개입을 신중하게 선택한다. 개입은 각 개인의 강점, 어려움, 문화, 자원, 목표에 따라 개별화되어야 한다. 하지만 저자의 임상 경험과 저자가 아는 많은 자폐인의 생생한 경험을 바탕으로 몇 가지 일반적인 생각을 정리해 보았다.

- **순응**compliance **훈련은 상당한 파급력을 가진다.** 많은 자폐증 성인이 순응 훈련을 트라우마로 경험했다. 안전 문제가 없는 한 어떤 개입의 목표라도 자폐인이 동의해야 하며(단지 다른 사람을 기쁘게 하거나 '정상이 되려는' 자신/타인의 소원을 이루기 위함이 아니라), 개입 과정도 합리적으로 편안하게 받아들일 수 있어야 한다. 만약 개입 과정이 압도적이거나 고통스럽다면 계획을 재평가하고, 안전감을 조성하기 위해 협력적인 방식으로 문제를 해결해야 한다.
- **CBT, DBT는 효과적일 수도 있고 아닐 수도 있다.** 어떤 접근법이 비-자폐인에게 효과가 있다고 해서 신경다양성을 가진 사람에게도 효과적이라는 의미는 아니다. 예를 들어, 어떤 내담자가 감정인식불능증alexithymia과 함께 내부수용감각적 인식 수준이 낮을 때, 불안을 치료하기 위한 CBT는 유용하지 않을 수 있다. 불안을 인식하지 못하는데 불안할 때 무엇을 해야 하는지 알려 주는 일은 효과적이지 않다. 오히려 심리치료사나 작업치료사와 함께 신체 신호에 주의를 기울이고 해석하는 능력을 증진하는 작업이 더 유익할 수 있다(예: 위가 움찔거리거나 심박수가 증가하는 느낌은 불안일 가능성이 있음). 몇몇 연구자가 자폐인에게 적합한 CBT 접근법을 개발하여 평가 중인데, 결과가 희망적이다. 자폐증을 이해하는 치료자가 시행하는 DBT도 유용할 수 있는데, 감정 인지와 수용, 신체 인식, 고통 내성 등의 기술을 가르친다.
- **전통적인 '대화 치료' 역시 적합할 수도 있고 아닐 수도 있다.** 몇몇 내담자는 개방적이고 지지적인 대화 치료에서 수용validation과 안전한 공간을 제공받아 신뢰 관계의 맥락에서 내면 세계를 경험하고 여기에 의미를 부여할 수 있다. 이때 치료자는 기본적으로 신경다양성을 지지해야 하며, 치료자 자신이 신경다양성을 가졌다면 특히 효과적일 수 있다. 하지만 다른 자폐인에게는 이러한 유형의 치료가 불편하거나 유익하지 않을 수도 있다. 이 접근법의 모호한 특성, 내부수용감각적 인식을 먼저 개발해야 할 필요성, 혹은 '낯선 사람'과 개인적인 문제를 이야기하기 불편한 점 때문일 수 있다.
- **신체 기반 치료가 효과적일 수 있다.** 트라우마를 경험한 많은 사람과 유사하게 자폐인은 무의식적으로 생존 모드로 전환하여 마치 생명의 위협을 받는 듯이 스트

레스에 반응할 수 있다. (앞에서 언급한) 내부수용감각적 인식의 개발 외에도 자폐적 감각의 필요에 맞추어 적절히 조정된 신체 요법을 통해 자신의 몸이 어떻게 위협을 지각하는지, 그리고 위협감을 경험할 때 어떻게 몸을 움직이고 유지해서 해결할 수 있는지에 관한 인식을 키워 나가는 작업이 유용할 수 있다.

- **동반되는 문제에 개입한다.** 동반되는 문제가 있다면 당사자(혹은 부모)와 논의하여 적절히 의뢰해야 한다. 예를 들어, 언어 문제가 있는 경우에는 언어재활사에게 의뢰하고, 심한 감각 문제가 있는 경우에는 작업치료사에게 의뢰한다.

> "자폐인의 치료에서 자폐증을 옹호하고, 트라우마를 다루고, 자폐증에 건강하게 대처하는 기술을 익히고, 자기 돌봄의 방법을 찾고, 자연스러운 자폐인 대인관계를 형성하도록 격려하는 작업들은 기본적으로 동등한 균형을 이룬다."
>
> – 자폐인인 치료자, 매트 로우리Matt Lowry

학교에서 공식적으로 편의를 제공받는다. 동반되는 문제(여기서는 다루지 않지만)에 제공되는 전형적인 학업적 편의 외에도 학교생활의 스트레스를 줄일 수 있는 다른 편의를 요청할 수 있는지 살펴본다. 예를 들어,

- **관계를 만들어 둔다.** 교사/교수는 학기 초에 시간을 내서 일대일 또는 소모임으로 학생과 친해지는 시간을 가져야 한다. 시간을 투자하여 좋은 관계를 만들어 두면 나중에 혹시라도 발생하는 문제 상황에서 학생이 편안하게 협력해 줄 수 있으며, 어려움을 해결하는 기반이 마련될 수 있다. 많은 학생은 또한 압도감을 느낄 때 의지할 수 있는 안전한 사람이 생겨서 큰 도움을 받게 된다.
- **명확하게 의사소통한다.** 몇몇 학생은 중간 단계를 명시적으로 설명해 주어야 하는 등 보다 자세한 지침이 필요할 수 있다. 모든 학생이 특정한 얼굴 표정이나 목소리 톤과 같은 비언어적 단서를 이해할 수 있다고 가정하면 안 된다. 대신에 직접적이고 명시적인 소통에 중점을 두어야 한다. 어떤 이유로든 일이 잘못되면 일대일의 조용한 시간을 따로 마련해서 학생의 경험과 생각을 경청하고, 당신의

기대와 관찰을 명확하게 전달하여 학생과 협력적으로 문제를 해결한다.

- **추가 시간을 제공한다.** 몇몇 자폐증 학생은 입력된 정보를 처리하거나, 구두 혹은 서면으로 답변을 작성하거나, 타인 및 환경과 상호작용하는 데 추가적인 시간이 필요하다. 학생에게 과제, 퀴즈, 시험뿐만 아니라 상호작용에 있어서도 시간을 더 가질 수 있도록 허용해야 한다.
- **교실 내 불안을 관리한다.** 대다수에게 무난해 보이는 상황도 자폐증 학생에게는 스트레스나 위협으로 느낄 수 있다. 학생과 함께 작업하면서 무엇이 이들의 불안을 유발하는지 알아보고 해결책을 마련한다. 예를 들어,
  - 학생은 수업마다 안정 수준을 높이기 위해 좌석을 선택할 수 있다(예: 뒷자리, 친구 근처, 문 근처).
  - 손을 들지 않는 한 호명하지 않겠다고 약속하면 더 안전하게 느낄 수 있다.
  - 많은 자폐증 학생은 특히 원격 학습을 불편해하며, 카메라를 끄도록 허용해야 한다.
  - 몇몇 자폐인은 자기 성찰이 필요한 과제를 어려워할 수 있다. 따라서 개인적인 내용이나 성찰이 요구되는 과제에서는 대안적인 선택지를 마련해 주어야 한다. 과제의 목적을 고려한다. 과제에서 사회-정서적 인식을 높이려는 목적이라면 자기 성찰이 필요할 수 있다. 그러나 주인공의 동기나 역사적 사건의 이해가 목적일 때, 자기 성찰은 필요하지 않을 수 있다.
- **사회적 지원.** 점심 모임과 같이 구조화된 사회적 모임의 공식적인 기회 외에도 몇몇 학생에게는 그룹 프로젝트에서 추가적인 안내나 지원이 필요하다. 짝 배정하기, 집단 내에서 각자의 역할을 명확하게 논의하기, 혹은 (때때로) 그룹 프로젝트 대신 개인 프로젝트를 수행하는 선택지를 고려할 수 있다.
- **감각적 지원.** 가능한 한 학생의 감각적 요구와 선호가 충족될 수 있어야 한다. 껌 씹기, 손을 꼼지락거리며 놀 수 있는 장난감fidget toy, 헤드폰 착용 등을 허용할 수 있다. 몇몇 학생에게는 조용한 점심 식사 장소를 정해 주거나, 수업 이동 시간에 붐비는 복도를 피하기 위해 일찍 교실을 나서도록 하거나, 별도의 조용한 시험 공간을 제공할 수도 있다.

- **지속적인 문제 해결.** 학교에서 적어도 매주 학생을 확인하여 적극적으로 문제를 해결하고, 필요시 학부모와 소통하며, 학생의 자기-옹호를 지원하는 담당자가 한 명 있으면 좋다.
- **특별 행사.** 현장학습이나 대규모 모임과 같은 특별 행사는 몇몇 자폐증 학생에게 감각적 과부하, 새로운 사회적 기대, 정규 수업 시간과의 차이로 인해 스트레스를 줄 수 있다. 이들에게는 행사에 참여하지 않을 수 있는 선택권이 있어야 한다.
- **대학 기숙사.** 몇몇 자폐증 학생에게는 혼자 쓰는 혹은 준-전용의semi-private 화장실, 개인 방, 조용한 방, 조용한 위치의 기숙사(예: 엘리베이터 또는 모임방에서 먼)가 필요할 수 있다. 학기가 시작할 때 한꺼번에 도착하는 다른 학생들에게 압도되기 전에 새로운 생활 환경에 적응할 수 있도록 며칠 일찍 입주하는 선택지도 도움이 될 수 있다.

저자가 최근에 자문을 제공했던 치료자 레이Leigh는 힉스Hicks 부부와 자폐인 딸 라일라Lila를 돕기 위해 열성을 다하고 있었다. 4학년인 라일라는 거의 올 A 학점을 받고 학급의 모범이 되는 '완벽한' 학생으로, 학교에서 항상 예의 바른 모습으로 또래 친구들과 선생님을 존중했다. 그러나 가정에서는 끊임없이 짜증을 내고, 비협조적이고, 무례했고, 때로는 공격적이기도 해서 통제가 어렵다고 보고되었다. 라일라는 학교에서 완벽하게 조절되고 순응하고 공손한 모습이었기 때문에 부모와 치료자는 가정에서의 행동이 의지에 따라volitional 나타난다고 해석하여 치료 목표로 삼고, 행동 계획, 협력적인 문제 해결, 약물치료 등 다양한 접근을 활용해서 가정 내 라일라의 행동 변화를 시도하였다. 더는 선택지가 없게 되자, 레이는 저자에게 전화를 걸어 조언을 부탁했다. 저자의 의견은? 가정에서 보이는 라일라의 행동에 집중하지 말고 라일라가 학교에서 '완벽'하기 위해 무엇을 희생하는지에 초점을 맞춰 보도록 했다. 학교에서 관찰된 학업이나 행동 기능상 문제가 없었지만, 사실 라일라는 조용한 장소에서 점심을 먹었고(학생 식당은 라일라에게 압도감을 주었기 때문에), 수업마다 자리를 선택할 수 있었고, 수업 중에 갑자기 호명되지 않았고, 피젯토이를 사용하는 등의 편의를 제공받아야 했다. 라일라의 부모에게 가르친 개입 계획의 일환으로, 하교 직후의 일정 시간을 라일라의 회복 시간으로 정하고, 가족과 함께할 준비가 될 때까지 별도의 요구를 하지 않도록 했다. 이러한 방식의 지원을 통해 라일라는 집에서 감정과 행동을 훨씬 잘 조절하게 되었다.

직장에서 공식적으로 편의를 제공받는다. 직장 내에서 편의를 제공함으로써 직장 생활의 스트레스를 줄일 수 있고, 고용주는 자폐증 직원의 생산성을 쉽게 높일 수 있다.

- **명확하게 의사소통한다.** 학생과 마찬가지로 자폐증 직원에게도 기대와 지침을 자세히 설명해 주어야 하는데, 가령 작업 결과물을 전달하는 방법이나 중간 단계를 명시해야 한다. 직원과 개별적으로 협력하여 선호하거나 필요한 의사소통 방식을 파악한다. 많은 자폐인은 직접적이고 명시적으로 소통하기, 그리고 수정이 필요한 사항을 사적으로 논의하면서 관련 당사자들이 상호 동의하는 해결책을 협력적으로 찾기를 선호하거나 요구한다. 직원 매뉴얼에 일반적인 기대(예: 근무 시간, 사무실에서의 복장, 휴가를 요청하는 방법, 회의나 행사의 예상 시간)를 서면으로 명시하면 도움이 될 수 있다.

브레나Brenna는 대학을 졸업하고 치과에서 행정 보조로 일했다. 치과에서는 종이로 된 환자 파일을 사용했는데, 모든 파일의 첫 페이지에는 환자의 이름, 복용 약, 보험 등의 중요 정보가 기재되어 있었고, 하얀 종이로 가득 찬 문서함에서 잘 보이도록 파란색 종이로 인쇄했다. 모두가 환자별 중요 정보를 신속하게 찾으려고 할 때마다 '파란색 종이'를 언급했다. 브레나가 일한 지 1년 정도 지난 어느 날, 실장은 브레나에게 파란색 종이를 한 장을 건네면서 "앞으로 올 환자를 위해 50부를 복사해 달라"고 부탁했다. 실장은 파란색 종이에 복사하도록 구체적으로 지시할 생각을 하지 못했고, 브레나는 흰색 종이에 50부를 복사했다.

- **자주, 명시적으로 확인한다.** 자폐증 직원이 업무 기대와 마감일을 이해하고 있는지 상사와 동료가 확인해 줄 수 있다. 자폐인에게 업무의 세부 사항을 명시적으로 물어보면 오해를 명확히 하거나 바로잡을 수 있을 뿐만 아니라, 필요에 따라 협력적으로 문제를 해결할 수 있다.
- **사회적 상호작용/동료 관계.** 몇몇 자폐증 직원은 회의 전후에 (혹은 전혀) 잡담하지 않기, 근무 시간 이외의 모임에 참석하도록 압박하거나 요청하지 않기 등을 동료들과 명시적으로 합의하면 좋은 수행을 보일 수 있다. 자폐인 당사자가 원할

경우, 업무 환경을 탐색하는 데 도움을 받도록 숙련된 동료와 연결해 주면 유용할 수 있다.

- **역할을 명확하게 정의한다.** 자폐증 직원은 팀 내 자신의 역할에 관한 명시적인 지침이 필요할 수 있다(예: 팀에서 해야 할 일, 다른 팀원들과 소통하는 방법).
- **감각적으로 지원한다.** 직원의 감각적 필요와 선호가 최대한 충족될 수 있어야 한다. 사적인 (조용한) 공간, 소음 방지noise-canceling 헤드폰, 다른 조명의 선택지, 휴식 시간의 이동 계획 등이 포함될 수 있다.
- **개별화된 편의를 위해 협력한다.** 개인, 특정 업무, 업무 환경마다 필요한 편의가 다르다. 몇 가지 예를 들자면, 유연한 근무 시간, 재택근무, 원격회의 중 카메라 끄기, 회의 중 손 움직임을 허용하기 등이 필요할 수 있다. 직원의 말에 귀를 기울여서 무엇이 스트레스를 주거나 어려운지 배우고 이해하면서, 함께 편의 사항을 마련해 나간다.

문화 간 연결

임상가는 제안된 내용을 실행할 수 있는 가족의 능력과 개방성에 맞추어 권고 사항이나 의뢰를 최선으로 조정해야 한다.

권고 사항을 고려하기 전에 내담자가 서비스에 접근 가능한지 유의해야 한다. 예를 들어, 건강보험에 가입되어 있는가? 네트워크[1] 이외의 서비스를 이용할 수 있는가? 사립학교를 고려할 여유가 있는가? 부모가 방과 후의 약속이나 활동에 자녀를 데려다 줄 수 있을 만큼 여유 있는 직업을 가지고 있는가? 교통편이 제공되는가? 가능하다면 보험에 기반한 혹은 정부나 보조금 지원이 되는 의뢰를 포함한다. 다른 학부모나 지역사회 집단(예: 학부모 옹호 단체, 학부모 지원 단체)에서도 유용한 지원과 서비스를 받을 수 있다. 가족의 거주지 근처에 위치한 의뢰 기관을 포함한다.

1) 역자 주: 미국의 사보험(private health insurance) 체계에서 개인이 가입한 보험사(혹은 보험 상품)와 계약되어 보험 혜택을 받을 수 있는 의료서비스 제공자(예: 병원, 의사)의 목록을 의미한다.

서비스에 대한 내담자의 개방성을 고려해야 한다. 몇몇 문화권이나 하위 문화권에서는 특정 개입을 부정적으로 인식할 수 있다. 예를 들어, 일부 집단에서는 약물치료를 매우 꺼린다(자녀에게도). 임상가는 내담자의 선호나 염려를 인식하고, 현실적이고 성취 가능한 계획을 협력적으로 수립해야 한다.

> "많은 유색인종 가족은 다른 사람이 자신의 집에 들어오는 일을 반기지 않습니다. 당신이 [가정 방문] 제공자의 목록을 제시하면 '이런 사람이 우리 집에 들어오는 게 싫다'는 식입니다. [이런] 방식으로는 아무것도 해결할 수 없습니다. 우리는 어떻게 이 문제를 헤쳐 나갈 수 있을까요? 먼저 이 장벽을 넘어야 합니다. 한걸음 물러나서 이 가족에게 이 상황이 어떻게 보일지 이해해야 합니다."
>
> \- 알리사 Allysa

내담자/가족이 선호하는 의뢰를 개방적으로 논의한다. 어떤 가족은 비슷한 배경의 전문가와 함께 작업하기를 선호하는 반면, 다른 가족은 같은 문화권의 전문가와 관계 맺기를 피할 수 있다. 배경을 공유하는 서비스 제공자에게 의뢰해서 도움을 받는 경우도 있다. 동일하거나 유사한 문화권의 서비스 제공자와 작업하기를 바라는 가족의 욕구는 말로 표현하지 않아도 경험이 이해되는 느낌을 받거나 신뢰를 형성하는 데 도움이 되며, 소외감을 느꼈던 내담자에게 자존감을 높이는 원천이 될 수도 있다. 반대로 낙인이나 거절을 걱정하는 가족은 지역사회 외부로 의뢰할 때 더 쉽게 지원을 찾아갈 수 있다.

> "저는 [특정 인종 집단의 언어]를 구사하지만, [그 특정 인종 집단]의 많은 사람은 제게 평가받기를 원하지 않습니다. 규모가 작은 집단이라서 제가 혹시나 그들을 알게 될까 봐 두려워합니다. 자신이 집단에서 어떻게 인식될지 편집증을 가지기 때문에 자신의 프라이버시 보호에 신경을 곤두세웁니다."
>
> \- G 박사 Dr. G

[G 박사는 소속 집단의 익명성을 보호하고 싶은 마음과 걱정으로 자신이 속한 인종 집단을 밝히지 않았다.]

마찬가지로 지원 단체나 사회적 집단에 의뢰할 때, 그 안에 내담자/가족과 비슷한 문화적 배경의 사람들이 있는지 고려한다. 예를 들어, 흑인, 동양인, 무슬림, 혹은 스페인어를 사용하는 사람이 혼자라면 목소리를 내기가 어려울 수 있다.

'제11장. 결과를 의미 있게 논의하는 방법'에서 언급했듯이, 몇몇 문화권에서는 발달적 차이를 수치스럽게 혹은 과거에 저지른 죄에 대한 처벌이라고 여긴다. 이로 인해서 가족 구성원이 지역사회에 진단을 공개하는 것을 주저할 수 있고, 이는 치료에도 영향을 미쳐서 가족이 도움을 받기가 더욱 어려울 수 있다. 가족은 지역사회에서 자녀의 '문제'를 알게 되면 거부될까 봐 마땅히 두려워할 수 있다. 이러한 정보를 적극적으로 찾아서 가족과 함께 지원을 탐색하는 동시에 가족이 지역사회에 통합되어 머무를 수 있도록 도와야 한다.

강점과 선호에 집중하기

이 장에서는 자폐인이 스스로의 필요를 부인하면서 발생했던 정서적·신체적 손상을 회복하는 데 도움이 되는 많은 조언을 제공하였다. 하지만 이에 못지않게 자폐인에게 **안녕감과 완전함**wholeness을 주는 활동을 찾아 실천하는 일도 중요하다. 자폐인이 더욱 행복하고 충만한 삶을 창조해 가도록 지원한다.

이를 위해 자폐인이 흥미로운 주제나 활동을 쫓아갈 때 격려하고 지원해 준다. 강한 관심사는 자폐인에게 진로의 기초가 되고, 다른 사람과 연결되는 방법이 되며, 긴장이 완화되고, **몰입**flow의 경험을 제공할 수 있다. 자폐인이 강한 관심사를 가지고 있다면 이를 장려하고 지지한다.

참고문헌 및 읽을거리

Becerra, T. A., Massolo, M. L., Yau, V. M., Owen-Smith, A. A., Lynch, F. L., Crawford, P. M., Pearson, K. A., Pomichowski, M. E., Quinn, V. P., Yoshida, C. K., & Croen, L. A. (2017). A survey of parents with children on the autism spectrum: Experience with services and treatments. *The Permanente Journal, 21*, 16-19. https://doi.org/10.7812/TPP/16-009

Bernier, A. S., & McCrimmon, A. W. (2021). Attitudes and perceptions of Muslim parents toward their children with autism: A systematic review. *Review Journal of Autism and Developmental Disorders, 9*, 320-333. https://doi.org/10.1007/s40489-021-00256-9

Broder-Fingert, S., Mateo, C., & Zuckerman, K. E. (2020). Structural racism and autism. *Pediatrics, 146*(3), e2020015420. https://doi.org/10.1542/peds.2020-015420

Colombi, C., Narzisi, A., Ruta, L., Cigala, V., Gagliano, A., Pioggia, G., Siracusano, R., Rogers, S. J., & Muratori, F. (2018). Implementation of the early start Denver model in an Italian community. *Autism, 22*(2), 126-133. https://doi.org/10.1177/1362361316665792

Ecker, J. (2010). *Cultural belief systems in autism and the effects on families* [Bachelor's thesis, Barnard College]. https://doi.org/10.7916/D8TX3NCQ

Fitzgerald, M., & Yip, J. (2017). *Autism: Paradigms, recent research and clinical applications*. InTech Limited.

Henderson, D., Wayland, S. C., & White, J. (2023). *Is this autism?: A guide for clinicians and everyone else*. Routledge.

Jegatheesan, B., Miller, P. J., & Fowler, S. A. (2010). Autism from a religious perspective: A study of parental beliefs in South Asian Muslim immigrant families. *Focus on Autism and Other Developmental Disabilities, 25*(2), 98-109. https://doi.org/10.1177/1088357610361344

Jones, D. R., Nicolaidis, C., Ellwood, L. J., Garcia, A., Johnson, K. R., Lopez, K., & Waisman, T. (2020). An expert discussion on structural racism in autism research and practice. *Autism in Adulthood, 2*(4), 273–281. https://doi.org/10.1089/aut.2020.29015.drj

Kandeh, M. S., Kandeh, M. K., Martin, N., & Krupa, J. (2020). Autism in black, Asian and minority ethnic communities: A report on the first Autism Voice UK Symposium. *Advances in Autism, 6*(2), 165–175. https://doi.org/10.1108/AIA-12-2018-0051

Kang-Yi, C. D., Grinker, R. R., Beidas, R., Agha, A., Russell, R., Shah, S. B., Shea, K., & Mandell, D. S. (2018). Influence of community-level cultural beliefs about autism on families' and professionals' care for children. *Transcultural Psychiatry, 55*(5), 623–647. https://doi.org/10.1177/1363461518779831

Kapp, S. K. (2011). Navajo and autism: The beauty of harmony. *Disability & Society, 26*(5), 583–595. https://doi.org/10.1080/09687599.2011.589192

King, B. H., Rynkiewicz, A., Janas-Kozik, M., & Tyszkiewicz-Nafor, M. (2020). Medications to treat co-occurring psychiatric conditions in autism spectrum disorder. In S. W. White, B. B. Maddox, & C. A. Mazefsky (Eds.), *The Oxford handbook of autism and co-occurring psychiatric conditions* (pp. 370–386). Oxford University Press.

Lee, H. J. (2011). Cultural factors related to the hidden curriculum for students with autism and related disabilities. *Intervention in School and Clinic, 46*(3), 141–149. https://doi.org/10.1177/1053451210378162

Leung, C., Tsang, S., Heung, K., & Yiu, I. (2009). Effectiveness of Parent-Child Interaction Therapy (PCIT) among Chinese families. *Research on Social Work Practice, 19*(3), 304–313. https://doi.org/10.1177/1049731508321713

Liao, Y., Dillenburger, K., & Buchanan, I. (2018). Does culture matter in ABA-based autism interventions?. Parent and professional experiences in the UK and China. *European Journal of Behavior Analysis, 19*(1), 11–29. https://doi.org/10.1080/15021149.2017.1399657

Little, C. (2017). *Supporting social inclusion for students with autism spectrum disorders: Insights from research and practice*. Taylor & Francis.

Mandell, D. S., & Salzer, M. S. (2007). Who joins support groups among parents of children with autism?. *Autism, 11*(2), 111-122. https://doi.org/10.1177/1362361307077506

McCabe, K. M., Yeh, M., & Zerr, A. A. (2020). Personalizing behavioral parent training interventions to improve treatment engagement and outcomes for culturally diverse families. *Psychology Research and Behavior Management, 13*, 41-53. https://doi.org/10.2147/PRBM.S230005

McGee, D. (2010). Widening the door of inclusion for children with autism through faith communities. *Journal of Religion, Disability & Health, 14*(3), 279-292. https://doi.org/10.1080/15228961003622351

McNeil, C. B., & Hembree-Kigin, T. L. (2010). PCIT around the world. In C. B. McNeil & T. L. Hembree-Kigin (Eds.), *Parent-child interaction therapy: Second edition* (pp. 421-427). Springer US. https://doi.org/10.1007/978-0-387-88639-8_24

Neff, M. A. (2023, March). *Autistic burnout recovery: How to build a recovery plan*. neurodivergentinsights.com. https://neurodivergentinsights.com/blog/autistic-burnout-recovery

Oh, M., Laugeson, E., Kim, J.-H., Lee, K., Kim, J., Lee, S., Lim, B., Cha, S., Bong, G., Yoon, N.-H., Bahn, G. H., & Yoo, H. J. (2021). A randomized controlled trial of the Korean version of the Program for the Education and Enrichment of Relational Skills for Young Adults (PEERS®-YA-K) with autism spectrum disorder: A pilot study. *Frontiers in Psychiatry, 12*, 730448. https://doi.org/10.3389/fpsyt.2021.730448

Pearson, J. N., Stewart-Ginsburg, J. H., Malone, K., & Avent Harris, J. R. (2022). Faith and FACES: Black parents' perceptions of autism, faith, and coping. *Exceptional Children, 88*(3), 316-334. https://doi.org/10.1177/00144029211034152

Raymaker, D. M., Teo, A. R., Steckler, N. A., Lentz, B., Scharer, M., Delos Santos, A., Kapp, S. K., Hunter, M., Joyce, A., & Nicolaidis, C. (2020). "Having all of your internal resources exhausted beyond measure and being left with no clean-up crew": Defining autistic burnout. *Autism in Adulthood, 2*(2), 132-143. https://doi.org/10.1089/aut.2019.0079

Russo, F. (2018, February 21). The costs of camouflaging autism. Spectrum News. www.spectrumnews.org/features/deep-dive/costs-camouflaging-autism/

Sakai, C., Mulé, C., LeClair, A., Chang, F., Sliwinski, S., Yau, Y., & Freund, K. M. (2019). Parent and provider perspectives on the diagnosis and management of autism in a Chinese immigrant population. *Journal of Developmental and Behavioral Pediatrics: JDBP, 40*(4), 257–265. https://doi.org/10.1097/DBP.0000000000000660

Someki, F., Torii, M., Brooks, P. J., Koeda, T., & Gillespie-Lynch, K. (2018). Stigma associated with autism among college students in Japan and the United States: An online training study. *Research in Developmental Disabilities, 76*, 88–98. https://doi.org/10.1016/j.ridd.2018.02.016

Sritharan, B., & Koola, M. M. (2019). Barriers faced by immigrant families of children with autism: A program to address the challenges. *Asian Journal of Psychiatry, 39*, 53–57. https://doi.org/10.1016/j.ajp.2018.11.017

Tarakeshwar, N., & Pargament, K. I. (2001). Religious coping in families of children with autism. *Focus on Autism and Other Developmental Disabilities, 16*(4), 247–260. https://doi.org/10.1177/108835760101600408

Tincani, M., Travers, J., & Boutot, A. (2009). Race, culture, and autism spectrum disorder: Understanding the role of diversity in successful educational interventions. *Research and Practice for Persons with Severe Disabilities, 34*(3–4), 81–90. https://doi.org/10.2511/rpsd.34.3-4.81

Wang, Y., Kang, S., Ramirez, J., & Tarbox, J. (2019). Multilingual diversity in the field of applied behavior analysis and autism: A brief review and discussion of future directions. *Behavior Analysis in Practice, 12*(4), 795–804. https://doi.org/10.1007/s40617-019-00382-1

Welterlin, A., & LaRue, R. H. (2007). Serving the needs of immigrant families of children with autism. *Disability & Society, 22*(7), 747–760. https://doi.org/10.1080/09687590701659600

Wendt, J., & Lincoln, A. (2011, May 12). *Autism in an American Indian and Alaska native sample: The contribution of demographic characteristics, levels of acculturation, and cultural values and beliefs on service utilization* [Poster presentation]. International Meeting for Autism Research, San Diego, CA. https://insar.confex.com/insar/2011/webprogram/Paper9515.html

Wright, H., Hall, S., Hames, A., Hardiman, J., Mills, R., Team, P. P., & Mills, D. (2015). Pet dogs improve family functioning and reduce anxiety in children with autism spectrum disorder. *Anthrozoös, 28*(4), 611-624. https://doi.org/10.1080/08927936.2015.1070003

Zuckerman, K. E., Sinche, B., Cobian, M., Cervantes, M., Mejia, A., Becker, T., & Nicolaidis, C. (2014). Conceptualization of autism in the Latino community and its relationship with early diagnosis. *Journal of Developmental and Behavioral Pediatrics: JDBP, 35*(8), 522-532. https://doi.org/10.1097/DBP.0000000000000091

마치며

저자가 처음 시작했던 질문으로 마무리하고자 한다. 나는 이 책을 왜 썼는가?

저자는 모두가 마땅히 존중받고, 이해받고, 인정되고, 수용되어야 한다고 전적으로 믿기에 이 책을 저술했다. 자신에게 맞는 방식으로 세상을 살아가야 하며, 자신만의 독특한 기여로 가치를 인정받아야 한다. 스스로를 이해하고, 안전하다고 느끼고, 관계와 목적의 균형 잡힌 삶을 추구해야 한다. 젠더, 인종, 나이, 종교, 성적 지향, 신경-양식neuro-style과 무관하게 우리 모두는 이를 누릴 자격이 있다. 이 책에 담긴 정보, 특히 생생한 삶의 경험을 공유한 자폐인의 이야기로 우리가 조금이라도 올바른 방향으로 나아가기를 희망한다.

찾아보기

용어

검사

개입

* 저자 소개는 5p 참고

역자 소개

신민섭 (Shin Min-Sup)

임상심리전문가 및 정신건강임상심리사 1급
연세대학교 대학원 심리학과 임상심리학 박사 졸업
서울대학교병원 정신건강의학과 임상심리전문가 수련
현 서울대학교 의과대학 정신과학교실·서울대학교병원 정신건강의학과 명예교수
고려대학교 심리학부 특임교수

이가영 (Lee Ga Young)

임상심리전문가 및 정신건강임상심리사 1급
고려대학교 대학원 심리학과 임상 및 상담심리학 박사 수료
서울대학교병원 정신건강의학과 임상심리전문가 수련
전 서울대학교병원 발달장애인거점병원 행동발달증진센터 임상심리전문가
현 서울대학교병원 소아청소년정신과 임상심리실 수퍼바이저

차윤지 (Cha Yun Ji)

임상심리전문가 및 정신건강임상심리사 1급
고려대학교 대학원 심리학과 임상 및 상담심리학 박사 수료
삼성서울병원 정신건강의학과 임상심리전문가 수련
현 한양대학교병원 정신건강의학과 임상심리실 수퍼바이저

자폐증인가요 II: 진단을 위한 동반 지침서

Is This Autism: A Companion Guide for Diagnosing

2025년 10월 25일 1판 1쇄 인쇄
2025년 10월 30일 1판 1쇄 발행

지은이 • Donna Henderson · Sarah Wayland · Jamell White
옮긴이 • 신민섭 · 이가영 · 차윤지
펴낸이 • 김진환
펴낸곳 • (주) 학지사
04031 서울특별시 마포구 양화로 15길 20 마인드월드빌딩
대표전화 • 02)330-5114 팩스 • 02)324-2345
등록번호 • 제313-2006-000265호

홈페이지 • http://www.hakjisa.co.kr
인스타그램 • https://www.instagram.com/hakjisabook/

ISBN 978-89-997-3565-3 93370

정가 22,000원

역자와의 협약으로 인지는 생략합니다.
파본은 구입처에서 교환해 드립니다.